· 西北大学“双一流”建设项目资助
(Sponsored by First-class Universitiesand Academic Programs of Northwest University)

新丝绸之路视域下
西部文化生态保护与
旅游发展互动机制研究

余　洁◎著

Study on The Interactive Mechanism between Cultural
Ecological Protection and Tourism Development in Western
China from The Perspective of The New Silk Road

中国经济出版社
CHINA ECONOMIC PUBLISHING HOUSE
北　京

图书在版编目（CIP）数据

新丝绸之路视域下西部文化生态保护与旅游发展互动机制研究 / 余洁著 . --北京：中国经济出版社，2023. 7（2023.10 重印）

ISBN 978-7-5136-7055-5

Ⅰ. ①新… Ⅱ. ①余… Ⅲ. ①地方文化-保护-关系-地方旅游业-旅游业发展-研究-中国 Ⅳ. ①G127

中国版本图书馆 CIP 数据核字（2022）第 153096 号

责任编辑　杨元丽
责任印制　马小宾
封面设计　任燕飞工作室

出版发行　中国经济出版社
印 刷 者　北京中石油彩色印刷有限责任公司
经 销 者　各地新华书店
开　　本　710mm×1000mm　1/16
印　　张　20. 5
字　　数　325 千字
版　　次　2023 年 7 月第 1 版
印　　次　2023 年 10 月第 2 次
定　　价　88. 00 元
广告经营许可证　京西工商广字第 8179 号

中国经济出版社 **网址** www. economyph. com **社址** 北京市东城区安定门外大街 58 号 **邮编** 100011
本版图书如存在印装质量问题，请与本社销售中心联系调换（联系电话：010-57512564）

CONTENTS 目 录

1 绪 论

1.1 研究背景和意义

1.1.1 研究背景

2013年9月，国家主席习近平在哈萨克斯坦纳扎尔巴耶夫大学发表演讲，提出了共同建设“丝绸之路经济带”的构想，这是在古代丝绸之路商旅通道概念和现有欧亚大陆桥交通大动脉的基础上形成的一个贸易合作形式的区域发展新概念。丝绸之路经济带被认为是“世界上最长、最具有发展潜力的经济大走廊”，不仅涵盖了具有悠久历史文化和丰富自然人文资源的中国西部地区，而且连贯了中国西部与中亚和欧洲的区域经济，将对我国西部地区的经济建设、文化传播和社会发展产生深远的影响。“推进丝绸之路经济带、海上丝绸之路建设，形成全方位开放新格局”的构想下，打造和建设丝绸之路经济带已成为中国推动新一轮对外开放的国家战略。

2014年6月，由中国、哈萨克斯坦和吉尔吉斯斯坦三国联合申报的“丝绸之路：长安—天山廊道路网”项目成功列入世界文化遗产名录，这是我国首例成功跨国申遗的项目。中国境内河南、陕西、甘肃和新疆4省（区）的22处文化遗产和境外哈萨克斯坦、吉尔吉斯斯坦两国的11处文化遗产以丝绸之路历史文化脉络串联起厚重久远的人文精神，为丝绸之路沿线国家和地区带来了无限的发展机遇。

在“一带一路”倡议和丝绸之路跨国申遗成功的文化背景下，西部地区面临着前所未有的发展机遇和潜力，经济发展和旅游开发成为区域经济的两个重要主题。然而，长期以来西部地区脆弱的自然环境孕育的文化生态系统能否承受未来高强度的旅游开发，需要在理论和方法上建立一套文化生态系统脆弱性的评估体系。西部地区文化生态圈如何整合发展、文化旅游产业集聚与区域经济发展是否存在耦合协调关系、城市化进程中的文化生态区如何创新发展机制，这些理论问题都是对西部地区文化生态保护和开发利用之间相互关系的再认识与再探讨。

1.1.2 研究意义

本课题从理论和方法上对文化生态系统脆弱性评估体系做了较完整的研究。运用文化生态学、区域经济学和文化遗产管理学的交叉理论，为文化生态系统脆弱性的研究建立了评价指标体系，在理论体系上从文化遗址环境和文化生态旅游环境两个层面分别建立评价指标，在方法上运用层次分析法对文化遗址环境脆弱性进行评价，运用聚类分析法对文化生态旅游环境进行评价。

本课题分别从省域和跨域层面研究西北地区文化生态旅游圈，运用聚类分析法把 17 个文化旅游资源类型最终聚类为 5 个文化生态圈层，分析出不同文化生态圈层的特征要素。该研究方法和理论逻辑对于研究区域文化同质性特征的科学划分具有一定的参考价值。

本课题研究成果经过了大量的实证分析，对现实政策具有较强的指导作用。通过对西安鼓乐传承人的调查访谈，运用扎根理论研究非物质文化保护和开发利用的影响因素，有利于制定有针对性的保护政策。调研问卷从游客角度研究文化旅游景区保护力感知对游客体验性和旅游意愿的影响，课题针对不同类型的文化旅游景区提出相应的对策建议，具有较强的适用性、针对性和指向性。根据西咸新区大遗址群实地考察调研结果，研究西咸新区文化生态功能区的文化价值评估、管理制度创新和补偿机制，具有较强的实用性和政策指导性。

1.2 研究内容和方法

1.2.1 研究内容

课题成果的研究报告，共有 9 章内容。

第 1 章　绪论

第 2 章 西部丝绸之路文化生态变迁的过程和文化旅游发展现状

第 3 章 丝绸之路文化生态脆弱性测度和评价

第 4 章 丝绸之路西北地区文化生态旅游圈的构建

第 5 章 丝绸之路文化旅游景区遗产保护力感知对旅游体验和旅游意愿的影响研究

第 6 章 丝绸之路旅游非均衡发展与西部文化旅游产业集聚及耦合协调关系研究

第 7 章 交通网络对遗产旅游与新型城镇化的调节效应研究——基于陕西省面板数据的实证研究

第 8 章 城市化进程中文化生态功能区的管理制度创新及补偿机制研究——以西咸新区大遗址群为例

第 9 章 结论和展望

具体来说，本课题的主要研究内容包括：

（1）从丝绸之路经济带和丝绸之路申遗的视角，深入研究了丝路沿线文化遗址及周边文化民俗的生态变迁发展规律和文化旅游发展现状

不同地域环境形成的民间习俗和宗教信仰的变迁过程包括关中中原地区汉族民俗节庆和宗教传播、河西地区多民族文化共融地域化宗教习俗、天山南北以伊斯兰教为普遍信仰的多民族文化节庆。西部丝绸之路民间艺术文化的历史变迁、地域文化的延展规律与旅游融合在形式上有三大发展趋势：关中汉族传统民间说唱艺术在西部的地域化及现代旅游、河西走廊多民族融合的民间艺术文化西传东渐及实景演出旅游、新疆传统民族文化独特性积淀及民族文化旅游演艺。从丝绸之路遗产廊道的景观视角来看，景观类型和旅游类型自东向西呈现的景观格局受距离城市远近的影响，过渡性、重叠性、相似性和关联性特征明显。

（2）对丝绸之路区域旅游环境脆弱性和文化遗址脆弱性分区评价

将聚类分析结果划分为 6 个区域，其中西安区域总体旅游环境状态最好，陕西（除西安）区域旅游环境不断提升，西部省会及发达地级市（除陕西）区域旅游环境状态不稳定，甘宁其他区域旅游环境状态脆弱，西北地区中部三省交界区域旅游环境状态较为稳定，青海高山区域旅游环境原生态状态保存完好。通过建立回归方程，可知生产总值指数和城镇登记失业率对旅游环境脆弱性影响呈现负效应，其他指标为正效应，6 个指标对旅游环境脆弱性影响强度的大小依次为城镇登记失业率>生产总值指数>3A 及以上级景区>森林

覆盖率>星级饭店>人口密度。运用层次分析法，分别对丝绸之路申遗的4个省（区）22个遗址点的脆弱性进行评估，研究结果表明，人为干预是影响脆弱性的最主要因素，受自然气候影响，土遗址比砖石质文物和木构建筑更脆弱，位于城市区的文化遗址比其他区域的遗址更脆弱。运用扎根理论实证分析西安鼓乐非物质文化保护传承对旅游开发的影响因素，研究结果发现：第一，非遗传承人自身特点、能力及活动、操作、实施等主体内驱力可以影响非物质文化遗产参与旅游开发；第二，政府职能的发挥和乐社财务运营是保障和支撑因素；第三，良好的原生态传承机制和乐社社会资源是鼓乐保护和开发的根基。

（3）构建丝绸之路西北地区文化生态旅游圈

根据西北5省（区）52个地级市236个旅游资源类型聚类分析结果，从省域层面划分出17个文化生态旅游圈，包括陕西3个、甘肃3个、宁夏3个、青海3个、新疆5个。从跨域层面划分出5个文化生态旅游圈，包括历史文化古都旅游圈、大漠黄河风情旅游圈、丝绸之路宗教文化旅游圈、雪域高原及藏文化旅游圈、西域民族民俗旅游圈。以陕西省丝路文化产品为实证研究，通过问卷调研分析陕西文化旅游资源、市场和产品开发的现状、存在的问题和发展策略。

（4）从游客角度研究文化旅游景区保护力感知对旅游体验和旅游意愿的关系影响

在丝绸之路西安和天水两个城市的9个遗址型旅游景区开展游客问卷调研。研究表明，旅游体验对旅游意愿有正向显著性影响，保护力感知对旅游体验有正向显著性影响，保护力感知对旅游体验和旅游意愿的间接调节作用大于旅游体验对旅游意愿的直接作用，而且不同类型的旅游景区正向显著性影响程度不同。

（5）深入分析丝绸之路西北地区旅游非均衡发展的现状和西部文化旅游产业集聚耦合的协调关系

对西北5省（区）51个地市的旅游资源丰裕度、区位优势度和旅游经济差异度进行定量分析。研究表明，区域旅游资源丰裕度最大的是陕西，最小的是宁夏；区位优势度最大的是新疆，最小的是陕西；旅游经济不平衡趋势不断扩大，外汇收入差距最大。选取西北5省（区）和西南5省（区、市），测算出区位熵系数和空间基尼系数，发现其都不同程度地呈现出文化旅游产业的集聚，由此进一步研究文化旅游产业集聚与区域经济发展耦合关系。对10个省（区、市）的旅游产业集聚系统和区域经济发展系统的28个指标进行评价，建立耦合模型和耦合协调度模型。研究发现，西北5省（区）的耦合度呈波动上升趋势，西南5省（区、市）的耦合度增长态势平稳且增幅较大，西北地区耦合协调度与耦合度基本一致，西南地区不但两者一致，而且稳定增长。在耦合协调度类型方面，西北地区前期各省都属于中度和轻度衰退拮抗耦合协调型，近期属于中度和高度聚合型，西南地区西藏和贵州前期属于中度和轻度衰退拮抗耦合协调型，近期四川和云南属于高度聚合型。

（6）以陕西省面板数据为实证，研究交通网络对遗产旅游与新型城镇化的调节效应

选取陕西省10个地市2007—2016年新型城镇化指数、交通网络指数和遗产旅游优势度的面板数据，通过单位根检验、面板协整检验和面板格兰杰因果关系检验，发现遗产旅游优势度、交通网络和新型城镇化三者之间存在长期均衡关系。整体来看，陕西省的遗产旅游与交通网络、新型城镇化互相促进，在各地市层面上，除了宝鸡市和汉中市，遗产旅游与新型城镇化、交通网络与新型城镇化的关系都是互动型、驱动型和拉动型。构建模型运用回归分析进一步判断出交通网络对遗产旅游优势度与新型城镇化互动关系的正向调节效应十分显著。从短期看，遗产旅游优势度与新型城镇化之间不存在因果关系；从长期看，遗产旅游优势度与新型城镇化之间存在双向因果关系。从短期看，遗产旅游优势度与交通网络之间存在单向因果关系，即遗产旅游优势度的提高可以促进交通网络不断完善；从长期看，遗产旅游优势度与交通网络之间存在双向因果关系。

（7）选取西咸新区大遗址群，研究城市化进程中文化生态功能区的管理制度创新和补偿机制

对西咸新区45处49个遗址点进行调研分析，提出在西咸新区文化生态功能区建立国家公园管理体制，针对不同类型遗址设计了不同的实施路径，包括国有独资集团公司运营、民间众筹基金和理事会决策下的国家公园法人治理。通过对西咸新区大遗址群的价值评估和对文物保护用地土地确权的分析，设计了补偿机制和实施办法。

1.2.2 研究方法

（1）文献资料研究

本课题调查收集了丝绸之路申遗成功的22个遗址点所在地的自然环境和

气候、遗址保护和旅游开发、历史文化传承和演化的现状资料，收集、整理了丝绸之路西北5省（区）和西南5省（区、市）文化旅游产业、旅游资源、旅游环境和区域经济发展的现状资料，收集调研了西咸新区49个遗址点的文物保护情况。

（2）问卷调查研究

在丝绸之路西安和天水两个城市9个遗址型文化旅游景区以及礼泉县等地发放调研问卷，通过问卷调研分析游客对丝路文化旅游产品的偏好和其行为特征。

（3）数理统计分析

本课题在对文化遗产型旅游城镇的研究中引入交通网络作为控制变量，用格兰杰因果关系检验分析交通网络对遗产型旅游城镇化的调节效应。选取陕西省10个地市2007—2016年新型城镇化指数、交通网络指数和遗产旅游优势度的面板数据，进行单位根检验、面板协整检验和面板格兰杰因果关系检验。

（4）扎根理论分析

本课题对西安何家营鼓乐社、城隍庙鼓乐社和东仓鼓乐社开展实地调研采访，运用扎根理论研究分析影响非物质文化遗产保护和传承的因素，以质性研究的方法对访谈笔录的描述进行分析和检验。

（5）实证研究

本课题做了大量的实证研究，以丰富和完善各章节的理论。对文化生态脆弱性的研究，以西安鼓乐非物质文化传承为实证案例。对文化生态圈的构建研究，以陕西丝路文化旅游产品开发为实证案例。第8章以西咸新区大遗址群为实证案例，分析文化生态功能区的创新机制和补偿机制的政策实施。

1.3 数据的收集和处理

1.3.1 数据的收集过程

本课题收集了大量的基础数据资料和分析统计资料，包括年鉴统计数据和游客市场调查数据。

（1）丝绸之路申遗遗址点现状数据

课题组收集调研了丝绸之路申遗22个遗址点生态环境现状、保护发展现状和周边旅游发展情况。重点考察了河南、陕西和甘肃的文物遗址，以及沿丝绸之路经济带西北 5 省（区）的民间习俗、宗教习俗的变迁过程，走访文化村落收集、整理第一手资料。

（2）西北 5 省（区）和西南 5 省（区、市）相关统计数据

课题组收集了 2016 年西北 5 省（区）43 个地级市的 21 个文化生态旅游环境指标，取得 52 个地级市的 236 个文化旅游资源类型单位的聚类分析统计数据。收集、整理了 2013—2017 年西北 5 省（区）和西南 5 省（区、市）旅游产业集聚规模、集聚效益、区域经济规模和区域经济效益的 28 个指标的统计数据。收集了 2007—2016 年陕西省 10 个地级市的新型城镇化指数、交通网络指数和遗产旅游优势度的 32 个指标的统计数据。

（3）文化旅游区域调研问卷和访谈数据

课题组在礼泉县昭陵博物馆和袁家村发放问卷 300 份，在丝绸之路西安和天水两个城市共 9 个遗址型旅游景区发放调研问卷 1470 份，在西安市 5 个旅游景区发放问卷 1680 份，调查游客对文化旅游产品的偏好和行为特征，研究文化遗产保护力感知对游客体验及旅游意愿的关系影响。在西安的何家营鼓乐社、城隍庙鼓乐社和东仓鼓乐社开展实地调研采访，取得文化传承人的第一手资料。

（4）文物保护单位访谈内部资料

课题组实地考察调研了西咸新区 45 家文物保护单位，了解实际工作中文物保护用地与农用地在土地用途上的矛盾和冲突，收集了大量内部数据资料。

1.3.2 数据的处理

（1）形成观点

取得大量的现状基础资料，为遗产地的研究提供了立体化素材，形成了丝绸之路文化生态的历史变迁发展规律的研究观点。

（2）分析影响因素

根据设计的访谈和问卷调查结果，进行数据处理和检验解释，分析影响因素，提出政策建议。

（3）构建模型和检验

将收集整理的大量统计数据，根据研究目的和问题导向，构建评价指标体系和评价模型，进行经验假设和计量统计检验，得出评价结果，提出政策建议。

1.4 可能的创新之处和研究特色

1.4.1 创新之处

（1）文化生态脆弱性测度研究

本课题从旅游生态环境和文化遗址两个层面研究文化生态脆弱性的测度评价，采用聚类分析法对丝绸之路西北5省（区）进行旅游环境脆弱性评价和分区研究，采用层次分析法选取丝绸之路申遗文化遗产地研究文化遗址脆弱性测度。本课题在文化生态脆弱性评价研究的内容和方法上有一定的创新。

（2）对文化生态保护的研究采用两种方法

一是在文化旅游景区对游客进行市场问卷调查，构建游客保护力感知、体验性和旅游意愿结构方程模型；二是对非物质文化传承人做调研访谈，采用扎根理论方法，研究文化生态保护的影响因素。这两种方法试图从微观层面的不同角度研究文化生态保护，具有一定的创新性。

（3）研究交通网络对遗产旅游优势度和新型城镇化调节效应

以交通网络为调节变量，研究因变量新型城镇化和自变量遗产旅游之间的关系，以陕西省10个地级市为实证进行格兰杰因果关系检验和回归分析，根据检验结果，提出政策建议。研究交通网络的调节效应理论，运用实证数据进行检验，丰富了遗产旅游研究理论，具有一定的创新性。

1.4.2 研究特色

（1）在研究内容体系上突出对宏观和微观两个层面的分析

基于丝绸之路申遗和丝绸之路经济带的背景，对文化生态保护的研究聚焦于宏观层面进行旅游环境脆弱性和文化遗址脆弱性测度评价，并从游客视角研究文化旅游景区保护力感知。在旅游开发的研究方面，从宏观上构建西北地区文化生态旅游圈，微观上研究西咸新区文化生态功能区的制度创新和补偿机制。在文化生态保护和旅游开发的互动机制的研究方面，从微观层面逐步扩展到中观层面和宏观层面，微观层面从游客角度研究文化旅游景区遗产保护力感知对游客体验性和旅游意愿的关系影响，中观层面研究西安鼓乐非物质文化保护和陕西丝路文化旅游开发，宏观层面研究西部文化遗产旅游产业与区域经济带耦合关系。在宏观上构建文化生态旅游圈，在微观上对西咸新区文化生态功能区的文化价值进行评估，并据此提出补偿政策，从理论和实证上对文化生态补偿依据和补偿机制进行论证，为政策的提出奠定了完整的理论基础。

（2）运用统计分析、计量分析及计量模型对样本地区开展定量研究分析

运用聚类分析法研究旅游环境脆弱性评价和分区，运用层次分析法对文化遗址脆弱性进行评价，运用质性研究扎根理论分析西安非物质文化保护，运用格兰杰因果关系检验交通网络对遗产旅游优势度与新型城镇化的调节效应，运用结构方程模型研究文化旅游景区保护力，运用耦合协调度模型研究遗产旅游产业与区域经济关系。

（3）每一部分的研究结论都建立在大量基础数据资料和市场调查研究的统计分析基础上，引入实证研究，突出实用性和政策性

本课题研究文化生态脆弱性测度和分区，以西安鼓乐非物质文化传承为实证案例，现场调查文化传承人，分析影响因素并提出政策建议。研究文化生态圈的构建，以陕西丝路文化旅游产品开发为实证案例，调查游客市场需求并提出政策建议。

1.5 相关概念界定

1.5.1 “一带一路”和新丝绸之路

2013年9月7日和10月3日，国家主席习近平先后在哈萨克斯坦纳扎尔巴耶夫大学和印度尼西亚国会发表演讲，提出共同建设“丝绸之路经济带”和21世纪“海上丝绸之路”，即“一带一路”倡议。“一带一路”是以古代丝绸之路历史为合作背景，以商业贸易、金融、能源、物流、服务业为合作内容，提倡开发沿线城市群和新的增长极，以实现区域内资源的合理流动和配置，从而形成优势互补、互利共赢的经济合作发展区域。

丝绸之路经济带国内段包括西北5省（区）（陕西、甘肃、青海、宁夏、新疆）和西南4省（区、市）（重庆、四川、云南、广西），向东连接亚太经济圈，向西连接欧洲经济圈。丝绸之路经济带恰好处于世界两大发达经济圈的“凹陷地带”，有着丰富的自然资源和悠久的历史文化，未来具有极大的发展潜力。目前，丝绸之路经济带的合作领域主要集中在能源、通信、贸易、

投资、金融、交通等方面。丝绸之路共同的历史文化背景奠定了这些领域良好合作的社会基础，文化遗产旅游发展是加强跨国、跨区域旅游合作的重要窗口和门户。丝绸之路经济带文化先行、旅游先行，加强文化遗产旅游合作是“一带一路”的重要内容。

从1998年开始，联合国教科文组织就提议对丝绸之路文化遗产进行申遗。2007年12月，丝绸之路申报世界文化遗产工作协调会议在兰州召开，会议宣布了丝绸之路联合申遗中国段涉及6省（区）的48处备选遗产名单，最终进入专家申遗考核范围的有22处。2014年6月22日，联合国教科文组织第38届世界遗产大会在卡塔尔首都多哈召开，中国和哈萨克斯坦、吉尔吉斯斯坦联合申报的“丝绸之路：长安—天山廊道路网”项目顺利进入世界文化遗产名录，这也是我国首例跨国合作申遗成功的文化线路，包括中国、哈萨克斯坦、吉尔吉斯斯坦的共33处遗址，其中，中国段包括陕西、河南、甘肃、新疆4省（区）共22处，哈萨克斯坦有8处，吉尔吉斯斯坦有3处。

自2013年“一带一路”倡议提出以来，越来越多的学者开始关注该战略环境下西北地区的发展状况，研究涉及经济、文化、区域协同、畜牧业、物流业、城镇化等多个方面。其中，对经济方面的研究相对较多，主要有社会经济发展、产业结构调整以及市场分割与经济协调发展分析的研究；文化方面涉及了乡村文化、宗教文化等；区域协同发展方面，周欢等（2016）对西北地区城市群的协调发展进行了研究，张小军（2016）提出文化产业发展方面的协同机制，王春艳等（2017）对该研究进行补充，提出文化一体化、市场一体化、经济一体化和产业一体化的“四位一体”发展机制。另外还有一些学者针对单个省份的发展状况进行了研究，李兴江等（2011）对甘肃省丝绸之路旅游业发展对经济的影响做了实证研究，刘增涛等（2016）分析了江苏旅游业面临的新常态，提出做好江苏“一带一路”旅游产业的对策建议。

研究以定性分析居多，但同样有不同的方法与模型如回归分析、Hausman检验、熵值法、耦合协调度函数、DEA方法和空间杜宾模型等被应用到西北地区的分析中，其中，张爱琴等（2017）对数据进行Jonhansen检验、格兰杰因果关系检验，验证西北地区城镇化与旅游发展水平之间存在长期均衡及动态关系，周欢等（2016）运用改进熵值法、耦合协调度函数及综合协调发展度模型等对西北地区城市群协调发展情况进行实证分析，艾麦提江·阿布都哈力克等（2018）借助DEA方法和空间杜宾模型研究了基础设施投资效率对经济增长方式转变的空间效应。

本课题研究的新丝绸之路，在研究视域上有别于传统的古丝绸之路，即草原丝路、沙漠丝路、西南丝路、海上丝路。本课题基于丝绸之路经济带的发展建设，研究丝绸之路成功申遗的文化遗产地及周边区域文化生态变迁对旅游经济发展的影响，重点对西北地区丝绸之路文化生态脆弱性、生态旅游圈、景区保护力感知和旅游体验、旅游产业集聚耦合协调关系、新型城镇化调节效应、文化生态功能区的补偿机制等遗产旅游保护和开发的互动机制问题进行了深入研究。

1.5.2 文化生态和生态文化

文化生态的概念最早由美国人类学家斯图尔德（Steward，1955）提出，萨林斯与塞维斯对文化生态学做了更为详尽的定义（托马斯，1987）。“生态学”一词本是生物学的概念，指生物群落及其地理环境相互作用的统一体。美国人类学家斯图尔德将“生态学”概念引入文化人类学领域，提出“文化生态学”理论，他主张“文化不是经济活动的直接产物，它们之间存在各种各样的复杂的变量。山脉、河流、海洋等自然条件的影响，不同民族的居住地、环境、先前的社会观念、现实生活中流行的新观念，以及社会、社区的特殊发展趋势，等等，都为文化的产生和发展提供了特殊的、独一无二的场合和情境”。因而，人类文化的发展是文化与环境互动的全过程，“第一自然”是自然生态环境，“第二自然”是文化环境，与“第一自然”不同的是，“第二自然”文化环境本身是人类社会的产物，文化作为人类适应自然与改造自然的工具，承担着维护社会继替与稳定的重要职能。

文化生态和自然生态是相对应的概念。如果把人类文化的各个部分看作一个相互作用的整体，与自然生态相对应的人类社会文化的生存、传承和发展的各种状态，是文化与环境的耦合，是一种人类文化生态（方李莉，2001）。文化生态是有关生态的一种文化，即人们在认识环境和适应环境的过程中所创造的人类文化的成果。生态性是文化的重要特性，文化生态一旦遭受破坏，原生文化就会被侵蚀，造成文化遗传变异和文化生态失衡，最后导致产生原生文化丧失、退化甚至被遗忘和消失的严峻问题。

文化生态系统是文化系统与生态环境系统相互作用形成的动态系统，既包括文化人类学视角下的文化与环境的关系，也包括文化哲学视角下的文化形态之间的关系。20 世纪 80—90 年代，国内众多学者也从多学科、多角度系统地解读了文化生态和文化生态系统的内涵。文化生态是动态的，处于均衡与失衡之间运动，是一种历史过程的动态积淀，特定区域的历史文化传承和特定地理生态环境造就了特定的文化生态（王旭科等，2004）。文化生态学不仅要求从自然生态环境因素去分析影响文化发展的环境模式，还要求关注人类文化的人文环境，即不同文化的横向交流，以及由此产生的文化异化与变迁（孙兆刚，2003）。因此，广义范畴的文化生态系统随着自然环境的变迁而演化，逐渐适应变化的生态环境演变成新的文化生态。

近年来，文化生态问题随着文化旅游景区的大规模开发日益凸显，人们已经开始认识到保护文化生态平衡和民族文化连续性、完整性的重要意义，对文化旅游的研究从关注文化旅游资源开发利用转向文化生态环境和谐发展，强调科学地开发和保护脆弱的文化生态，强调旅游开发中保护民族文化多样性和文化完整性，促进文化生态平衡、实现文化传承及旅游可持续发展（赵艳喜，2008；韩振丽，2008）。作为主体的人类社会所处的文化生态系统，其外围环境不仅包含最外侧的自然界，还包含由价值观念、社会组织、经济体制和科学技术组成的文化环境，人类社会在文化和自然界的双重作用下不断发展变化（见图 1-1）。

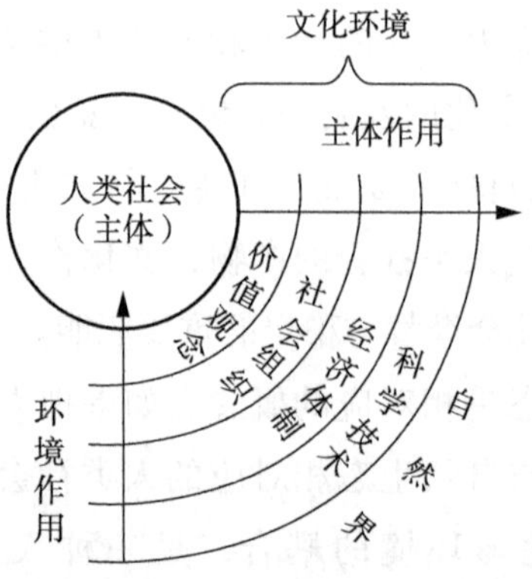

图 1-1　文化生态系统结构模式

文化生态是不同民族在特殊的生态环境中多样化的生存方式，是由具体生态环境形成的民族文化的个性特征，包括长期以来在特定地域人们传承下来的文物遗址所凝聚的地域文化的个性。本课题立足于西部文化生态的脆弱性和文化生态的历史变迁过程，研究文化旅游开发对文化遗产地的影响。随着城市化高速发展，区域文化生态变得极其脆弱，文化遗产又是区域文化生态的集中体现形式，因此，文化遗产的保护利用能否与区域文化生态相协调成为一个重要的发展问题，也是本课题主要的研究内容。

生态文化是指人类保护自然环境，崇尚自然，促进人与自然可持续和谐发展的价值观。生态文明是由生态化的生产方式所决定的全新的人类文明价值观，它强调所有生态社会中人与自然相互作用所具有的共同特征和达到的起码标准。党的十八大以来，习近平总书记提出生态文明发展观，“生态兴则文明兴，生态衰则文明衰”，把自然生态环境的保护摆在人类文明发展的高度。生态文明发展观立足于自然生态和谐发展，研究自然生态文化。生态文化相对于生态文明的概念，内容更为复杂和广泛，这些不是本课题研究的内容。

1.5.3 文化旅游和丝路文化旅游

关于文化旅游，各学者有不同的观点。美国学者罗伯特·麦金托什等（1995）最早对文化旅游概念做出界定，认为旅游者在游览过程中学习“他人的历史及遗产，以及他们当代的生活和思想”，这就是广义上的文化旅游。Mckercher 和 Cros（2006）将文化旅游的定义概括为衍生于旅游的、动机性的、经验性的及操作性的 4 类，包括历史旅游、民族旅游、艺术旅游、博物馆旅游等。格雷格·理查兹（Greg Richards）（2002）在调查了 6000 多名参观文化景点的游客的基础上，研究了动机、标识与景区之间的关系。亚尼夫·波利亚（Yaniv Poria）等（2003）提出并运用个体特征、地点属性、意识、感知 4 个变量因素来考察文化遗产旅游中游客感知及其行为之间的关系。Mckercher 等（2005）以中国香港为例研究了旅游与文化遗产管理之间的相互关系，指出了两者之间从不成熟到成熟的七种关系类型。国内学者任冠文（2009）认为，文化旅游是指旅游者主要通过消费文化旅游产品，体验和享受文化内涵，从而使身心获得愉悦的一种旅游活动。刘永生（2009）则更多考虑了旅游利益相关者的层面，认为文化旅游是以自然和社会文化深度组合创造景观、开发利用各种休闲娱乐活动，使旅游者获得富有文化内涵和深度体验的主体性创造行为。

总之，文化旅游的核心要素就是文化，旅游者通过对历史建筑、文化景观及文化线路游览或参与相关的文化活动感知某种文化，而其他利益相关者（如旅游经营者、政府、社区居民）则提供相应的具有文化属性的产品或资源，以满足文化旅游者的需求，即立足文化资源，满足旅游者文化需求。

丝路文化指的是沿丝绸之路所传播和衍生的文化，在概念上十分广泛。袁建平等（2001）认为，丝路文化在时间上可以追溯到8000年前，在空间上横跨欧洲、亚洲、非洲三大洲，在内涵上包括历史上传承下来的各种文化形态，有巨大影响力的佛教、基督教和伊斯兰教都在丝绸古道上诞生并传播，与沿线各国各民族文化交织融合。张旭亮（2005）从遗产角度将中国境内的丝路文化分为12大类，认为丝路文化是一种综合形态的文化集合，包括官商文化、宗教文化、民族文化等。总体来说，丝路文化是一种依靠丝路发展起来的兼容并包的文化，既吸收了丝路沿线地区的文化特点，也为沿线地区的文化增添了新的特色，丝路文化既与各地文化相交又保持其独特性。

结合文化旅游及丝路文化内涵，从旅游者主体来讲，丝路文化旅游就是旅游者离开居住地，在丝路沿线地区游览、参观及参与与丝路有关的文化历史活动，了解丝路历史，感知地域文化，获得精神交流的主体行为活动。本课题研究的丝路文化旅游是一个更广义的概念，即以丝路申遗历史文化为主线，串联其他相关文化旅游景区和景点，研究西部丝绸之路文化旅游产业发展及新型城镇化、文化生态功能区建设等问题。

1.5.4 区域系统与区域旅游系统

严格定义区域系统尚且存在一定困难，秦耀辰（1993）将区域系统限定为人的社会经济活动与资源环境在不同等级地域上相互作用的结构、过程和功能的综合体，认为区域系统由一组基本地域单元（形式上表现为空间上的微元素，如农田、乡村聚落、城市居民区等；内容上则反映一系列地理要素，如自然资源、环境条件、基础设施和基本生产活动形式等）组成，通过整合与相互作用构成区域系统。基于以上分析，学者们尝试对区域系统进行定义。张杰（2007）认为，区域系统是一个将区域内的经济、社会和资源环境3个要素纳入同一系统形成的联系紧密、相互制约、开放循环的复杂大系统。聂华林等（2009）认为，区域系统是指某一区域的人口、资源、环境、经济和社会等子系统，在物质、信息和能量交换过程中，通过相互作用组成的具有一定结构和特定功能的复合系统。由此可以看出，区域系统是一个复合的巨系统，目前定义的主要分歧之一是区域子系统的构成。

事实上，区域系统是由一定区域内的自然子系统、经济子系统和社会子系统耦合而成的复杂大系统，部分学者根据研究对象将上述3个子系统进一步细分，如将自然子系统细分为生态环境子系统和资源子系统，将社会子系统细分为人口子系统、科技子系统和政策子系统等，由此形成区域系统的三分法、五分法、六分法等划分方法。考虑到区域实际及后续研究，一般采纳三分法，即区域系统主要由自然子系统、经济子系统和社会子系统构成。

自然子系统包括环境和资源两部分。环境指生态环境，它会随着人类行为的作用而改变。人类在不断向环境索取资源的同时将废物排入其中，由此造成的污染一旦超过了环境承载力，就会导致环境失衡。当人类意识到环境的重要性，并利用不断提高的科技治理和改善环境时，环境可能会逐步恢复平衡。资源方面，种类越多样，储存量越丰富，利用效率越高，越能促进区域系统的发展，但资源的滥采滥用会对系统造成无法弥补的伤害。

经济子系统方面，从经济发展的影响来看，总量的提升可为其他子系统提供资金支持，促进整个区域系统的发展；若不注重质量的把控，总量越大就意味着经济发展对区域系统的破坏越大。因此，经济发展不仅要注重经济总量，更要重视经济质量。从产业构成来看，区域经济的协调发展应建立在合理的产业结构的基础之上；同时，缩小地区发展差距，实现城市农村协调发展，也是区域发展需要努力的方向。

社会子系统包括人口和社会两大部分。人是区域系统的主体，人口的数量、结构及质量等直接影响区域系统的发展。人口增长能带来劳动力及消费力的增加，但人口过多会对系统造成巨大压力；人口结构主要指年龄结构，合理的人口结构能提供充足的劳动力，而人口老龄化等问题会对社会发展造成阻碍；人口质量通过人口素质体现，包括身体和文化两个方面，高素质人口能为区域发展增添动力。社会中的文化医疗、服务保障、制度法规等是区域系统发展的保证。较高的文化医疗水平、完善的服务和保障体系、合理的政治法律制度以及稳定的社会环境和高质量的生活水平等是区域发展不断追求的目标。

学者们因研究视角不同对区域旅游系统的界定存在一定差异，但主要还是从空间表现形式和旅游功能两个方面进行研究分析。

按空间表现形式分析，区域旅游系统是旅游客源地与旅游目的地通过旅游通道相互作用的一个空间系统：雷珀（Neil Leiper）于1979年提出旅游地理系统模型，认为旅游系统是由旅游通道连接的客源地和目的地的组合，包括旅游者、旅游业、客源地、旅游通道和目的地5个要素。刘峰（2001）也认为旅游应该被视作一个系统，是旅游者通过旅游媒介到达旅游目的地的旅游活动系统。

按旅游功能分析，冈恩（C A Gunn）（1994）认为旅游系统由供给和需求两大板块组成。杨新军、刘家明（1998）在冈恩的旅游功能系统模型上增加了宣传促销子系统，强调旅游规划要协调供给与需求的平衡。吴必虎（1998）以此为基础，构建了具有代表性的旅游系统模型，将旅游系统分为客源市场系统（需）、目的地系统（供）、出行系统和支持系统 4 个组成部分。其中，客源市场系统主要与旅游者及其形成和活动背景等因素相关，出行系统主要与推动旅游者前往目的地旅游的交通、信息服务及宣传等因素相关，目的地系统主要与目的地为旅游者提供“吃、住、行、游、购、娱”六要素及其他因素相关，支持系统主要与整个社会为旅游发展提供的政策、环境、人才等因素相关。

本课题主要探讨西北地区区域旅游发展环境，侧重研究西北地区作为旅游目的地在旅游供给方面的状况，因而将从旅游功能方面入手构建区域旅游系统结构。结合吴必虎的研究，将本课题研究的西北地区区域旅游系统划分为两大系统：支持系统和目的地系统。支持系统主要是指西北地区整体的区域发展状况，由自然子系统、经济子系统、社会子系统构成。目的地系统主要指西北地区旅游发展条件及发展状况。发展条件侧重于西北地区作为目的地能够为旅游者提供“吃、住、行、游、购、娱”的旅游资本，主要包含旅游资源和旅游设施两部分，丰富的旅游资源能够为区域发展旅游产品奠定基础，而完善的旅游设施能够为旅游者提供便利的旅游环境，增强可进入性。除了从绝对值角度了解区域旅游发展现状，还应该从相对值角度了解旅游发展速度。

本课题将西北地区区域旅游环境看作一个系统，运用系统思维分析，综合自然子系统、经济子系统、社会子系统和旅游子系统等层面定量分析西北地区旅游环境的脆弱性及其对旅游发展现状的影响。无论是在构建综合评价指标体系部分、聚类分区结果分析部分，还是回归分析影响要素部分，都会以系统论为指导，在动态发展中关注系统的整体性，尤其是相关性，把握西部地区区域旅游系统的各子系统之间、子系统中的各要素之间的相互作用与影响（见图 1-2）。

以旅游可持续发展理论为指导思想，旅游开发与发展要始终追求区域生态、经济和社会的综合效益最大化；明确保护与开发之间不是对抗性的矛盾

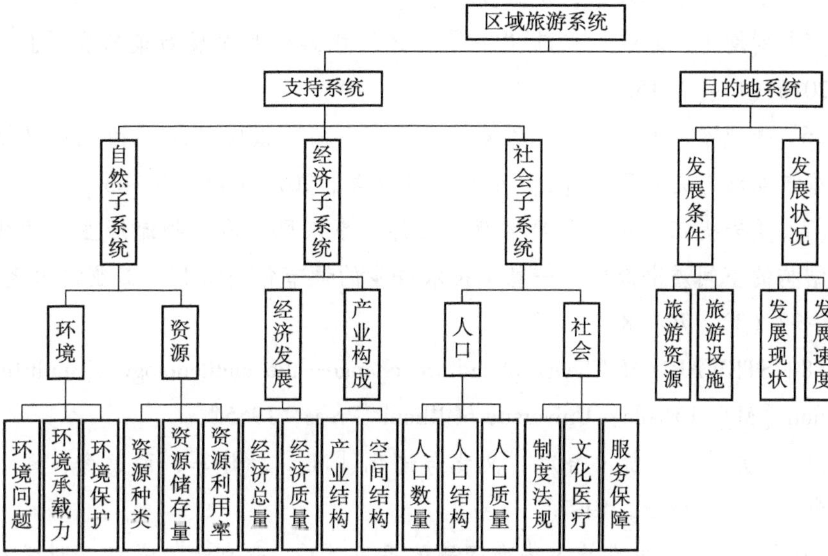

图 1-2 区域旅游系统结构

关系，而是相辅相成的促进关系，现在的保护是为了将来能够更好地开发，而科学地开发就是一种积极的保护；注重区域性原则，根据区域状况差异，因地制宜，合理布局，特色开发。西部地区拥有丰富的旅游资源，当前也面临着巨大的旅游发展机遇，但在旅游可持续发展理念的指导下，不能忽略落后地区无节制开发资源，首先需要评估旅游环境脆弱性，进而分析区域脆弱性差异状况，在明确区域旅游发展的限制性条件后，探寻区域旅游保护性发展策略，采取因地制宜的可持续发展策略，促进西北地区旅游可持续发展。

参考文献

[1] 周欢，马乃毅．“一带一路”建设中我国西北地区城市群协调发展研究 [J]. 科技管理研究，2016，36（6）：187-191.

[2] 张小军．西北地区“丝绸之路”文化产业发展的区域法治协同 [J]. 法制与经济，2016（11）：19-23，35.

[3] 王春艳，程健，韦晓宏．“一带一路”战略下西北地区的区域四位一体化构想研究 [J]. 西安财经学院学报，2017，30（1）：46-51.

[4] 李兴江，马亚妮．新丝绸之路经济带旅游业发展对经济影响的实证

研究——基于甘肃省数据的模型检验［J］. 开发研究，2011（5）：56-58.

［5］刘增涛，赵鸣. 江苏“一带一路”旅游产业发展对策研究［J］. 城市，2016（1）：9-15.

［6］张爱琴，郭晓东，苏维欢.“一带一路”战略契机下西北地区城镇化与旅游业动态关系研究［J］. 青海社会科学，2017（4）：36-43.

［7］艾麦提江·阿布都哈力克，白洋，卓乘风，等. 物流产业专业化对产业结构的空间溢出效应——基于技术进步的调节作用［J］. 工业技术经济，2018，37（3）：70-78.

［8］STEWARD H. Theory of culture change—the methodology of multilinear evolution［M］. Urbana：University of Illionis Press，1955.

［9］［美］托马斯·哈定. 文化与进化［M］. 韩建军，商戈令，译. 杭州：浙江人民出版社，1987.

［10］方李莉. 文化生态失衡问题的提出［J］. 北京大学学报（哲学社会科学版），2001（3）：105-113.

［11］王旭科，王衍用. 风景区规划城市规划化纠正机制探析——基于两个风景区的实证研究［J］. 桂林旅游高等专科学校学报，2004（5）：45-49.

［12］孙兆刚. 论文化生态系统［J］. 系统辩证学学报，2003（3）：100-103.

［13］赵艳喜. 论非物质文化遗产的生态系统［J］. 民族艺术，2008（4）：6-11，70.

［14］韩振丽. 文化生态的哲学探析［D］. 乌鲁木齐：新疆大学，2008.

［15］［美］罗伯特·麦金托什，夏希肯特·格罗特. 旅游学——要素、实践、基本原理［M］. 蒲红，等，译. 上海：上海文艺出版社，1995.

［16］［加］Bob McKercher，［澳］Hilary du Cros. 文化旅游与文化遗产管理［M］. 朱路平，译. 天津：南开大学出版社，2006.

［17］RICHARDS G. Tourism attraction system：exploring cultural behavior［J］. Annals of Tourism Research，2002，29（4）：1048-1064.

［18］PORIA Y，BUTLER R，AIREY D. The core of heritage tourism［J］. Annals of Tourism Research，2003，30（1）：238-254.

［19］MCKERCHER B，HO P S Y，DU CROS H. Relationship between tourism and cultural heritage management：evidence from Hong Kong［J］. Tourism Management，2005，26（4）：539-548.

［20］任冠文. 文化旅游相关概念辨析［J］. 旅游论坛，2009，2（2）：

159-162.

[21] 刘永生. 论文化旅游及开发模式 [J]. 学术论坛, 2009, 32 (3): 108-112.

[22] 袁建平, 刘夏蓓. 丝绸之路溯源 [J]. 社科纵横, 2001 (2): 48-51.

[23] 张旭亮. 丝路文化及其旅游开发研究进展综述 [J]. 天水师范学院学报, 2005, 25 (3): 25-27.

[24] 秦耀辰. 区域系统的开发、规划和管理——当代中国地理科学的主战场 [J]. 河南大学学报 (自然科学版), 1993, 23 (1): 1-9.

[25] 张杰. 基于自组织理论的区域系统演化发展研究 [D]. 哈尔滨: 哈尔滨工程大学, 2007.

[26] 聂华林, 王水莲. 区域系统分析 [M]. 北京: 中国社会科学出版社, 2009.

[27] Leiper N. The framework of tourism: Towards a definition of tourism, tourist, and the tourist industry [J]. Annals of Tourism Research, 1979, 6 (6): 390-407.

[28] 刘峰. 旅游系统规划——一种旅游规划新思路 [M]. 北京: 商务印书馆, 2001.

[29] Gunn C A. Tourism planning: basics, concepts, cases [M]. Washington: Taylor an Rancis, 1994.

[30] 杨新军, 刘家明. 论旅游功能系统——市场导向下旅游规划目标分析 [J]. 地理学与国土, 1998, 14 (1): 60-63.

[31] 吴必虎. 旅游系统: 对旅游活动与旅游科学的一种解释 [J]. 旅游学刊, 1998 (1): 20-24.

2　西部丝绸之路文化生态变迁的过程和文化旅游发展现状

2014年6月，中国、哈萨克斯坦、吉尔吉斯斯坦三国在卡塔尔多哈联合申报的“丝绸之路：长安—天山廊道路网”项目被成功列入世界遗产名录。在丝绸之路申遗名录中，除河南省汉魏洛阳城、隋唐洛阳城、新安汉函谷关、崤函古道4处遗址外，其他18处文化遗址都分布在西部地区。由于丝绸之路申遗名录是公认的较为典型的文化样本，本课题通过分类研究我国西部丝绸之路申遗点（18个）的存续现状，从古代文化遗址、民间艺术文化、民间习俗和宗教信仰的多维视角研究西部丝绸之路文化生态变迁的过程以及与现代旅游融合发展的现状，分析影响西部文化生态变迁的因素，以及丝绸之路文化生态变迁的特点和规律。

2.1　与丝路申遗相关联的文化遗址存续现状

2.1.1　中心城镇遗址的保存现状和周边发展情况

2.1.1.1　古代都城遗址及其周边发展现状

丝绸之路成功申遗名录中汉魏洛阳城遗址、汉长安城未央宫遗址、唐长安城大明宫遗址、隋唐洛阳城定鼎门遗址都是我国古代的政治、经济和文化中心。作为古代都城，这些遗址历史延续性很长，历史事件的关联性对当地其他遗址产生了较大的影响。西部丝绸之路的古代都城遗址主要指汉长安城未央宫遗址、唐长安城大明宫遗址，不包括河南省的汉魏洛阳城遗址和隋唐洛阳城遗址。作为丝绸之路的起点，汉长安城和唐长安城见证了丝路文化的传播，也见证了丝路文化对沿线人民生活生产、文化艺术等方面的影响。西部古代都城遗址地处文化遗产十分丰富和密集的西安市郊，周边名胜古迹、人文景观、文化遗址众多，文化内涵十分突出，有周丰镐遗址、西汉帝陵遗址、唐大明宫遗址、明城墙、碑林、大雁塔、小雁塔、钟楼、鼓楼等各时期的文化遗产，拥有秦始皇兵马俑、唐华清池、唐大明宫等 34 处全国重点文物保护单位。

（1）汉长安城未央宫遗址

汉长安城未央宫遗址位于西安市西北郊的渭河南岸未央区西部。汉长安城是西汉王朝的都城，是目前我国保护最完整、规模最大、文化价值最高的都城遗址。城垣内遗址区面积 36 平方千米，城垣外建章宫遗址区面积 9.38 平方千米。汉长安城有着近 800 年的历史，历史上建都西安的 13 个王朝中，有 10 个王朝以汉长安城为都城，宋代一直到现代，其逐渐废弃变为农田，都城遗址保存较好。1961 年，汉长安城遗址被公布为第一批全国重点文物保护单位。2012 年 8 月，由西安市未央区政府挂牌成立了西安汉长安城国家大遗址保护特区，组建了“政区合一”的管委会政府，享受市级开发区权限，这意味着汉长安城遗址的保护和开发工作进入了实质性推进阶段。

（2）唐长安城大明宫遗址

唐长安城大明宫遗址位于西安城北的龙首原，其作为国家统治中心历时 200 余年，建有当时全世界最辉煌壮丽的宫殿群，毁于唐末，后来逐渐废弃为郊野村落。大明宫遗址略呈梯形，占地面积约 3.2 平方千米。1961 年，大明宫遗址被国务院公布为第一批全国重点文物保护单位。

随着 1934 年陇海铁路的修建，不堪战争侵扰的内地难民沿铁路线不断涌入大明宫地区，一直到新中国成立后，大明宫地区接纳了大量的外迁人员，成为人口密集、环境脏乱的“道北”地区，低矮破旧的“棚户”覆压在遗址上，遗址破坏严重。20 世纪 90 年代以来，随着西安城市化进程的北扩，落后衰败的大明宫区域成为城市发展的“飞地”，严重影响了现代城市的发展和文化遗产的保护。2009 年，唐大明宫国家遗址公园景观总体规划方案确定，搬迁了 3.5 平方千米范围内的 10 余万居民。2010 年 10 月 1 日，大明宫遗址公园基本建成并对外开园。依托大明宫遗址公园进行的一系列城市改造项目，成功地将遗址核心区与城市建设区、生活区之间的界限打破，形成了文化遗址考古公园与商贸区、旅游休闲区、市民居住区等功能区和谐发展的“城市中央公园区”。

2.1.1.2 古代边塞城池的遗存现状

丝绸之路申遗名录中交河故城、高昌故城和北庭故城遗址都是古代西域地区政治、经济、文化和军事中心，也是丝绸之路上重要的交通中心，其作为城邦国存续的历史可以追溯到战国时期（公元前5世纪）。这些故城在中原政权的兴衰交替中控制着交通要道，在公元14世纪逐渐被战乱摧毁废弃，所在区域都纳入地方政府管辖，留存下来的只有残败的遗址，所以考古学家称之为“故城”。作为丝绸之路向西的重要交通枢纽中心和边塞城池，交河故城、高昌故城和北庭故城见证了西域地区的古代文明，也见证了中原王朝对丝绸之路的开创、交流和繁荣所起的重要推动和保障作用，三大宗教尤其是佛教文化经西域传播到中原，甚至朝鲜、日本和东南亚，对中国文化产生了深远影响。

（1）交河故城

交河故城位于吐鲁番市以西13千米的牙尔乃孜沟的两条河流交汇处一座30米高的岛形黄土台地上，总面积47万平方米，建筑面积36万平方米，长约1650米，两端窄，中间最宽处约300米，呈柳叶形，四周地形险要，四面峭壁近乎垂直，是易守难攻的天然屏障。交河故城自古以来是连接内地与西域的东西交通门户，也是沟通塔里木、准噶尔两大盆地的通道，作为丝绸之路上的重镇，是西域政治、经济、文化中心之一。

（2）高昌故城

高昌故城遗址是吐鲁番盆地的中心，位于吐鲁番市以东约40千米的哈拉和卓乡附近，是天山南麓重要的政治、经济、文化、宗教、军事中心和交通枢纽。高昌故城的平面略呈不规则的正方形，总面积约200公顷，保存有结构完整的外城墙、寺院遗址、宫殿遗址、墓葬区等。从汉至唐，高昌是完全由汉人和汉文化主导的地区，公元8世纪末以后，吐蕃人曾一度占据了高昌。公元13世纪以后，天山以北的蒙古游牧贵族南下围攻火州（高昌），战火延续40余年，高昌城在战乱中被摧毁殆尽。自公元前1世纪建高昌壁，至公元13世纪废弃，高昌故城经历了1300多年，始建时间距今已有2000多年，是吐鲁番地区千年沧桑的见证。

（3）北庭故城

北庭故城遗址坐落在东天山北麓坡前地带与准噶尔盆地古尔班通古特沙漠相接壤的平原上，在今新疆吉木萨尔县北庭乡西上湖村内，南依天山，北望沙漠，扼守丝绸之路北路的东西交通要道。北庭故城向东经“伊北路”到哈密，向西经伊犁河流域“碎叶路”达西亚，向南越过天山，走“地道”（又称“金山道”或“车师古道”）直达吐鲁番盆地，向北穿越沙漠经“大北道”和“回鹘路”等草原丝绸之路可至蒙古高原，有着重要的政治、军事、经济、文化的战略交通地位。在公元703年设置北庭都护府之前，汉军和西突厥都曾镇戍北庭故城，唐末都护府解体。公元8—13世纪，回鹘和蒙古先后控制了这个地区，曾经发达的农牧区又回到以游牧为业的时代。14世纪中期，北庭故城开始衰落，在15世纪前期毁于内外战乱。北庭故城范围内有3个自然村、136户农民，有1700多亩耕地，附近有吉木萨尔千佛洞、车师古道、卡拉麦里有蹄类自然保护区。

2.1.2 宗教传播遗址的保存现状和周边发展情况

2.1.2.1 佛教建筑或遗址及其周边发展现状

丝绸之路申遗名录中，大雁塔、小雁塔、兴教寺塔、苏巴什佛寺是重要的佛教建筑或遗址。苏巴什佛寺已经完全废弃，只残存佛寺建筑群。以大雁塔为核心的大慈恩寺和以兴教寺塔为核心的兴教寺至今仍有僧人和香客，香火旺盛，庙会活动频繁，对周边居民的日常生活影响较大。以小雁塔为核心的荐福寺寺庙建筑虽然已经被毁，但以小雁塔和荐福寺为核心建成了集园林和文物展示于一体的西安博物院。

（1）大雁塔

大雁塔位于西安市南部的大慈恩寺内，唐初由玄奘法师主持修建，共7层，高64.5米，是现存最早、规模最大的唐代四方楼阁式砖塔，是我国唐朝佛教建筑艺术的杰作，被视为古都西安的象征。1961年大雁塔被国务院公布为第一批全国重点文物保护单位。以大雁塔为中心的雁塔南北广场、东西苑、大唐芙蓉园、大唐不夜城、通易坊、曲江南湖等成为西安展示大唐文化的著名景区，被誉为西安的“城市会客厅”。

（2）小雁塔

小雁塔位于西安市南部的荐福寺内，建于唐景龙年间，是我国早期方形密檐式砖塔的典型作品，原有15层，现存13层，高43.4米，是唐代佛教建筑艺术的杰出代表，与大雁塔同为唐长安城保留至今的重要标志。1961年小雁塔被国务院公布为第一批全国重点文物保护单位。2007年5月，以小雁塔和荐福寺为核心的西安博物院对外开放，这是集园林和文物展示于一体的博物馆。

（3）兴教寺塔

兴教寺也称“大唐护国兴教寺”，是佛教唯识宗的祖庭之一，位于西安市长安区杜曲镇少陵原畔东江坡村和西韦村，有唐代著名翻译家、旅行家玄奘法师及其弟子窥基、圆测（唐代新罗人）的舍利墓塔，在佛教传播史和中印文物交流史上具有十分重要的地位。到了清末，除三座舍利塔外，全寺几成废墟。1922年寺僧募修大殿、僧房十余间，后又增建修葺了塔亭、大殿、藏经楼、山门等并补修三塔，占地面积约30亩。新中国成立后，政府两次拨款整修。1983年，兴教寺被定为汉族地区全国重点寺院。兴教寺附近有西安秦岭野生动物园、祥峪国家森林公园、翠华山、高冠瀑布等一大批自然景观，还有始建于唐代的洪福寺、观音寺、禅经寺、香积寺、华严寺、净业寺、白塔寺等佛教名胜古迹，另外还有400多座古墓和樊哙祠堂等近百处寺庙、祠观等。

（4）苏巴什佛寺

苏巴什佛寺遗址位于新疆库车县城北20千米处的库车河（铜厂河）东西两岸的冲积台地上，南临沙砾戈壁。遗址南约5千米处为库车县阿格镇栏杆村，库康简易路从西寺经过。苏巴什佛寺始建于魏晋时期，直至公元9世纪被战火摧毁，公元14世纪伊斯兰教进入塔里木盆地后，寺院被彻底废弃。遗址残存有东西两寺，面积约18万平方米，以佛塔为中心，四周的庙宇、洞窟、殿堂、僧房等建筑物保存较为完整。苏巴什佛寺于公元3—10世纪持续沿用，是西域地区保留至今的规模最大、保存最完整、历史最悠久的佛教建筑群遗址。

2.1.2.2 石窟寺遗址及其周边发展现状

丝绸之路申遗名录中彬县大佛寺石窟、永靖县炳灵寺石窟、天水麦积山石窟、克孜尔石窟都是在丝绸之路沿线上具有一定规模的石窟寺，记录着中原与西部多民族的文化交流。彬县大佛寺石窟位于丝绸之路起始段的长安京畿附近，处在一个文化遗产丰富的区域内，附近有花果山石堡、陶谷墓、公刘墓、碾子坡遗址、彬州塔、开元古塔、前秦苻坚陵等，历史人文景观丰富多样，周、秦、汉、唐遗存众多，文化内涵突出。彬县大佛寺石窟就是在这个区域产生的，它的出现是当时丝绸之路长期发展、佛教文化不断传播、造像雕刻技艺日益成熟的结果，展现了佛教造像艺术在东传过程中在关中地区的传播轨迹，当时渭北地区人民的佛教崇拜，也影响着周边人们的生产生活、推动文化艺术等不断发展。炳灵寺石窟所在的永靖县也是一个文化遗产丰富的地区，有黄河三峡古遗址、秦魏家遗址、马路塬遗址、恐龙地质公园等，这些遗址反映了甘肃的发展历史，展现这里的史前文化和原始风貌，是炳灵寺石窟所依托的文化遗产的环境。目前，除炳灵寺依然有喇嘛住寺，对当地居民的生活有深远的影响外，其他石窟寺只留下了丰富的石窟造像。

（1）彬县大佛寺石窟

彬县大佛寺石窟位于陕西省彬县水帘乡大佛寺村西，是丝绸之路起点长安附近的大型石窟寺，大规模开凿于唐初，洞窟展现了唐代都城长安及京畿地区中国式佛教艺术的成就，是中国现存初唐和盛唐时期规模最大、最为精美的石窟群。石窟坐南朝北，依山凿窟，在大佛寺主窟两侧长达500米的东西向立体岩壁上，还分布有历代开凿的洞窟和佛像100余处，连同主窟，现存有130多个石窟，大小造像1980余尊，形成以大佛寺为中心的大型石窟群。石窟历经唐、宋、金、元、明、清、民国，距今已有1300余年。大佛寺石窟遗产区的面积约34.68万平方米，1956年被公布为第一批省级重点文物保护单位，1988年被公布为第三批全国重点文物保护单位。大佛寺石窟周边煤矿的开采不仅严重污染了石窟寺外部环境，而且强烈震动产生的岩体裂隙不断延伸，发育快速的裂隙切割岩石，造成大块岩石掉落，使石窟内佛像头部、颈部都出现一定程度的开裂和脱落。开采还造成大量的山石裸露而缺乏植被保护，使得石窟周边的岩石风化加速。

（2）永靖县炳灵寺石窟

炳灵寺石窟位于甘肃省永靖县城西南35千米处的积石山中，于公元4—10世纪持续开凿于黄河岸边，是我国较早的石窟艺术中心，有1600多年的历史。其最初开凿于西秦，北魏至元、明时期仍在修妆绘饰，逐渐形成一处具有藏汉风格的石窟寺。炳灵寺占据优越的交通地理位置，自然环境优美独特，汉晋以来成为丝绸之路南道的一个重要黄河渡口，是唐蕃古道的必经之路，也是古丝绸之路要道上的一处佛教圣地。炳灵寺兴起于唐，元末明初藏传佛教中的黄派（格鲁派）传入炳灵寺，对本地文化影响深远，至今炳灵寺活佛转世传统依然在延续。炳灵寺石窟错落开凿在小积石山黄河北岸大寺沟西侧长350米、高60米的崖面上，唐代窟龛占2/3以上。石窟群现存窟龛183个，造像将近800座，壁画面积900多平方米，纵深54千米。1961年其被公布为全国重点文物保护单位。炳灵寺石窟附近有丹霞地貌的炳灵石林、鸳鸯洞、药水泉、炳灵峡（黄河三峡之一）和炳灵寺码头，旅游资源丰富。

（3）天水麦积山石窟

麦积山石窟位于甘肃省天水市东部，地处陕、甘、川交通要冲，以其精美的泥塑艺术闻名中外。石窟建于公元384年，历经10多个朝代的不断开凿和修建，成为古代著名的大型石窟群之一。现存佛教窟龛194个，大的高达16米，小的仅有10多厘米，有公元4—19世纪的历代泥塑、石雕7200余件，壁画面积1300多平方米，窟龛全部开凿在山崖峭壁之上。麦积山石窟以精美的泥塑著称于世，绝大部分泥塑彩绘体现了千余年来中国各个时代塑像的特点，被誉为“东方雕塑馆”。1961年，麦积山石窟被列为第一批全国重点文物保护单位。麦积山石窟周边的旅游景区有麦积山风景名胜区、麦积山滑雪场、曲溪景区、仙人崖、伏羲庙、大地湾遗址等。

（4）克孜尔石窟

克孜尔石窟又称克孜尔千佛洞或赫色尔石窟，位于新疆拜城县克孜尔镇东南，其建在7千米高的明屋塔格山的悬崖上，南面是木扎特河河谷。克孜尔石窟始凿于公元3世纪末，至南北朝、隋朝，随着佛教的兴盛，石窟的开凿规模逐渐增大。到公元6—7世纪，受外来势力的侵扰，社会动荡不安，龟兹佛教的发展和石窟开凿曾一度衰落，相比龟兹境内的其他主要石窟，克孜尔石窟衰落较早。公元9世纪末至公元12世纪、13世纪，伊斯兰教东渐西域后，龟兹回鹘改信伊斯兰教，龟兹佛教逐渐衰落，直至公元15世纪初，龟兹完全伊斯兰教化，佛教在西域灭失。

2.1.3 交通及防御类遗址的保存现状和周边发展情况

丝绸之路申遗名录中交通防御类遗址有新安汉函谷关遗址、崤函古道石壕段遗址、锁阳城遗址、悬泉置遗址、玉门关遗址、克孜尔尕哈烽燧。新安汉函谷关遗址和崤函古道石壕段遗址都在河南，西部丝绸之路交通防御类遗址主要指甘肃的锁阳城遗址、悬泉置遗址、玉门关遗址，新疆的克孜尔尕哈烽燧。甘肃省位于内地与边陲的中间节点，文化遗产具有强烈的过渡色彩和融合趋势，其内容显得更加丰富而意蕴深厚，保存有众多军事保障设施，如交通要镇、关隘、驿站等。

2.1.3.1 交通要镇遗址——锁阳城遗址

锁阳城位于甘肃省安西县锁阳城镇东南戈壁荒漠中，分布面积约 86 平方千米。锁阳城起于汉，兴于唐，废于明末。现存的文化遗址有 6 处汉唐古城址，4000 多座汉、唐、魏、晋时期古墓葬，以及古河道、古寺院、古垦区，形制结构复杂，遗存史料丰富，是一座保存完好的具有军事防御、农田水利灌溉和烽燧信息传递功能的古代交通要镇。锁阳城在古代河西地区的政治、文化、经济、军事活动中，一直是一个十分重要的战略要道。1996 年 11 月，国务院将其公布为第四批全国重点文物保护单位。

2.1.3.2 关隘、驿站、烽燧类遗址

悬泉置遗址和玉门关遗址都隶属汉敦煌郡，位于河西走廊最西端的沙漠绿洲。这里地处大漠戈壁，北有北山山脉，南有祁连山余脉三危山、鸣沙山，西南有阿尔金山，南面的党河冲积扇形带和东面的疏勒河下游三角洲相连，形成了一片面积广阔的敦煌绿洲平原。干旱少雨的内陆气候，形成了典型的沙漠绿洲生态环境，随着内地和西域政权更替，军事、经济和文化生活也不断变化。在敦煌附近还有阳关遗址、马圈湾烽燧遗址、寿昌古城、敦煌古城、莫高窟与三危山。

（1）玉门关遗址

玉门关遗址位于甘肃省敦煌市西北 80 千米的戈壁滩上，是长城西端十分重要的关口。自汉武帝在此设立关口至今，已有 2000 多年的历史，是朝廷管理中原与西域交通最重要的关隘。历史上玉门关是中原与西域诸国来往和邮驿交换之路，是丝绸之路北路必经之关。现存的城垣比较完整，总体呈方形，故当地人俗称“小方盘城”，全为黄胶土筑成。

（2）悬泉置遗址

悬泉置遗址位于敦煌市甜水井东南 2 千米的戈壁荒漠中，现存面积约 2.25 万平方米，还留有魏晋时期的烽燧等遗址。悬泉置遗址自汉代建立，是河西要道上的一处集传递邮件、传达命令、接待宾客于一体的地方乡级邮件中转机构，是古代中原与西域交流通信的重要驿站，这是截至目前我国发现最早的汉代邮驿机构。

（3）克孜尔尕哈烽燧

克孜尔尕哈烽燧位于库车县城西北盐水沟东侧，是古代重要的军事信号建筑，是丝绸之路上最古老的也是目前保存最完好的烽燧遗址。历经 2000 多

年的风风雨雨，其至今依旧岿然屹立，残存的形状像“红色哨卡”或者“红嘴老鸹”，这也是其名称的维吾尔语意。2001年，其被国务院公布为全国重点文物保护单位。周边的重要遗址还有库木土拉千佛洞、龟兹古城、默拉纳额什丁墓、库车王府。

2.1.4 关联遗址——张骞墓的保存现状和周边发展情况

丝绸之路申遗名录中只有一处关联遗址——张骞墓，位于陕西省城固县，是一座汉代封土墓，封土为馒头状，底周为不规则长方形台地。1983年成立张骞纪念馆，包括张骞墓和张骞生平事迹展厅两部分，从遗址到县城和汉中市修建了旅游专线。城固县自秦设县制距今已有2300多年，是陕西省首批命名的历史文化名城，有五门堰、李固墓、萧何墓、樊哙墓、文庙、城隍庙等文物遗址，出土殷商青铜器文物3600多件，国家一级文物500多件，数量位居全国县级第二。

2.2 基于丝绸之路申遗的西部文化生态变迁的多维视角

丝绸之路申遗段跨越我国关中中原地区、河西走廊和新疆地区，本课题着重研究西部文化生态的变迁。在西部地区，长距离的陆地交通展开的贸易、宗教传播和民族文化，影响着不同地区人们的生活习俗和民间信仰，形成文化生态的不同关系，包括古代文化遗址与现代环境的关系、民间艺术文化的历史变迁与旅游融合发展的关系、民间习俗宗教信仰变迁与旅游融合发展中的关系。

2.2.1 西部丝绸之路古代文化遗址与周边环境发展的关系

在丝绸之路申遗名录中，除河南的4处遗址外，还有陕西、甘肃、新疆共计有18处遗址。从这些遗址的存续现状来看，通过丝绸之路申遗过程中的环境整治和规范管理，遗址本体及其周边环境整体保存较好，由专门的文物管理机构管理。除了汉长安城未央宫遗址目前是开放的绿地公园，可以免费参观，其他遗址都设有围墙，收取门票。这些遗址依托文化遗产旅游开发的程度各不相同（见表2-1）。

表 2-1　西部丝绸之路文化遗址周边发展情况

遗址类型		遗址	所在地	周边发展情况
中心城镇遗址	古代都城遗址	汉长安城未央宫遗址	陕西西安西北郊	村庄拆迁、开放绿地
		唐长安城大明宫遗址	陕西西安北郊	国家遗址公园、旅游景区、城市改造住宅项目
	古代边塞城池	交河故城	新疆吐鲁番西	荒芜
		高昌故城	新疆吐鲁番西	荒芜
		北庭故城	新疆吉木萨尔县	村庄、自然保护区
宗教传播遗址	佛教建筑或遗址	大雁塔	陕西西安	景观地产、旅游广场景区、有僧人、城市社区
		小雁塔	陕西西安	园林、博物馆、无僧人、城市社区
		兴教寺塔	陕西西安南	城郊区村庄、有僧人、佛教寺庙
		苏巴什佛寺	新疆库车县北	荒芜
	石窟寺遗址	彬县大佛寺石窟	陕西彬县西	有僧人、煤矿
		永靖县炳灵寺石窟	甘肃永靖县西南	喇嘛住寺、旅游景区、水库、黄河峡口、丹霞景观
		天水麦积山石窟	甘肃天水东	无僧人、旅游景区
		克孜尔石窟	新疆拜城县东南	荒芜
交通及防御遗址	交通要镇	锁阳城遗址	甘肃安西县东南	荒芜
	关隘、驿站、烽燧类遗址	玉门关遗址	甘肃敦煌西北	荒芜
		悬泉置遗址	甘肃敦煌东南	荒芜
		克孜尔尕哈烽燧	新疆库车西北	荒芜
关联遗址	墓冢	张骞墓	陕西城固	村庄、纪念馆、文物遗址

遗址所在区位和周边自然环境状况直接影响该地区文化遗产旅游的发展，可以据此将西部地区文物遗产与文化旅游的关系分为以下三类：

（1）城市区文化遗产旅游产业化程度较高

这个类型以西安城市区的文化遗产最为典型，开发比较成熟的旅游景区都是依托文化遗产，形成旅游基础设施完善、商业街区及地产等业态集聚的旅游广场、旅游景区、旅游综合体及景观地产。通过营造文化主题和文化概念突出文化空间，以文化、休闲、体验等商业要素和业态组合丰富产业布局，引入剧院、美术馆、影院、会展、博物馆、创意街区等非购物的休闲业态和时尚产业，打造集文化性、艺术性、休闲性于一体的体验空间，促进传统文化元素与现代文化产业的融合。这种将文化遗产旅游衍生为创意产业发展的路径跳出了单纯依靠文物景点的门票经济，通过开发娱乐演艺项目、夜游项目、节庆赛事、会展等活动，聚集人气和人流量，形成火爆的市场氛围和消费能量。

西安城市区形成了以古代文化遗址为核心辐射的六大旅游圈：以大雁塔为核心的大雁塔景区、大唐芙蓉园景区、大雁塔广场以及曲江南湖景区；以小雁塔为核心的小雁塔景区和西安博物院；以明城墙为核心的城墙景区、环城公园、书院门、顺城巷和碑林博物馆；以钟楼、鼓楼为核心的回民街区、北院门；以大明宫国家遗址公园为核心的大明宫旅游商圈；以秦始皇兵马俑博物馆和华清池景区为核心的临潼国家旅游休闲度假区。这六大旅游圈聚合六个巨大的向心力，吸引国内外客流聚集消费，形成了集特色饮食、购物、休闲、娱乐等于一体的完善的商业旅游街区，旅游产业链完备，旅游消费水平较高，带动了周边社区的繁荣发展。

天水市依托麦积山石窟景区开发了天水金龙山文化旅游园、华昌欢乐城、天水伏羲文化旅游节、甘泉民俗风情小镇以及佳水岸小镇等综合商业地产，通过文化旅游项目拉动休闲、娱乐、商业、地产等区域产业链的完善和提升。

（2）城郊区文化遗产作为传统观光旅游产品

这个类型普遍存在于西部地区。丰富的文化遗产资源由于位于旅游城市边缘，散落在农村，交通的通达性较差，单点遗址与周边其他文化遗产以及自然旅游资源并没有形成互补，仅仅作为观光旅游线路上短暂逗留的参观点，除了门票基本没有其他旅游消费，游客对餐饮、购物、住宿等的需求都必须返回中心旅游城市才能满足。城郊区的文化遗产对当地经济发展的影响不大，但也是中心旅游城市观光旅游产品的重要组成和补充。

甘肃省永靖县的炳灵寺石窟、炳灵石林、刘家峡水库、黄河三峡炳灵峡口和炳灵寺码头，是永靖县开发的沿黄河水上旅游观光线路，游客在每一个旅游点的停留时间最多不超过 1 小时，走马观花式的旅游，使游客体验较差，消费水平偏低。旅游者以兰州为中心旅游城市，1 小时车程参加黄河水上观光旅游，晚上返回兰州进行用餐、娱乐、购物、过夜等旅游消费，对炳灵寺石窟世界文化遗产所在地的经济拉动作用不大。

陕西省城固县张骞墓与其他文物遗址（如五门堰、李固墓、萧何墓、樊哙墓、文庙、城隍庙等）构成了汉中市丰富的文化遗产旅游资源，但是由于地处县城或者农村腹地，各自单点分布，交通不便，大多数游客仅选择世界文化遗产地张骞墓作为参观游览点。汉中市近年来打造的天汉文化旅游产业园、《出师表》演艺项目、廊桥水城、诸葛古镇、大汉山景区、尤曼吉游乐水世界和西乡茶园等系列文化旅游项目形成了独特的陕南汉文化，吸引了大量游客，带动了城固县文化遗产旅游，但是这些串珠连线的文化遗址仅为中心旅游城市的观光旅游线路的单品项目，并没有在当地形成带动社会经济发展的产业。

(3) 其他区域文化遗产基本为保护性展示

其他区域指的是游牧区、人类活动少或无人区，由于历史和地理环境的变迁，这些区域曾经的文明埋没在浩瀚历史尘烟中，留存下来的遗址完全被废弃，周边荒芜或者附近有村庄，现今只有文物保护管理机构对其进行维持保护性展示，完全没有发展旅游的条件或者没有基本的旅游服务设施。

新疆的遗址都可以归到这个类型，历史古城和宗教遗址、交通烽燧等都完全被废弃，目前设有文管所进行日常保护管理。甘肃敦煌周边的遗址，包括莫高窟、悬泉置、玉门关、阳关、瓜州古城等都远离中心城市敦煌，自然环境恶劣，当地经济发展水平落后，文物遗址十分脆弱，只有确保有力的保护措施才能避免更多的外界干扰和破坏。

2.2.2 不同地域环境形成的民间习俗、宗教信仰的变迁与旅游融合发展

(1) 关中中原地区汉族民俗节庆、宗教传播和文化旅游形式

关中中原地区在历史上有良好的生态环境，是北方富庶的农耕文化区。长期以来，该地区以汉族为主体，具有多民族、多宗教文化相融合的特点，逐渐形成了民族节庆文化、社火庙会文化、饮食服饰文化等传统民俗文化。民间有送“百家衣”吃“百家饭”，以及婚丧嫁娶、祭祀和岁时节日等习俗，民间信仰诸神，如灶神、门神、财神等。

在西安市长安区斗门镇，每月农历初一、十五和每年正月十七、七月七，

拜祭牛郎织女石刻的香客多达上万人。斗门镇的牛郎织女石刻是汉武帝穿凿昆明池训练水军、调洪蓄洪时，取民间传说中牛郎织女隔天河“盈盈一水间，脉脉不得语”之意，按照天上银河左牵牛右织女的布局，在昆明池两岸设置了牛郎和织女石刻像，这也是我国现存最大的汉代石刻。牛郎和织女石刻1956年被公布为陕西省第一批重点文物保护单位，2010年长安区的“牛郎织女传说”被列入国家级非物质文化遗产名录。经过2000多年的历史变迁，昆明池早已经变成了良田，但是斗门镇常家庄村北的牛郎石刻和镇东棉纺厂内的织女石刻却准确地标明了昆明池东西两岸位置。长期以来，牛郎和织女被当地百姓传为神人，尊称两个石刻为“石爷神”和“石婆神”。唐代中期修庙设案供奉，千百年来香火不断。除了口头传说故事，当地还有歌谣、快板、皮影戏、秦腔、剪纸等民间艺术形式以及一些民间习俗。至今当地还保留着每年正月十七和七月七两次大型庙会活动，以及每月初一和十五到庙里祭拜的惯例。庙会活动持续3~5天，高峰时每日多达数万人。

关中中原地区的劳动人民在长期的生产生活中，结合二十四节气和时令，形成了特色鲜明的春节、元宵节、端午节、清明节、中秋节、重阳节、七夕节（乞巧节）等岁时节气习俗。传统民俗节日不仅与我国历史悠久的农耕社会文化有关，还表达了人们祭拜祖先、祈求平安幸福生活的美好愿望。这些节庆习俗向各地区、各民族流传辐射，流传到韩国、日本、越南及东南亚地区。

依托博物馆开展文化遗产保护传承、展示和研究，开发博物馆旅游，带动研学旅游和民俗旅游是一种将传统旅游与现代旅游相结合的新形式。关中民俗艺术博物院是一个明清园林风格的民营博物馆和国家4A级文化旅游景区，被评为国家文化产业示范基地。景区有迁移复建明清古民居、戏楼、画廊、工艺作坊等主题展览，还开展了古民居、礼仪、风俗、农耕文明、社火、楹联等系列专题研究。作为陕西省爱国主义教育基地，景区针对在校青少年开办“华裔青少年汉唐之旅”“探访关中民俗、感受三秦文化”“走进关中文化、释放乡土情怀”“汉唐远行、古道新风”等主题教育活动和研学旅游活动（见图2-1）。2015年端午节期间，关中民俗艺术博物院举办了端午民俗文化艺术节，适值儿童节期间，招募了少年儿童参加挂香包、系红绳、赠粽子等习俗活动，开展了秦汉战鼓、舞龙狮、旱船、跑驴、老腔等表演活动，并教观众操作皮影、剪纸、泥塑、草编等。西安市长安区的五台古镇依托五台森林公园和关中民俗艺术博物院，开展仿古特色民俗文化旅游，但是目前产业带动不足，特色吸引力不够，五台古镇门可罗雀，旅游发展缓慢。

图 2-1 关中民俗艺术博物院

一些在城市中的博物馆、戏剧院、茶肆或者广场开展的文化主题活动、文化艺术节，结合传统的春节、中秋节、七夕节、端午节等节日，将传统流传于农村的秦腔自乐班、关中东府、西府曲子戏社在市井中重新上演，秧歌、老腔、皮影等民间艺术文化成为茶楼戏院定期演出的节目。这些地方特色文化以节庆旅游、民俗旅游、文化旅游、乡村旅游等新形式包装，植入民间习俗的传统文化，与新时期现代文化融合发展，成为一种新时代的习俗文化。

依托传统节日开展民俗节庆旅游，推动假日旅游经济发展，带动乡村旅游、文化旅游的发展，近年来也已经成为各地的风尚。2018 年春节期间，陕西省各地开展的灯会、庙会、冰雪、温泉、民俗等节庆活动体现了浓浓的陕西味。商洛市推出“年货会、非遗展演、祈福庙会、棣花演艺、花车巡游、激情冰雪节”主题活动，韩城市的灯会庙会、兴平市马嵬驿、礼泉县袁家村的年俗活动，关中要社火、蒸花馍，陕北转九曲、贴窗花，陕南的桄桄戏、舞龙狮等形成了浓浓的过年气氛，旅游过年成了新年俗。

关中地区是中原文化乃至中华民族文化的生发之地，也是丝绸之路宗教文化传播的汇聚地，佛教、道教、伊斯兰教、景教等宗教都在此得到了广泛的传播和发展。中国佛教九大宗派中七大宗派的祖庭都在此被完好地保留下来，并不断向日本、朝鲜、东南亚等国家传播，长安地区成为东亚和东南亚佛教文化的发源地。西安“七寺十三坊”回民巷的伊斯兰风俗自唐宋时期保留至今，是丝绸之路文化交融的见证。西安广仁寺是我国唯一绿度母主道场、陕西地区唯一的藏传格鲁派寺庙，自清代以来，是西北和康藏、青海等地喇嘛和班禅入京朝贡道经陕西的行宫。每年正月初八，广仁寺举办燃灯节，点燃万盏酥油灯祈求平安吉祥。关中地区有太白山、终南山、少华山、华山等道教名山，宫观庙宇星罗棋布，保留下来的大量宗教建筑和宗教习俗，融入周边群众的日常生活，也成为关中地区独特的民间习俗和文化特色。民间道教城隍神信仰从关中中原地区向西传至河西地区，向东传播远至港澳台地区和越南、泰国、马来西亚、新加坡等国。每座县市都有城隍庙，城隍祭祀曾经在明代晋升为国家祭祀的组成部分。大型城隍庙会活动会形成集祭祀、道观法会、商贸集会、戏曲杂技表演于一体的商业区和娱乐中心。如西安都城隍庙有600多年的历史，在城隍戏楼里听长安鼓乐、秦腔，看杂技，品美食，拜谒神灵，祈福求财保平安，给人们的都市繁忙生活带来休闲放松和精神寄托。

（2）河西地区多民族文化习俗共融、地域化宗教习俗的形成和时代变迁

河西地区自古以来是多民族聚居地，便捷的交通促进了多民族文化信息的传播、交融和发展，在文化传承上是关中中原华夏文化和西域少数民族文化相互交融、碰撞并重新组合的中间过渡文化带。河西文化自成体系，是独具地域特色的文化，也是具有过渡性、融合性和地域性的民间文化习俗。

佛教节日燃灯节在河西地区流行的过程中，逐渐与中原地区元宵节的观灯、猜灯谜、舞龙灯、踩高跷、扭秧歌等活动相融合，正月十五夜晚举行酥油花灯会，人们观赏花灯，观看木偶戏表演。酥油花和正月十五酥油花灯会传到甘、青、藏地区，青海塔尔寺的酥油花艺术最为著名。2018年春节期间，甘肃各地举办了灯会，首届敦煌文博冰雪节引进自贡灯展，成为融入现代时尚文化元素的旅游节庆。

河西地区的民间习俗，如庆节祈年、贺喜禳灾、祭祖吊丧等礼俗活动在沿袭中原传统的同时，形成了独具韵味的仪式歌，也引入了西方奇技异术。比如，在民间祈雨祭祀中人们穿上彩衣，舞起数丈长的各色火龙，社火中还

出现了由西域传入的“带竿百戏”，即“铁芯子”。古城瓜州曾经盛行的“击器而歌，拊掌而舞”的社火，是由印度传入西域，又与中原艺术相结合，具有浓郁宗教色彩的地方民间艺术。节庆习俗和民间信仰上，人们以尚武崇勇、驱魔辟邪题材为主，崇尚威武勇猛彪悍的信物形象。各民族的生活方式、礼仪节俗相互影响改变，胡床、高腿桌等生活用具被汉族居民广泛使用，改变了汉族人席地而坐的习俗。

除了佛教和道教在河西地区流行，沿丝绸之路又传入景教、拜火教、伊斯兰教等多种宗教。宗教活动对河西群众生活影响很大，有 9 种庙会与佛教信仰和佛教节日有关，26 种庙会与道教信仰和道教节日有关，还有一些节日与伊斯兰教有关。民族之间文化的相互影响不断减弱，而地域化的宗教信仰基本定型并固化，在河西地区形成了不同地域的 5 个民族宗教文化传播区：草原文化和藏传佛教传播区（甘南青藏地区）、农耕文化和汉传佛教石窟艺术区（兰州以西平原地区）、农耕与商业文化和伊斯兰文化传播区（宁夏和甘肃临夏地区）、山地农耕文化和原始宗教文化传播区（陇南山地汉藏地区）、周秦文化和道教文化传播区（庆阳、平凉、天水一带）。

藏族宗教节日有拉卜楞寺大法会、浪山节、香浪节等，天水伏羲文化节是大型的祭祀伏羲的汉族传统民俗节庆典礼。现代旅游节庆活动有张掖马蹄寺观光旅游节、香巴拉旅游艺术节、敦煌葡萄节、环县道情皮影艺术节等。传统宗教庆典与现代旅游节庆活动相结合，以地方特色民族文化为依托，融入了祭祀礼仪、商贸往来、文化交流和旅游观光等元素。

（3）天山南北以伊斯兰教为普遍信仰的多民族文化节庆和旅游节庆

新疆地域广阔、多样的气候和地理环境及多民族聚居，形成了较为独特的地理文化单元。天山南麓的绿洲农耕文化与天山北麓的大草原游牧文化的接触、冲突、交流和融合，促进了异质文化的生成，使其从游牧文化逐渐走向定居文化。在这个过程中，源自印度的佛教经由天山南麓和吐鲁番盆地向中原地区传播，中原地区盛行的春节和佛教节日，也成为这一地区的汉族、蒙古族、锡伯族、满族、达斡尔族等民族一年中盛大的节日。各民族依然保留着本民族传统的节日庆祝活动，麦德尔节是蒙古族藏传佛教最盛大的庙会，西迁节是锡伯族纪念祖先西迁的传统节日。有的民族节日随着时代的变迁，庆祝形式和内容也逐渐发生变化。那达慕大会过去是由喇嘛们焚香点灯、祈祷神灵的大规模的祭祀活动，现在则成了蒙古族一年一度的大型竞技类的娱乐活动，既有传统的摔跤、射箭、叼羊等比赛项目，也有田径、拔河等体育项目。

新疆大量民族特色浓郁的丰富多彩的节日活动也成为极具地域特色的旅游活动，尤其是丝绸之路吐鲁番葡萄节、博州那达慕草原节、和田玉石文化节、乌鲁木齐丝绸之路冰雪风情节等成为十分经典的旅游节日，每年吸引大量国内外游客慕名而至。2016 年 11 月，在新疆乌鲁木齐举办的中国西部冰雪旅游节暨第十一届中国新疆冬季旅游产业交易博览会上，从 48 个旅游节庆中评选出新疆十大最受欢迎的旅游节庆，分别是丝绸之路冰雪风情节、福海县乌伦古湖冬捕节、吐鲁番葡萄节、玛纳斯碧玉文化旅游节、霍城县金秋旅游季薰衣草节、伊犁天马国际旅游节、塔城裕民县山花节、巴楚县丝路之驿胡杨文化旅游节、环赛里木湖公路自行车旅游节、乌苏啤酒节。

2.2.3 西部丝绸之路民间艺术文化的历史变迁与旅游融合发展趋势

西部丝绸之路民间艺术文化在长期的历史环境变迁过程中，不断与外来文化和中原文化相互交融，形成了以宗教和民间艺术为主体的地域文化。在现代旅游发展过程中，地域民族文化与旅游活动融合发展，衍生出具有地域特色的民族文化旅游项目。从地域文化的延展规律与旅游融合来看，包括以下三个发展趋势：

（1）关中汉族传统民间说唱艺术在西部的地域化及与现代旅游结合的形式

关中黄河流域是中国文明的发源地，历史悠久，影响力较大。作为丝绸之路的东起点，东西方文化在这里共存和交融，在长期的自然环境和人文环境等因素的共同作用下，积淀了丰富的非物质文化遗产，呈现出文化的多元性、传承性和地域性特点。

秦腔、曲子戏、皮影戏是这一地区主要的民间戏剧形式，在各个地方又形成了独特的地方戏和地方文化。例如，流传于陕西关中乾县、礼泉、永寿、兴平、彬县、武功等地的弦板腔，就是在西路皮影戏的基础上形成的。关中道情也是皮影戏的一种，在黄河两岸形成了东路调，在陕北和内蒙古形成了西路调，又在秦岭南北分成了关中道情、商洛道情和安康道情等。这些民间艺术是当地老百姓在长期的生产劳作或者日常生活中逐渐形成、演变的民间娱乐形式。道情就是出家人求施舍化缘时诵唱的“道中情理”，由关中道教的诵经唱词逐渐演变成一定的唱腔和唱词，最后发展成为一种地方戏剧形式。曲子戏在西北 5 省（区）发展较为广泛，形成了眉户曲子戏、敦煌曲子戏、华亭曲子戏、新疆曲子戏、宁夏曲子戏等地方小戏，取材于当地的生活、劳作、爱情、婚丧嫁娶等地方民俗，包含了文学、音乐、舞蹈、曲艺、特技等艺术成分。

敦煌曲子戏作为敦煌十分受欢迎的一种民间文化，其唱腔吸收了陕西秦腔、眉户和甘肃各地曲子戏的曲调，被当地群众和民间自乐班广泛传唱，融入了中原的文学、音乐、舞蹈、曲艺和特技等。在莫高窟、月牙泉等旅游景点及周边农家园、宾馆等地为中外游客演奏曲子戏和民间小调，已经成为敦煌旅游必不可少的观赏项目。

起源于唐代宫廷燕乐大曲的西安鼓乐，也称长安古乐，被誉为“中国古代音乐的活化石”和“中国古代的交响乐”，是在“安史之乱”期间由流亡于民间的宫廷乐师所传，千百年来流传于西安及周边地区的寺庙、道场和农村，至今还使用唐宋时期“工尺谱”的记谱方式。每年夏、秋之际，在农闲时的迎神、祭年、庆丰收等民俗性活动仪式以及庙会、乡会上，一些村镇组织的鼓乐社和大寺院、大庙宇的鼓乐乐队都会前来参与表演。在西安都城隍庙、大唐芙蓉园景区内，传统鼓乐社的演奏乐曲结构庞大、风格典雅大气，十分吸引游客（见图 2-2）。

图 2-2　西安鼓乐表演

随着现代文明的不断发展，传统的民间艺术文化濒临失传，也面临着如何在新时代创新发展的问题。华阴老腔与摇滚乐结合，使歌手谭维维的演出火爆《中国之星》和2016年央视春晚，华阴老腔也受到了广大年轻音乐爱好者的关注和喜爱。将这种古老的地方传统艺术融入现代摇滚，让更多的年轻人懂得欣赏和传承，也是传统文化在新时代的创新方式。渭南皮影戏起源于汉代，传唱至今已有2000多年历史，自元明时期沿着海陆两条丝路传播到世界各地，是中国最早走向世界的民族艺术瑰宝。在博鳌亚洲论坛2018年年会"文化之夜"的开场演出中，陕西渭南皮影戏伴着古朴豪迈的碗碗腔，惊艳了全世界。

依托文化遗产旅游景区开展节庆活动，传统文化艺术通过当地群众参与表演、游客参与体验方式，可以焕发新的活力。日本在各地举办的大型传统仪式，如京都祇园祭和葵祭、大阪天神祭、东京神田祭等，大多数在每年固定的时期举办，也有的数十年才举办一次。这些节庆活动都由所在社区以町为单位组织，重现传统的习俗和庆典仪式，具有地方性、传承性、仪式性和体验性。

（2）河西走廊多民族融合的民间艺术文化西传东渐及实景演出旅游项目

河西地区地域狭长，位于内地与边陲的中间节点，南北连接关中中原地区和西域地区，东西与蒙古高原、青藏高原承接，在历史上河西走廊一度是距离都城长安最近、最大的外贸交易中心，便利的交通使其艺术风格呈现出鲜明的时代性和区域性并存的特征。

河西走廊是丝绸之路佛教西传东渐双向传播的重要驿站。佛寺石窟展现了丝绸之路宗教交流下形成的石窟艺术，并与中原文化结合得到进一步发展，更有许多民间艺术文化取材于宗教文化。因此，河西地区呈现出中原文化与游牧民族文化交融的多元性、过渡性和融合性的趋势，是东西方文化传播的过渡区，文化内容丰富而意蕴深厚。这里一方面传承了中国北方的儒学文化，如甘肃武威文庙是仅次于山东曲阜孔庙和北京孔庙的全国第三大孔庙建筑群，还有武威海藏寺、嘉峪关关城、张掖大佛寺、兰州城隍庙等古建筑群受儒教文化影响修建；另一方面，河西走廊是佛教文化传入中原地区的重要通道，留存大量的石窟群，遗存珍贵的宗教文化，形成了博大精深的敦煌文化艺术。

西域乃至欧洲、中亚、南亚的音乐《婆罗门曲》、舞蹈《狮子舞》《胡腾舞》等艺术，流传经河西地区形成《西凉子》《甘州子》《八声甘州》等高雅乐舞，传入长安融合了中原的《秦汉伎》，逐渐发展成为唐代宫廷燕乐，与民间舞伎《西凉伎》融合，形成了河西地方戏西秦腔。

随着丝绸之路的开通，秦汉时期刺绣艺术传入河西地区。中原文化的龙凤、仙鹤、麒麟、牡丹等装饰元素，与少数民族的生活用品相结合，如张掖平山湖乡的蒙古族妇女在蒙古包和帐篷边沿及地毯上刺绣出云头纹、鸟兽等花样，显示出高原民族粗犷豪放的风格，酒泉阿克塞哈萨克族的刺绣则具有十分浓郁的民族特色。汉晋时期，剪纸艺术随着屯垦戍边和中原移民的迁入传入中原，河西的剪纸艺术融合了不同民族、不同地域的文化艺术精华，形成了色彩鲜艳、形式多样、形象夸张等特色，张掖、酒泉、庆阳的剪纸最具特色。一些地方也形成了独特的民间工艺，如酒泉夜光杯、天水漆器工艺、敦煌民间彩塑、阿克塞哈萨克毛毡房等。受到中原文化影响的木雕、砖雕、彩绘、草编等技艺，结合当地多民族文化特点，取材更丰富，艺术成就更高。

甘肃裕固族的民间文学格萨（斯）尔集中了西北多民族宗教信仰、民族情感、说唱艺术，是唐卡、藏戏、弹唱等传统民间艺术创作的源泉，逐渐发展为河西地区民歌和地方小曲小调。普遍流传于甘南、青海黄南和四川甘孜的藏戏，由藏族民间舞蹈、民歌和僧歌演变而来，是受汉族传统戏曲影响更大的地方化戏曲。被称为“活着的敦煌变文”的河西宝卷，是受中原民间的话本、小说、弹词、戏曲等影响而形成的一种讲唱艺术，将世俗化的佛教经义融入了地方风俗语言、风土民情，广泛流行于河西各地，成为交通闭塞的偏远山区的主要文化表达形式。

青海、甘肃、宁夏、新疆等西北地区的汉族、藏族、回族、土族、撒拉族、蒙古族等民族群众，在长期的农事劳动和山野运货等劳作中，创造了独具特色的“花儿”山歌，唱词浩繁，形成不同流派和艺术风格。每年西北5省（区）都会举办花儿演唱会，青海老爷山花儿会和甘肃康乐县莲花山花儿会规模较大，影响范围较广。甘肃和政县国家级森林公园松鸣岩举办的花儿会，是河州花儿的发源地，被称为“中国花儿传承基地”，2006年被列入第一批国家级非物质文化遗产名录。花儿会期间，周边十里八乡的群众自发参与、创作、对歌、赛歌集会，数十万群众朝山赴会，歌海如潮，形成了良好的民间文化生态。

以河西文化为主题的大型歌舞剧《丝路花雨》，经过1979年和2008年的改编，2016年在首届丝绸之路（敦煌）国际文化博览会开幕式上演出，再次引起全世界的瞩目，随之而来的甘肃旅游热和敦煌旅游热，把河西文化丝绸之路旅游推向新的高潮。在敦煌温泉沙漠小镇的大型造景沉浸式演艺《极乐敦煌》，取材于敦煌壁画，夜间灯光实景演出和多维影院技术、数字成像技术等高科技演艺手段，将传统文化与现代科技相融合，极大地提升了文化旅游的体验性。一些地方特色经典剧目，如《丝路花雨》《大梦敦煌》等，在重点景区、宾馆、主题公园形成常态化驻场演出项目。

《凤舞丝路》是夜游银川的大型城市主题创意项目，是银川“一带一路”主题的重要文旅项目。宁夏一些印象元素（如花儿、伊斯兰宗教、塞上江南、“中阿之轴”等古今题材）有机组合，以古老的金凤传说引出一座城市悠久的历史变迁，通过生动的演绎，融入阅海湾的美景中，构筑西北城市旅游的概念和文化品牌。运用高科技艺术特效和灯光、水幕、舞台、大型装置、周边景观联控等，打造集文化、科技、艺术和创意演出于一体的视觉演艺秀（见图 2-3）。此外，新疆大剧院《千回西域》、西安《中华千古情》等大型演艺节目，也是体验型演艺和商业业态的结合，是深入发掘当地文化与旅游文化相融合的现代演艺新形式。

图 2-3 银川大型城市主题创意项目《凤舞丝路》

（3）新疆传统民族文化独特性积淀及民族文化旅游演艺

新疆自古以来就是丝绸之路的核心区，是多种宗教文化混杂交融和文化沉淀的地区，形成了具有历史特色、地域特色和民族特色的独特、多样的文化。在这里产生和传播的西域佛教文化、维吾尔族文化、伊斯兰教文化、丝绸之路文化以及新疆生产建设兵团红色文化等不同时代的活文化，是新疆多民族文化融合地域性的集中表现。

新疆曲子戏融合多种民族文化，广泛吸收西北地区甚至内地民间曲调的唱腔、曲调和曲牌，传入新疆后又融合了新疆各民族艺术，并逐步形成用汉语演唱的地方戏种，具有独特的地方艺术风格。新疆曲子戏吸收了陕西眉户戏、兰州鼓子、青海平弦、西宁俗曲、河州小调、苏北民歌、东北秧歌和二人转、回族花儿、撒拉调、锡伯族太平歌，并糅合了维吾尔族、哈萨克族等民族的民间曲调。由于新疆曲子戏的道白使用陕西口音的新疆地方土语、方言，诙谐幽默、亲切易懂，受到当地汉族、回族、锡伯族以及维吾尔族群众的广泛喜爱。哈密地区的曲子戏吸引了不少维吾尔族群众，甚至还有维吾尔族演员登台用汉语表演。在哈密地区发展起来的新疆曲子戏，广泛流传于乌鲁木齐、昌吉、米泉、伊犁等北疆各地。一些汉民族聚集的城乡地区，特别是陕、甘、宁、青群众居住的地方，都普遍有新疆曲子戏的演唱活动。

以新疆维吾尔族舞蹈为主体的赛乃姆舞起源于中亚，历史悠久，吸收了许多古代龟兹乐舞的成分，流行于天山南北，逐渐形成了不同地区的赛乃姆。新疆有 10 多种赛乃姆舞，富有西域特色，多姿多彩，是新疆舞的典型代表。维吾尔族地区还有一种古老的传统杂技“达瓦孜”高空走大绳表演，源于2000 多年前的西域，在西汉时期传入中原，甚至西出国门，许多“达瓦孜”家族世代相传，艺人们沿丝绸之路，到印度、红海之滨、埃及等地卖艺。

由于地域广袤且有沙漠高山的阻隔，新疆形成了独特的地域民族文化。在叶尔羌河两岸，广袤的草地荒原和繁盛的原始胡杨林里，繁衍生息着一个由土著维吾尔族与外来蒙古族游牧民相互融合形成的“刀郎人”族群，他们创造了以“刀郎木卡姆”“刀郎麦西来普”和“刀郎农民画”等为代表的刀郎文化。《永恒的刀郎》是新疆喀什地区麦盖提县精心打造的大型民族歌舞剧，85%的演员是当地各乡镇和社区的业余演员，结合新疆独有的弹拨尔、手鼓、达卜、扎木聂等乐器，融合了歌舞、棉花、慕萨莱思（一种葡萄饮品，有 3000 多年历史，被誉为葡萄酒中的“活化石”）等地域文化特征，将民俗、服饰、特产、节日等多彩的文化元素融入歌舞表演，全方位展示刀郎文化。麦盖提县也被文化和旅游部命名为“中国民间文化艺术之乡”。在昌吉新疆大剧院表演的大型室内实景民族歌舞秀《千回西域》，既是以新疆多元民族文化、丝路民风民俗和民族团结繁荣为内容的文化旅游节目，受到游客的追捧，也是新疆文化旅游产业重点项目，打造新疆歌舞的世界级品牌，带动了以新疆大剧院文化演出为核心的“乌昌一日游”精品旅游线路的发展（见图2-4）。此外，还有哈萨克民族歌舞音乐剧《喀纳斯盛典》和维吾尔民族歌舞风情表演《吐鲁番盛典》。丰富多彩的民族音乐舞蹈是新疆文化旅游的特色。

图2-4　昌吉新疆大剧院表演《千回西域》

2.3 影响西部文化生态变迁的因素

2.3.1 自然环境和交通条件的变化改变了文化遗址在历史上的功能地位

从西部丝绸之路沿线文化遗址历史变迁中可以看出，有些文化遗址由于交通区位的重要性在历史上曾经有过辉煌和繁荣。随着人口的增加和耕地规模的扩大，植被遭到砍伐，原本平衡的生态系统遭到破坏，当地的生态环境越来越脆弱，河流枯竭、土地沙化。再加上战乱频繁、政权更迭、交通变化等因素，异域文化交融产生危机，甚至无法相融，迫使人们逃离，这些昔日富庶繁华的城镇、交通和宗教等重要历史功能要地最终逐渐荒芜、废弃，甚至被沙漠戈壁淹没。

甘肃省安西县锁阳城遗址地处河西走廊西端，自古就是东进西出的交通枢纽，是古丝绸之路上的一个咽喉重镇，现在完全淹没在戈壁荒漠中。古代的锁阳城有一大片开阔的绿洲，是酒泉郡与西域联系的纽带，有完整的古代军事防御系统和古代农田水利灌溉系统，特殊的地理区位优势条件使锁阳城在兴盛的同时也预示了它的衰落。锁阳城因处于丝绸之路的咽喉地带而成为各路商旅的停歇贸易之地，少数民族迁徙、避难之地，兵家必争之地。这片古绿洲在晚唐以后因战乱频繁，人们逐渐逃离。到元代中期以后，由于政治军事局势剧烈动荡、游牧部族角逐、土地利用方式改变、河流人为改道、疏勒河流域开发地域转移等原因，这里大部地段已经开始沙漠化。明代正德以后这里完全沙化而被废弃。北庭故城、交河故城和高昌故城等相继繁荣于丝绸之路的商贸文明，是丝绸之路上重要的商旅重镇，在唐代前期都经历了鼎盛发展时期，但由于战乱和自然灾害，环境逐渐恶劣，城市被废弃从而荒芜。这些故城在漫长的历史岁月中随着自然生态环境的变化和文化生态系统的变迁，逐步变成了如今的“死城”。

还有一些文化遗址由于区位和交通条件的变化逐渐失去了往日的功能。如甘肃的悬泉置、玉门关和阳关等河西走廊西部遗址，在生态结构上曾经属于典型的沙漠绿洲，是中原通过西域的必经门户。随着丝绸之路的开辟，佛教传入，敦煌地区的壁画和塑像达到极高的艺术水平，在隋唐时期达到高度繁荣。宋元以后，随着国家政权东移，陆上丝绸之路逐渐衰落。到明代中期敦煌被吐蕃占领后，政府下令闭锁嘉峪关，将关西平民迁徙关内，废弃建制，这一带沦为荒漠之地。

2.3.2 历史文化传承和传播的日渐式微改变了文化遗址的历史地位和价值

随着佛教经由西域—河西走廊传入中原地区，彬县大佛寺、永靖县炳灵寺和天水麦积山石窟寺都是丝绸之路沿线佛教文化鼎盛时期的重要宗教遗址。在中西交通要道的汇集处，佛教文化结合特殊的地理环境和地貌特点，形成集宗教信仰、多元文化艺术和商业贸易等为一体的宗教场所，这些文化遗址随着丝绸之路贸易往来的衰落和佛教文化传播的渐没而逐渐沉寂。

大佛寺石窟地处渭北平原泾河谷地，连接了中原地区、河西走廊、天山南北与七河地区，丝绸之路、茶马古道、陕商通道等交通干道交织于此。在陆路和水路交通的重要位置，佛教艺术受到同时代西方、南方和中原文化的多重影响，还受到鲜卑族、羌族、粟特族等多民族文化的影响，形成了独特的长安佛教风格。石窟寺开凿于以红砂石为主的清凉山脚下，依山傍水，形成了良好的历史环境景观，无论从古代风水格局还是从现代景观环境的角度考量，均较好地保留了周边历史环境和风貌。随着大佛寺的修建和佛教文化的传播，人们聚寺而居，依山傍水，其他各种民间艺术形式也孕育而生。弦板腔、关中道情等民间艺术的形成与当地人民的农业生活和传统的宗教有关，如关中道情就是出家人求施舍化缘时诵唱的道中情理，之后演变成的一种艺术形式，也是民间的娱乐形式。唐末以后，随着战乱频繁、都城迁徙，周边生态环境日趋恶化，石窟附近有大片岩石裸露于地表，水土流失加剧，植被面积减少，耕作农田承载力下降，可利用的空间变得狭小，寺院的土地不断遭到侵蚀，彬县大佛寺也失去了往日的辉煌而僧去寺空。在长期的社会历史发展过程中，多元的文化生态不断改变，宗教文化已经不是整个社会生活的主流而日渐式微，但其他多样化的民俗文化不断丰富着人们的生活。

2.3.3 长期历史变迁过程中自然与文化相互交融形成相适应的文化生态

人类文化在长期的历史变迁过程中，与生态环境始终处于互动之中，它们相互影响、相互制约、相互交融、相互适应，最后原有的文化生态被更能适应生态环境的新文化所取代。

甘肃省永靖县炳灵寺位于中原地区、河西走廊、青藏高原和黄河上游古渡口的交会处，丝绸之路、唐蕃古道、羌中道、大斗拔谷道等交通干道交织于此，大夏河、洮河等水系从其附近汇入黄河，是佛教东传西渐双向传播的重要驿站。这里自古以来就是多民族的聚居地，受鲜卑族、羌族、党项族、吐蕃族、回鹘族、蒙古族等多民族文化的影响，石窟寺藏汉风格十分显著。炳灵寺石窟所在地区的地形结构为典型的丹霞地貌，奇峰、幽谷、碧水、石窟，形成了别具一格、壮观秀美的炳灵丹霞景观。炳灵寺所在的大寺沟三面环山，沟口狭窄，黄河从前面经过，三山一河把大寺沟切割成了一个幽僻、独立的空间。东北—西南走向的大佛山阻挡了西北风进入，山体顶部突出的崖面遮蔽了雨水，对面山体坡度平缓，有利于大佛山向阳采光，黄河为其提供了充足的水源，鳞次栉比的洞穴是禅修的最佳场所，这种独特的环境符合佛教早期“山岩空谷间，坐禅而念定”的选址条件。这里的自然地貌环境与宗教文化环境相互交融，多民族不断迁徙聚居，成为丝绸之路重要的贸易通道。佛教文化和少数民族文化共同影响着石窟寺的艺术文化，汉藏民族文化在不断融合与冲突中发展。长期以来，这里也是各民族信仰争夺之地，因各自的宗教信仰不同，得势者往往会摧毁对方的宗教偶像，树立自己民族的宗教偶像，民族的冲突也破坏了融合的文化生态，炳灵寺的造像佛窟都留有不同时代破坏和再造的历史痕迹。随着刘家峡水库的修建，水位上涨，原来濒临黄河居高俯视的宗教气氛已经所剩无几，虽然佛教对人们生活的影响大不如前，但藏传佛教节日还是人们日常生活中十分隆重和重要的宗教节日。周边居住的藏族群众也改变了“逐水草而居”的游牧生活逐渐定居下来，传统饮食和服饰文化都逐渐与现代生活相融合。藏族移民现在的着装是现代 T 恤或衬衫外加传统藏袍，现代的运动鞋或皮鞋取代了长筒靴。

2.3.4 经济发展改变了人们的习俗观念和传统文化

随着对外交往和旅游经济的发展，西部丝绸之路上的传统宗教节日和独特的文化习俗吸引着人们前去参观游览和参与体验。在现代生活方式的引领下，一些民族宗教节日逐渐减弱了传统上等级森严的宗教气氛，增添了更多节日喜庆和举家欢聚的气氛，与民间艺术习俗、现代文化相融合，更符合现代人的生活方式。例如，西藏、青海、四川、甘肃等省（区）的藏族人民每年藏历十月二十五日都会为纪念宗喀巴大师举行盛大的宗教节日——燃灯节，如今寺院里烦琐的宗教法会仪式已经简化，人们转经祈福，摆酥油花，燃元根灯供佛。新疆额敏等县的蒙古族在燃灯节期间还会举行各种娱乐活动，包括蒙古族传统的赛马、摔跤、射箭、舞蹈等。

随着社会经济的发展，一些民族节日活动已经逐渐失去了原有的传统意义，欢乐、祥和、喜庆的节日气氛成为社会的主流。灯，象征着家和团圆，也是中国独有的年文化符号。2018 年春节前后，全国首个品牌灯会——华侨城自贡灯会在北京、上海、天津、重庆等 12 个城市共同举办。自贡灯会有着 800 多年的历史，久负盛名，融合了中华民族文化元素，经中宣部批准为“环球灯会”文化品牌，成为“春节文化走出去”国家行动计划的重要项目。未来 5 年，自贡将在国内外 100 个城市举办灯会，推动自贡灯会成长为“环球灯会”。如今，全球有灯会的地方，95%都与自贡有关，这也使自贡灯会成为中国民俗文化走向世界的文化品牌。

2.4 丝绸之路文化生态变迁的特点和规律

2.4.1 理查兹的遗产旅游统一体理论

荷兰人文地理学家格雷斯·理查兹的遗产旅游统一体理论认为，遗产景观涉及从原始自然景观到城市建筑景观及人文景观等多种多样的环境（见图2-5）。遗产旅游与其他类型的旅游具有相同的特点，如位于遗产旅游统一体左边的是生态旅游或自然旅游，位于中间的是文化旅游，位于右边的是城市旅游等。理查兹将遗产旅游描述为一种相似重叠的概念，每个遗产旅游类型并不是单独的、相互排斥的，而是相互渗透、相互重叠和交错的，是多种不同的遗产体验和遗产景观，是一种复合型的或者相互叠加的组合式的遗产旅游类型。在遗产旅游的过程中，会涉及生态旅游、城市旅游、文化旅游和遗产旅游等，它们是交互进行的，是一个整体性的旅游活动。

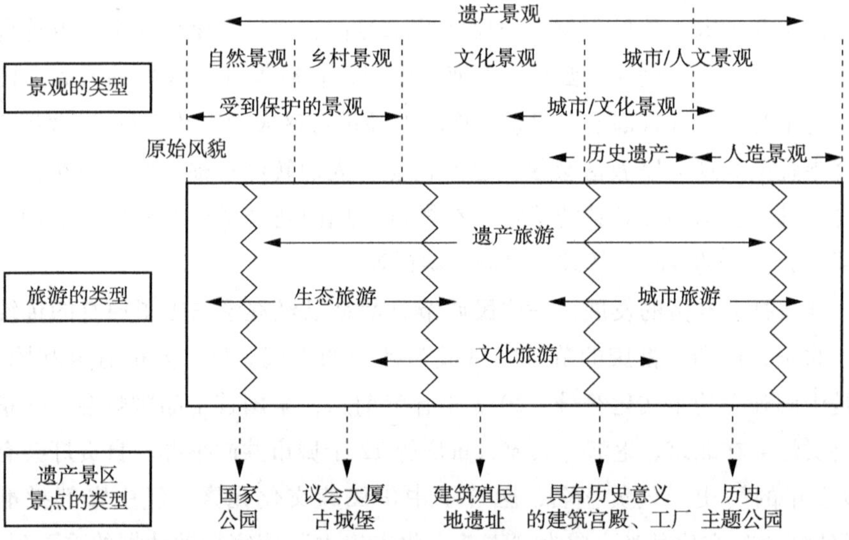

图 2-5 理查兹遗产旅游统一体理论

这一理论的重要性在于它有助于阐明丝绸之路遗产廊道存在多种不同的遗产体验和遗产景观。丝绸之路上分布着众多丰富的遗址遗迹，这些遗址遗迹多是因军事、贸易流通而遗留下来的贸易城市、军事据点和文化遗存。这些文化遗产都是历史遗留下来经过社会价值体系筛选的产物，具有经济、政治、社会和科学意义。丝绸之路遗产廊道的遗产景观从两京故城，经过崤函古道—秦陇故道—河西走廊，绵延至新疆段，景观类型自东向西从城市建筑景观与人文景观逐渐过渡到自然原始风貌的多样生态景观和文化类型。因此，丝绸之路遗产旅游除了具备典型的文物遗存特征，还融合了其他类型的旅游特征，如生态旅游、自然旅游、文化旅游和城市旅游特征等。

2.4.2 丝绸之路遗产廊道景观变迁和景观格局分布

为了更清晰地研究丝绸之路遗产廊道的景观变迁和景观格局分布的地理规律，本节选取丝绸之路申遗名录国内段河南、陕西、甘肃、新疆4省（区）22个遗址作为研究样本，分析丝绸之路文化遗址景观类型和旅游类型自东向西变化发展的分布格局。

（1）河南段遗址景观类型由城市—文化景观向乡村—生态景观变化，旅游类型由城市—文化旅游向生态—文化旅游变化

河南段丝绸之路申遗的4处遗址包括汉魏洛阳城、隋唐洛阳城、新安汉函谷关、崤函古道。汉魏洛阳城和隋唐洛阳城都是作为都城而成为一个时代的政治、经济和文化中心，遗存了大量古代城市景观，包括宫城和皇城等。定鼎门遗址是隋唐洛阳城外郭的正南门，位于城市的中轴线上，其景观类型属于典型的城市—文化景观，旅游类型属于城市—文化旅游。汉魏洛阳城在洛阳市以东约15千米，与偃师市毗连，附近有白马寺、太学遗址、灵台遗址，其景观类型属于城市—文化景观，旅游类型属于城市—文化旅游。

新安汉函谷关位于洛阳市西30千米的新安县城东，是古代丝绸之路东起点第一道门户，也是著名的古战场遗址。关楼坐西向东，北接陇海线，南连青龙山，西通县城，东临涧水，关前有天然屏障八陡山。文化遗址区的自然景观和文化景观相融合，景观类型属于自然—文化景观，旅游类型属于生态—文化旅游。

崤函古道是自东京洛阳至西京长安进入古陕州崤山地段道路的总称，是中原通往关中、到达西域的咽喉要道，也是丝绸之路的干线路段。现存的崤函古道石壕段遗址位于陕县硖石乡车壕村东南800米处的金银山麓，全长约230米，其中有10余米长的辙痕较为明显。站在崤函古道遗迹所在的山顶向东望去，即可看见东边不远处著名的石壕古村，石壕村处于谷底，尚有老窑古屋，一条土古道穿村而过。遗址及周边以原生态的乡村景观为主，景观类

型属于乡村—生态景观，旅游类型属于生态—文化旅游。

（2）陕西段遗址景观类型由城市—文化景观向乡村—文化景观转变，旅游类型由城市—文化旅游向生态—文化旅游转变

西安市区内的遗址点有汉长安城未央宫遗址、唐长安大明宫遗址、大雁塔、小雁塔，都是具有历史意义的建筑和宫殿，位于西安市区内或城区边缘地区，作为历朝古都遗址，景观类型都属于城市—文化景观，旅游类型都属于城市—文化旅游。

兴教寺塔位于陕西省西安市长安区少陵原（樊川北原）畔的杜曲镇，其山门对面就是杜曲镇西韦村的村舍，遗址景观类型属于乡村—文化景观类型，旅游类型属于生态—文化旅游。

张骞墓位于汉中城固县城西 3.5 千米的饶家营村，掩映在田野村落农舍间的古墓，既有古朴厚重的历史文化内涵又有乡村淳朴清新的自然气息。遗址景观类型属于乡村—生态景观类型，旅游类型属于生态—文化旅游。

彬县大佛寺石窟位于彬县城西 10 千米的泾河南岸，南依青翠巍峨的清凉山，北傍蜿蜒东流的泾河水，背山面河，凿岩为室，雕石成像，错落绵延在 400 米长的奇峭崖面上。景观类型属于生态—文化景观，旅游类型属于生态—文化旅游。

（3）甘肃段遗址景观类型都属于自然—文化景观，旅游类型都属于生态—文化旅游

玉门关遗址和悬泉置遗址都在甘肃省敦煌市外的戈壁荒漠中，锁阳城遗址也在瓜州县外的大漠深处，周边有敦煌古城和瓜州古城。麦积山石窟和炳灵寺石窟都是开凿于地势优越的山体之上，崖面上的石窟与自然景观有机结合，因此，遗址的景观类型都属于自然—文化景观，旅游类型都属于生态—文化旅游。

（4）新疆段遗址景观类型都属于（荒漠）生态景观，旅游类型都属于（荒漠）生态旅游

新疆 6 处遗址，包括高昌故城、交河故城、克孜尔尕哈峰燧、克孜尔石窟、苏巴什佛寺遗址、北庭故城，都位于荒漠戈壁，随着自然风沙的侵蚀和历史岁月的遗弃，遗址基本淹没于荒漠中，因此，新疆段遗址景观可以被认为是（荒漠）生态景观类型和（荒漠）生态旅游。

2.4.3 丝绸之路遗产廊道景观格局的分布规律

（1）距离城市的远近影响景观类型和旅游类型

区位距离城市较近的遗址，其景观类型都属于城市—文化景观或者文化—城市景观，旅游类型也大都偏向于城市—文化旅游。距离城市越远的遗址点，则越来越偏向于乡村—原始生态景观，旅游类型也大多属于生态—文化旅游。

（2）自东向西的景观格局呈现出过渡性和重叠性的景观特征

丝绸之路中国段申遗的22处遗址自东向西的景观格局由城市—文化景观逐渐趋向于自然—生态文化景观，遗产旅游类型也从城市—文化旅游逐渐过渡为生态—文化遗产旅游。这是由各遗址的特有属性、区位、自然地貌、景观特征、文化传承和历史变迁等多种因素共同决定的。在漫长的历史变迁过程中，自东向西的古城城市功能随着景观类型和景观格局的变化也发生了巨大变化。例如，汉魏洛阳城、隋唐洛阳城和汉长安城、唐长安城都曾是我国古代的国家都城，是全国政治、经济和文化中心。随着历史的变迁和现代城市的叠压，遗址反映出来的景观类型是城市—文化景观。甘肃锁阳城和新疆的北庭故城、高昌故城、交河故城，历史上其屯田垦荒和军事防御的功能更为突出。随着环境的变化和历史的变迁，遗址反映出来的景观类型是（荒漠）生态景观。在丝绸之路遗产廊道表现出来的景观过渡类型是乡村—文化景观、乡村—生态景观和自然—文化景观，景观过渡性和重叠性特征明显。

（3）景观类型和景观格局存在许多相似性和关联性

石窟和关隘贯穿整个丝绸之路遗产廊道，这两类遗址向东和向西都连接着古城址，向东的汉魏洛阳城、隋唐洛阳城、汉长安城未央宫和唐大明宫是我国古代政治、经济、文化的中心城市，而向西的锁阳城、高昌故城、交河故城、北庭故城是边疆军事防御和商贸交流的驿站或者聚落。由此也可以看出，丝绸之路遗产廊道中宗教遗址和军事防御遗址连接着中原都城和驿站、边城，景观类型呈现的特点是越趋向于东部中原地区，遗址的文化性特征越明显，越趋向于西部西域地区，遗址的自然性和生态性特征越明显，其关联性体现了景观格局和景观类型的过渡性。

（4）对丝绸之路经济带旅游开发的启示

丝绸之路经济带旅游开发应该遵循旅游景观格局和旅游类型变化的规律。

在城市—人文景观的地区主要布局历史主题公园、博物馆、生态历史博物馆、考古遗址公园等旅游景区类型；在自然景观—乡村景观的地区主要布局湿地公园、森林公园、沙漠公园、草原公园等旅游景区类型；自然景观和人文景观的和谐布局可以辅助乡村旅游、民俗节庆旅游、汽车营地等多业态的现代旅游形式，以便捷快速的旅游路网将不同类型的旅游景区串联成旅游环线。通过这样的旅游景观布局，可以将丝绸之路沿线的遗址与周边的自然景观、文化景点连接、整合在一起，连点成面，形成旅游合力。体验性的民俗节庆活动，既可以传承丝路文化，又可以增强游客的参与性，加深游客对丝路文化遗产的认识和体验。

3 丝绸之路文化生态脆弱性测度和评价

本课题研究丝绸之路文化生态脆弱性的测度，从两个方面进行分析，一是采用聚类分析法对丝绸之路旅游环境的脆弱性进行评价和分区；二是采用层次分析法对丝绸之路文化遗址的脆弱性进行评价。通过脆弱性评价把丝绸之路西北地区划分为6个区域，针对分区特点提出文化生态保护和区域旅游保护性发展的策略。最后，运用扎根理论以西安鼓乐非物质文化遗产保护传承为实证案例，分析文化生态保护与旅游开发的影响因素。

3.1 丝绸之路文化生态环境脆弱性的现状

丝绸之路文化生态变迁，一方面由于自然环境变化对文化遗址本体的影响，另一方面由于社会经济发展和人为因素对文化生态环境的影响，丝绸之路文化生态系统已经发生了很大的变化。除了自然因素，随着旅游业的发展，人们对文化遗产地区的人为干预不断加强，不合理的旅游开发活动、文化遗址大量密集无序的建筑和商业活动，以及相关保护措施的缺失，都会影响遗址的生存状态。这与生态环境脆弱性一样，在自然和人类活动的共同作用下，生态系统在特定时空对外界干扰所具有的敏感反应和自我恢复能力在不断下降。因此，研究丝绸之路文化生态脆弱性应该先从自然环境因素和人为干扰因素两个方面分析整体环境现状。

3.1.1 自然环境对文化遗址的影响

西部丝绸之路地区的自然环境除了陕西省大部分属于大陆季风性气候，年平均降水量570毫米外，其他地区气候干燥，温差较大，降水量较少，是典型的温带大陆性气候，年平均降水量在150~300毫米，新疆年均蒸发量为

3000毫米左右。西北干旱区大量以泥土为材料的遗址广泛分布，主要形式为古代城址、佛寺、石窟寺、墓葬、城堡、驿站、烽燧等土遗址。夏季暴雨、冬季冻融和春、夏两季大风天气对土遗址的侵蚀作用极大，是影响文化遗产生态环境脆弱性的主要自然因素。新疆戈壁面积广大，河西走廊特殊地形都容易形成大风天气。虽然西北地区气候十分干燥，但是夏季暴雨的瞬时降水量对土遗址的冲蚀和剥蚀作用很大。昼夜温差很大，吐鲁番地区温差可达40℃，产生的冻融对土遗址的破坏很严重。

3.1.2 人类活动对文化生态环境的影响

西部大部分地区文物遗产保护意识较弱，保护措施不完善，文化遗址分布地域广泛导致日常保护管理难度较大，尤其是城郊区的文化遗址还受到城市化扩张和新型城镇化建设的影响。例如，汉长安城位于西安市北郊，北距西安市中心10千米，西距咸阳市中心3千米，随着西咸国家级新区的发展，汉长安城等44处49个文物保护单位被划入西咸新区范围，文化遗址受限制发展区约占新区城市规划建设面积的45%，城市化发展建设的压力巨大。另外，有的城市区内文化遗产受旅游开发的商业化影响较大。西安市大雁塔景区周边开发成旅游步行街、音乐喷泉、主题公园及房地产等商业业态，在河南洛阳市中心的明堂遗址也存在同样的旅游商业化开发的问题。虽然改善了文化遗址周边的环境面貌，提升了文化品牌吸引力，但是也改变了遗址原有的遗产环境。

3.2 脆弱性的概念和研究方法

3.2.1 脆弱性的概念

20世纪60年代，脆弱性相关研究开始出现于自然灾害方面。90年代以来，有关脆弱性的研究呈现快速增长的趋势，涉及范围越来越广，从自然科学领域向人文科学领域不断扩展和延伸，关注点从特殊的生态环境（如干热河谷、喀斯特环境、海岛等）、自然环境（如水资源、农业环境、渔业环境、海岸带等）到人类社会受到不利的外部扰动因素（气候变化、自然灾害等）

的影响而产生的不稳定性。

自然科学领域有关脆弱性的研究侧重点在于，系统脆弱性受到的扰动频率、暴露程度和敏感性因素影响的损害程度。国外学者理查德（Richard J T et al.，1997）评价了海岸带的脆弱性，尤其关注气候变化对系统脆弱性的影响；阿德里亚诺（Adrianto L et al.，2002）研究了自然灾害下海岛的生态脆弱性；吕尔斯（Luers A L et al.，2007）以墨西哥某河谷农田系统为例对脆弱性进行了量化研究。我国学者主要探讨地区脆弱性的状况及形成原因，关注自身的不稳定性。黄朝迎（1989）强调气候要素在粮食生产系统脆弱性中的作用，李克让等（1996）分析了气候变化影响下的森林系统脆弱性。

人文科学领域重视识别社会系统中的脆弱性，侧重探讨易导致系统受损的自然、经济、政治、制度等各方面因素及重建系统恢复力的人文机制和对策。针对一些特殊的生态环境，如喀斯特岩溶区、西北干旱区、农牧交错带以及人为造成的特殊环境（三峡库区）地区，学者们认为，有的脆弱性因素源自系统的内在特征，独立存在于外部的扰动因素，是系统本身的内在属性，导致脆弱性无法避免。国外学者布里古利奥（Briguglio L，1995）、吉约蒙（Guillaumont P，2010）针对小岛屿发展中国家（SIDS）或欠发达国家，指出SIDS的劣势由其自身特点（如规模小、地处偏远、易受自然灾害等）导致，所以系统脆弱性无法避免，尝试建立了脆弱性综合指标体系。国内学者主要关注资源型城市，如矿业城市、石油城市等或区域经济系统的脆弱性特点，提出规避措施和城市转型策略。苏飞等（2002）对全国25个地级以上的煤矿城市进行了脆弱性评估，分析煤矿城市经济系统脆弱性特点、分布与发展趋势，为寻求城市经济转型提供参考。王士君等（2010）以大庆市为例对石油城市进行了脆弱性研究。除此之外，学者们还对我国的金融系统、交通系统、电力系统、旅游经济系统等重要但易受损的系统进行了脆弱性因素研究。

不同学术领域的学者由于研究对象及视角存在差异，在界定脆弱性内涵时存在各自的侧重点。但大部分学者都认同脆弱性的概念包含三层含义：一是系统本身存在的不稳定性；二是系统对来自自然或者人为的外界干扰和环境变化表现出的一定的敏感程度；三是在外来干扰和外部环境变化的胁迫下，系统易遭受某种程度的损失并难以复原和回溯的特征。

3.2.2 研究视角

本课题研究丝绸之路文化生态的脆弱性是基于西部丝绸之路遗产廊道的社会文化系统，研究其内部文化遗产保护和旅游发展这两个相互掣肘的活动对文化生态存续状态改变的敏感反应和恢复力。这个脆弱性表现在两个方面：一是旅游发展会对整个区域的社会文化系统造成影响，甚至可能存在某种程度的破坏；二是区域内的文化遗址受到自然因素和人类活动因素的共同作用变得更为脆弱。

因此，本课题从两个视角来分析丝绸之路文化生态脆弱性，一是丝绸之路旅游环境的脆弱性，主要关注丝绸之路西北 5 省（区）区域旅游系统的内在特征，识别其脆弱性程度，并分析脆弱性的区域差异；二是丝绸之路文化遗址的脆弱性，主要关注丝绸之路申遗文化遗址的生存状态受气候条件和人为干预程度影响的脆弱性程度。

3.2.3 脆弱性评价方法

（1）层次分析法

该方法将与决策有关的元素分解成目标、准则、方案等层次，在此基础上进行定性和定量分析。范语馨（2018）利用模糊层次分析法，对屏障区湖北段的生态环境脆弱性进行了评价，并分析了主要影响因素。

（2）聚类分析法

该方法能够将一批样本数据根据其诸多特征，按照其在性质上的亲疏程度，在没有先验知识的情况下自动进行分类，并产生多个分类结果。张炜熙（2011）利用模糊聚类法将河北地区划分为四类区域，并进行了区域脆弱性评价分析。

（3）主成分分析法

该方法旨在通过降维找出主成分因子，将多个评价指标转化为少数几个综合指标（主成分），每个主成分可反映大部分原始变量的信息。王士君等（2010）以大庆市为例，利用主成分分析法构建了石油城市经济系统的应对能力指数。

（4）模糊综合评价法

该方法应用隶属度理论把定性转为定量评价，常被用于资源环境评价。史正涛等（2013）应用模糊综合评价法建立了高原盆地城市水源地脆弱性指标体系评价模型。

（5）基于 GIS 技术的评价方法

脆弱性分析结果借助地理信息系统（GIS），可将各区域的脆弱性反映在地图上，令人一目了然。例如，韩峥（2001）将 GIS 技术与脆弱性相结合，研究我国的贫困（脆弱性高）地区，为提高我国扶贫项目工作效率提供支持。

当然，脆弱性研究方法远不只这些，BP 神经网络法、模糊物元评价法等都有较多的应用，应根据研究目的与研究对象选择合适的评价方法。结合本课题的研究对象与研究目的，采用聚类分析法对丝绸之路 5 省（区）的区域旅游环境进行脆弱性分区评价，分析脆弱性区域差异，采用层次分析法对丝绸之路遗产廊道的文化遗址进行脆弱性评价。

3.3 基于聚类分析法的丝绸之路区域旅游环境脆弱性评价与分区

3.3.1 评价指标体系构建

构建指标体系是脆弱性评估的前提，依据不同的理论基础会形成不同的脆弱性评价指标体系。目前主要有成因及结果表现指标体系、压力—状态—响应指标体系、多系统评价指标体系 3 种类型。

一是成因及结果表现指标体系。脆弱性是众多因素共同作用的结果，以此为依据，成因及结果表现指标体系将指标划分为成因和结果两大类，清晰、客观地体现出区域脆弱性产生的原因及对应结果。例如，赵跃龙、张玲娟（1998）在评价全国 26 个地区的生态环境脆弱性时，从自然和人为两个方面研究造成生态环境脆弱的成因及结果，从而建立评价指标体系。

二是压力—状态—响应（PSR）指标体系。脆弱性具有反馈性，它是相关内外部因素（pressure）在区域系统中形成反馈而产生负效应（state）的体现，当负效应累积时即造成系统的崩溃（response）。例如，马骏（2015）以

PSR 模型为基础构建了三峡库区（重庆段）脆弱性评价体系。

三是多系统评价指标体系。以系统论为理论基础，将研究对象划分为若干个子系统，综合各子系统的脆弱性特点进行分析，能够系统全面地反映区域系统的脆弱性。例如，赵国杰、张炜熙（2006）在分析河北省的区域脆弱性时，将区域划分为资源、环境、经济、社会 4 个子系统建立指标体系进行评估，这也是本课题采用的指标体系。

本课题研究丝绸之路区域旅游环境脆弱性评价的样本选取西北 5 省（区），以地级市为评价单元进行脆弱性评价，由于部分地区相关数据难以获取，最终确定的评价样本包括 5 省（区）43 个地级市（见表 3-1）。

表 3-1　评价样本数量

省级行政区	地级市
陕西省（10 个）	西安市、铜川市、宝鸡市、咸阳市、渭南市、延安市、汉中市、榆林市、安康市、商洛市
甘肃省（14 个）	兰州市、嘉峪关市、金昌市、白银市、天水市、武威市、张掖市、平凉市、酒泉市、庆阳市、定西市、陇南市、临夏回族自治州、甘南藏族自治州
青海省（8 个）	西宁市、海东市、海北藏族自治州、黄南藏族自治州、海南藏族自治州、果洛藏族自治州、玉树藏族自治州、海西蒙古族藏族自治州
宁夏回族自治区（5 个）	银川市、石嘴山市、吴忠市、固原市、中卫市
新疆维吾尔自治区（6 个）	乌鲁木齐市、吐鲁番地区、昌吉回族自治州、伊犁州直属县（市）、塔城地区、阿勒泰地区

采用多系统综合指标评价法来评估区域旅游环境的脆弱性，将评价指标体系的层次结构划分为目标层、基准层和指标层。目标层是此次评价的目标，即区域旅游环境脆弱性。基准层以区域旅游系统构成为指导，由支持系统和目的地系统两大部分组成，由于目的地系统主要涉及旅游因素，所以将其命名为旅游系统，自然子系统、经济子系统、社会子系统和旅游子系统一起构成基准层的 4 个部分。指标层同样以区域旅游系统为依据，由一些具体且可度量的指标构成。根据指标性质，将其划分为正向型指标（越大越好）、逆向型指标（越小越好）和中间型指标（值居中最好）3 种类型（见表 3-2）。

表 3-2 评价指标体系

目标层	基准层		指标层		单位	性质	符号
			一级指标	二级指标			
区域旅游环境脆弱性	支持系统	自然子系统	环境	工业废水排放量/GDP	吨/万元	逆向型指标	X_1
				工业废气排放量/GDP	立方米/万元	逆向型指标	X_2
			资源	人均水资源量	立方米/人	正向型指标	X_3
				人均耕地面积	平方千米/人	正向型指标	X_4
				森林覆盖率	%	正向型指标	X_5
		经济子系统	经济发展	人均 GDP	万元/人	正向型指标	X_6
				生产总值指数	—	正向型指标	X_7
			经济结构	第三产业总产值/GDP	%	中间型指标	X_8
				城乡居民收入比	%	逆向型指标	X_9
		社会子系统	人口	人口自然增长率	‰	逆向型指标	X_{10}
				人口密度	人/平方千米	逆向型指标	X_{11}
			社会	每万人医生拥有数	人	正向型指标	X_{12}
				死亡率	‰	逆向型指标	X_{13}
				教育支出/财政支出	%	正向型指标	X_{14}
				城镇登记失业率	%	逆向型指标	X_{15}
	旅游子系统		发展条件	3A 及以上级景区数	家	正向型指标	X_{16}
				星级饭店数	家	正向型指标	X_{17}
			发展状况	旅游收入	亿元	正向型指标	X_{18}
				旅游收入同比增长率	%	正向型指标	X_{19}
				旅游接待人数	万人	正向型指标	X_{20}
				旅游接待人数同比增长率	%	正向型指标	X_{21}

(1) 自然子系统

基准层包括环境和资源 2 个一级指标与 5 个二级指标。

环境指标：工业发展能够促进地区经济总量的增长，也会带来以“工业三废”（废水、废气和固体废物）为主的环境污染物质，选取对环境影响更大的废水和废气来衡量工业发展对地区环境的污染程度。在缺乏可持续发展意识的前提下，经济发展越快，废物排放总量越多；随着环保意识的增强及新科技的运用，经济总量提升可能会降低污染物的排放量。因此，以地区生产总值为分母，以废水、废气排放量为分子，用污染物与经济总量的比值（工业废水排放量/GDP、工业废气排放量/GDP）来反映环境在面对人类行为时所呈现的脆弱性，两者皆为逆向型指标。

资源指标：自然子系统中的种种资源，如水资源、矿产资源、土地资源、森林资源等，选取其中一些具有代表性的重要资源作为评价指标，包括人均水资源量、人均耕地面积和森林覆盖率，皆为正向型指标。

（2）经济子系统

基准层包括经济发展和经济结构2个一级指标与4个二级指标。

经济发展指标：选取人均GDP和生产总值指数分别衡量经济的总体规模及发展速度，两者皆为正向型指标。

经济结构指标：在产业结构方面，选取第三产业总产值占GDP的比重作为衡量指标。第三产业所占比例适中才有利于经济协调发展，所以此指标为中间型指标。在空间结构方面，选取城乡居民收入比作为衡量城乡发展差距的指标。城乡居民收入比=城市居民人均可支配收入/农民人均纯收入，该值越趋近于1，说明城乡发展差距越小，且该值一般大于1，可认为其是逆向型指标。

（3）社会子系统

基准层包含人口和社会2个一级指标与6个二级指标。

人口指标：选取人口自然增长率和人口密度两个指标。人口自然增长过快和人口密度过大所带来的人口数量过多最终会对区域系统造成巨大的压力，增加其脆弱性，因此皆为逆向型指标。

社会指标：从医疗水平、社会保障、文化教育等方面着手，选取了每万人医生拥有数、死亡率、教育支出在财政支出中所占比重、城镇登记失业率4个指标进行评价。每万人医生拥有数是一个地区医疗水平的直接反映；死亡率不仅受医疗水平的影响，还受医疗保险、社会福利等影响，是国家社会经济发展水平在社会中的具体体现；社会的发展离不开教育，教育支出在财政支出中所占的比重可以反映该地区对教育的重视程度及发展水平；城镇登记失业率的上升不仅会导致生活水平的下降，还会使社会发展的不稳定因素增多。因而，除城镇登记失业率和死亡率为逆向型指标外，其他两者皆为正向型指标。

（4）旅游子系统

基准层包含发展条件和发展状况2个一级指标与6个二级指标。

发展条件指标：能够反映旅游资源状况的指标有很多，选取3A及以上景区数量作为旅游资源的评价指标。星级饭店数量可反映该区域能够提供的住宿设施，也是区域旅游接待能力的具体体现，是旅游设施的重要组成部分，因而将其作为该方面的评价指标。两者皆为正向型指标。

发展状况指标：发展状况一方面考虑旅游带来的经济效益，即旅游收入；另一方面考虑旅游吸引力，即旅游接待人数。结合对发展绝对值和相对值的讨论，最终选择旅游收入、旅游接待人数及两者的同比增长率来进行评价。四者皆为正向型指标。

3.3.2 聚类评价分区

聚类分析是统计学中研究“物以类聚”问题的多元统计分析方法，它能够对一批样本或变量按照性质上的亲疏程度进行自动分类，同类内部个体特征具有相似性，不同类之间的个体特征差异较大。这种方法可以对区域间的相似度进行分析，以此判断不同地区间的相似度及差异性，是定量研究地理事物分类问题和地理分区问题的主要方法。按照分类对象不同，聚类分析可以分为Q型聚类（对样本聚类）和R型聚类（对变量聚类），由于丝绸之路西部地区的旅游环境脆弱性的区域差异状况，分类对象选取西北5省（区）43个地级市作为样本，采用Q型聚类中常用的层次聚类法进行分区。

（1）数据收集和无量纲化处理

收集2014年5省（区）43个地级市的统计年鉴、发展公报等统计资料，根据21个指标数据，整理出原始数据表格（见附录1）。

聚类分析用各种距离来度量个体间的相近程度，指标单位不同导致的指标数量级的差异将对距离测量产生较大影响，因而需要无量纲化数据。无量纲化处理有很多种方法，如标准化方法（Z scores）、正负1范围法（Range-1 to 1）、正规化方法（Range 0 to 1）等，这里选择常用的Z得分法对数据进行转换。

（2）相似性测度

分类就是把相似的对象归为一类，把不相似的分成不同的类，因而需要进行相似性测量。层次聚类法在分析时，认为各样本自成一类，即N个样本就有N类，然后将各类中最相似的两类合并成新类，再计算新类与其余各类间的相似性，将其中最相似的两类合并，重复上一步，直到最后聚成一类为止。因此，在测量过程中，不仅需要测量样本之间的相似程度，还需进一步测量新类之间的相似性。

测量样本间相似程度的方法可以分为样本测度和距离测度两大类，样本测度衡量样本结构上的相似性，距离测度衡量样本之间综合的距离远近。本课题选取距离测度方法对西北地区进行分类，以研究脆弱性程度差异。多采用平方欧式距离运算，因为该方法在不影响分类结果的前提下可减少计算机运行步骤，所以采取此方法测量样本间的相似程度。

测量新类间相似程度的方法很多，如组间/内联接法、最远/近邻元素法、质心聚类法、离差平方和法、中位数聚类法等，各种方法无优劣之分，一般根据实际情况多次试算，哪个结果更实际就选择哪种方法。经过多次试算及分析，发现离差平方和法所得结果更符合实际，所以采用此方法测量新类间的相似程度。

利用相似性测度可得出凝聚状态表（见表 3-3）及其对应的树状图（见图 3-1）。

表 3-3　凝聚状态

聚类						
阶	群集组合		系数	首次出现阶群集		下一阶
	群集 1	群集 2		群集 1	群集 2	
1	7	9	0. 976	0	0	5
2	4	5	3. 161	0	0	17
3	21	23	5. 549	0	0	11
4	14	20	8. 052	0	0	25
5	7	10	11. 167	1	0	13
6	15	18	14. 728	0	0	11
7	35	37	18. 307	0	0	31
8	16	29	22. 098	0	0	10
9	6	8	26. 679	0	0	27
10	16	26	31. 907	8	0	18
11	15	21	37. 417	6	3	22
12	27	28	42. 936	0	0	33
13	2	7	48. 950	0	5	27
14	13	34	55. 309	0	0	24
15	17	19	61. 842	0	0	26
16	22	24	68. 628	0	0	22
17	3	4	75. 709	0	2	29

续表

聚类						
阶	群集组合		系数	首次出现阶群集		下一阶
	群集 1	群集 2		群集 1	群集 2	
18	16	36	83.144	10	0	32
19	33	38	91.076	0	0	30
20	30	31	99.112	0	0	39
21	25	41	107.947	0	0	30
22	15	22	117.112	11	16	25
23	39	43	126.467	0	0	35
24	12	13	136.481	0	14	31
25	14	15	147.552	4	22	32
26	11	17	159.625	0	15	34
27	2	6	172.618	13	9	29
28	40	42	188.922	0	0	36
29	2	3	205.230	27	17	40
30	25	33	222.515	21	19	35
31	12	35	241.152	24	7	38
32	14	16	260.376	25	18	33
33	14	27	283.274	32	12	39
34	11	32	307.290	26	0	36
35	25	39	334.455	30	23	37
36	11	40	372.465	34	28	37
37	11	25	422.355	36	35	38
38	11	12	483.504	37	31	41
39	14	30	552.765	33	20	40
40	2	14	642.153	29	39	41
41	2	11	579.410	40	38	42
42	1	2	882.000	0	41	0

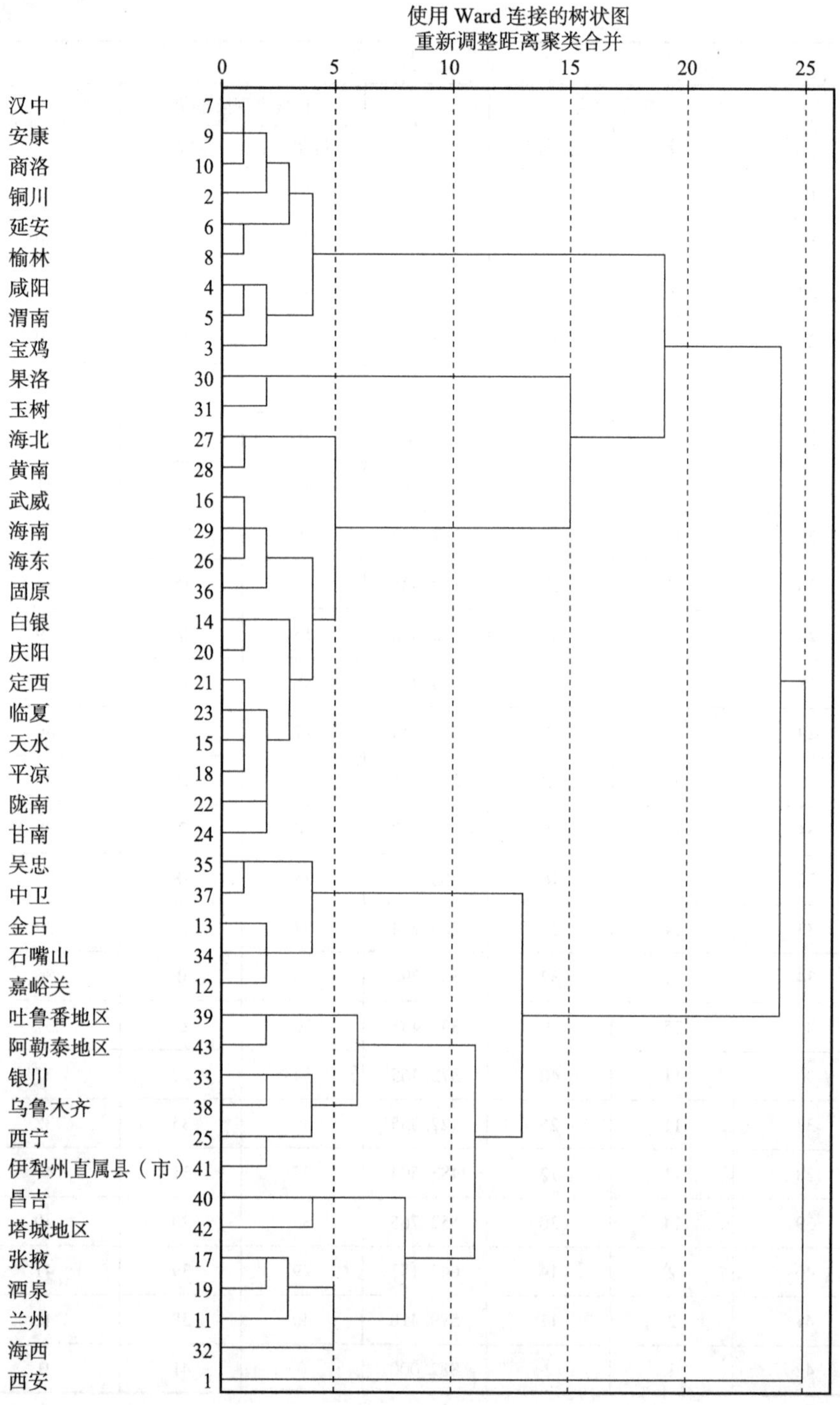
使用 Ward 连接的树状图
重新调整距离聚类合并
0
5
10
15
20
25
汉中 7
安康 9
商洛 10
铜川 2
延安 6
榆林 8
咸阳 4
渭南 5
宝鸡 3
果洛 30
玉树 31
海北 27
黄南 28
武威 16
海南 29
海东 26
固原 36
白银 14
庆阳 20
定西 21
临夏 23
天水 15
平凉 18
陇南 22
甘南 24
吴忠 35
中卫 37
金昌 13
石嘴山 34
嘉峪关 12
吐鲁番地区 39
阿勒泰地区 43
银川 33
乌鲁木齐 38
西宁 25
伊犁州直属县（市）41
昌吉 40
塔城地区 42
张掖 17
酒泉 19
兰州 11
海西 32
西安 1

图 3-1　树状图

凝聚状态表第一列“阶”指步骤，可以看到，43 个样本经过 42 步最终聚成一类，聚类结束。第二、第三列“群集组合”，表示本步骤哪两个样本或小类聚成一类。第四列“系数”，表示个体或小类距离，可以看出，随着群集的组合，距离量随之增大，也就意味着类之间的差异性越来越大。第五、第六列“首次出现阶群集”，若为 0，则表示此群集即为最初的一个样本构成的群集；若非 0，即表示此群集是第 n 步形成的小类。第七列“下一阶”，表示这一阶的结果将在那一步用到。

观察可得，样本 7 和样本 9、样本 4 和样本 5、样本 21 和样本 23、样本 14 和样本 20、样本 15 和样本 18、样本 35 和样本 37、样本 16 和样本 29、样本 6 和样本 8、样本 27 和样本 28、样本 13 和样本 34、样本 17 和样本 19、样本 22 和样本 24、样本 33 和样本 38、样本 39 和样本 43、样本 40 和样本 42 等由于距离较近，首先聚成新类。在此基础上或与其他样本继续聚成新类，如样本 7 和样本 9 在第一步聚成新类，这一结果在第五步被用到，和样本 10 再一次聚成新类；或与其他新类继续聚成又一新类，第三步中样本 21 和样本 23 聚成新类，第六步中样本 15 和样本 18 聚成新类，这两个新类在第十一步由于距离相近，聚成又一新类。在这种重复操作下，最终完成聚类，通过树状图可以更直观地了解聚类过程（见图 3-1）。

（3）聚类结果分析

确定聚类数目是聚类分析的关键，也是本部分分区研究的重点。但如何确定分类数目没有唯一正确的标准，一般结合实际情况与分析目的，运用碎石图辅助分析来确定最终数目。以各类距离（表 3-3 第四栏）为横轴，以类数目为纵轴，生成的散点图即为碎石图（见图 3-2）。

观察可得，类在凝聚时，类数减少，类间距离随之增大。聚成 9 类前，类间距离增大的幅度较小，形如“陡峭的山峰”，但聚成 7 类之后，类间距离迅速增大，形如“平坦的碎石路”。根据“类间的距离小形成类的相似性大，类间的距离大形成类的相似性小”的原则，可以找到“山脚”下的拐点作为确定分类数目的参考。因而，可以考虑聚成 7 类或 6 类，在对聚成 7 类和 6 类的结果进行分区后，发现聚成 6 类的结果更符合实际情况，最终确定分区数目为 6。

根据样本之间的距离将西北地区划分为 6 个区域，包括西安区域、陕西（除西安）区域、省会及发达地级市（除陕西）区域、甘宁其他区域、西北地区中部三省交界区域和青海高山区域（见表 3-4）。受到自然环境和经济发展水平的影响，区域旅游环境脆弱性分布状态也有所不同。

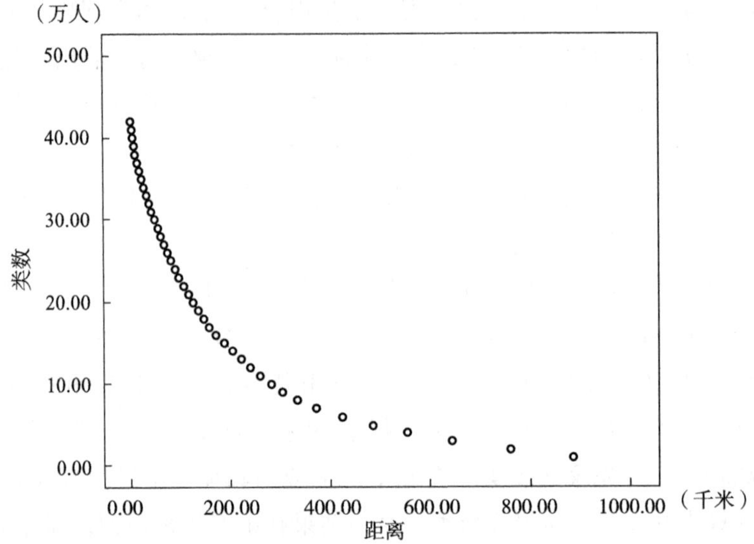

图 3-2 碎石图

表 3-4 聚类分区结果

区域	个数	包含地区	区域名称
一	1	西安	西安区域
二	9	铜川、宝鸡、咸阳、渭南、延安、汉中、榆林、安康、商洛	陕西（除西安）区域
三	12	兰州、张掖、酒泉、西宁、海西、银川、乌鲁木齐、吐鲁番、昌吉、伊犁、塔城、阿勒泰	省会及发达地级市（除陕西）区域
四	5	嘉峪关、金昌、石嘴山、吴忠、中卫	甘宁其他区域
五	14	白银、天水、武威、平凉、庆阳、定西、陇南、临夏、甘南、海东、海北、黄南、海南、固原	西北地区中部三省交界区域
六	2	果洛、玉树	青海高山区域

在经济发展水平较高的西安区域，旅游环境状态也最好；青海高山区域受外界影响较小，旅游环境的原生态状态保存较好；甘宁其他区域受到自然环境和经济发展水平制约，旅游环境状态较差。

3.3.3 区域旅游环境脆弱性分区特征

6个区域的旅游环境各有其脆弱性特点，通过对各区域的各项指标进行描述统计，得到区域数据特征（见附录2），根据该表对聚类分区特征进行深入分析。

区域一：西安区域总体旅游环境状态最好。

自然子系统中，西安区域无论是工业废水还是废气，其排放量在GDP中所占比重在所有区域中均为最低；在人均资源方面，该区域处于相对较低水平，不过其森林覆盖率却远高于其他大部分区域。经济子系统中，该区域人均GDP水平几乎达到了平均水平的1倍，且生产总值指数较大，仍保持着较高的发展速度；在经济结构方面，该区域第三产业产值已经超过了GDP的50%，城乡收入比处于中等地位，且稍低于总体均值。社会子系统中，该区域人口自然增长率较低，但人口密度高达854人/平方千米，是排名第二的区域的4倍多；在社会发展方面，该区域每万人医生拥有数很高，而教育支出在财政支出中所占比重相对较低，失业率较高。旅游子系统中，该区域3A及以上景区和星级饭店的数量皆处于领先地位，分别比排名第二的区域约多1倍和3倍；旅游收入和旅游接待人数的同比增长率相对于其他区域来说均较低，但仍在不断增长，且绝对数值远高于其他区域。该区域旅游发展环境存在以下特点：

一是经济发达，发展速度快，注重可持续发展。该区域在达到高经济总量时，仍保持着较高的发展速度，且注重经济的平衡发展，经济发达且充满活力，这样坚实的经济基础能够为该区域的旅游发展提供良好的经济支持，推动该区域旅游景区的建设、保护以及相关旅游设施的建设与完善。即使人均GDP水平很高，但该区域工业废物在GDP中所占比重却很低，工业发展过程中的污染排放减少；通过推动产业结构转型升级，不断发展第三产业，其发展更具可持续性；另外，该区域还十分注重环境建设，积极推进植树造林，增强绿化，不断提高森林覆盖率。在促进经济发展的同时，注重环境的保护、建设与美化，该区域为旅游发展营造了良好的自然环境。

二是人口数量大，给区域带来双重影响。该区域人口密度较大，这对于区域旅游发展，有利有弊。一方面，在资源量一定的情况下，人口密度过大必然会降低人均资源量，该区域人均水资源和耕地资源都处于较低水平。不只是自然资源，其他社会资源（如公共设施、社会保障与福利等）也会遭受巨大的人口压力，给整个区域造成负担，形成社会压力，这在一定程度上会影响旅游发展所需要的安全与稳定。另一方面，人口多则意味着劳动力数量多，虽然该区域教育支出在财政支出中所占比重较低，但结合其教育投入绝对值以及该区域实际情况（高等教育学府的聚集地，拥有多所“211”“985”高校），该区域十分重视教育发展，人口整体素质较高，因而，该区域能够为旅游发展提供充足的劳动力以及各层次的人才。

三是旅游资源丰富，旅游基础和服务设施比较完善。该区域3A及以上景区数量较多，结合实际，该区域确实拥有丰富的、多层次的旅游资源，不仅有珍贵的历史文物遗存，还有秦岭自然山水和独具特色的乡村小镇。该区域所拥有的星级饭店的数量相比其他区域遥遥领先，在长久的旅游发展过程中，该区域已经建设了较为完备的旅游设施；同时，前文中所提到的该区域坚实的经济基础也使其旅游设施能够不断完善，从而不断增强该区域的旅游可进入性。

四是旅游经济发达，仍然保持着发展的状态。该区域的旅游收入和旅游接待人数绝对值远高于其他区域，旅游经济十分发达。虽然两者的增长率和其他区域相比并不高，但高水平在一定程度上也意味着发展空间缩小和发展潜力受限，在旅游经济发展绝对值如此高的情况下，该区域仍然能够保持20%左右的增长率，说明该区域旅游仍处于向前发展的阶段，对游客仍极具吸引力。

区域二：陕西（除西安）区域旅游环境不断提升。

自然子系统中，该区域工业废物排放量在GDP中所占比重处于较低水平，人均资源量较少，但森林覆盖率较高，约为总体均值的1倍。经济子系统中，该区域人均GDP略高于总体平均水平，但生产总值指数超过110，为所有区域中的最高值；在经济结构方面，该区域第三产业产值在GDP中所占比重较低，城乡居民收入比处于中等水平。社会子系统中，该区域人口自然增长率较低，为3.6‰，而人口密度仅次于西安（区域一）；其每万人医生拥有数比总体平均水平低1.6人，死亡率和教育支出在财政支出中所占比重高于其他区域，失业率略高于平均水平。旅游子系统中，该区域3A及以上级景区数仅次于区域一，约为平均水平的1倍，不过星级饭店的数量却处于中等水平；区域旅游收入和旅游接待人数同样仅次于区域一，不过与其相比，该区域仍远远落后，另外，该区域在这两个方面的增长率并不高，旅游收入同比增长率高于旅游接待人数同比增长率。

从上述各子系统的数据特征综合分析区域二旅游发展环境存在如下特点：

一是经济发展速度快，具有较大的增长空间，发展过程中较为注重环境保护。该区域人均GDP不高，第三产业发展水平较低，但生产总值指数较高，经济发展速度很快，若推动其产业转型升级，带动第三产业发展，将为该区域的经济发展开辟更大的空间。目前，受限于经济实力，该区域可能无法大力投入旅游发展，但如果保持经济发展的势头，不断增强的经济实力将逐步为其旅游发展提供更好的物质基础。另外，即使经济发展迅速，该区域并没有忽视环境保护，在工业发展过程中控制废物排放量以减少污染，增加森林覆盖率，这为旅游发展营造了良好的自然环境。

二是人口较多，社会保障与福利水平有待进一步提高。该区域人口数量较大，造成该区域人均资源量较少，成为限制其发展的原因之一。而在经济不够发达的前提下，该区域的医疗水平、社会保障和福利水平等也不高，需要进一步提高其社会保障与福利水平，跟上经济和社会发展的步伐，从而为该区域营造稳定的旅游发展环境。

三是旅游资源具有优势，但旅游设施需要进一步完善。该区域拥有的3A及以上级景区数量相对较多，而且追溯到区域中的各地区，大多拥有各自独具代表性的旅游资源，如铜川的药王文化、宝鸡的法门寺、咸阳的古陵墓、渭南的华山、延安的红色旅游、汉中的山水小镇、榆林的古城、安康的巴山汉水、商洛的金丝大峡谷等，旅游资源优势明显。然而，该区的星级饭店数量却低于总体平均水平，旅游设施水平与旅游资源优势并不匹配，为了推动该区域旅游发展，必须建设并完善其旅游设施。

四是旅游发展势头良好。该区域旅游收入和接待人数仅次于区域一，相对于其他区域来说，旅游发展状况较好；而且该区域拥有丰富的旅游资源，保持着一定的收入及接待人数增长率，具有良好的旅游发展势头。不过，也应该看到，该区域旅游发展水平距离区域一有很大差距，所以仍然需要保持势头，不断发展。

区域三：省会及发达地级市（除陕西）区域受到自然环境和经济环境的影响，旅游环境状态不稳定。

由于该区域包含地区多，跨越范围广，部分地区受到独特自然或社会条件影响，可能出现与区域整体特点不一致甚至极端的情况，下文在描述及分析区域整体特征时，会对区域中的特殊地区进行探讨。

自然子系统中，该区域工业废物排放量在GDP中所占比重较高，区域整体人均资源量较多，森林覆盖率偏低。经济子系统中，该区域生产总值指数较大，人均GDP仅低于区域一，整体的第三产业总产值在GDP中所占比重较高，城乡居民收入比值较小。社会子系统中，该区域人口自然增长率较高，但大部分地区的人口密度较小，区域每万人医生拥有数量较大，死亡率、失业率及教育支出在财政支出中所占比重皆略低于总体平均水平。旅游子系统中，该区3A及以上级景区数稍高于总体平均水平，而星级饭店数量仅次于区域一，旅游收入及接待人数在所有区域中排名第三，但两者的增长率却为所有区域中的最小值。该区域旅游发展环境具有如下特点：

一是经济较为发达，发展速度较快，但需要增强可持续发展意识。该区域人均 GDP 仅低于排名第一的区域一，且保持着较快的发展速度，经济发展水平较高，能够为该区域的旅游建设与发展提供经济支持。然而，该区域在发展过程中缺乏可持续发展意识，工业废物排放量在 GDP 中所占比重较高，人均 GDP 越高意味着工业发展对区域环境的污染程度越大。受自然地理因素的影响，该区域自然环境本身就较为脆弱，需要尽力保护，缺乏环保意识可能对该区域较为脆弱的环境造成沉重打击，这不仅会导致该区域旅游发展的自然环境恶化，甚至可能让区域整体走向衰败。所以，该区域不仅要追求发展总量与速度，更需要注重发展质量与未来。

二是人均资源较为充足，社会保障与福利水平较高。除该区域 3 个省会（兰州、银川、乌鲁木齐）人口密度稍大外，其他地区虽然人口自然增长率较高，但人口密度却较小，在总量一定的条件下，人均资源可拥有量更多。例如，在自然资源方面，除上述 3 个省会地区人均量稍低外，其他地区皆较为丰富，医疗、社会保障与服务等方面也与此类似。这样的状况有利于该区域的稳定与和谐，成为维护旅游发展的重要保障。

三是旅游资源条件较好，旅游设施建设状况良好。该区域虽然在旅游景区数量上不具优势，但旅游资源的条件却毫不逊色：有沙漠、高原、河流等多种自然景观，有多处丝路古遗产文化景观，还有少数民族特色景观等。而且，该区域也比较重视旅游设施建设，星级饭店数量仅次于区域一。较好的旅游资源条件以及不断完善的旅游设施保障，经过合理开发，可极大地丰富该区域旅游产品内容，提高区域旅游接待能力，增强旅游吸引力。

四是需要营造安全稳定的旅游环境，以维护与促进旅游发展。旅游子系统中有关旅游收入与旅游接待人数的 4 个指标数据显示，在目前并不高的发展水平下，该区域旅游发展速度较慢，但观察发现，增长率两指标的标准差数值很大，也就是说，部分地区可能存在极端情况。整理可得，新疆有些地区（如乌鲁木齐、吐鲁番、阿勒泰等地）旅游收入及旅游接待人数降低，而其他地区则保持着 15%~30%的增长率，这些地区的负增长率拉低了该区域整体水平。经过调查得知，2014 年新疆地区的暴恐事件使得该地区的安全与稳定受到极大冲击，安全问题成为一大巨石，使旅游业发展受阻甚至出现负增长。因此，营造安全稳定的社会环境才是发展旅游的前提。

区域四：甘宁其他区域受到自然环境和经济发展水平的制约，旅游环境状态脆弱。

自然子系统中，该区域工业废物排放量与GDP的比值远高于其他所有区域；资源方面，人均水资源量很少，只有不到120立方米/人，人均耕地面积较大，森林覆盖率较低；经济子系统中，该区域人均GDP较高，排名第三，生产总值指数略低于总体平均水平；在经济结构方面，该区第三产业总产值在GDP中所占比重较低，城乡居民收入比值较小。社会子系统中，该区域人口自然增长率水平与总体平均水平大致相当，人口密度较低；每万人医生拥有数略高于总体平均水平，约为22人，死亡率较低；该区域教育支出在财政支出中所占比重是所有区域中的最小值，而失业率是所有区域中的最大值。旅游子系统中，该区域拥有的3A及以上级景区数很少，仅有5家，星级饭店数也只有总体平均水平的一半；其旅游收入与旅游接待人数仅高于区域六（最小值），且两者的增长率皆低于总体平均水平。该区域的旅游发展环境具有如下特点：

一是自然条件较差，而且经济发展粗放，旅游发展环境缺乏可持续性。区域内的5个地区皆处于干旱半干旱地带，水资源匮乏，生物生长困难，森林覆盖率较低，这种自然条件在一定程度上先天性地限制了该区域的旅游承载力。而该区域在经济发展中为创造较高的人均GDP，以环境污染为巨大代价，排放大量工业废物，工业废物排放量所占比重甚至是总体平均水平的2倍多，经济发展方式粗放，极大地破坏了区域环境，进一步降低了旅游承载力，使旅游发展环境缺乏可持续性。该区域在目前并不算高的发展速度下尚且如此，一旦发展速度加快，可持续发展意识却没有跟进，将会对该区域造成无法挽回的损失。所以，该区域需要对其经济发展方式进行转型升级，推动集约化发展，减少污染，才能为区域旅游营造可持续发展环境。

二是社会发展水平需要进一步提高。该区域每万人医生拥有数略高于总体平均水平，死亡率较低，医疗水平较高。然而，该区域失业率较高，不利于区域的稳定与持续发展，难以为旅游发展提供良好的客观环境。在教育方面，该区域对教育重视程度不够，投入较低，就实际情况而言，该区域教育发展水平也不高，这不利于提高社会整体素质与水平，也难以为社会发展提供后备人才。因此该区域需要进一步提高社会发展水平，重视教育，为区域旅游发展提供人才以及稳定的外部环境。

三是旅游资源偏少，旅游设施条件较差，发展水平较低，发展速度较慢。统计数据显示，该区域旅游发展水平较低，发展速度也较慢，其拥有的3A及以上级景区数量平均仅有5家，旅游资源较少。但该区域也有部分地区或凭借本身所拥有的资源优势（如嘉峪关），或结合地区特色与适当的宣传（如中卫），打造出独特的旅游名片。所以，旅游资源少并不是绝对的限制条件，在丝绸之路申遗成功的背景下，该区域若结合自身特点优势，对现有资源进行整合，加以合理的宣传与打造，也能丰富旅游产品内容。当然，旅游发展需要配套的旅游设施，该区域星级饭店数量或许可以满足目前发展状况，但更完善的旅游设施能够提高旅游地的可进入性，增强旅游吸引力。

区域五：西北地区中部三省交界区域第三产业发展较好，旅游环境状态较为稳定。

自然子系统中，该区域工业废物排放量在 GDP 中所占比重较低，人均水资源量偏低，人均耕地面积及森林覆盖率与总体平均水平大致相当。经济子系统中，该区域人均 GDP 较低，生产总值指数接近总体平均水平，第三产业总产值在 GDP 中所占比重较高，城乡居民收入比值较大。社会子系统中，该区域人口自然增长率较高，而人口密度略低于总体平均水平；每万人医生拥有数较少，死亡率及教育支出在财政支出中所占比重皆比总体平均水平略高，失业率较低。旅游子系统中，该区域拥有的 3A 及以上级景区数仅为总体平均水平的一半，星级饭店数量较少；该区域旅游收入与旅游接待人数都不多，分别为总体平均水平的 1/3 及 1/2 左右，但两者的增长率水平较高。该区域旅游发展环境具有如下特点：

一是经济和社会发展水平较低，发展中应注重平衡。该区域人均 GDP 较低且城乡居民收入差距较大，经济发展水平较低。这使得该区缺乏足够的经济基础以提高社会整体水平，其每万人医生拥有数少且死亡率较高，医疗和社会保障水平偏低。综合经济和社会子系统中的关键指标可发现该区域仍处于发展水平较低的阶段，难以为区域旅游的发展提供坚实的物质支持与社会保障。值得注意的是，其第三产业总产值在 GDP 中所占比重相对较高，对第三产业比较依赖。在目前经济发展状况下，如果该区域过度依赖第三产业，忽视产业结构的平衡发展，则很容易受外部因素影响，使区域的发展面临着比较不稳定的状况。第三产业比重的增加应该是一个循序渐进的过程，是在经济发展过程中不断调整产业结构而形成的，所以，该区域在逐步提高经济总量的同时，还需要注重产业平衡发展，从而为旅游发展所需要的物质与社会环境提供更好的支持。

二是旅游发展速度较快，存在一定发展空间。该区旅游发展可能正处于早期阶段，旅游收入和旅游接待人数不多，发展水平不高，但两者的增长率皆较高，发展速度较快。该区域的现实情况是 3A 及以上级景区数量少，且星级饭店数量不多，旅游资源和设施状况不好。该区域处于发展的早期阶段，仍具有一定的发展空间，不过，更重要的是如何挖掘区域内部的资源优势，避免出现过度开发导致现有资源提前耗竭，并加强旅游设施与公共环境建设，从而保证该区域旅游吸引力维持目前的发展速度，推动旅游业持续发展。

区域六：青海高山区域受外界自然和人为影响较小，旅游环境原生态状态保存完好。

自然子系统中，该区域工业废物排放量在 GDP 中所占比重较低，人均水资源非常丰富，但整体人均耕地面积及森林覆盖率较低。经济子系统中，该区域人均 GDP 是所有区域中的最小值，生产总值指数更是远低于其他区域，不足 104；第三产业总产值与 GDP 的比值较小，城乡居民收入比值超过了 4.5，是所有区域中的最大值。社会子系统中，该区人口自然增长率超过了 9‰，但人口密度仅为 2 人/平方千米；每万人医生拥有数仅有 9 人，不足总体平均水平的 1/2，死亡率及教育支出占财政支出的比重较低，失业率较高。旅游子系统中，该区 3A 及以上级景区数量平均为 13 家，但星级饭店仅有 6 家；旅游收入及旅游接待人数很少，远低于其他所有区域，与区域四（排名第五）相比仍存在 10 倍左右的差距；不过旅游收入及旅游接待人数增长率都在 50%左右，增长速度非常快。

综合分析，该区域旅游发展环境的特点如下：

一是自然环境条件独特。该区域处于青藏高原腹地，是我国大江大河的发源地，水资源十分丰富，自然环境保护要求较高。受高原气候和地形条件影响，该区耕地面积不多，主要发展畜牧业。虽然森林覆盖率较低，但境内分布有原始林区。虽然在自然环境条件影响下该区域形成了独特的自然景观，但复杂的地形和高原气候使其经济难以大规模发展，基础设施建设较为困难，这对区域发展造成了无形的阻碍，降低了该区域的旅游可进入性。

二是经济和社会发展水平落后。该区域经济发展水平较低，发展速度缓慢，城乡收入差距大，经济条件落后。薄弱的经济基础难以支撑社会的发展：该区域医疗和教育投入与发展水平较低，失业率较高，社会保障与福利水平低下。在落后的经济与社会发展水平下，当地社会的原始特色一般保存得比较完整，是一种独特的旅游资源，但这样的条件毕竟无法为旅游者提供安全舒适的环境，无法为旅游的进一步发展打下坚实基础。

三是旅游资源独特，但旅游设施建设薄弱。该区 3A 及以上级景区数量较少，但旅游资源十分独特，有雪山、深谷、流水、文遗、宗教民俗等，旅游吸引力强。如上文所说，受地形气候条件限制及经济实力的制约，该区域旅游设施条件较差，旅游设施建设较为薄弱。

四是旅游发展水平极低，但发展速度较快。数据特征显示该区域旅游发展水平极低，即使与排名第五的区域相比仍存在较大差距，旅游发展落后，但发展速度快。该区域凭借独特的旅游资源及目前保存较好的原始的旅游环境能够对旅游者形成一定的吸引力，但简陋甚至落后的旅游整体环境如果不加以改善，可能很难跟上旅游发展的步伐。另外，上文还提到，该区域是我国大江大河的发源地，环境保护重于一切，如果在旅游发展过程中不注重合理开发，建设过程中的污染以及大量涌入的外来人口可能会对当地环境造成极大威胁，因而对于该区域而言把握保护与开发的尺度非常重要。

3.4 丝绸之路旅游环境脆弱性对旅游发展影响的回归分析

在根据系统论构建区域旅游系统指标体系对西北地区旅游环境脆弱性进行聚类分析的基础上，继续探究旅游环境脆弱性对旅游发展现状的影响，促进旅游可持续发展，为探寻各区域在脆弱性背景下的保护性发展策略提供思路。

旅游环境脆弱性包含了多个指标，即有多个自变量，回归分析是一种能够度量变量间定量关系的统计方法，当其涉及两个及以上自变量时，则可以建立多元回归模型进行分析。

3.4.1 回归模型的构建和检验

3.4.1.1 确定解释变量和被解释变量

研究旅游环境脆弱性对旅游发展现状的影响，讨论旅游发展现状如何随旅游环境脆弱性的变化而变化，所以旅游环境脆弱性相关变量为解释变量（自变量）、旅游发展现状变量为被解释变量（因变量），两种变量的确定仍以区域旅游系统为依据。

区域旅游系统由支持系统和旅游系统两大部分组成，其中，旅游系统包括发展条件和发展状况，被解释变量可从发展状况选取，且应选取绝对值变量而不是相对速度变量，由于旅游收入在很大程度上受旅游接待人数影响，所以这里选择旅游接待人数作为因变量；解释变量则应该包括除旅游系统发展状况部分外的区域旅游系统其他所有指标，即工业废水排放量/GDP、工业废气排放量/GDP、人均水资源量、人均耕地面积、森林覆盖率、人均 GDP、生产总值指数、第三产业总产值/GDP、城乡居民收入比、人口自然增长率、人口密度、每万人医生拥有数、死亡率、教育支出/财政支出、城镇登记失业率、3A 及以上级景区、星级饭店 17 个指标。

3.4.1.2 选择线性回归模型

根据函数拟合方式，观察被解释变量与解释变量之间是否存在线性关系，可以将回归模型分为线性回归模型和非线性回归模型。本课题首先建立线性回归模型，并对其进行全方位检验，如果模型不合适，则建立其他模型，确保回归模型的拟合优度及真实准确性。

3.4.1.3 建立多元回归方程

由于研究中涉及 17 个自变量及 43 个样本，计算较为复杂，所以接下来的步骤全部依靠统计软件 SPSS 进行。数据来源仍然是原始数据（见附录 1），为降低因大量解释变量引入回归方程所造成的多重共线性，避免影响回归方程的准确性，将采用向后筛选的方法对解释变量引入回归方程加以控制与筛选。

表 3-5 最终确定 6 个指标作为解释变量

系数[a]						
模型		非标准化系数		标准系数	t	Sig
		β	标准误差	试用版		
12	（常量）	9637.093	3835.564		2.513	0.017
	森林覆盖率	29.848	7.427	0.235	4.019	0.000
	生产总值指数	-92.896	35.078	-0.138	-2.648	0.012
	人口密度	6.063	0.824	0.467	7.358	0.000
	城镇登记失业率	-366.883	165.068	-0.108	-2.223	0.033
	3A 及以上级景区	62.440	14.952	0.365	4.176	0.000
	星级饭店	21.030	6.230	0.219	3.375	0.002

注：[a]代表因变量：旅游接待人数。

经过 12 次筛选，在 17 个自变量中，第三产业总产值/GDP、人口自然增长率、工业废气排放量/GDP、死亡率、教育支出/财政支出、工业废水排放量/GDP、人均 GDP、每万人医生拥有数、人均耕地面积、人均水资源量、城乡居民收入比等自变量被依次剔除，最终确定了 6 个解释变量（见表 3-5）。

可得到回归方程为：

$$X_{20}=9637.093+29.848\times X_5-92.896\times X_7+6.063\times X_{11}-366.883\times X_{15}+62.440\times X_{16}+21.030\times X_{17} \quad (3-1)$$

可以看到，随着自变量的不断减少，方程的拟合优度有所下降，这说明高拟合优度并不是建立回归方程的唯一追求，还要重点考察自变量对因变量有无解释贡献（见表3-6）。

表3-6 模型汇总

模型汇总[m]					
模型	R	R^2	调整 R^2	标准估计的误差	Durbin-Watson（DW）
1	0.969[a]	0.939	0.898	645.58756	
2	0.969[b]	0.939	0.901	633.12293	
3	0.969[c]	0.939	0.905	621.58011	
4	0.969[d]	0.939	0.908	610.68144	
5	0.969[e]	0.939	0.911	601.75866	
6	0.968[f]	0.938	0.913	595.56251	
7	0.968[g]	0.937	0.914	590.88544	
8	0.967[h]	0.936	0.915	586.71105	
9	0.967[i]	0.935	0.917	581.34816	
10	0.964[j]	0.930	0.914	592.98756	
11	0.963[k]	0.927	0.912	597.85987	
12	0.961[l]	0.923	0.910	605.96052	2.134

注：m为因变量。a~l为预测变量。

3.4.1.4 回归方程检验

为了确保回归方程能够真实反映变量间的统计关系，需要对已经建立的回归方程进行全面的检验。

（1）回归方程的显著性检验（F 检验）

为了检验因变量与自变量之间的线性关系是否显著，用线性模型来描述它们之间的关系是否恰当，需要对回归方程的显著性进行检验。

第一步：假设。

H_0：$\beta1=\beta2=\cdots=\beta12=0$，即各偏回归系数同时与0无显著差异。

H_1：$\beta1,\beta2,\cdots,\beta12$ 至少有一个不为0。

第二步：计算检验的统计量（F）。

$$F=(SSR/k)/[SSE/(n-k-1)]\sim F(k,\ n-k-1)$$

第三步：作出决策。

若显著性水平为0.05（见表3-7），用统计软件可得F值为71.569，对应的显著性检验概率（P）为0.000，P小于显著性水平，因此拒绝原假设，认为因变量与自变量间的线性关系显著，建立线性模型是恰当的。

表3-7　F检验

Anova[a]						
模型		平方和	df	均方	F	Sig.
12	回归	157674740.730	6	26279123.455	71.569	0.000[m]
	残差	13218773.338	36	367188.148		
	总计	170893514.068	42			

注：a为因变量，m为预测变量。

（2）回归系数的显著性检验（t检验）

为了检验方程中的每个自变量与因变量之间的线性关系是否显著，也就是检验每个自变量能否有效地解释因变量的线性变化，能否保留在线性方程中，需要对回归系数的显著性进行检验。

第一步：假设。对于任意参数β_i（$i=1,2,\cdots,17$），有

$$H_0:\ \beta_i=0$$

即第i个自变量的偏回归系数与0无显著差异。

$$H_1:\ \beta_i\neq 0$$

第二步：计算检验统计量t。

$$t=\hat{\beta}_i/S\hat{\beta}_i$$

第三步：做出决策。

若显著性水平为0.05，系数表（见附录3）展示了每个模型中各自变量的偏回归系数及其显著性检验状况，前11个模型中都存在回归系数不显著的自变量，即这些变量对因变量的线性解释没有显著贡献，应剔除方程，这些方程都不可用。第12个模型是最终的方程，其P小于显著性水平，因此不能拒绝原假设，这几个变量留在模型中是合理的。

（3）残差分析检验

残差是指根据回归方程得到的预测值与实际值之间的差距，其正态性、同方差和独立性是回归分析的前提假定条件，只有满足以上3个性质，才能

进行回归分析。通过残差分析还可以判断是否存在可能影响观测结果的异常值，避免影响回归方程的准确性。

残差的正态性分析：K-S 检验能够利用样本数据推断样本来自的总体是否服从某一理论的分布，通过对标准化残差关于正态分布理论进行 K-S 检验，可得表 3-8。若显著性水平为 0.05，显著性概率 *P* 明显大于 0.05，所以标准化残差与标准正态分布不存在显著差异。

表 3-8　K-S 检验

单样本 Kolmogorov-Smirnow 检验		
		Standardized Residual
N		43
正态参数[a,b]	均值	0.0000000
	标准差	0.97590007
最极端差别	绝对值	0.128
	正	0.128
	负	-0.115
Kolmogorov-Smirnow Z		0.842
渐近显著性（双侧）		0.478

注：a. 检验分布为正态分布。
　　b. 根据数据计算得到。

残差的同方差分析：无论解释变量如何取值，对应的残差的同方差都应相等，不应随解释变量或被解释变量预测值变化而变化。同方差分析可以通过等级相关分析实现（见表 3-9），计算残差与预测值的 Spearman 等级相关系数为-0.182，相关程度较小，且 $P>0.05$，残差与预测值无显著线性关系，异方差现象不明显。

表 3-9　Spearman 检验

相关系数				
			Standardized Residual	Standardized Predicted Value
Spearman 的 rho	Standardized Residual	相关系数	1.000	-0.182
		Sig.（双侧）		0.242
		N	43	43
	Standardized Predicted Value	相关系数	-0.182	1.000
		Sig.（双侧）	0.242	
		N	43	43

残差的独立性分析：残差的独立性可以用 DW 检验，当 DW=2 时，残差序列无自相关，表 3-6 中最终模型的 DW 为 2.134，接近于 2，说明方程在很大程度上能够说明被解释变量的变化规律。

探测异常值：异常值是指那些远离均值的样本值，它们对回归方程的参数估计有较大影响。通过标准化残差可以进行探测，由上可知残差服从正态分布，因此标准化残差的绝对值大于 3 的观测值即为异常值，观察原始数据（附录 1）的倒数第二栏 ZRE，并没有满足条件的数值，所以样本中并没有异常值。

经过计算与分析，最终建立了多元线性回归方程，具体如下：

$$X_{20}=9637.093+29.848\times X_5-92.896\times X_7+6.063\times X_{11}-366.883\times X_{15}+62.440\times 3X_{16}+21.030\times X_{17} \qquad (3-2)$$

该回归方程顺利通过了对回归方程的 F 检验、回归系数的 t 检验和残差检验分析，拟合优度较高，因此，该方程模型能够较好地反映西北地区旅游发展环境对旅游发展现状的影响。

3.4.2 丝绸之路区域旅游环境影响因素分析

如上，回归分析筛选出 6 个指标构建了回归方程，得出如下多元线性回归关系：

$$X_{20}=9637.093+29.848\times X_5-92.896\times X_7+6.063\times X_{11}-366.883\times X_{15}+62.440\times 3X_{16}+21.030\times X_{17}$$

这个关系式可以较好地反映旅游环境脆弱性影响旅游发展现状的代表性因素及其影响效应和影响强度。观察可得，除生产总值指数和城镇登记失业率两个指标呈现负效应外，其他皆为正效应。也就是说，生产总值指数越大，表明经济发展水平越高，对旅游环境脆弱性的破坏作用越大；城镇登记失业率越高，表明社会不稳定性越大，对旅游环境脆弱性的破坏作用越大。影响强度（回归系数绝对值）由大到小表现为城镇登记失业率>生产总值指数>3A 及以上级景区>森林覆盖率>星级饭店>人口密度。产生影响的代表性因素较为均匀地分布于自然、经济、社会、旅游 4 个子系统中，反映了整体旅游环境脆弱性对旅游发展现状的综合影响。

（1）高森林覆盖率能够降低区域旅游环境的脆弱性

自然子系统中的森林覆盖率被选入回归方程，森林覆盖率可以直接反映区域的森林资源蕴含量，也能间接反映区域的自然环境状况及区域对生态环境建设的重视程度。该指标的回归系数为29.848，结合其指标性质（正向型指标），说明高森林覆盖率确实能降低区域环境脆弱性，对区域旅游发展起到一定程度的积极作用。分析数据特征（见附录2），区域一、区域二的森林覆盖率较高（超过45%），但区域三、区域四的森林覆盖率较低，而区域六的森林覆盖率更是只有7.4%。对于区域三、区域四尤其是区域六而言，森林覆盖率反映出的区域资源与自然生态状况可能会对旅游发展造成一定的阻碍。

（2）经济发展总量与经济发展速度的动态关系影响区域旅游环境的脆弱性

该子系统中的生产总值指数进入了回归方程，值得注意的是，这是唯一的影响效应与指标性质相反的指标。生产总值指数指标性质为正，对于区域而言，生产总值指数越大，发展速度越快，越能促进区域发展；但在回归方程中，其回归系数为-92.896，生产总值指数对旅游发展现状起反作用。这种现象可以用系统特征来解释，表现在回归模型建设过程中即为自变量间的多重共线性。系统具有相关性，各要素相互作用与依赖，因而区域中的各子系统及子系统中的各项指标不是孤立存在的，而是相互作用、相互影响。生产总值指数一般代表经济发展速度，这与经济发展总量与经济发展质量存在密切关系。一般来说，在总量较低时，发展空间更大，发展速度较快；当总量达到一定水平时，发展速度则会放缓；而较低水平的总量和较高水平的速度常常意味着低水平的发展质量，意味着环境污染的加重。当经济发展到一定水平时，该区域才可能有足够的资本和可持续发展的意识注重经济发展质量和环境保护。

结合数据特征（见附录2）分析，区域二的生产总值指数最高，人均GDP值略高于平均水平，工业污染物排放量占比略低于平均水平；区域六的生产总值指数最小，人均GDP值最低，污染物排放量占比略低于区域二，两区域在经济发展中都需要控制环境污染。比较突出的还有区域四和区域五：区域四的生产总值指数不高，但人均GDP较高，而污染物排放量占比远高于其他所有区域，经济发展中污染严重，对旅游发展产生极大的不利影响；区域五经济发展速度水平一般，人均GDP值和污染物排放量较低，经济发展水平较低。

（3）社会稳定性是区域旅游环境的基本要求

社会子系统包含人口和社会两部分，其中人口密度和城镇登记失业率两个指标被选入回归方程。人口密度的回归系数为6.063，其对旅游发展具有较低程度的正效应。本课题在第2章对区域一的脆弱性特征进行分析时，曾提到高密度人口给区域一带来了双重影响，但根据回归方程，人口密度的优势还是略微高于其劣势，形成了正效应。城镇登记失业率对旅游发展的影响与其指标性质一致，而且回归系数达到了-366.883，其绝对值高于其他所有回归自变量，体现了社会保障与社会稳定的重要性。区域三是唯一的城镇登记失业率低于3%的区域，社会保障水平和社会稳定性较高。但是在分析时却发现该区域内部分地区正是由于暴乱导致社会不稳定，使得旅游接待人数锐减，旅游收入大幅降低，所以这也体现了旅游发展对社会稳定性的要求。

（4）旅游资源吸引力直接影响区域旅游环境的提升

旅游子系统发展条件部分的3A及以上级景区与星级饭店数两个指标均进入回归方程，回归系数分别为62.440和21.030。虽然都呈现正效应，但是景区指标回归系数约为饭店指标回归系数的3倍，这也反映了以景区为代表的旅游资源和以饭店为代表的旅游设施对旅游发展影响的差异。旅游资源是区域发展旅游的前提和基础，具有吸引力的旅游资源才能吸引游客前来旅游；旅游设施是区域发展旅游的保障，在很大程度上影响着区域的旅游接待能力，进而影响区域的旅游发展规模。旅游发展最重要的还是挖掘旅游资源。在获取数据时，为保证可靠性与便捷性，这里仅统计了高A级景区数量，但这只是高价值、高品位、被开发并以景区形式呈现出来的旅游资源，并不能完全代表区域旅游资源状况。所以，若区域在高A级景区数量方面优势不明显，需要注意挖掘区域内特色旅游资源，增强区域旅游资源实力。当然，建设与旅游发展状况相配套的旅游设施也十分重要，在自然状况允许的条件下，旅游设施建设主要依靠人力、资金等投入，建设难度相对较低。区域四、区域五在这两个指标方面都较为薄弱，需要挖掘特色旅游资源，建设配套旅游设施；区域六的情形更为特殊，虽然具有与总体平均水平相当的旅游资源，但是旅游设施数量却极少，这与区域六的特殊自然环境有密切关系。

3.5 基于层次分析法的丝绸之路文化遗址脆弱性评价

3.5.1 文化遗址脆弱性评价因子体系构建

结合西部文化遗址的存续现状和环境现状，研究丝绸之路文化生态脆弱性评价指标可以选取气候条件、生存状态以及人为干预程度3个子系统作为准则层指标，并据此构建二级指标作为目标层评价因子（见图 3-3）。需要说明的是，由于目前国内外文献中并没有对文化生态脆弱性评价方面的研究，考虑到数据的可获取性和可借鉴的研究方法，研究对象仅局限于文化遗址，忽略对其他非物质文化的评价。气候条件的二级指标主要参考我国文物保护评价准则，生存状态和人为干预程度的二级指标参考我国生态环境保护评价准则。

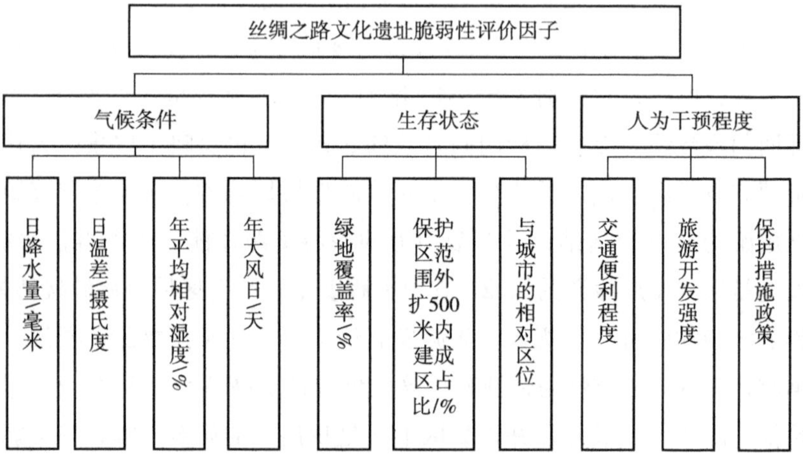

图 3-3　丝绸之路文化遗址脆弱性评价因子

3.5.2　丝绸之路文化遗址脆弱性评价量表设计

丝绸之路文化遗址脆弱性评价量表采用李克特量表，针对文化遗址的不同性质，分为土遗址、木构建筑、砖石质文物。根据课题组对文物保护工作人员进行调研采访①，结合文献研究关于不同类型的文化遗址受外界影响破坏程度的定量数值，对“不脆弱”“轻度脆弱”“中度脆弱”“高度脆弱”“极度脆弱”分别记为 1 分、2 分、3 分、4 分、5 分。在二级指标体系中，C1～C6 可以通过数值区间得到评估结果，C7～C10 则通过定性判断得到评估结果（见表 3-10）。

① 2015 年 7 月 12 日和 2016 年 4 月 20 日两次就不同性质文化遗址脆弱性评价的分值标准对西北大学文化遗产学院考古系两位教授和陕西文化遗产研究院 3 位高级工程师进行调研采访。

表 3-10　丝绸之路文化生态脆弱性

目标层	准则层	指标层		脆弱性评估 不脆弱 1分	轻度脆弱 2分	中度脆弱 3分	高度脆弱 4分	极度脆弱 5分
A 丝绸之路遗产廊道文化遗址脆弱性评估	B1 气候条件	C1 日降水量/毫米	土遗址	<10	10~20	20~30	30~50	>50
			木构建筑	<50	50~100	100~200	200~400	>400
			砖石质文物	<50	50~100	100~200	200~400	>400
		C2 日温差/摄氏度	土遗址	10	20	30	45	60
			木构建筑	10	20	30	40	50
			砖石质文物	<10	10	20	30	40
		C3 年平均相对湿度/%	土遗址	70~80	60~70	50~60	40~50	<40
			木构建筑	60~75	50~60	40~50	30~40	<30
			砖石质文物	60~75	50~60	40~50	30~40	<30
		C4 年大风日/天		<10	10~20	20~30	30~60	>60
	B2 生存状态	C5 绿地覆盖率/%		>40	25~40	15~25	10~15	<10
		C6 保护区范围外扩 500 米内建成区占比/%		<10	10~30	30~50	50~80	>80
		C7 与城市的相对区位		人类活动少或无人区	游牧区	农村区域	城郊区	城市区
	B3 人为干预程度	C8 交通便利程度		与外界交通几乎无联系	与外界交通联系少	与外界交通联系便利有序	与外界交通联系无序杂乱	区内有人类定居、交通便利但无序
		C9 旅游开发强度		无	少量商业	建设旅游景区，周边商业有序	建设旅游景区，周边商业无序	旅游景区内及周边商业无序
		C10 保护措施政策		人防技防十分完善	人防技防不太完善	人防技防一般	人防技防很不完善	无人防技防

量表指标测度说明：

①关于C1：根据58年（1951—2009年）的气象资料统计，参照吐鲁番（新疆）、瓜州（甘肃）、西宁（青海）、银川（宁夏）等干旱半干旱区土遗址分布地区的降水量（见表3-11），一般不超过400毫米，且多以集中式降雨为主要形式，蒸发旺盛。日降水量（毫米）参照气象局关于暴雨的界定，暴雨：日降水量50~100毫米。大暴雨：日降水量100~200毫米。特大暴雨：日降水量大于200毫米。危害性暴雨：日降水量大于400毫米。由于不同日降水量对不同类型的文化遗址影响程度不同，故根据专家建议相应地调整测度值。

②关于C2：日温差（摄氏度）参照吐鲁番地区交河故城日温差60摄氏度，最低温度-20摄氏度，最高温度45摄氏度。由于日温差对土遗址的脆弱性影响超过木构建筑和砖石质文物，故土遗址超过中度脆弱以15摄氏度为等级差，不超过中度脆弱以10摄氏度为等级差。

③关于C4：西部地区大风、沙暴强劲且频繁，风速超过15米/秒的起风扬沙天气较多。根据气象资料标准，8级风力为大风，风速为17.2~20.7米/秒。参照表3-11的数据指标，确定年大风日的评价测度值。

表3-11　研究地区典型气候特征

地点	典型气候特征		
	年均降水量/毫米	年均蒸发量/毫米	年大风日/天
吐鲁番（新疆）	16	2837.7	26.7
瓜州（甘肃）	46	2148.9	68.5
西宁（青海）	368	1762.7	32.4
银川（宁夏）	203	1583.2	25.7

④关于C3：准噶尔盆地、塔里木盆地等地年平均相对湿度在50%以下，其中柴达木盆地相对湿度仅30%，是我国空气最干燥的地方。1月，阿拉善、塔里木等地相对湿度在50%以下，7月，西北内陆盆地、藏北高原等地相对湿度小于40%，其中吐鲁番、哈密七角井仅30%。一般来说，相对湿度>80%和<30%都会对人类生活产生极大的影响，西部丝绸之路地区以干旱（相对湿度<30%）和半干旱区（相对湿度为30%~60%）为主，过渡区相对湿度为60%~75%，以此确定相对湿度的基本测度值标准。对于西部丝路上的石窟寺和石刻的相对湿度，张国彬得出敦煌莫高窟85窟在降雨后15天内相对湿度

均维持在60%以上，王逢睿得出庆阳北石窟寺相对湿度常年稳定在55%以上，选取克孜尔尕哈石窟寺调查气象网4月某一周的平均相对湿度为25%，基本可以将这3个石窟寺平均相对湿度作为基本测度值标准。

⑤关于C5和C8：绿地覆盖率和交通便捷程度参照生态脆弱性指标评价测度值。

3.5.3 构建丝绸之路文化遗址脆弱性层次分析模型

（1）运用层次分析法

层次分析法也称为AHP法，20世纪70年代由美国运筹学家萨蒂提出的多目标决策分析方法，把定性与定量分析相结合，将一个复杂的综合性目标分解为多个准则，再分解为多指标或多因素的若干层级，通过量化计算出各层级指标或者因素的权重，然后根据最低层次各目标的权重和各方案的属性值对方案做出综合评价，作为目标优化解决方案的决策依据。

长期以来，对文化遗址的评估大多偏向主观性，以人为判断或描述性的介绍等定性研究为主，缺乏有关将其作为定量研究目标，通过科学的计算进行定量的分析，从而得到结果的研究过程。这就使得研究通常会存在一定的主观因素和模糊性，而层次分析法会将研究的目标定量化，通过计算和分析，将模糊的问题转化成清晰的问题来解决，最终得到一个客观运算的结果，使得决策更加具有科学性和理论性。

针对丝绸之路文化生态脆弱性的评估方法，首先把研究问题层次化，深入分析和确定影响丝绸之路文化遗产点的保护和管理都有哪些因素，根据其属性归纳分类，最终形成一个评价结构模型。然后根据每层因素之间的相对重要性构造判断矩阵，通过计算得到最终方案层每个方案的层次总排序，根据层次总排序结果确定最终评价结果。

（2）数据收集

为了较全面地评估丝绸之路文化生态脆弱性的差异性，本节选取丝绸之路申遗名录国内段河南、陕西、甘肃、新疆4省（区）共25个世界文化遗产地（除了2014年丝绸之路联合申遗的22个世界文化遗产地以外，还增加了甘肃省的嘉峪关、敦煌莫高窟和河南省的龙门石窟）作为研究样本。

关于气候条件的数据收集，基于4个省的气象局网站、文物局网站、县志以及多篇专业学术论文提供的资料，整理出每个文化遗址所在地的日降水量、日温差、年平均相对湿度及大风日状况，根据量表评价其脆弱性程度。

关于生存状态的数据收集，绿地覆盖率及保护区范围外扩 500 米内建成区占比这两个指标难以通过具体的数据进行量化，因此，主要通过谷歌卫星地图进行测算和判断，从而得出各遗址点的相对脆弱性数据。

关于人为干预程度的数据收集，特别是旅游开发强度，主要通过相关研究论文、游客旅游博文体验评价等资料判断各个遗址点的对外交通状况、旅游开发状况以及保护措施状况。

（3）构建文化遗址脆弱性层次结构模型和判断矩阵

运用YAAHP10.3 软件进行指标体系的层次分析模型构建（见图 3-4）。

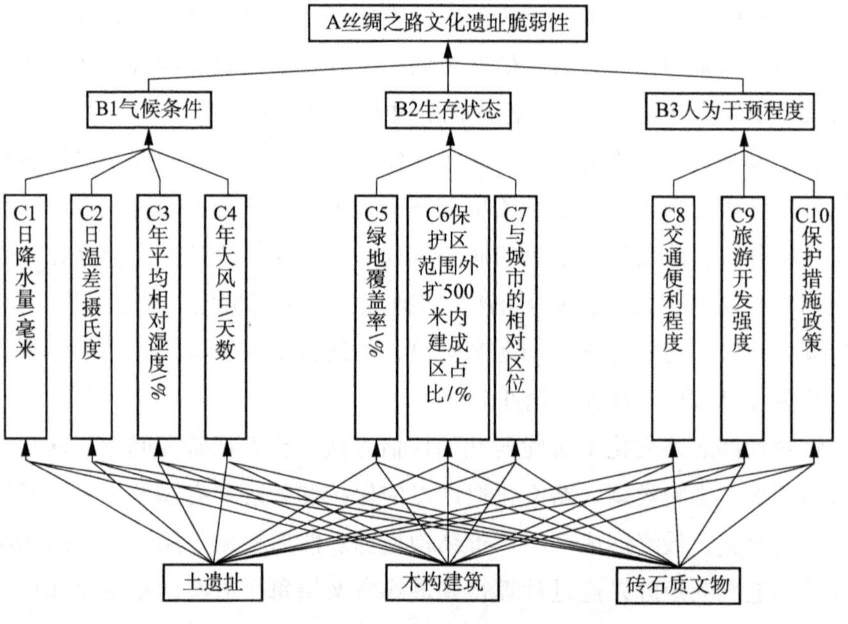

图 3-4　丝绸之路文化遗址脆弱性层次结构模型

在层次分析法中，运用 1~9 标度“两两比较法”对评价因子进行定量化标度，标度的含义从“绝对重要”到“绝对不重要”共 17 个。正向评价从“同样重要”标度为 1，数值依次增大，一直到“绝对重要”标度为 9。负向评价从“同样重要”标度为 1，数值依次减少，一直到“绝对不重要”标度为 1/9（见表 3-12）。

表 3-12 重要性标度

标度	重要性
9	绝对重要
7	十分重要
5	明显重要
3	稍微重要
1	同样重要
1/3	稍不重要
1/5	不重要
1/7	很不重要
1/9	绝对不重要
2，4，6，8，1/2，1/4，1/6，1/8	上述相邻判断的中间值

分析丝绸之路文化遗址脆弱性评价时，首先对每个因子相对于上一个因子进行两两比较并赋值，在软件中进行矩阵输入，对评判定量化研究的指标因子构造判断矩阵，从而确定各因子权重（见图 3-5）。在这个过程中，该软件会自动进行判断矩阵的一致性检验，当随机一致性比率小于 0.10 时，则认为该判断矩阵的不一致性在容许的范围内，即表明该判断矩阵具有“满意的一致性”。

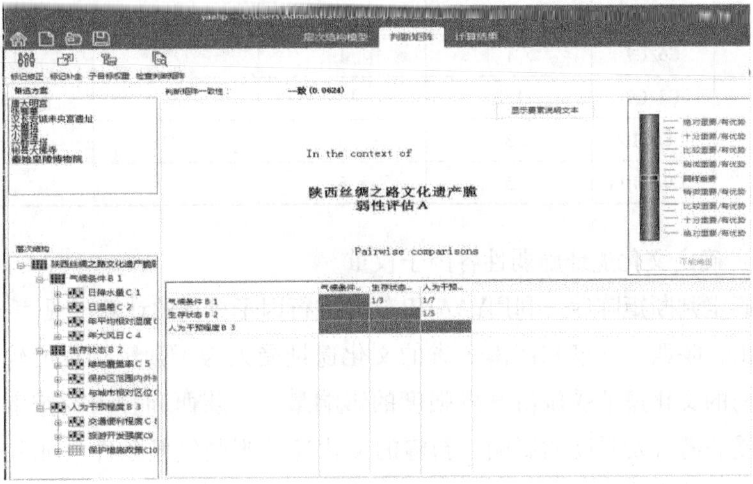

图 3-5 YAAHP 输入中显示出判断矩阵

在两两比较进行赋值的过程中，考虑到丝绸之路遗产廊道跨越的地理空间很大，同一个因子对不同地区的影响程度不同。例如，新疆的文化遗址受大风日的影响很大，对于河南的文化遗址而言，几乎不受大风日的影响。因此，研究丝绸之路文化遗址脆弱性评价的赋值，考虑到陕西省和甘肃省的大部分地区为暖温带气候，故作为同一个赋值表，河南和新疆的自然气候条件与陕西省和甘肃省的差异较大，故分别作为另外两个赋值表（见表 3–13）。

表 3–13　两两指标对比的赋值

指标层	指标代码	相对重要性赋值（河南）	相对重要性赋值（陕西）	相对重要性赋值（甘肃）	相对重要性赋值（新疆）
A–B	B1/B2	1/5	1/3	1/2	5
	B1/B3	1/5	1/5	1/3	3
	B2/B3	1	1	1/2	2
B1–C	C1/C2	3	2	1	1
	C1/C3	1/3	1/3	2	3
	C1/C4	5	3	1	1
	C2/C3	1/3	1/2	3	5
	C2/C4	5	3	1	1
	C3/C4	5	3	1/3	1/5
B2–C	C5/C6	1/3	1	3	5
	C5/C7	1/2	1/3	1	3
	C6/C7	1	1	1/3	1/5
B3–C	C8/C9	1/3	1/3	3	5
	C8/C10	3	3	1/3	1/5
	C9/C10	5	5	3	1

（4）确定文化遗址脆弱性各因子权重

在确定判断矩阵后，利用YAAHP 软件进行因子权重的计算（见表 3–14）。可以看出，陕西、甘肃和河南 3 省的文化遗址受人为干预影响程度较大，尤其是河南的文化遗址受旅游开发强度的影响最大，陕西和甘肃的城市区文化遗址也受旅游开发强度的影响。新疆的文化遗址则受气候条件（尤其是大风天气）的影响较大。

表 3-14　4 省（区）文化遗址脆弱性因子权重

目标层	准则层	权重				指标层	权重			
		河南	陕西	甘肃	新疆		河南	陕西	甘肃	新疆
A 丝绸之路文化遗址脆弱性	B1 气候条件	0.0909	0.114	0.1634	0.55	C1 日降水量/毫米	0.026	0.0293	0.0452	0.0925
						C2 日温差/摄氏度	0.014	0.0225	0.0498	0.13
						C3 年平均相对湿度/%	0.0454	0.0515	0.0186	0.074
						C4 年大风日/天	0.0055	0.0107	0.0498	0.2535
	B2 生存状态	0.4546	0.4054	0.2970	0.2098	C5 绿地覆盖率/%	0.0769	0.1054	0.1273	0.0343
						C6 保护区范围外扩 500 米内建成区占比/%	0.2016	0.1327	0.0424	0.1132
						C7 与城市相对区位	0.1761	0.1673	0.1273	0.0623
	B3 人为干预程度	0.4545	0.4806	0.5396	0.2402	C8 交通便利程度	0.1174	0.1241	0.0633	0.0393
						C9 旅游开发强度	0.2895	0.3062	0.1448	0.0713
						C10 保护措施政策	0.0476	0.0503	0.3315	0.1296

3.5.4　脆弱性评估结果

（1）河南文化遗址脆弱性人为因素大于自然因素

根据河南文化遗址脆弱性评估的得分情况，得分从高到低依次为隋唐洛阳城遗址、龙门石窟、新安汉函谷关、汉魏洛阳城遗址、崤函古道石壕段（见表3-15）。河南文化遗产主要在年平均相对湿度、保护区范围外扩 500 米内建成区占比、与城市相对区位、交通便利程度、旅游发展程度指标的得分较高，日降水量、日温差、年大风日、绿地覆盖率和保护措施政策指标的得分较低。隋唐洛阳城遗址脆弱性较高，龙门石窟、新安汉函谷关脆弱性为中度，其余遗址的脆弱性都较低。遗址的脆弱性较高主要源于年平均相对湿度、保护区范围外扩 500 米建成区占比、与城市相对区位、交通便利程度和旅游开发强度指标。这表明河南文化遗址的脆弱性影响主要源于人为因素，自然因素也造成了一定的影响。在河南文化遗址整体得分情况中，气候条件中日降水量和年平均相对湿度指标得分较高，日温差和年大风日指标得分较低，气候因素对河南文化遗址脆弱性有一定影响，但总体来看不如生存状态和人为干预的影响大，人为因素对河南文化遗产的破坏要大于自然因素。

表 3-15　河南文化遗址脆弱性评估结果

			脆弱性评估得分				
目标层	准则层	指标层	汉魏洛阳城遗址	新安汉函谷关	崤函古道石壕段	隋唐洛阳城遗址	龙门石窟
河南省丝绸之路文化遗产脆弱性评估	B1 气候条件（权重 0.0909）	C1 日降水量/毫米（权重 0.026）	5(0.13)	5(0.13)	5(0.13)	5(0.13)	3(0.78)
		C2 日温差/℃（权重 0.014）	3(0.042)	3(0.042)	3(0.042)	3(0.042)	4(0.056)
		C3 年平均相对湿度/%（权重 0.0454）	4(0.1816)	4(0.1816)	3(0.1362)	4(0.1816)	3(0.1362)
		C4 年大风日/天（权重 0.0055）	5(0.0275)	5(0.0275)	5(0.0275)	5(0.0275)	5(0.0275)
	B2 生存状态（权重 0.4546）	C5 绿地覆盖率/%（权重 0.0769）	1(0.0769)	2(0.1538)	2(0.1538)	2(0.1538)	1(0.0769)
		C6 保护区范围外扩 500 米建成区占比/%（权重 0.2016）	1(0.2016)	1(0.2016)	2(0.4032)	4(0.8064)	1(0.2016)
		C7 与城市相对区位（权重 0.1761）	3(0.5283)	3(0.5283)	3(0.5283)	5(0.8805)	4(0.7044)
	B3 人为干预程度（权重 0.4545）	C8 交通便利程度（权重 0.1174）	2(0.2348)	2(0.2348)	2(0.2348)	3(0.3522)	3(0.3522)
		C9 旅游开发强度（权重 0.2895）	2(0.579)	3(0.8685)	1(0.2895)	3(0.8685)	3(0.8685)
		C10 保护措施政策（权重 0.0476）	1(0.0476)	1(0.0476)	1(0.0476)	1(0.0476)	1(0.0476)
总分（权重）			2.0493	2.4157	1.9929	3.4901	2.5489

（2）陕西文化遗址脆弱性人为因素大于自然因素

根据陕西文化遗址脆弱性评估的得分情况，得分从高到低依次为大雁塔、唐长安城大明宫遗址、小雁塔、彬县大佛寺、汉长安城未央宫遗址、兴教寺塔、张骞墓（见表 3-16）。陕西文化遗址主要在年平均相对湿度、绿地覆盖率、保护区范围外扩500米建成区占比、与城市相对区位、交通便利程度和旅游开发强度得分较高，在日降水量、日温差、年大风日和保护措施政策指标得分较低。大雁塔、唐长安城大明宫遗址和小雁塔脆弱性较高，其余遗址的脆弱性都相对较低。遗址的脆弱性较高主要源于绿地覆盖率、保护区范围外扩500米建成区占比、与城市相对区位、交通便利程度和旅游开发强度指标。这表明陕西文化遗址的脆弱性影响主要来自人为因素，自然因素造成的影响低于人为因素。在陕西文化遗址整体得分情况中，气候条件包含的日降水量、日温差和年大风日3个指标得分均较低。这表明自然因素对陕西文化遗址脆弱性的影响较小，不如生存状态和人为干预的影响大，人为因素对陕西文化遗址的破坏要大于自然因素。

（3）甘肃文化遗址脆弱性的自然因素自东向西逐渐大于人为因素

根据甘肃文化遗址脆弱性评估的得分情况，得分从高到低依次为嘉峪关遗址、炳灵寺石窟、敦煌莫高窟、锁阳城遗址、玉门关遗址、麦积山石窟、悬泉置遗址（见表3-17）。甘肃文化遗址主要在日降水量、日温差、年大风日、绿地覆盖率、与城市相对区位、交通便利程度、旅游开发强度和保护措施政策等指标的得分较高，在年平均相对湿度和保护区范围外扩500米建成区占比指标的得分较低。脆弱性程度最大的嘉峪关遗址和脆弱性程度最小的悬泉置遗址受绿地覆盖率的影响最大，但是向东的遗址相对来说受到旅游开发的影响较大，随着向西沙漠化和戈壁化自然因素影响程度越来越大，悬泉置遗址、玉门关遗址和锁阳城遗址的脆弱性受自然气候的影响也越大。

（4）新疆文化遗址脆弱性自然因素远大于人为因素

根据新疆文化遗址脆弱性评估的得分情况，得分从高到低依次为交河故城、高昌故城、克孜尔石窟、北庭故城、克孜尔尕哈烽燧、苏巴什佛寺遗址（见表3-18）。在新疆文化遗址整体得分情况中，气候条件中日降水量、日温差、年平均相对湿度和年大风日4个指标得分均较高。这说明天气因素对新疆文化遗址脆弱性的影响较大，同时也有一定的人为因素影响，但主要以自然因素影响为主。交河故城、高昌故城和克孜尔石窟脆弱性较高，其余遗址的脆弱性为中度。遗址的脆弱性较高主要源于日降水量、日温差、年平均相对湿度、年大风日和保护措施政策指标。这说明新疆文化遗址的脆弱性影响主要来自天气因素，人为因素造成的影响小于天气因素。

表 3-16　陕西文化遗址脆弱性评估结果

目标层	准则层	指标层	脆弱性评估得分						
			汉长安城未央宫遗址	张骞墓	唐长安城大明宫遗址	大雁塔	小雁塔	兴教寺塔	彬县大佛寺石窟
陕西省丝绸之路文化遗产脆弱性评估	B1 气候条件（权重 0.114）	C1 日降水量/毫米（权重 0.0293）	4(0.1172)	5(0.1465)	4(0.1172)	2(0.0586)	2(0.0586)	2(0.0586)	1(0.0293)
		C2 日温差/摄氏度（权重 0.0225）	1(0.0225)	1(0.0225)	1(0.0225)	1(0.0225)	1(0.0225)	1(0.0225)	1(0.0225)
		C3 年平均相对湿度/%（权重 0.0515）	1(0.0515)	1(0.0515)	1(0.0515)	1(0.0515)	1(0.0515)	1(0.0515)	1(0.0515)
		C4 年大风日/天（权重 0.0107）	3(0.0321)	2(0.0214)	3(0.0321)	3(0.0321)	3(0.0321)	3(0.0321)	5(0.535)
	B2 生存状态（权重 0.4054）	C5 绿地覆盖率/%（权重 0.1054）	1(0.1054)	1(0.1054)	1(0.1054)	3(0.3162)	1(0.1054)	2(0.2018)	1(0.1054)
		C6 保护区范围外扩 500 米建成区占比/%（权重 0.1327）	1(0.1327)	2(0.2654)	4(0.5308)	4(0.5308)	4(0.5308)	2(0.2654)	2(0.2654)
		C7 与城市相对区位（权重 0.1673）	5(0.8365)	3(0.5019)	5(0.8365)	5(0.8365)	5(0.8365)	3(0.5019)	3(0.5019)
	B3 人为干预程度（权重 0.4806）	C8 交通便利程度（权重 0.1241）	5(0.6205)	2(0.2482)	3(0.3723)	3(0.3723)	3(0.3723)	2(0.2482)	2(0.2482)
		C9 旅游开发强度（权重 0.3062）	1(0.3062)	2(0.6124)	3(0.9186)	3(0.9186)	3(0.9186)	2(0.6124)	2(0.6124)
		C10 保护措施政策（权重 0.0503）	1(0.0503)	1(0.0503)	1(0.0503)	1(0.0503)	1(0.0503)	1(0.0503)	1(0.0503)
总分（权重）			2.2749	2.0255	3.0372	3.1894	2.9786	2.0447	2.4219

表 3-17 甘肃文化遗址脆弱性评估结果

目标层	准则层	指标层	脆弱性评估得分						
			敦煌莫高窟	嘉峪关遗址	麦积山石窟	炳灵寺石窟	锁阳城遗址	悬泉置遗址	玉门关遗址
甘肃省丝绸之路文化遗产脆弱性评估	B1 气候条件（权重 0.1634）	C1 日降水量/毫米（权重 0.0452）	1(0.0452)	1(0.0452)	3(0.1356)	3(0.1356)	1(0.0452)	2(0.0904)	2(0.0904)
		C2 日温差/摄氏度（权重 0.0498）	2(0.0996)	2(0.0996)	3(0.1494)	3(0.1494)	2(0.0996)	1(0.0498)	1(0.0498)
		C3 年平均相对湿度/%（权重 0.0186）	5(0.093)	5(0.095)	4(0.0744)	5(0.0923)	4(0.0744)	5(0.093)	5(0.093)
		C4 年大风日/天（权重 0.0498）	5(0.249)	5(0.249)	5(0.249)	5(0.249)	5(0.249)	5(0.249)	5(0.249)
	B2 生存状态（权重 0.2970）	C5 绿地覆盖率/%（权重 0.1273）	5(0.6365)	4(0.5092)	1(0.1273)	3(0.3819)	3(0.3819)	5(0.6365)	5(0.6365)
		C6 保护区范围外扩 500 米建成区占比/%（权重 0.0424）	1(0.0424)	1(0.0424)	1(0.0424)	1(0.0424)	1(0.0424)	1(0.0424)	2(0.0848)
		C7 与城市相对区位（权重 0.1273）	1(0.1273)	4(0.5092)	3(0.3819)	3(0.3819)	3(0.3819)	1(0.1273)	1(0.1273)
	B3 人为干预程度（权重 0.5396）	C8 交通便利程度（权重 0.0633）	3(0.1899)	3(0.1899)	3(0.1899)	3(0.1899)	3(0.1899)	2(0.1266)	2(0.1266)
		C9 旅游开发强度（权重 0.1448）	3(0.4344)	3(0.4344)	3(0.4344)	3(0.4344)	3(0.4344)	1(0.1448)	3(0.4344)
		C10 保护措施政策（权重 0.3315）	1(0.3315)	1(0.3315)	1(0.3315)	1(0.3315)	1(0.3315)	1(0.3315)	1(0.3315)
总分（权重）			2.2488	2.5034	2.1158	2.389	2.2302	1.8913	2.2233

表 3-18　新疆文化遗址脆弱性评估结果

目标层	准则层	指标层	脆弱性评估得分					
			高昌故城	克孜尔石窟	克孜尔尕哈烽燧	交河故城	苏巴什佛寺遗址	北庭故城
新疆丝绸之路文化遗产脆弱性评估	B1 气候条件（权重 0.55）	C1 日降水量/毫米（权重 0.0925）	1(0.0925)	1(0.0925)	1(0.0925)	1(0.0925)	1(0.0925)	2(0.185)
		C2 日温差/℃（权重 0.13）	2(0.26)	5(0.65)	3(0.39)	5(0.65)	4(0.52)	4(0.52)
		C3 年平均相对湿度/%（权重 0.0740）	5(0.37)	5(0.37)	5(0.37)	5(0.37)	5(0.37)	5(0.37)
		C4 年大风日/天（权重 0.2535）	5(1.2675)	5(1.2675)	5(1.2675)	5(1.2675)	3(0.7605)	3(0.7605)
	B2 生存状态（权重 0.2098）	C5 绿地覆盖率/%（权重 0.0343）	5(0.1715)	2(0.0686)	5(0.1715)	2(0.0686)	2(0.0686)	2(0.0686)
		C6 保护区范围外扩 500 米建成区占比/%（权重 0.1132）	1(0.1132)	1(0.1132)	1(0.1132)	1(0.1132)	1(0.1132)	1(0.1132)
		C7 与城市相对区位（权重 0.0623）	1(0.0623)	1(0.0623)	1(0.0623)	3(0.1869)	2(0.1246)	3(0.1869)
	B3 人为干预程度（权重 0.2402）	C8 交通便利程度（权重 0.0393）	1(0.0393)	1(0.0393)	1(0.0393)	1(0.0393)	1(0.0393)	1(0.0393)
		C9 旅游开发强度（权重 0.0713）	2(0.1426)	3(0.2139)	1(0.0713)	2(0.1426)	2(0.1426)	3(0.2139)
		C10 保护措施政策（权重 0.1296）	4(0.5176)	1(0.1296)	1(0.1296)	3(0.3888)	3(0.3888)	3(0.3888)
总分（权重）			3.0365	3.0069	2.7072	3.3194	2.6201	2.8462

3.5.5 丝绸之路文化遗址脆弱性的影响因素分析

（1）人为干预是影响文化遗址脆弱性的最主要原因

相较于气候条件和生态状态而言，人为干预程度是影响丝绸之路遗产廊道文化遗址脆弱性最主要的因素，其中旅游开发强度的影响程度最大，旅游景区和旅游商业环境对文化遗址原生态环境影响很大。例如，嘉峪关遗址周边正在修建旅游景区，且周边商业处于无序发展状态，对文化遗址的保护管理构成很大威胁。唐长安城大明宫遗址周边有 13 个重点项目共投资 257 亿元，包括综合安置、基础设施和城市设施等项目，在改善提升遗址周边居民生活环境的同时，需要控制好商业环境对文化遗址生态环境的影响，减少过度的旅游商业化对文化遗址的干扰。此外，纷繁无序的交通情况也使文化遗址更加脆弱。汉长安城未央宫前殿遗址在申遗之前曾被周边 9 个村庄包围，遗址周围的村庄道路四通八达，对未央宫前殿遗址的破坏性很大。为了申遗成功，汉长安城未央宫前殿遗址周边拆迁改造，形成相对封闭的遗址道路路网，控制人为活动对遗址的影响。

（2）受自然气候影响，土遗址比砖石质文物和木构建筑更脆弱

相较于砖石质文物和木构建筑来说，土遗址受自然气候的影响更大且更脆弱，尤其是新疆地区，大风日、夏季暴雨、冬季冻融等气候状况对土遗址的破坏性极大。新疆和甘肃西部的遗址大部分深处沙漠或戈壁地区，都是受自然条件影响较大的裸露在外的土遗址，长期以来人为干预影响因素很少。土遗址特别容易受到暴雨的侵袭，需要进行加固处理，通过种植浅根系植物或在周边建设防护林等方式弱化暴雨对其的侵蚀。就其材质而言，砖石结构的遗址相较于土遗址更为稳固，石窟寺或者砖塔等建筑虽然也受气候状况的影响，但是人类活动的影响更大。例如，甘肃炳灵寺和西安兴教寺一直以来都有僧人住寺，日常生活对佛寺的影响比自然气候影响大得多。

（3）位于城市区的文化遗址比位于农村区和游牧区的文化遗址更脆弱

一般来说，靠近城市周边、区域经济发展水平较高的遗址，由于较多地受城镇化发展、旅游开发等人为因素影响，脆弱性较强。嘉峪关遗址距离嘉峪关市约 6 千米，交通便利，旅游开发强度较大，因此脆弱性最强。位于酒泉市瓜州县约 75 千米处的锁阳城遗址，因地理位置偏远，交通不便，因此受

人为活动的影响较小，脆弱性较弱。另外，农村区和游牧区的遗址周边植被较多，对于遗址周边水源的涵养、环境的荒漠化具有明显的改善作用。根据西安城市总体规划，西安市主城区占地面积为525平方千米，大遗址的保护范围和建控地带约130平方千米。其中，中心地带的隋唐长安城遗址占地83平方千米，保护区范围外扩500米内均为城市建筑，建成区占比在95%以上，覆盖了主要城市建成区。从区位来看，西安市大部分遗址位于城市土地价值最高的城市建成区，建控地带开发建设的压力较大，随着城市化进程的不断推进，汉长安城遗址像一块“飞地”被周边开发区所包围。因此，城市区的文化遗址要严格控制周边发展区的蔓延，减少城市空间对文化遗址原生态环境的挤压。

3.6 西部地区丝绸之路文化生态保护与区域旅游保护性发展策略

根据前文分析的西部丝绸之路区域旅游发展的脆弱性评估和丝绸之路遗产廊道文化遗址的脆弱性评估可以看出，文化遗址受旅游发展和本身自然条件的影响大，脆弱性程度加大，这些因素反过来又直接影响区域旅游发展环境，加大了旅游环境的脆弱性。因此，针对各区域旅游环境脆弱性的差异，提出相应的保护性发展策略。

3.6.1 全力型旅游发展策略

全力型旅游发展策略适用于旅游发展整体环境脆弱性较低的区域，可以利用区域现有及潜在的全部优势，大力发展旅游产业。西安及陕西省大部分地区都适用全力型旅游发展策略。

无论是支持系统还是旅游系统，西安地区都远优于其他区域，旅游发展环境好，脆弱性低，可以抓住现有机遇，结合优势，进一步发展旅游环境。一是抓住丝绸之路机遇，建设国际性旅游目的地：丝绸之路东段申遗成功增加了西安旅游资源价值并提高了西安旅游资源品位，更提升了其“世界历史名城”的地位和形象；丝绸之路经济带构想的提出也使得作为丝绸之路起点城市的西安在促进西部开发与国际交流中占据重要地位。西安应该抓住丝绸之路所带来的文化遗址效应及“一带一路”国家政策的倾斜，开发与宣传相关旅游产品，并完善配套旅游设施，建设国际性的旅游目的地。二是打破固有印象，丰富现有产品层次：丰富的文物古迹资源是西安旅游发展的一大优势，也因此使游客形成了对西安“历史文化名城”的固有印象。为了进一步促进西安旅游的发展，必须打破这种固有印象，目前西安的旅游宣传口号“华夏古都，山水之城”也确实体现了这种需求。在现有基础上丰富旅游产品层次，如开发自然景观、举办灯会等旅游节事活动，打造《长恨歌》等特色文化产品等，让多样化的旅游产品为西安旅游发展增添活力。

陕西省大部分地区的文化遗产资源丰富，旅游发展环境脆弱性较低，而且发展旅游业也能与区域整体发展起到相互促进的作用，同样适用于此种发展策略。一是对旅游资源进行特色开发，避免同质化：虽然旅游资源品位并不是十分高，但各地级市因其地理或历史因素形成了各具特色的旅游资源，应该以此为基础打造独特的旅游主题，围绕主题进行特色开发，将旅游资源建设为旅游资源优势，避免因忽视区域实际而同质化开发所导致的恶性竞争。二是加强区域旅游合作，既要加强区域内各地级市的合作，更要加强与周边区域的合作：区域内部各地级市在合作中尤其应注重特色开发，避免恶性竞争。另外，发挥西安作为陕西省内旅游高地的带动作用，将区域内各地级市打造为西安旅游的重要辐射地带，通过“市场共享”和“资源共享”发挥区域旅游合作的联动效应，达到“1+1>2”的合力效果。

3.6.2 匹配型旅游发展策略

根据木桶效应，如果区域内各系统脆弱性不一，那么脆弱性较高的系统就会成为限制区域旅游发展的关键因素。匹配型发展策略就适用于此类区域。在旅游发展时，此类区域需要考虑脆弱性高的短板系统，注重与其他系统匹配发展，并积极采取措施，取长补短改善短板状况。甘肃、宁夏、青海、新疆的大部分地区适用于该策略。

区域内的省会城市和经济较发达地区的经济基础以及社会发展程度都能为旅游发展提供良好的环境，文化遗产旅游丰富，但是旅游环境条件较差，表现在：森林覆盖率较低，区域自身生态状况较差；在经济发展中缺乏可持续发展意识，污染物排放量大，不利于旅游的可持续发展；区域内部分地区因少数民族存在一种潜在的、不稳定的社会安定威胁因素，使得旅游环境的安全性充满不确定性。因此，区域发展旅游需要考虑以下两个方面：一是要加强环保意识，走可持续发展道路，大力改善目前已经被污染的环境，以免在日后成为限制该区域旅游发展的唯一且难以逆转的因素；二是民族团结、稳定是需要长期努力的，尽力加强区域稳定建设，营造安全稳定的旅游环境。在改善上述两短板状况之后，才能有效发展该区域内各系统尤其是条件较好的旅游系统的优势，共同促进区域旅游发展。

甘肃、宁夏其他区域受自然和地理因素影响，自然环境的脆弱性本身较高，水资源和生物资源缺乏，文化遗产资源并不丰厚，旅游环境条件较差。该区域还严重缺乏可持续发展意识，经济发展方式粗放，由此进一步提升了自然环境的脆弱性程度。因此，该区域的旅游发展必须考虑几个问题：首先需要解决的问题就是环境现状，该区域要转变经济发展方式，可结合旅游业的发展带动产业转型升级，减少污染排放对环境造成的破坏，避免加大系统脆弱性。相应地，该区域发展旅游也要考虑先天性脆弱度较高的自然环境因素，脆弱程度较高的自然环境在一定程度上降低并限制了区域旅游发展的承载力，因此在旅游开发与建设过程中，该区域应该尽量避免大规模开发对环境造成的巨大压力，根据区域实际状况采取小而精的模式适当开发。同时，该区域旅游资源和旅游设施水平较低，但区域内也有挖掘并利用资源优势、结合适当宣传打造出独特旅游名片的地区案例，所以该区域在旅游发展过程中，还需要结合自身特点与优势，整合现有资源，加以合理打造与宣传，增强旅游发展实力。

陕甘宁交界区域的自然环境状况较好，旅游环境的脆弱性不高但有增加的趋势，整体经济和社会发展水平较低，难以满足该区域旅游发展的需求。因此，可以考虑将旅游作为促进区域整体发展的动力，以旅游扶贫带动区域经济发展水平。但需要注意保持旅游发展与区域内各类资源条件相匹配，形成区域旅游资源可持续发展和提升的相互促进作用，避免大规模掠夺性开发旅游，导致旅游环境脆弱性程度提升，文化遗产资源遭到难以挽回的破坏。因此，该区域应该在严格保护生态环境的基础上，深入发掘文化旅游资源优势，加强旅游设施建设，推动旅游业发展。

3.6.3 节制型旅游发展策略

节制型旅游发展策略是指区域受限于内部某些难以变更的条件，只能在现有状况下有节制地发展旅游。青海生态高原区域即属于此种状况。

该区域独特恶劣的自然地理及气候等环境条件形成了独特的旅游资源，旅游吸引力很强。但是，这样的自然条件也使得该区域难以大规模建设基础设施，经济发展难度较大。果洛藏族自治州、玉树藏族自治州和黄南藏族自治州是我国长江、黄河、澜沧江三大江河的发源地，生态环境极其脆弱，环境保护任务十分艰巨。受限于现有的自然环境及作为水源地的特殊环保要求，有节制地发展旅游可能是促进该区域经济发展的有效途径。当然，在生态环境绝对脆弱的高原生态核心区，如三江源国家公园目前禁止开展旅游、探险活动，禁止旅游的面积为 1.91 万平方千米。根据三江源国家公园建设规划，未来游客可以通过网上预约等形式获得入园资格，小规模、分批次、有序地进入园区进行生态体验。在这样的限制性条件下，首先，可以对内部独特的旅游资源进行合理开发，保证旅游的吸引力；其次，在条件允许的情况下，尽可能建设完善的旅游基础设施，面向高素质且相对更注重旅游体验的游客开发高品质的定制游产品，这样既能避免大量游客涌入造成对环境的污染和破坏，也能获得单位较高的收益。

2017 年 7 月，由复华文旅在青海海西蒙古族藏族自治州德令哈的红崖地区建设中国火星村（模拟火星基地）规划方案通过，面积约 7.02 平方千米。这里自然风光雄奇壮美，是我国最大、最典型的雅丹地貌群，也被宇航专家认为是中国土地上最像火星地貌的地区。中国火星村项目毗邻丝绸之路历史文化和旅游热点区，是国内唯一以火星为主题的大型特制内容高端休闲体验旅游，是集“科学+科幻+自然+生态+文化”于一体的火星文旅创意体验基地，游客将能够体验航天、天文、地理、地质、气象、新能源等领域一体化的科学实践教育旅游活动。

3.7 基于扎根理论的西安鼓乐非物质文化保护传承与旅游开发的影响因素研究

被称为“中国古代音乐的活化石”的西安鼓乐，于 2009 年 10 月入选联合国教科文组织“人类口头与非物质文化遗产代表作”名录，其保护、传承和发展受到社会各界的广泛关注。西安鼓乐作为世界级非物质文化遗产，蕴含的文化价值与内涵十分丰富，应当与时代接轨，通过合理、适度的旅游开发，由非物质文化遗产资源转化为文化旅游资源，进而促进对其的保护与发展。本课题探究哪些因素对西安鼓乐的旅游开发产生了影响，西安鼓乐又应如何进行适当的旅游开发，从西安鼓乐传承人的视角出发，在何家营鼓乐社、城隍庙鼓乐社和东仓鼓乐社 3 个地点实地调研采访，运用深度访谈的调查方法以及扎根理论的分析方法，分析西安鼓乐非物质文化保护传承与旅游开发的影响因素。

3.7.1 扎根理论研究方法和研究步骤

（1）研究方法

美国学者巴尼·格拉泽（Barney Glaser）和安塞尔姆·施特劳斯（Anselm Strauss）于 1967 年提出扎根理论，这是定性研究的一种社会科学研究方法。在经验资料和调研资料的基础上，对资料逐级编码，分为开放式编码、主轴编码和选择性编码，对研究的问题或现象进行演绎并归纳，找出行为变量和可能的行为模式，用理论形式表达出来。

开放式编码是以一种客观的态度将所有的资料按其本身所呈现的状态进行记录，这是将原始资料拆开打散，然后给复杂的原始资料记录建构概念，再以新的方式重新组合起来的过程。目的在于从大量的原始资料中发现研究概念的范畴，对范畴加以命名，最后确定各范畴的性质以及性质的维度，这也是一个不断缩小属性、范围和维度的过程。这个过程需要获得足够的资料，以便从属性和维度上充分表达所研究的问题，最终达到概念的饱和。

主轴编码的主要任务是在充分理解研究情境和研究对象的基础上，深入分析范畴与范畴之间的相互关系和属性，通过对比和归纳，按照不同范畴之间的相互关系和逻辑顺序重新编码归类，最终形成主体性质因素的主范畴。这个过程的所有属性、维度和变化形式都会得到充分发展，即使可能发现新的变量，但是对概念化并没有新的贡献，已经达到理论的饱和。

选择性编码的工作是将一般范畴向核心范畴或者主范畴转化的过程，形成更具概括和解释能力的核心范畴，并在这些核心范畴和其他范畴之间建立具有相互关系的逻辑和理论通道，最终归纳和抽象出研究问题的解释理论。选择性编码和主轴式编码在分析程序上并没有太大差别，但选择性编码层次更加抽象，最终用核心范畴统领其他范畴和概念，归纳出影响因素的逻辑。

（2）研究步骤

本课题的研究分为三步：第一，与三大乐派的传承人进行深度访谈并录音，访谈对象为何家营鼓乐社（俗派）传承人何忠信、学员 10 名、村民 2 位，城隍庙鼓乐社（道派）道长 2 位、新学员 1 名，东仓鼓乐社（僧派）前社员 1 名、现社员 1 名，访谈结束后逐字逐句整理录音稿，对其进行初步统计分析。第二，从原始录音资料中抽象整理出 69 条基本概念，采用扎根理论对这 69 条概念逐级编码。第三，得出有关影响非遗旅游开发的因素的结论。

3.7.2 将原始调研资料的概念集合整理和范畴化

（1）“影响非遗旅游开发的因素”这一研究主题的开放性编码

始终围绕“影响非遗旅游开发的因素”这一主题，反复阅读笔者通过访谈所得到的原始资料，不带任何偏见地对这些原始资料进行编码，从原始资料中得到初始概念，最后通过对多义的句子进行分解分析、对意义重复或交叉的句子进行整合，得到了 69 条初始概念（见表 3-19）。

表 3-19 一级开放性编码

编号	原始资料记录	概念
1	那可以安排个时间，“鼓乐进校园”嘛，等我去给你们演出。你们邀请我，可以……	营销宣传
2	就在农村啊，老一辈人吹的自己也爱去看看，这是何家营村的祖传	村民传统情怀
3	过去就是口传心授，现在也是	传承方式
4	传承人不系统学习你有什么办法，他那个能力就是那个能力，你科目再多他也只能学一个科目，别的科目他学不到手艺你咋弄	学习能力
5	没有二十年发不出来，二十年也不一定能发出来	传承时间
6	没人敢说他是个全科，因为首先一个，那套本子、三套曲子他不敢说他都会，这是关键问题。再一个，每一样乐器，他不敢说他都会用，更谈不上他来传承人……就我一个人教全套的	技艺水平
7	首先你们不是搞音乐行当的，你们不了解。就算人家吹得再好，你也不了解。如果你们研究音乐的话，你就觉着这个音乐很古老。因为你们的理解能力……不专业	欣赏要求
8	西安鼓乐是世界非物质文化遗产，纳西鼓乐不是，他就是民间小调，他为什么搞得好，因为他那里的宣科搞得好，宣科就管理这个乐队，运作得好	领导人能力

续表

编号	原始资料记录	概念
9	到西安文化遗址，底下有兵马俑，西安十三王朝建都，大雁塔、小雁塔、古城墙，古的事太多，所以旅游到咱们这来说，把咱们鼓乐，给看得微小得多了	旅游阴影效应
10	咱们现在仍然保留着原生态的传承，不能增加新的内容，有些人说，你把古琴也放进去嘛，二胡也放进去嘛，好多现代的弦乐放进去，那不行。学院派可以改革，传统鼓乐不行，必须原生态传承	原生态传承
11	政府在2010年以前分文不给，2009年申为世界非物质文化遗产后，文化厅给每个乐社每年5万块保护资金。一个社二三十人呢，你说能干啥	扶持资金
12	这个就是你要传承、教学徒、乐器配置，一些工艺步骤这些，平时训练都是义务的，我作为传承人，教徒弟都是免费的，乐器都是机器制作，机器购下来就是叫个人免费拿着学的，又不收他一分一文，就这么几十年过来。不止这些，我们演出要费用的，没有费用	资金需求
13	传习社就是非营利的社会团体，你像我们出国去演出，一个人要掏几千块钱的	运营成本
14	演出他给个劳务费，一个人一天就是百十块钱劳务费，现在一个妇女去打工，还一百多块冒二百多块呢，是不是	演出收入
15	国家管不起，文化厅管着非遗项目，太多太多了，尤其在西安，这个集中的地区，他就是尽好的管，尽有效益的管，没效益的尽量不管，或者少管	选择性扶持
16	不演了，钱分不下来	利益分配
17	我们盖一个新的传习所，花一百多万国家只给六十多万，别的都得欠上。尤其对这个艺人，保护不佳，对传承人，还马马虎虎	国家保护力度
18	国家对传承人，前几年给八千，给一万，从2016年作为国家传承人，给两万。至于别的乐社成员，出去演出只给个劳务费	传承人收入
19	这些乐社艺人，白天都在外面打工，你像学校去搞个卫生呀，男同志去看个车啊，有活动他们必须请假，请假他们得请个人去代替他他才能出来，要不然还出不来。你像日本雅乐，××大社，人家国家供养，你就在这上学、演出，国家就给你发工资，但是咱中国做不到	文化管理体制
20	咱这里有1985年建的第一家民办公众的鼓乐陈列馆。我们也有接待厅，也有演奏厅，啥都有。因为咱这里1985年就建起了国家工作民办艺术陈列馆，文字资料、图片资料……乐队如果有重要演出都是全套行头。重盖了个500平方米的两层的楼，一层是接待演出，二层是专门展览的	基础设施
21	他们就是社会上的闲散人员，或者是退休了，或者是闲在家里，或者是干不成啥事了	社员构成
22	爱好这个东西，把他们组织到这里来，这都是爱好，又不给他们发钱	参与动机
23	组织这一摊，谁弄呢，麻烦得很	组织难度

续表

编号	原始资料记录	概念
24	（社员）他不像你们学生，都是一样的等级，或者一样的水平，就是来这儿的人思想麻烦得很，参差不齐，良莠不齐，很难领导	社员素质
25	鼓乐如果不公开演奏就没有存活下来的可能性。西安鼓乐进入文化产业的重要性	文化产业化
26	（演出乐器）5种弦乐、6种鼓、6种锣、7种锣钹，大小20多种；（一台演出需要的人数）正常情况下，最低也得一二十人，不能低于15人	演出要求
27	2013年之前，2011年、2012年两年，跟环宇旅行社和国际旅行社（合作）接待了十几起，都是外国人	业务合作
28	国内的话都是政府行为，有个啥会议啦……	政府活动
29	（纪录片）师傅何生哲说学了一辈子这了，要是能上回北京演出就好了	传承人理想
30	（正式演出怎么进行）有活动的时候，政府办活动。跟外头联系，都是去外面表演，去大明宫啥的	演出运作
31	没有（专门来村子里看表演的游客），只有王莽桃花节的时候有	节庆活动
32	（乐社现有）老学员18个，去年7月又培训了19个新学员	人员更新
33	（学员）自愿的，年轻的，好处就是都是一个村的。外来的人不可能坚持每晚都来，也坚持不下来，就算想学，教给他，回去就又放下了	参与条件
34	这跟上学一样，上来就是1234都得认识，下来以后要求每一个人都得学笙了，会吹笙了就说明对这个音乐的韵味懂了，节奏懂了，接下来在吹笙的里面选拔优秀的才能教打击乐器，打击乐重要，不懂节奏就打不到点上。这就是根据实际情况安排。四个吹笙的里面有两个不响的，滥竽充数，南郭先生知道……	学员天赋
35	（有庙会的时候）鼓乐社全部发动参加	乐社交流
36	“文化大革命”以后，咱这个庙呢，陕西各地批发小商品，一直侵占着。2003年，我来了这，政府让他们把这儿归还道教。那时候道人已经散了……	政府指示
37	安来绪他的主业就是老道嘛，副业就是爱鼓乐，学鼓乐，吹拉弹唱。最后就是他组织了鼓乐社，最后就是西安市都知道了，就到了北京，给毛主席表演去了。我们来的时候，才又把这个鼓乐社组织起来……到社会上打听，谁是这个鼓乐社过去吹过的，跟安道长学过的，跟安道长徒弟学过的徒孙，这都是传的嘛，一辈一辈，把他们组织到一块儿	乐社发展历程
38	他们就是社会上的闲散人员，或者是退休了，或者是闲在家里，或者是干不成啥事了，爱好这个东西，把他们组织到这里来，这都是爱好，又不给他们发钱	社员经济

续表

编号	原始资料记录	概念
39	他不会（鼓乐），他就是领导，这全凭他组织、领导、照顾，他是传承人和负责人，他不负责这鼓乐社就完了，所以这专门给他三间房子。前几天刚成立了个传习所，挂了个牌子。这都是当家的要求他们都要来，当家的号召力强，都是因为啥呢，咱这个鼓乐社在他们鼓乐里头，他们几乎都没有组织的人。他们一层管一层（当家的管他），他（具体负责人张老师）有事情了在这里，没事了不在这儿，自己弄自己的事情。都是他电话通知联络沟通	组织管理
40	这个（鼓乐）会不是你们想象的会，是宗教的会，就是在宗教上，他们来展示他们的鼓乐	宗教活动
41	没有人报名，少，最后又升起码到 45 岁以下，才有人报的，报的有 16 个，经常来的还是 12 个	激励机制
42	最近，我还有个学徒娃才 10 岁，新学员才 10 岁，有个打鼓的才三十一二岁，就是 40 岁朝上、50 岁朝下的居多。50 岁朝上的老学员多，新学员没有几个，新学员都在 45 岁以下。45 岁以下现在新到学员也就是二十一二个人，不过老学员、单纯的老学员不管年龄大的还是年龄小的，也就是二十二三个人，我这整体也就 40 岁左右	社员年龄
43	现在这个三楼就是我们（东仓鼓乐社）专用演出场地，2006 年 7 月 7 日东仓正式落户大唐芙蓉园，成为园内的表演团体，现在，我们社员已经成为大唐芙蓉园正式员工，享受员工待遇	合作模式
44	你想我由 2013 年到长安二中，给长安二中高一教这个鼓乐，到现在 2014 年，第一期学员在铁一中器乐大赛拿了一等奖，第二年器乐大赛拿了个三等奖，今年拿了二等奖，还没重视，老师还不重视，这才让人家知道在这儿，鼓乐还活动着就行了	传承人心态
45	但是，话又说回来，咱长安二中搞了这些年了，能传承不？不能传承。专业团体不能传承非物质文化遗产这个是我经常说的事情，因为坚持不下来，你不是永生在这个地方住的，这是个关键问题。呵呵呵呵，就是你一个人再精英，你一个人也没办法	传承形式
46	要想学鼓乐，首先要了解这几个字。认得这个字，才能学。看到没有，简谱子、古谱子、汉字	文化水平
47	一样。能对应但是拿简谱演出跟古谱演出来的味不一样。那错的多了，简谱它有高？你简谱 1 音都出来了，但是古谱没有那个音，diao/wu/yi 就完了，具体用到曲子里头，那就发这个音了	识谱难度
48	听了你们的演出，使我感觉回到唐代	资源等级
49	他们这个和你们大学也有连接，也好像他们跟交大的搞这个乐器的，他们跟这个还搞过，还挺红火的，弄过好多次呢	院校合作
50	一般都是人家给我联系，我也没有往外跑，不是自己专门跑的，我出去联系也没人给我开工资	利益驱动

续表

编号	原始资料记录	概念
51	没有，还有就是演出费嘛，再加上劳务费嘛。活动不少，一年也就是二三十场吧	演出状况
52	要把这些人都养起来，每个月至少得有 20 场活动，那样的话就不用出去打工了，年轻人学起来就能学好了，就不用打工了，就以这个为生了	生存要求
53	那不是有个广仁寺，那是藏行教，又是佛教的一个宗。再一个，南塘这个基督教是很有名的，就外国人修的。所以说这个地方虽然很小，但五大宗教存在是比较稀奇的。所以这次西五台有时候他们也过来，西五台还算是皇家寺院，号称是皇家寺院，叫云居寺	集聚效应
54	因为啥，你这个单位有钱，不是说像有的单位没钱。没钱更不给拨，因为它是民间的。对，资金主要就靠庙上	乐社独立性
55	他们这也劲儿大着呢，这一天活动量也大，人家也东跑西颠的，也到几个国家去吹	国际交流
56	一般都是人家邀请，他们也到好几个国家（地区）去吹，（中国）香港（特别行政区）、马来西亚，还有好几个国家（地区），我也记不住了	国际知名度
57	你一出去几十个人呢，这些老人的身体状况你都得考虑。哪个走到路上出了问题，你咋整	传承人身体状况
58	据我所知，他这儿没有正儿八经地招收过人，你看着好像都是跟我们道教一样，咱俩有缘分，我想收你为徒，我就给你教。没有说我来办个学习班、培训班，你就来报名交钱	甄选机制
59	咱们这儿主要是有几个道人跟他们在学习（鼓乐）。专门有编词的，那都是宗教词。不能胡编，都是宗教的词	宗教性质
60	当时学的时候 4 个年轻人，现在他们又走了，最小的 18 岁，最大的 22 岁，我们都给他们教会了，他们又跑了	成员稳定性
61	咱们这儿有个具体负责鼓乐的负责人，他的工资费用都是我们都城隍庙付的	运营模式
62	这个鼓乐社已经走了几个人了，社长都走了，姓曹，打鼓的，还有个吹笙的。就这，年龄大了	人才流失
63	这是民间的东西，只能在民间才能传承下去，都出去打工了	村民流失
64	如果我用这个就可以生活，不用打工了，有时间可以继续学习，而且这个非物质文化遗产也可以传承，光凭喜爱没有平台也不行	平台建设
65	咱们这个工尺谱现在在中国艺术研究院图书室里面，一般人去看不到原版，一般都是复印，每一个大学都三种复印本，就这个谱子，时间长了纸张已经（变色了）。这是鼓子旗，这是……这是 1980 年年初的，这种在别的地方很少能见到。这些都是作为收藏品了。因为咱这里 1985 年就建起了国家工作民办艺术陈列馆，文字资料、图片资料……乐队如果有重要演出都是全套行头	材料保存

续表

编号	原始资料记录	概念
66	这个是在约旦的演出，开幕式演出后，外国人爱互动，就给他拿去，他也能吹	文化融通性
67	悉尼大剧院音乐厅里面观众席从来没有满席过，但是咱们演出没有一个空位	文化吸引力
68	文化厅厅长在去年说：何家营在目前非物质古文化遗产保护项目中是最有效的地方，人家厅长已经点名了	政府关注
69	我们重视这个的比较早，咱们这个（收藏、保护）展馆 1985 年开始就建成了，它毕竟没有一个建筑物也不行	参与意识

（2）初始概念集合范畴化

在得到 69 条初始概念以后，通过对概念进行优化、分析和筛选，把同一类的概念聚集起来，形成了属于同一范畴的概念集合，最后对概念集合进行了进一步的抽象和命名（见表 3-20）。

通过开放性编码的分析，最终从调研访谈资料中抽象出 69 条概念和 11 个范畴。归纳出的 11 个范畴分别是普通传承人、核心传承人、乐社个性、政府职能、财务状况、活动参与、外部合作、运作机制、传承现状、资源评价、非遗特性。

①普通传承人是指各乐社除领导人之外的普通社员，该范畴包括参与动机、参与条件、生存要求、学习能力、技艺水平等，乐社社员素质的高低将会影响其参与旅游的意愿与积极性，对是否参与旅游开发影响重大。

②核心传承人是指领导人或实际领导人，享受国家传承人待遇，该范畴包括传承人理想、传承人心态、传承人身体状况、利益驱动、参与意识等，这些都影响着领导人的眼界，指导其是否决定参与旅游开发。

③乐社个性是指乐社这一组织的稳定性、效率、紧密性等，乐社个性的状况影响着鼓乐的传承和发展，会影响鼓乐的旅游开发。

④政府职能是指政府主管部门（文化厅等）在非遗旅游开发中所提供的政策保障以及管理、服务、扶持等职能的履行。

⑤财务状况包括乐社的运营成本、演出收入、利益分配、社员经济等，是运营与维持的基础条件。

⑥活动参与包括节庆活动、宗教活动、乐社交流、国际交流等，是乐社目前参与活动现状，也是乐社参与旅游的平台。

表 3-20 初始概念集合范畴化

原始资料	开放性编码				
	概念	范畴化	范畴的性质	性质的维度	结论
a1	营销宣传	1. 以概念 a2、a4、a6、a21、a22、a24、a32、a33、a34、a42、a46、a52、a60、a62、a63 范畴化为普通传承人（A1） 2. 以概念 a8、a23、a29、a44、a50、a57、a69 范畴化为核心传承人（A2） 3. 以概念 a39、a41、a54 范畴化为乐社个性（A3） 4. 以概念 a11、a15、a17、a19、a20、a36、a64、a68 范畴化为政府职能（A4） 5. 以概念 a12、a13、a14、a16、a18、a38 范畴化为财务状况（A5） 6. 以概念 a28、a31、a35、a40、a55 范畴化为活动参与（A6） 7. 以概念 a25、a27、a43、a49 范畴化为外部合作（A7） 8. 以概念 a1、a9、a30、a51、a53、a58、a61 范畴化为运作机制（A8）	1. 普通传承人的性质：知识水平、业务能力、人才数量、社员结构、眼界 2. 核心传承人的性质：领导能力、心态 3. 乐社个性的性质：稳定性、效率、紧密性 4. 政府职能的性质：管理、服务、扶持 5. 财务状况的性质：社员收入水平、经济状况 6. 活动参与的性质：数量、类型 7. 外部合作的性质：合作单位数量、合作方式、合作类型 8. 运作机制的性质：运作模式、效应机制 9. 传承现状的性质：传承时间、传承方式、传承难度 10. 资源评价的性质：资源等级、资源数量 11. 非遗特性的性质：欣赏能力要求、演出要求、宗教性质	人才数量的维度：多/少 社员结构的维度：合理/不合理 社员眼界的维度：开阔/短浅 领导人能力的维度：强/弱 领导人心态的维度：进取/保守 组织稳定性的维度：稳定/不稳定 组织效率的维度：高/低 组织结构紧密性的维度：紧密/不紧密 政府管理的维度：监督/干预 政府服务的维度：高效/低效 政府扶持的维度：高效/低效 社员收入水平的维度：高/低 社员经济状况的维度：良好/较差 旅游参与机会数量的维度：多/少 旅游参与机会类型的维度：单一/多样 合作单位数量的维度：多/少 合作方式的维度：单一/多样 合作类型的维度：单一/多样 运作模式的维度：高效/低效 旅游集聚效应的维度：强/弱 旅游阴影效应的维度：强/弱 传承时间的维度：长/短	少 不合理 短浅 较强 保守 稳定 低 紧密 干预 低效 低效 低 较差 少 单一 少 单一 单一 低效 较强 较强 较长
a2	村民传统情怀				
a3	传承方式				
a4	学习能力				
a5	传承时间				
a6	技艺水平				
a7	欣赏要求				
a8	领导人能力				
a9	旅游阴影效应				
a10	原生态传承				
a11	扶持资金				
a12	资金需求				
a13	运营成本				
a14	演出收入				
a15	选择性扶持				
a16	利益分配				
a17	国家保护力度				

续表

原始资料	开放性编码				
	概念	范畴化	范畴的性质	性质的维度	结论
a18	传承人收入	9. 以概念 a3、a5、a10、a37、a45、a47、a65 范畴化为传承现状（A9） 10. 以概念 a48、a56、a67 范畴化为资源评价（A10） 11. 以概念 a7、a26、a59、a66 范畴化为非遗特性（A11）		传承方式的维度：传统/现代 传承难度的维度：高/低 资源等级的维度：高/低 欣赏能力要求的维度：高/低 演出能力要求的维度：高/低 宗教性质的维度：有信仰/无信仰	传统 较高 非常高 较高 较高 部分 乐社 有信仰
a19	文化管理体制				
a20	基础设施				
a21	社员构成				
a22	参与动机				
a23	组织难度				
a24	社员素质				
a25	文化产业化				
a26	演出要求				
a27	业务合作				
a28	政府活动				
a29	传承人理想				
a30	演出运作				
a31	节庆活动				
a32	人员更新				
a33	参与条件				
a34	学员天赋				
a35	乐社交流				
a36	政府指示				

续表

原始资料	开放性编码				
	概念	范畴化	范畴的性质	性质的维度	结论
a37	乐社发展历程				
a38	社员经济				
a39	组织管理				
a40	宗教活动				
a41	激励机制				
a42	社员年龄				
a43	合作模式				
a44	传承人心态				
a45	传承形式				
a46	文化水平				
a47	识谱难度				
a48	资源等级				
a49	院校合作				
a50	利益驱动				
a51	演出状况				
a52	生存要求				
a53	集聚效应				
a54	乐社独立性				
a55	国际交流				

续表

原始资料	开放性编码				
	概念	范畴化	范畴的性质	性质的维度	结论
a56	国际知名度				
a57	传承人身体状况				
a58	甄选机制				
a59	宗教性质				
a60	成员稳定性				
a61	运营模式				
a62	人才流失				
a63	村民流失				
a64	平台建设				
a65	材料保存				
a66	文化融通性				
a67	文化吸引力				
a68	政府关注				
a69	参与意识				

⑦外部合作主要包括院校合作与企业合作等，在非遗的旅游开发中具有重要作用，这在很大程度上影响着鼓乐的旅游开发。

⑧运作机制是指乐社目前所处区位的利弊以及在实际运作中出现的问题，包括运作模式和效应机制两个范畴的性质，这是影响进一步参与旅游开发的内部机制因素。

⑨传承现状是指西安鼓乐目前的传承状况，包括传承时间、传承方式、传承难度3个范畴的性质，这些因素决定了是否会有更多的人学习非遗。

⑩资源评价指非遗的资源等级以及资源的数量，这决定着能不能吸引更多的游客，是旅游开发的基础之一。

⑪非遗特性是指其演出要求与欣赏要求、宗教性质等，这些决定着人们对非遗的欣赏能力与非遗转变为旅游产品的可能性。

3.7.3 影响西安鼓乐非物质文化旅游开发的主要因素分析

通过主轴编码（二级编码）可以归纳出4个影响西安鼓乐旅游开发的主要因素，即主体性质因素（AA1）、主体实施因素（AA2）、体制因素（AA3）、资源因素（AA4）4个主范畴（见表3-21）。

表3-21 主轴式编码结果

主体性质因素	主体实施因素	体制因素	资源因素
普通传承人	活动参与	政府职能	传承现状
核心传承人	外部合作	财务状况	资源评价
乐社个性	运作机制		非遗特性

主体性质因素对鼓乐旅游开发的影响体现在：乐社中缺乏复合型文化开发人才，非物质文化遗产资源转化为旅游开发项目形式单一，缺乏市场吸引力和系统的市场化操作手段。因此，应该在具有较强领导能力的核心传承人领导下，激励普通传承人，建立紧密的乐社组织结构，发挥各乐社个性，普通传承人和核心传承人基于自身的经济状况和素质能力，结合乐社个性尽力完成非遗的旅游开发和传承。

主体实施因素对非遗旅游开发的影响体现在：由于乐社并没有规范的经营模式，当乐社参与由企事业单位组织的旅游表演活动时，在交往合作中会产生诸如合作方式、利益分配、表演内容等一系列具体问题和矛盾、冲突，这些实际运营问题也影响了非遗资源开发。为了使乐社的传承发展与旅游开发能够更好地融合，同时解决各主体之间的矛盾，需要重视乐社表演的市场化和企业化发展。虽然非遗旅游开发更加强调社会性而不是经济性，对于企业来说也并不是最好的盈利项目，但是旅游企业参与非遗旅游开发的意愿程度、合作模式以及开发规模，都将深刻地影响乐社表演的知名度和普及性，将会成为西安重要的旅游资源。

体制因素对非遗旅游开发的影响体现在：目前我国政府是遗产保护与开发的主要力量，并对非遗具有管理和监督的权力，政府的态度、支持的力度以及职能的履行，都影响非遗参与旅游业的难易程度和被政府影响程度的大小。但同时，文管机构体制不健全，扶持力度不均匀，导致旅游开发力量分散，进程缓慢，真正有价值、有潜力的资源得不到有效挖掘。

资源因素对非遗旅游开发的影响体现在：非遗旅游资源的等级是非遗进行旅游开发的重要基础，良好的传承现状可以为非遗的旅游开发提供支持，高等级的资源能够对游客产生巨大的吸引力，这将决定旅游开发的效益。

3.7.4 传承人视角下影响西安鼓乐非遗参与旅游开发的因素

通过对普通传承人、核心传承人、乐社个性、政府职能、财务状况、活动参与、外部合作、运作机制、传承现状、资源评价、非遗特性这 11 个范畴的继续考察，以及对主轴式编码产生的主体性质因素、主体实施因素、体制因素、资源因素这 4 个主范畴和相应概念的深入分析，同时结合原始资料进行循环比较和问答，最后认为可以用主体层面、体制层面、资源层面这 3 个核心范畴来统领其他范畴和概念，用来解释传承人视角下影响非遗参与旅游开发的因素（见图 3-6）。

通过对不同传承人访谈原始资料的扎根理论三重编码，笔者得出了核心范畴、主范畴、其他范畴和概念，识别出了影响非遗参与旅游开发的因素，并围绕核心范畴和主范畴组建了非遗参与旅游开发的理论，即非遗参与旅游开发受到了内驱力因素和资源基础因素的双重影响，并受到从非遗资源到旅游资源的转变中存在的体制层面保障因素的影响。因此，在思考非遗参与旅游开发的可能性、必要性和操作问题时，不仅要研究传承保护、外部支持的问题，还要研究内驱力因素、乐社个性和传承人思想。

①主体层面作为一种内驱力因素，主要是指非遗传承人自身特点能力以

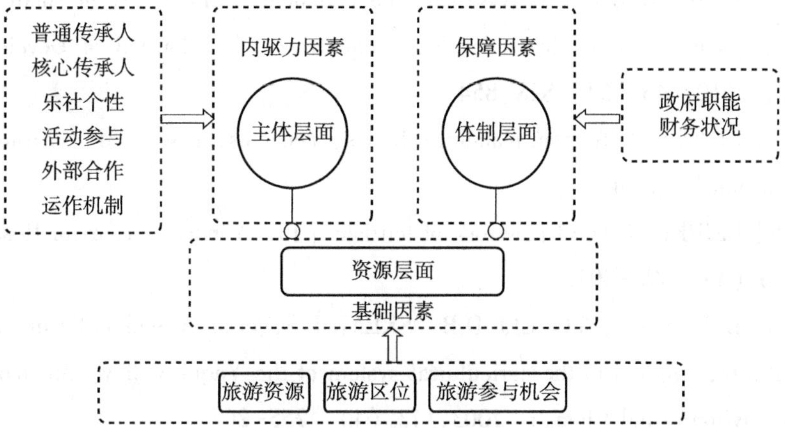

图 3-6 影响因素体系

及其活动、操作、实施等主体内驱力可以影响非物质文化遗产参与旅游开发。当传承人自身具备参与旅游的意识且旅游活动参与的时机成熟，与外部合作密切且充分，乐社具备相对完善的市场化组织结构时，内驱力正向作用于鼓乐旅游开发。

②体制层面作为一种保障因素，主要是指政府职能的发挥以及乐社财务的运营。当乐社满足市场化需求，实现合理运营，且政府的态度、支持的力度以及职能的履行都为鼓乐参与旅游提供正向支持时，体制层面为鼓乐旅游开发提供保障与支撑。

③资源层面是鼓乐旅游开发的基础因素，良好的原生态传承现状是鼓乐旅游开发的根基。高等级的资源对游客产生巨大吸引力，乐社广泛的社会资源和良好的传承机制也决定了他们参与旅游开发所获得的收益。非遗作为一种特殊的旅游资源，应注重资源层面的保护与传承。

参考文献

［1］ADRIANTO L，MATSUDA Y. Developing economic vulnerability indices of environmental disasters in small island regions［J］. Environmental Impact Assessment Review，2002，22（4）：393-414.

［2］BRIGUGLIO L. Small island states and their economic vulnerabilities［J］. World Development，1995，23（9）：1615-1632.

[3] GUILLAUMONT P. Assessing the economic vulnerability of small Island developing states and the least developed countries [J]. Journal of Development Studies, 2010, 46 (5): 828-854.

[4] GUNN C A. Tourism planning: basics, concepts, cases [M]. Washington: Taylor an rancis, 1994.

[5] LEIPER N. The framework of tourism [J]. Annals of Tourism Research, 1979, 6 (4): 390-407.

[6] LUERS A L, LOBELL D B, SKLAR L S, et al. A method for quantifying vulnerability, applied to the agricultural system of the Yaqui Valley, Mexico [J]. Global Environmental Change, 2003, 13 (4): 255-267.

[7] RICHARD J T, KLEIN, ROBERT J, et al. Assessment of coastal vulnerability to climate change [J] A Journal of the Human Enuironment, 1999, 28 (2): 182-187.

[8] 樊运晓，高朋会，王红娟．模糊综合评判区域承灾体脆弱性的理论模型 [J]. 灾害学，2003 (3): 20-23.

[9] 冯振环．西部地区经济发展的脆弱性与优化调控研究 [D]. 天津：天津大学，2003.

[10] 哈斯巴根．区域发展脆弱性研究述评 [J]. 经济论坛，2013 (2): 68-70.

[11] 韩百娟．重庆都市圈旅游系统开发研究 [D]. 重庆：重庆师范大学，2003.

[12] 韩峥．脆弱性分析和制图系统在中国扶贫项目的应用 [J]. 中国农业资源与区划，2001，22 (1): 49-54.

[13] 侯景新，尹卫红．区域经济分析方法 [M]. 北京：商务印书馆，2004.

[14] 黄朝迎．气候变化与我国粮食生产系统脆弱性的初步分析 [J]. 灾害学，1989 (4): 55-59.

[15] 郝海，踪家峰．系统分析与评价方法 [M]. 北京：经济科学出版社，2007.

[16] 贾俊平，何晓群，金勇进．统计学 [M]. 北京：中国人民大学出版社，2014.

[17] 李鹤，张平宇，程叶青．脆弱性的概念及其评价方法 [J]. 地理科

学进展，2008，27（2）18-25.

［18］李鹤，张平宇．全球变化背景下脆弱性研究进展与应用展望［J］．地理科学进展，2011，30（7）：920-929.

［19］李军，保继刚．旅游经济脆弱性特点与产业联系——基于张家界旅游经济的实证研究［J］．旅游学刊，2011，26（6）：36-41.

［20］李克让，陈育峰．全球气候变化影响下中国森林的脆弱性分析［J］．地理学报，1996，51（5）：40-49.

［21］梁增贤，解利剑．传统旅游城市经济系统脆弱性研究——以桂林市为例［J］．旅游学刊，2011，26（5）：40-46.

［22］刘峰．旅游系统规划——一种旅游规划新思路［J］．地理学与国土研究，1999，15（1）：56-60.

［23］刘燕华，李秀彬．脆弱生态环境与可持续发展［M］．北京：商务印书馆，2001.

［24］罗承平，薛纪瑜．中国北方农牧交错带生态环境脆弱性及其成因分析［J］．干旱区资源与环境，1995，9（1）：1-7.

［25］路正．基于脆弱性视角的区域系统可持续发展研究——以北京市为例［D］．天津：天津财经大学，2014.

［26］马骏，李昌晓，魏虹，等．三峡库区生态脆弱性评价［J］．生态学报，2015，35（21）：7117-7129.

［27］那伟，刘继生．辽源市经济系统的脆弱性及其规避措施研究［J］．地理科学，2009，29（5）：666-672.

［28］聂华林，王水莲．区域系统分析［M］．北京：中国社会科学出版社，2009.

［29］潘轩．基于风险评估的电力系统脆弱性分析［D］．北京：华北电力大学，2008.

［30］秦耀辰．区域系统的开发、规划和管理——当代中国地理科学的主战场［J］．河南大学学报（自然科学版），1993，23（1）：1-9.

［31］苏飞，张平宇，李鹤．中国煤矿城市经济系统脆弱性评价［J］．地理研究，2008，27（4）：907-916.

［32］苏飞，张平宇．基于集对分析的大庆市经济系统脆弱性评价［J］．地理学报，2010，65（4）：454-464.

［33］苏维词．贵州喀斯特山区生态环境脆弱性及其生态整治［J］．中国

环境科学，2000，20（6）：547-551.

[34] 王士君，王永超，冯章献．石油城市经济系统脆弱性发生过程、机理及程度研究——以大庆市为例［J］．经济地理，2010，30（3）：397-402.

[35] 王介勇，赵庚星，王祥峰，等．论我国生态环境脆弱性及其评估［J］．山东农业科学，2004（2）：9-11.

[36] 吴必虎．旅游系统：对旅游活动与旅游科学的一种解释［J］．旅游学刊，1998，（1）：21-25.

[37] 肖振宇．基于熵值法我国银行体系脆弱性的评价［J］．华东经济管理，2008，22（11）：78-84.

[38] 许涛，张秋菊，赵连荣．我国旅游可持续发展研究概述［J］．干旱区资源与环境，2004，18（6）：123-127.

[39] 薛薇．统计分析与 SPSS 的应用［M］．北京：中国人民大学出版社，2011.

[40] 杨新军，刘家明．论旅游功能系统——市场导向下旅游规划目标分析［J］．地理学与国土研究，1998，14（1）：59-62.

[41] 俞颖奇．基于生态足迹的旅游可持续发展研究——以贵州省兴义市为例［D］．北京：中央民族大学，2012.

[42] 袁竞峰，李启明，贾若愚，等．城市地铁网络系统运行脆弱性分析［J］．中国安全科学学报，2012，22（5）：92-98.

[43] 曾辉，崔海亭，黄润华．西北干旱区脆弱景观的生态政治对策［J］．自然资源，1997（5）：1-7.

[44] 张杰．基于自组织理论的区域系统演化发展研究［D］．哈尔滨：哈尔滨工程大学，2007.

[45] 张炜熙．区域脆弱性与系统恢复机制［M］．北京：经济科学出版社，2011.

[46] 赵磊．耗散结构机制下的区域旅游系统（RTSuDSM）研究［D］．上海：华东师范大学，2010.

[47] 赵跃龙，张玲娟．脆弱生态环境定量评价方法的研究［J］．地理科学进展，1998，17（1）：67-72.

[48] 钟韵，彭华．旅游研究中的系统思维方法：概念与应用［J］．旅游学刊，2001，16（3）：48-53.

[49] 赵悦，石美玉．非物质文化遗产旅游开发中的三大矛盾探析［J］.

旅游学刊，2013，28（9）：84-93.

[50] 郭莹．真实性视角下非物质文化遗产旅游开发模式研究［D］．西安：陕西师范大学，2013.

[51] 王婷婷，徐耀耀，马秋芳．基于扎根理论的旅游虚拟社区分享帖功能研究［J］．北京第二外国语学院学报，2011，33（9）：11-17.

[52] 曹耿献．浅谈非物质文化遗产保护——以西安鼓乐为例［J］．艺术教育，2011（9）：33-34.

附录1 原始数据

地区	X_1	X_2	X_3	X_4	X_5	X_6	X_7
西安	1.15	0.16	254.07128	0.033034	47	6.38	109.9
铜川	1.24	2.83	278.0736	0.116274	45.11	3.86	110.5
宝鸡	2.85	0.91	761.48352	0.096203	53.78	4.38	110.8
咸阳	2.26	0.68	119.02841	0.071693	26.15	4.21	110.9
渭南	4.11	2.93	209.99439	0.107742	25.5	2.67	110.5
延安	1.53	0.13	559.54478	0.167	45.4	6.27	106.2
汉中	2.5	1.6	3735.3927	0.10387	50.12	2.93	111.6
榆林	2.14	1.81	654.27465	0.308781	33	8.65	109
安康	0.67	0.42	3068.8872	0.12925	59.9	2.61	111.7
商洛	4.69	0.44	1539.4759	0.085674	69.85	2.45	111
兰州	2.2807	1.88	55.9906	0.06	16	5.48	110.4
嘉峪关	9.4133	9.2	22.7932	0.01	13.1	9.68	109.7
金昌	8.5125	4.38	193.1504	0.14	24.25	5.46	107.8
白银	1.4041	2.44	131.7684	0.18	14.09	2.62	108.8
天水	0.9361	0.72	241.1674	0.11	35.9	1.59	108.9
武威	2.4129	1.96	676.0035	0.14	19.32	2.25	109
张掖	6.1314	1.03	2622.4347	0.22	17.25	2.99	108
平凉	4.278	3.62	321.2254	0.18	30.38	1.68	108
酒泉	2.3024	0.58	1848.2778	0.14	5.48	5.5	107.5
庆阳	0.5082	0.18	270.1147	0.2	25.8	1.01	110.2
定西	0.9958	1.18	367.4699	0.19	12.42	1.05	109.2
陇南	5.4098	0.94	1378.9084	0.11	40	1.12	109
临夏	2.9913	0.57	463.5302	0.07	16.4	1.02	110.9
甘南	0.23	0.41	12125.534	0.09	22.5	1.78	106.7
西宁	3.3553	3.825835	757.0191	0.064175	32	4.7261	113.5
海东	1.7398	2.727667	898.0811	0.142746	28.3	2.6281	115.1
海北	2.3112	0.60392	1979.3335	0.01763	17	3.6188	104.1

续表

地区	X_1	X_2	X_3	X_4	X_5	X_6	X_7
黄南	2. 3868	0. 935493	946. 3042	0. 087416	19. 22	2. 5974	103. 8
海南	2. 5135	0. 49258	6115. 4349	0. 205697	10. 08	2. 84793	110. 5
果洛	2. 4109	1. 889977	72716. 757	0. 009271	12	1. 7744	104. 8
玉树	2. 9081	1. 139848	88029. 735	0. 044484	2. 71	1. 3961	103. 1
海西	5. 2804	1. 724732	37021. 682	0. 069054	3. 2	11. 1254	101. 5
银川	3. 96	1. 41	60. 6891	0. 07	15. 00	6. 5942	109. 5
石嘴山	3. 87	6. 24	129. 766	0. 11	12. 50	6. 1001	106. 7
吴忠	5. 29	6. 71	90. 53759	0. 26	14. 00	2. 8741	107. 6
固原	1. 24	1. 12	401. 3841	0. 33	21. 40	1. 6268	109. 3
中卫	9. 43	4. 71	143. 3835	0. 27	15. 60	2. 6354	105. 3
乌鲁木齐	1. 9697	1. 6528	337. 1923	0. 0363	14. 2	7. 0428	110. 5
吐鲁番地区	0. 2455	3. 8647	1114. 6838	0. 0738	3. 25	4. 0457	104. 7
昌吉	1. 7825	2. 8665	2082. 6844	0. 4455	12. 72	6. 6005	116
伊犁州直属县（市）	1. 4913	2. 4906	3562. 8593	0. 188	12. 71	2. 6453	112. 1
塔城地区	1. 7239	1. 1012	4693. 2953	0. 5931	12. 68	4. 4851	109. 9
阿勒泰地区	2. 396	0. 9923	13389. 5547	0. 2682	13. 2	3. 5932	109. 3

地区	X_8	X_9	X_{10}	X_{11}	X_{12}	X_{13}	X_{14}
西安	56. 13	2. 4952	4. 64	854	28. 77	5. 47	13. 61
铜川	30. 08	2. 9706	3. 79	218	25. 51	6. 04	20. 95
宝鸡	26. 17	2. 3499	3. 55	207	20. 13	6. 11	22. 13
咸阳	25. 69	3. 2803	3. 98	486	19. 55	6. 16	21. 78
渭南	32. 68	3. 1316	3. 46	410	13. 6	6. 28	21. 43
延安	21. 9	3. 1279	4. 34	60	19. 28	6. 2	18. 43
汉中	36. 42	3. 1016	2. 42	126	18. 04	7. 35	20. 89
榆林	27. 69	3. 0488	5. 15	78	17. 29	6. 34	22. 13
安康	32. 69	3. 361	2. 72	115	16. 23	7. 24	22. 44
商洛	32. 31	3. 5149	3. 28	118	15. 98	7. 11	21. 44
兰州	56. 15	2. 8549	4. 97	280	33. 43	4. 67	18. 38
嘉峪关	27. 8	1. 9476	5. 72	82	34. 48	4. 37	14. 16

续表

地区	X_8	X_9	X_{10}	X_{11}	X_{12}	X_{13}	X_{14}
金昌	27.13	2.6525	4.96	53	27.87	4.93	10.92
白银	36.97	3.4711	5.65	79	15.95	5.24	19.25
天水	47.2	3.7263	6.91	231	13.01	5.95	21.77
武威	35.36	2.4299	5.33	55	16.15	5.28	14.21
张掖	42.37	1.7652	5.26	30	22.43	6.22	16.18
平凉	39.9	3.5377	6	190	18.16	6.19	21.03
酒泉	40.5	2.0302	4.54	6	21.82	5.37	17.66
庆阳	28.61	3.7529	7.16	82	12.92	6.45	17.68
定西	50.35	3.7428	5.62	136	13.55	6.71	17.97
陇南	53.25	4.2249	6.27	93	11.75	6.81	17.59
临夏	58.46	3.3384	7.81	245	12.18	7.05	16.91
甘南	56.62	3.5783	7.88	16	24.84	7.08	14.15
西宁	44.4	2.1086	7.73	63	28.16	5.4	9.67
海东	32.6	2.9395	8.72	123	10.97	6.26	14.98
海北	28.8	2.5359	7.08	86	1.68	4.26	23.94
黄南	34.76	4.0053	8.74	150	2.41	3.41	21.99
海南	26	2.555	10.31	11	14.38	3.64	15.71
果洛	37.21	4.4824	11.77	3	10.23	4.25	16.41
玉树	18	5.0339	7.7	2	7.78	2.4	12.99
海西	18.93	2.4726	8.9	1	24.83	4.98	10.98
银川	42.2	2.5419	6.71	237	30.8	3.67	10.06
石嘴山	29.9	2.1909	4.65	147	24.7	5.59	11.74
吴忠	29.9	2.3517	9.85	63	13.4	4.47	10.78
固原	50.7	3.0769	9.74	92	14.3	5.36	10.28
中卫	38.4	2.6922	9.8	65	11.8	4.51	14.11
乌鲁木齐	62.1	2.0209	7.59	179	50.16	2.77	11.72
吐鲁番地区	30	1.5323	15.53	10	22.37	5.56	16.75
昌吉	28.5	1.5719	12.44	19	29.87	11.32	12.94
伊犁州直属县（市）	45.4	2.1998	14.29	53	21.75	5.27	19.17
塔城地区	30.7	1.7398	6.08	11	23.25	6.42	18.28
阿勒泰地区	35.7	2.4786	11.03	6	27.8	4.82	15.88

续表

地区	X_{15}	X_{16}	X_{17}	X_{18}	X_{19}	X_{20}	X_{21}
西安	3.4	60	109	950	17.1	12001	18.5
铜川	3.35	9	13	53.6	22	992.9	11.7
宝鸡	3.3	39	34	310.8	31.1	4650	28.3
咸阳	3.2	34	23	230	15	4305	7.6
渭南	3.3	38	29	252	18.9	3202	10.41
延安	3.67	23	48	171.75	13.1	3145.5	10.5
汉中	3.2	22	29	131.4	23.9	2626.13	16.73
榆林	3.48	18	29	95.25	27	1770	20.5
安康	3.22	21	30	119.91	25.82	2529	16.75
商洛	3.22	26	19	153.29	13.19	3005.65	8.72
兰州	1.77	12	48	232.4	25	3033.48	24.37
嘉峪关	2.7	5	20	29.5	28.51	450.48	26.04
金昌	2.92	4	7	11.91	29.46	227.48	25.09
白银	2.29	4	13	32.93	24.6	589.01	22.92
天水	3.2	11	33	96.5	28.18	1703	28.05
武威	3.3	9	16	31.75	27.35	631.2	23.6
张掖	2.58	21	34	58.95	50.7	1100	46.2
平凉	3.64	14	24	56.2	26	1090	25.6
酒泉	3.04	18	62	120.5	26	1384.2	26
庆阳	1.95	6	13	20.71	25.1	449.4	21.7
定西	3.17	5	24	15.23	23.08	360	22.92
陇南	2.26	7	23	41.3	44.5	846.5	37.8
临夏	3.31	9	14	30.71	26.06	724.55	22.53
甘南	2.59	10	36	22.58	32.4	501.2	30.2
西宁	2.98	25	77	126.8	25.79	1443.2	10.44
海东	3.23	11	25	22.5	32.35	754.8	11.21
海北	3.1	3	26	12.7	51.19	563.8	26.3
黄南	2.92	2	2	8.7	24.29	302	10.54
海南	3.2	7	32	8.6	22.86	322.4	15.97
果洛	3.32	15	7	1.7	41.67	28.4	32.71
玉树	3.2	11	5	1.6	60	30.2	65.03

续表

地区	X_{15}	X_{16}	X_{17}	X_{18}	X_{19}	X_{20}	X_{21}
海西	2.25	6	45	25	32.98	556.3	19.3
银川	3.51	20	46	82.88	12.55	672.03	-19.11
石嘴山	3.8	3	13	14.72	11.18	269.27	6.11
吴忠	4.1	7	17	13.83	7.13	228.09	7.88
固原	3.87	6	12	10.89	33.78	237.81	18.45
中卫	3.96	6	19	20.96	15.9	336.84	13.5
乌鲁木齐	3.62	18	63	274.57	-0.8	2014.47	3.1
吐鲁番地区	2.68	7	28	44.3	-5	463	-11.6
昌吉	2.53	17	37	109	24.5	1396	15.4
伊犁州直属县（市）	3.6	27	62	70.01	17.56	760.6	15.24
塔城地区	1.22	7	16	19.8	26.92	164.1	24.32
阿勒泰地区	2.78	12	48	38.4	-34.92	489	-7.76

附录2 区域数据特征

43个地区旅游发展客观环境聚类分析的各类特征							
指标	序号	N	均值	标准差	标准误	极小值	极大值
X_1（工业废水排放量/GDP）	1	1	1.1500			1.15	1.15
	2	9	2.4433	1.30127	0.43376	0.67	4.69
	3	12	2.7431	1.66957	0.48196	0.25	6.13
	4	5	7.3038	2.56242	1.14595	3.87	9.43
	5	14	2.0969	1.43712	0.38409	0.23	5.41
	6	2	2.6595	0.35157	0.24860	2.41	2.91
	总数	43	2.9593	2.22883	0.33989	0.23	9.43
X_2（工业废气排放量/GDP）	1	1	0.1600			0.16	0.16
	2	9	1.3056	1.04684	0.34895	0.13	2.93
	3	12	1.9517	1.09179	0.31517	0.58	3.86
	4	5	6.2474	1.92294	0.85996	4.38	9.20
	5	14	1.2785	1.01947	0.27246	0.18	3.62
	6	2	1.5149	0.53042	0.37506	1.14	1.89
	总数	43	2.0348	1.92802	0.29402	0.13	9.20
X_3（人均水资源量）	1	1	254.0713			254.07	254.07
	2	9	1214.0172	1319.71994	439.90665	119.03	3735.39
	3	12	5628.8636	10535.49770	3041.33621	55.99	37021.68
	4	5	115.9261	63.69332	28.48452	22.79	193.15
	5	14	1879.7329	3324.73752	888.57348	131.77	12125.53
	6	2	80373.2461	10827.91090	7656.48925	72716.76	88029.74
	总数	43	6194.6273	17733.87350	2704.39036	22.79	88029.74
X_4（人均耕地面积）	1	1	0.0330			0.03	0.03
	2	9	0.1318	0.07174	0.02391	0.07	0.31
	3	12	0.1854	0.17494	0.05050	0.04	0.59
	4	5	0.1565	0.10717	0.04793	0.01	0.27
	5	14	0.1469	0.07696	0.02057	0.02	0.33
	6	2	0.0269	0.02490	0.01761	0.01	0.04
	总数	43	0.1474	0.11583	0.01766	0.01	0.59

续表

43个地区旅游发展客观环境聚类分析的各类特征							
指标	序号	N	均值	标准差	标准误	极小值	极大值
X_5（森林覆盖率）	1	1	47.0000			47.00	47.00
	2	9	45.4233	15.08711	5.02904	25.50	69.85
	3	12	13.1408	7.63498	2.20403	3.20	32.00
	4	5	15.8900	4.81721	2.15432	12.50	24.25
	5	14	22.3436	8.80657	2.35365	10.08	40.00
	6	2	7.3550	6.56902	4.64500	2.71	12.00
	总数	43	23.7319	15.88603	2.42260	2.71	69.85
X_6（人均GDP）	1	1	6.3800			6.38	6.38
	2	9	4.2256	2.05469	0.68490	2.45	8.65
	3	12	5.4024	2.29919	0.66372	2.65	11.13
	4	5	5.3499	2.86456	1.28107	2.64	9.68
	5	14	1.9599	0.81292	0.21726	1.01	3.62
	6	2	1.5853	0.26750	0.18915	1.40	1.77
	总数	43	3.8744	2.39787	0.36567	1.01	11.13
X_7（生产总值指数）	1	1	109.9000			109.90	109.90
	2	9	110.2444	1.70669	0.56890	106.20	111.70
	3	12	109.4083	3.81634	1.10168	101.50	116.00
	4	5	107.4200	1.61152	0.72069	105.30	109.70
	5	14	108.8214	2.79537	0.74710	103.80	115.10
	6	2	103.9500	1.20208	0.85000	103.10	104.80
	总数	43	108.9186	2.99732	0.45709	101.50	116.00
X_8（第三产业总产值/GDP）	1	1	56.1300			56.13	56.13
	2	9	29.5144	4.51451	1.50484	21.90	36.42
	3	12	39.7458	12.01839	3.46941	18.93	62.10
	4	5	30.6260	4.51933	2.02111	27.13	38.40
	5	14	41.3986	11.10349	2.96753	26.00	58.46
	6	2	27.6050	13.58352	9.60500	18.00	37.21
	总数	43	36.8984	11.16081	1.70201	18.00	62.10

续表

43个地区旅游发展客观环境聚类分析的各类特征							
指标	序号	N	均值	标准差	标准误	极小值	极大值
X_9（城乡居民收入比）	1	1	2.4952			2.50	2.50
	2	9	3.0985	0.32721	0.10907	2.35	3.51
	3	12	2.1097	0.41674	0.12030	1.53	2.85
	4	5	2.3670	0.31401	0.14043	1.95	2.69
	5	14	3.3511	0.56430	0.15082	2.43	4.22
	6	2	4.7582	0.38997	0.27575	4.48	5.03
	总数	43	2.8829	0.79624	0.12143	1.53	5.03
X_{10}（人口自然增长率）	1	1	4.6400			4.64	4.64
	2	9	3.6322	0.82254	0.27418	2.42	5.15
	3	12	8.7558	3.73394	1.07790	4.54	15.53
	4	5	6.9960	2.61175	1.16801	4.65	9.85
	5	14	7.3729	1.56949	0.41946	5.33	10.31
	6	2	9.7350	2.87792	2.03500	7.70	11.77
	总数	43	6.9784	3.03902	0.46345	2.42	15.53
X_{11}（人口密度）	1	1	854.0000			854.00	854.00
	2	9	202.0000	150.05916	50.01972	60.00	486.00
	3	12	74.5833	99.17428	28.62915	1.00	280.00
	4	5	82.0000	37.80212	16.90562	53.00	147.00
	5	14	113.5000	71.32563	19.06258	11.00	245.00
	6	2	2.5000	0.70711	0.50000	2.00	3.00
	总数	43	129.5581	155.51027	23.71509	1.00	854.00
X_{12}（每万人医生拥有数）	1	1	28.7700			28.77	28.77
	2	9	18.4011	3.36543	1.12181	13.60	25.51
	3	12	28.0558	8.00286	2.31023	21.75	50.16
	4	5	22.4500	9.67580	4.32715	11.80	34.48
	5	14	13.0179	5.79112	1.54774	1.68	24.84
	6	2	9.0050	1.73241	1.22500	7.78	10.23
	总数	43	19.6177	9.04390	1.37918	1.68	50.16

续表

43个地区旅游发展客观环境聚类分析的各类特征							
指标	序号	N	均值	标准差	标准误	极小值	极大值
X_{13}（死亡率）	1	1	5.4700			5.47	5.47
	2	9	6.5367	0.53308	0.17769	6.04	7.35
	3	12	5.5392	2.07859	0.60004	2.77	11.32
	4	5	4.7740	0.50387	0.22534	4.37	5.59
	5	14	5.6921	1.21598	0.32498	3.41	7.08
	6	2	3.3250	1.30815	0.92500	2.40	4.25
	总数	43	5.6042	1.49273	0.22764	2.40	11.32
X_{14}（教育支出/财政支出）	1	1	13.6100			13.61	13.61
	2	9	21.2911	1.19745	0.39915	18.43	22.44
	3	12	14.8058	3.50842	1.01279	9.67	19.17
	4	5	12.3420	1.67744	0.75018	10.78	14.16
	5	14	17.6757	3.71377	0.99255	10.28	23.94
	6	2	14.7000	2.41831	1.71000	12.99	16.41
	总数	43	16.7784	4.08715	0.62329	9.67	23.94
X_{15}（城镇登记失业率）	1	1	3.4000			3.40	3.40
	2	9	3.3267	0.15740	0.05247	3.20	3.67
	3	12	2.7133	0.72690	0.20984	1.22	3.62
	4	5	3.4960	0.63991	0.28617	2.70	4.10
	5	14	3.0021	0.54441	0.14550	1.95	3.87
	6	2	3.2600	0.08485	0.06000	3.20	3.32
	总数	43	3.0681	0.59323	0.09047	1.22	4.10
X_{16}（3A及以上级景区数）	1	1	60.0000			60.00	60.00
	2	9	25.5556	9.86295	3.28765	9.00	39.00
	3	12	15.8333	7.04316	2.03318	6.00	27.00
	4	5	5.0000	1.58114	0.70711	3.00	7.00
	5	14	7.4286	3.41297	0.91215	2.00	14.00
	6	2	13.0000	2.82843	2.00000	11.00	15.00
	总数	43	14.7674	11.78950	1.79788	2.00	60.00

续表

43 个地区旅游发展客观环境聚类分析的各类特征							
指标	序号	N	均值	标准差	标准误	极小值	极大值
X_{17}（星级饭店数）	1	1	109.0000			109.00	109.00
	2	9	28.2222	9.83333	3.27778	13.00	48.00
	3	12	47.1667	17.06583	4.92648	16.00	77.00
	4	5	15.2000	5.31037	2.37487		20.00
	5	14	20.9286	9.59539	2.56447	2.00	36.00
	6	2	6.0000	1.41421	1.00000	5.00	7.00
	总数	43	30.4651	20.97884	3.19924	2.00	109.00
X_{18}（旅游收入）	1	1	950.0000			950.00	950.00
	2	9	168.6667	81.81566	27.27189	53.60	310.80
	3	12	100.2175	80.37133	23.20120	19.80	274.57
	4	5	18.1840	7.17770	3.20997	11.91	29.50
	5	14	29.3786	23.59110	6.30499	8.60	96.50
	6	2	1.6500	0.07071	0.05000	1.60	1.70
	总数	43	97.1193	155.78254	23.75662	1.60	950.00
X_{19}（旅游收入同比增长率）	1	1	17.1000			17.10	17.10
	2	9	21.1122	6.46486	2.15495	13.10	31.10
	3	12	16.7733	21.91719	6.32695	-34.92	50.70
	4	5	18.4360	10.12325	4.52725	7.13	29.46
	5	14	30.1243	8.37174	2.23744	22.86	51.19
	6	2	50.8350	12.96127	9.16500	41.67	60.00
	总数	43	23.8135	15.41132	2.35020	-34.92	60.00
X_{20}（旅游接待人数）	1	1	12001.0000			12001.00	12001.00
	2	9	2914.0200	1136.00002	378.66667	992.90	4650.00
	3	12	1123.0317	803.59227	231.97711	164.10	3033.48
	4	5	302.4320	94.00316	42.03949	227.48	450.48
	5	14	648.2621	383.68973	102.54539	237.81	1703.00
	6	2	29.3000	1.27279	0.90000	28.40	30.20
	总数	43	1449.9998	2017.14977	307.61246	28.40	12001.00

续表

43 个地区旅游发展客观环境聚类分析的各类特征							
指标	序号	N	均值	标准差	标准误	极小值	极大值
X_{21}（旅游接待人数同比增长率）	1	1	18.5000			18.50	18.50
	2	9	14.5789	6.68960	2.22987	7.60	28.30
	3	12	12.1583	18.44495	5.32460	-19.11	46.20
	4	5	15.7240	9.39475	4.20146	6.11	26.04
	5	14	22.6993	7.22937	1.93213	10.54	37.80
	6	2	48.8700	22.85369	16.16000	32.71	65.03
	总数	43	18.3665	14.14672	2.15735	-19.11	65.03

附录3　系数

系数[a]						
模型		非标准化系数		标准系数	t	Sig.
		B	标准误差	试用版		
1	（常量）	11675.108	5845.696		1.997	0.057
	工业废水排放量/GDP	-48.643	68.485	-0.054	-0.710	0.484
	工业废气排放量/GDP	14.219	88.594	0.014	0.160	0.874
	人均水资源量	0.012	0.012	0.102	0.958	0.347
	人均耕地面积	1072.946	1167.612	0.062	0.919	0.367
	森林覆盖率	40.680	11.767	0.320	3.457	0.002
	人均 GDP	47.406	85.651	0.056	0.553	0.585
	生产总值指数	-103.436	52.764	-0.154	-1.960	0.061
	第三产业产值/GDP	-1.248	16.517	-0.007	-0.076	0.940
	城乡居民收入比	-318.630	284.244	-0.126	-1.121	0.273
	人口自然增长率	-7.366	49.723	-0.011	-0.148	0.883
	人口密度	7.303	1.296	0.563	5.634	0.000
	每万人医生拥有数	-16.251	23.243	-0.073	-0.699	0.491
	死亡率	37.291	99.651	0.028	0.374	0.711
	教育支出/财政支出	-21.253	38.214	-0.043	-0.556	0.583
	城镇登记失业率	-326.667	223.261	-0.096	-1.463	0.156
	3A 及以上级景区数	46.918	24.688	0.274	1.900	0.069
	星级饭店数	20.444	11.155	0.213	1.833	0.079
2	（常量）	11653.195	5725.768		2.035	0.052
	工业废水排放量/GDP	-49.886	65.193	-0.055	-0.765	0.451
	工业废气排放量/GDP	15.749	84.583	0.015	0.186	0.854
	人均水资源量	0.012	0.012	0.103	1.014	0.320
	人均耕地面积	1081.533	1139.628	0.062	0.949	0.351
	森林覆盖率	40.858	11.308	0.322	3.613	0.001
	人均 GDP	51.312	66.961	0.061	0.766	0.450
	生产总值指数	-103.295	51.712	-0.153	-1.997	0.056
	城乡居民收入比	-324.178	269.289	-0.128	-1.204	0.240
	人口自然增长率	-7.612	48.658	-0.011	-0.156	0.877

续表

系数[a]						
模型		非标准化系数		标准系数	t	Sig.
		B	标准误差	试用版		
2	人口密度	7.274	1.214	0.561	5.992	0.000
	每万人医生拥有数	-17.180	19.342	-0.077	-0.888	0.383
	死亡率	35.697	95.512	0.026	0.374	0.712
	教育支出/财政支出	-21.245	37.476	-0.043	-0.567	0.576
	城镇登记失业率	-329.386	216.086	-0.097	-1.524	0.140
	3A 及以上级景区数	47.501	22.996	0.278	2.066	0.049
	星级饭店数	20.034	9.556	0.208	2.096	0.046
3	（常量）	11595.125	5609.551		2.067	0.048
	工业废水排放量/GDP	-47.821	62.678	-0.053	-0.763	0.452
	工业废气排放量/GDP	13.347	81.662	0.013	0.163	0.871
	人均水资源量	0.011	0.011	0.101	1.020	0.317
	人均耕地面积	1071.097	1116.932	0.062	0.959	0.346
	森林覆盖率	41.447	10.467	0.326	3.960	0.000
	人均 GDP	53.647	64.085	0.064	0.837	0.410
	生产总值指数	-103.552	50.744	-0.154	-2.041	0.051
	城乡居民收入比	-318.363	261.848	-0.126	-1.216	0.235
	人口密度	7.299	1.181	0.563	6.181	0.000
	每万人医生拥有数	-16.669	18.717	-0.075	-0.891	0.381
	死亡率	34.602	93.518	0.026	0.370	0.714
	教育支出/财政支出	-20.712	36.640	-0.042	-0.565	0.577
	城镇登记失业率	-333.536	210.542	-0.098	-1.584	0.125
	3A 及以上级景区数	47.789	22.505	0.279	2.123	0.043
	星级饭店数	19.631	9.035	0.204	2.173	0.039
4	（常量）	11406.939	5393.854		2.115	0.043
	工业废水排放量/GDP	-42.832	53.786	-0.047	-0.796	0.433
	人均水资源量	0.012	0.011	0.103	1.065	0.296
	人均耕地面积	1037.437	1078.533	0.060	0.962	0.344
	森林覆盖率	41.245	10.211	0.325	4.039	0.000
	人均 GDP	54.711	62.636	0.065	0.873	0.390
	生产总值指数	-101.685	48.573	-0.151	-2.093	0.045

续表

系数[a]						
模型		非标准化系数		标准系数	*t*	Sig.
		B	标准误差	试用版		
4	城乡居民收入比	-330.274	247.093	-0.130	-1.337	0.192
	人口密度	7.331	1.145	0.565	6.403	0.000
	每万人医生拥有数	-16.342	18.283	-0.073	-0.894	0.379
	死亡率	36.363	91.267	0.027	0.398	0.693
	教育支出/财政支出	-20.711	35.998	-0.042	-0.575	0.570
	城镇登记失业率	-321.470	193.717	-0.095	-1.659	0.108
	3A及以上级景区数	46.972	21.559	0.275	2.179	0.038
	星级饭店数	19.318	8.675	0.201	2.227	0.034
5	（常量）	11101.007	5260.912		2.110	0.044
	工业废水排放量/GDP	-46.647	52.154	-0.052	-0.894	0.378
	人均水资源量	0.011	0.011	0.097	1.032	0.311
	人均耕地面积	1141.646	1031.050	0.066	1.107	0.277
	森林覆盖率	42.083	9.846	0.331	4.274	0.000
	人均GDP	57.558	61.318	0.068	0.939	0.356
	生产总值指数	-96.332	45.997	-0.143	-2.094	0.045
	城乡居民收入比	-327.958	243.415	-0.129	-1.347	0.188
	人口密度	7.263	1.116	0.560	6.510	0.000
	每万人医生拥有数	-17.305	17.857	-0.078	-0.969	0.341
	教育支出/财政支出	-21.939	35.341	-0.044	-0.621	0.540
	城镇登记失业率	-343.324	183.075	-0.101	-1.875	0.071
	3A及以上级景区数	48.526	20.893	0.284	2.323	0.027
	星级饭店数	18.711	8.415	0.195	2.224	0.034
6	（常量）	10025.936	4916.555		2.039	0.050
	工业废水排放量/GDP	-34.192	47.644	-0.038	-0.718	0.479
	人均水资源量	0.014	0.010	0.120	1.410	0.169
	人均耕地面积	1261.173	1002.483	0.072	1.258	0.218
	森林覆盖率	41.408	9.685	0.326	4.276	0.000
	人均GDP	51.658	59.953	0.061	0.862	0.396
	生产总值指数	-91.392	44.836	-0.136	-2.038	0.050
	城乡居民收入比	-349.291	238.496	-0.138	-1.465	0.153

续表

系数[a]						
模型		非标准化系数		标准系数	t	Sig.
		B	标准误差	试用版		
6	人口密度	7.409	1.080	0.571	6.862	0.000
	每万人医生拥有数	-13.711	16.720	-0.061	-0.820	0.419
	城镇登记失业率	-302.332	168.994	-0.089	-1.789	0.084
	3A 及以上级景区数	43.576	19.112	0.255	2.280	0.030
	星级饭店数	20.561	7.788	0.214	2.640	0.013
7	（常量）	9450.241	4812.576		1.964	0.059
	人均水资源量	0.014	0.010	0.125	1.478	0.149
	人均耕地面积	1359.412	985.294	0.078	1.380	0.178
	森林覆盖率	41.525	9.607	0.327	4.322	0.000
	人均 GDP	43.239	58.333	0.051	0.741	0.464
	生产总值指数	-87.138	44.094	-0.129	-1.976	0.057
	城乡居民收入比	-333.902	235.664	-0.132	-1.417	0.166
	人口密度	7.469	1.068	0.576	6.994	0.000
	每万人医生拥有数	-14.661	16.536	-0.066	-0.887	0.382
	城镇登记失业率	-318.092	166.245	-0.094	-1.913	0.065
	3A 及以上级景区数	42.392	18.892	0.248	2.244	0.032
	星级饭店数	22.388	7.303	0.233	3.066	0.004
8	（常量）	10885.926	4374.507		2.488	0.018
	人均水资源量	0.015	0.009	0.136	1.652	0.108
	人均耕地面积	1358.957	978.333	0.078	1.389	0.174
	森林覆盖率	42.958	9.344	0.338	4.597	0.000
	生产总值指数	-98.170	41.213	-0.146	-2.382	0.023
	城乡居民收入比	-402.122	215.418	-0.159	-1.867	0.071
	人口密度	7.590	1.048	0.585	7.242	0.000
	每万人医生拥有数	-9.355	14.801	-0.042	-0.632	0.532
	城镇登记失业率	-324.924	164.817	-0.096	-1.971	0.057
	3A 及以上级景区数	41.126	18.681	0.240	2.201	0.035
	星级饭店数	22.655	7.242	0.236	3.128	0.004
9	（常量）	11332.045	4277.725		2.649	0.012
	人均水资源量	0.014	0.009	0.122	1.555	0.130

续表

系数[a]						
模型		非标准化系数		标准系数	t	Sig.
		B	标准误差	试用版		
9	人均耕地面积	1469.771	953.697	0.084	1.541	0.133
	森林覆盖率	42.278	9.197	0.333	4.597	0.000
	生产总值指数	-105.856	39.018	-0.157	-2.713	0.011
	城乡居民收入比	-335.142	185.833	-0.132	-1.803	0.080
	人口密度	7.460	1.018	0.575	7.326	0.000
	城镇登记失业率	-309.732	161.565	-0.091	-1.917	0.064
	3A及以上级景区数	43.980	17.962	0.257	2.449	0.020
	星级饭店数	21.074	6.734	0.219	3.129	0.004
10	（常量）	10390.861	4318.676		2.406	0.022
	人均水资源量	0.011	0.009	0.099	1.256	0.218
	森林覆盖率	39.680	9.223	0.313	4.303	0.000
	生产总值指数	-92.082	38.741	-0.137	-2.377	0.023
	城乡居民收入比	-358.068	188.946	-0.141	-1.895	0.067
	人口密度	6.983	0.990	0.538	7.056	0.000
	城镇登记失业率	-351.706	162.441	-0.103	-2.165	0.037
	3A及以上级景区数	49.093	18.006	0.287	2.726	0.010
	星级饭店数	18.345	6.628	0.191	2.768	0.009
11	（常量）	12033.938	4149.592		2.900	0.006
	森林覆盖率	33.194	7.704	0.261	4.309	0.000
	生产总值指数	-109.328	36.524	-0.162	-2.993	0.005
	城乡居民收入比	-203.859	144.797	-0.080	-1.408	0.168
	人口密度	6.292	0.829	0.485	7.589	0.000
	城镇登记失业率	-372.623	162.912	-0.110	-2.287	0.028
	3A及以上级景区数	62.273	14.753	0.364	4.221	0.000
	星级饭店数	17.475	6.645	0.182	2.630	0.013
12	（常量）	9637.093	3835.564		2.513	0.017
	森林覆盖率	29.848	7.427	0.235	4.019	0.000
	生产总值指数	-92.896	35.078	-0.138	-2.648	0.012
	人口密度	6.063	0.824	0.467	7.358	0.000
	城镇登记失业率	-366.883	165.068	-0.108	-2.223	0.033
	3A及以上级景区数	62.440	14.952	0.365	4.176	0.000
	星级饭店数	21.030	6.230	0.219	3.375	0.002

注：a为因变量：旅游接待人数。

4　丝绸之路西北地区文化生态旅游圈的构建

丝绸之路西部地区独特的地形地貌造就了西北雄浑壮观的自然风光，也是中华民族文明的摇篮，千年的历史风雨积淀下生生不息的民族文化，文化生态资源十分丰富。国家标准《旅游资源分类、调查与评价》（GB/T 18972—2003）的旅游资源分类指标共有8个大类、31个亚类和155个基本类别，西北5省（区）就有8个大类、22个亚类、58个基本类别，包含了大多数资源类型。受自然条件、地理区位、历史沿革、社会文化等因素的影响，西北地区旅游资源在类型、结构、分布和数量上存在较大的差异，在空间结构布局上形成相互补充的产品类别。例如，陕西周、秦、汉、唐丰富传奇的帝王陵寝文化，兰州到敦煌河西走廊一带的宗教石窟文化，宁夏西夏王陵文化和黄河风情，青海高原草甸、青海湖等原生态的自然风光，新疆的草原、沙漠、少数民族风情和古城遗址等。本章针对西北地区文化生态旅游圈的构建，研究如何整合优化这些丰富的文化生态资源，开发具有地方特色的文化旅游产品，以陕西省丝路文化旅游产品为实证案例，分析其开发策略。

4.1 研究背景和概念、内涵

4.1.1 丝绸之路经济带区域旅游协作常态化

丝绸之路经济带已经成为中国推动新一轮对外开放的国家战略，为丝绸之路沿线国家和地区发展带来史无前例的机遇。西北5省（区）交通、区位、社会经济、旅游发展的不平衡性可以通过区域旅游合作，将分散的、彼此割裂的旅游产品有效地整合起来。从区域空间格局上建立不同的文化生态旅游圈，实现景区和城市之间的协同发展，扩大核心城市的辐射力和带动力，形成稳定而持续的旅游圈空间发展格局。在“优势互补、互利共赢”的协作框架下，联手打造丝绸之路精品旅游线路，推动丝绸之路旅游信息资源共享、市场共享、产品共享，平衡区域经济发展水平，缩小地区差异，提升区域旅游整体形象和知名度。

近年来，丝绸之路沿线各地区已经在政府间基本形成了协作会议、合作联盟等形式的各种旅游合作常态化的制度。例如，一年一度的西北旅游协作区会议，发挥地区资源优势，不断加强西北各省市在冬季冰雪旅游、山地探险旅游、沙漠旅游、乡村民俗旅游、自驾游露营地等特色旅游产品方面的共同合作。落实跨省区广告资源置换合作，逐步推进旅游宣传品异地进机场、车站、城市游客服务中心，共同支持办好“丝路中国”网络图片平台等绿色通道。2017 年丝绸之路高铁城市旅游合作大会由陕西、甘肃、青海、新疆、重庆、四川、福建等 14 个省（区、市）的 33 个高铁城市参加，开启了“旅游+高铁+城市”合作之旅。西安、咸阳、延安、榆林、鄂尔多斯、银川、渭南、宝鸡 8 个会员城市还成立了西部帝王陵区域旅游合作联盟年会。川、陕、甘 3 省 8 市（州）共同发起成立川陕甘区域旅游合作体创新发展试验区协作会，整合川陕甘区域 5 个国家 5A 级景区、59 个国家 4A 级景区、118 个国家 A 级景区优势资源。协作成员要求统一规范旅游交通标识引导系统，共建区域旅游交通集散体系，共同建设国道 108、国道 212 中国最美自驾车旅游廊道，联合开发五大精品旅游区等。可以看出，这些围绕丝绸之路的区域旅游协作都是依托共同的生态资源形成不同区域特色的文化生态旅游圈。

4.1.2 旅游圈的概念

旅游圈是旅游目的地的一种空间组织形式，国际上虽然没有对旅游圈这个具体的概念做出明确界定，但针对旅游目的地或目的地区域的理论模型有较多讨论，主要可以分为 3 类：第一类从旅游流的角度阐述目的地的构成，如 Lundgren（1973）和 Lundgren（1977）提出的核心—边缘理论模型（core periphery model），Pearce 提出的空间系统尺度划分理论，Lue Crompton 等（1993）提出的多目的旅游结构模型、多种空间结构描述的数学或地理方法的系统性归纳；第二类是将旅游目的地作为旅游产品提供者，探讨其要素和空间构成的结构模型，包括旅游吸引物（景区）模型——核心区、缓冲区、活动区，Gumn（1988）提出的旅游目的地空间规划布局模式的探讨等；第三类是演化模型，根据目的地空间结构变化和旅游者行为特征差异，研究目的地时空演化特点和影响因素。Dredge（1999）把旅游目的地空间结构分为3种模式：单节点目的地、多节点目的地、链状节点目的地。

“旅游圈”这一名词在国内业界已经普遍使用，“海南国际旅游文化圈”“九寨—黄龙旅游圈”“鄂西文化生态旅游圈”等概念的提出，使旅游圈的概念不仅仅局限于地理空间的邻近性，还包括某些相似的地理背景和产业要素。较早的理论是马勇等（1996）对旅游圈的形成进行的探讨，他们认为旅游圈是以大都市为中心，以区域经济、文化、区位和交通条件为出发点，合理配置大都市与周边地区的旅游资源和接待服务，形成的“城市—区域”“市场—资源”的旅游业共轭型空间结构综合体。随后的研究大多沿用了这一定义和圈层结构模型，同时结合实例，探讨了黄山大旅游圈、环渤海旅游圈、武汉大城市旅游圈、中国八大城市旅游圈、大三峡旅游圈等。

还有一些学者将“旅游圈”广泛地应用于区域旅游合作的研究，探讨了三清山大旅游圈构建（金姝兰、毛端谦、刘春燕，2011）、大西安旅游圈空间错位及边沿区战略（孙根年、刘璐，2012）、山东省城市旅游圈结构整合及区域合作（方荣辉，2013）等，“点—轴—圈”空间结构的大城市旅游圈正在我国逐步发展起来（李伯华，2014）。徐程瑾（2015）认为，京津冀核心旅游圈具有依赖性、开放性、区域性、层次性和空间性的特点。高文智（2016）结合旅游圈层结构理论提出共生效应、互补效应、整体效应共同作用旅游圈发展机制。

综上所述，旅游圈是以旅游资源为核心、具有一定地理范围的协作区域，资源结构、产品结构和市场结构的互补性与共生性是旅游圈构建的基础。本课题研究的旅游圈在行政地域上包括陕西省、甘肃省、宁夏回族自治区、青海省、新疆维吾尔自治区5个省（区），从宏观层面划分了5个旅游圈，从微观层面共划分17个旅游圈，其划分及构建的基础主要是圈内相同的旅游资源单体类型结构与空间分布。

4.1.3 文化生态旅游圈的内涵

关于文化生态旅游圈的定义在国内外的文献和研究中并没有明确提出，文化生态旅游圈更像是生态、文化与旅游圈3个概念的复合体。文化生态旅游圈是自然景观（地理格局、水文过程、气候条件、生物活力）、经济景观（能源、交通、基础设施、土地利用、产业过程）、人文景观（人口、体制、文化、历史、风俗、风尚、伦理、信仰等）在时、空、量、构、序范畴上相互作用形成的人与自然的复合生态网络。

本课题从系统论的层面对丝绸之路西北地区文化生态旅游空间结构进行分析，从景观与自然、景观与文化、自然与文化相互作用的角度，研究丝绸之路西北5省（区）文化生态旅游圈。利用定量的研究方法，结合不同地域旅游资源单体的类型结构及空间分布特征进行整合，将各级行政区域内相似的旅游资源划分成一个旅游圈层，再考虑文化脉络、交通、水文等因素，划分跨行政区域宏观尺度上的文化生态旅游圈。依据国家标准选取8个大类、22个亚类、58个基本类别作为分类变量进行系统聚类，形成6个资源类型聚类，然后依据景区规划的最大福利原则进行空间聚类，形成17个资源空间聚类，构建出丝绸之路西北地区文化生态旅游圈。

4.2 西北地区文化生态旅游圈的划分方法及构建

文化生态旅游圈的划分主要采用空间聚类方法，将旅游资源单体的类型结构与空间分布分离开来，依据不同原则进行资源单体处理。在分析西北5省（区）旅游资源的地理位置、自然环境、历史沿革及社会人文因素的基础上，利用SPSS软件和GIS软件对文化生态旅游资源的类型、地域组合和空间结构进行了定量分析。通过ArcGIS软件处理，进行图层叠加划分出宏观尺度和微观尺度上的文化生态旅游圈，使旅游圈的划分更加真实、可靠，避免了过多主观因素的干扰。其基本思路是，先将N个样本各自作为一类，然后规定样本之间的距离以及类与类之间的距离，再进行逐级合并，直到得出凝聚系数规定的类别为止。本课题提出的文化生态旅游圈概念和划分方法，为各县域能更深层次地开发旅游资源、更广泛地拓展旅游市场、更有效地开发和保护旅游资源提供了一条新的思路。

以县域为单位，结合各省旅游资源的特点，参照国家标准《旅游资源分类、调查与评价》（GB/T 18972—2003）的旅游资源分类系统，将不同旅游资源单体属性值进行分类，分为国家非物质文化遗产、国家级自然保护区、国家级森林公园、国家级地质公园、国家5A级景区、国家重点文物保护单位六大类，选取58个景观类型指标得出各资源单体的属性值。在此基础上把各个景观类型要素视为多维空间数轴，由属性值构成指标空间，每个景点都是一个向量，在多维空间中对应一个点。由“点”与“点”之间的距离进行系统聚类，将西北5省（区）文化生态旅游资源分为6个聚类，然后依据不同地区的地理位置、自然环境、历史沿革及社会人文因素进行旅游资源的空间聚类分区，将旅游资源划分为17个区。将文化生态旅游资源类型聚类和空间聚类数据矢量化后输入SPSS软件中进行系统聚类，利用ArcGIS软件在地图上进行叠加，做出文化生态旅游圈的宏观尺度图与微观尺度图，研究其空间组合规律，作为划分不同旅游圈的依据。最后，划分出宏观尺度上的5个文化生态旅游圈及微观尺度上的17个文化生态旅游圈，对旅游资源的特色、等级、类型及分布特征进一步分析研究。

4.2.1 数据来源和处理

本课题以行政区划和资源类型为单位，选取的236个文化生态旅游资源单体均源于国家旅游局及相关政府机构公布的《国家重点文物保护单位名单》《国家非物质文化遗产名录》《国家级自然保护区名录》《国家级森林公园名录》《中国国家地质公园名录》《国家5A级景区》（见图4-1）（见附录1）。

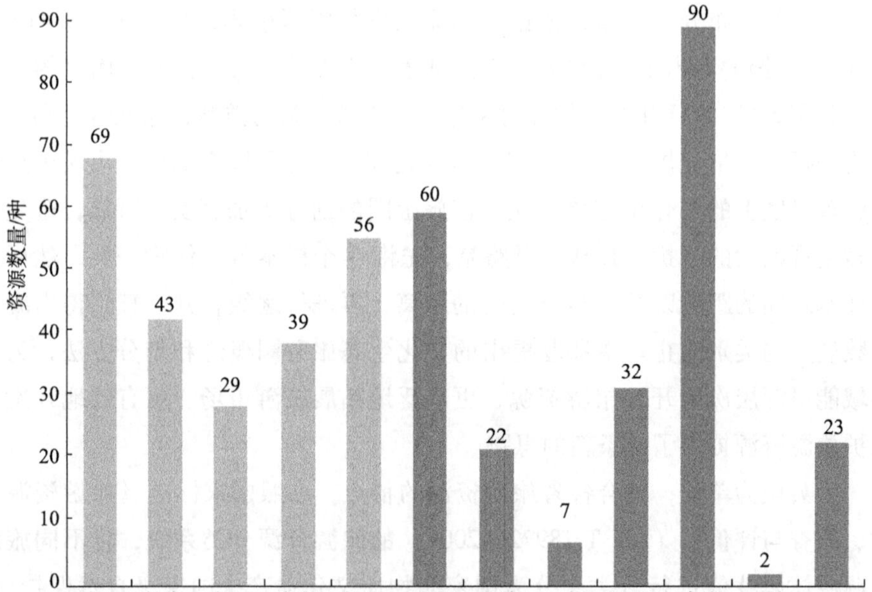

图4-1　西北地区旅游资源单体统计

依据旅游规划最大效益原则，在最短旅游时间、最少旅游花费内游览旅游目的地的全部景点。根据西北5省（区）文化旅游资源单体的类别在地域上的分布和组合状况，将旅游距离抽象成空间距离，对其空间分布进行聚类分析。利用SPSS软件对统计出的236个旅游资源单体进行聚类分析，研究资源类型组合规律。以5省52个地市级行政区为单位，结合各省旅游资源特点，国家标准《旅游资源分类、调查与评价》（GB/T 18972—2003）将236个旅游资源单体划分为8个主类、22个亚类和58个基本类型（见附录2）。选取58个基本景观类型指标，进行聚类系统分析，即把不同区域的各景观类型要素视为空间数轴，每个旅游资源单体都是一个向量，在多维空间中对应一个数据点，"点"与"点"之间的距离就是进行系统聚类的依据。依据分类出来的点，将具有相同空间属性的旅游资源按照县域完整性进行空间分区。SPSS软件利用旅游资源类型聚类结果对空间上的点进行聚类分析，运行结果显示有6个群聚和17个群聚（见附录2）。聚类图层的处理是将1∶50万西北5省（区）地形图进行扫描、空间校正和数字化，通过谷歌地图进行精确定位并导入ArcGIS软件做出图件。

文化生态旅游资源的聚类分析采用组间平均链锁方法，组间平均值是个体与小类中个体距离的均值，利用了个体与小类的所有距离信息，克服了最近距离和最远距离中易受极端值影响的弱点。资源间距采用平方欧式距离，是不同类别中k个变量之差的平方和。采用组间连接的聚类方法，用平方Euclidean距离确定各旅游资源单体间距离，选取所在城市、主类、亚类、基本类型作为聚类变量进行聚类，在对旅游资源单体进行聚类分析前，需要将主类、亚类、基本类型及所在城市等定序型变量通过量化的形式转变为定距型变量，运行结果得到西北5省（区）旅游资源聚类表。

4.2.2 聚类结果

文化生态旅游资源的6个聚类包括自然生态旅游资源、历史文化旅游资源、民俗风情旅游资源、丝路主题旅游资源、生态民俗旅游资源和综合型旅游资源。结合ArcGIS软件对52个地级市所在区域的旅游资源类型进行整理分析，得到西北5省（区）文化生态旅游资源类型聚类（见表4-1）。

表 4-1 西北 5 省（区）文化生态旅游资源类型聚类

行政区域	文化区域	主要城市	资源类型
陕西	陕北区	延安、榆林	民俗风情
	关中区	西安、咸阳	历史文化
	陕南区	安康、汉中	自然生态
甘肃	天水—陇南区	天水、陇南	历史文化
	张掖—酒泉区	酒泉、张掖、敦煌	丝路主题
	临夏—甘南区	临夏、甘南	生态民俗
宁夏	环银川区	银川、石嘴山、灵忠	综合型
	固原区	固原	民俗风情
	中卫区	中卫	自然生态
青海	西湟河区	西宁、湟中	综合型
	环格尔木区	格尔木	历史文化
	玉树—果洛区	玉树、果洛	生态民俗
新疆	哈密—吐鲁番区	哈密、乌鲁木齐、吐鲁番	丝路主题
	伊犁—阿勒泰区	伊犁、阿勒泰	自然生态
	阿克苏区	库尔勒、阿克苏	历史文化
	和田—喀什区	和田、喀什	综合型
	巴音郭楞区	巴音郭楞	生态民俗

4.2.3 构建丝绸之路西北地区文化生态旅游圈

将 SPSS 软件通过系统聚类分析得出的 6 种文化生态旅游资源类型聚类及 17 种空间聚类结果，作为两个新的变量加入 SPSS 统计分析软件，再一次进行聚类分析，并把西北 5 省（区）文化生态旅游资源的类型聚类及空间聚类两次分析的结果图在 ArcGIS 中进行叠加，形成不同的旅游资源的类型空间组合图，从而划分出 17 个文化生态旅游圈（见表 4-2）。

表 4-2 西北地区文化生态旅游圈

行政区域	旅游圈层
陕西	关中历史文化旅游圈
	陕北沿黄风情旅游圈
	陕南秦岭生态旅游圈

续表

行政区域	旅游圈层
甘肃	张掖—酒泉丝绸之路精品旅游圈
	临夏—甘南生态民俗旅游圈
	天水—陇南寻根朝觐旅游圈
宁夏	大银川综合旅游圈
	沙坡头旅游圈
	六盘山文化生态旅游圈
青海	环西宁黄河谷地旅游圈
	青海湖—三江源河湖旅游圈
	环格尔木昆仑文化旅游圈
新疆	丝绸之路驿道文化旅游圈
	伊犁河谷草原生态旅游圈
	阿克苏龟兹文化旅游圈
	和田美玉文化旅游圈
	巴州大漠生态旅游圈

4.2.4 省域层面的微观尺度圈层

4.2.4.1 陕西省3个旅游圈

依托陕西现有的旅游资源布局，可以将陕西省分为关中历史文化、陕北沿黄风情、陕南秦岭生态3个旅游圈。其中，关中历史文化旅游圈以古都西安积淀的千年历史文化为基础，开发包括昭陵、茂陵、法门寺、秦始皇陵兵马俑等景区在内的具有不可替代价值的历史文化旅游圈；陕北沿黄风情旅游圈依托陕北特有的黄土高原地质地貌，结合当地的民俗风情，开发原生态的黄河文化民俗旅游圈；陕南秦岭生态旅游圈借助秦岭山脉独特的气候、动植物、水文、地质等资源，开发以太白山、翠华山、瀛湖等景区为核心的精品生态旅游圈

4.2.4.2 甘肃省3个旅游圈

甘肃省地貌复杂多样、交错分布、东西狭长，景观分布呈现明显的地域特征。张掖—酒泉丝绸之路精品旅游圈包括古长城、佛教石窟等人文旅游资源和戈壁绿洲等自然旅游资源，开发以丝绸之路为主题的相关旅游产品；临

夏—甘南生态民俗旅游圈以自然风光和少数民族风情等旅游资源为主，开发民俗风情游、探险生态游等参与体验性旅游产品；天水—陇南寻根朝觐旅游圈以历史古迹、道教名山等人文旅游资源为主，开发访祖旅游、三国遗址游、宗教朝觐游等旅游产品。

4.2.4.3 宁夏回族自治区3个旅游圈

宁夏地形南北狭长，地势南高北低，黄河出青铜峡后在此冲积形成了美丽富饶的“塞上江南”，依据其自然风光、历史文化、民俗风情等旅游资源的空间分布状况将宁夏分为3个旅游圈：大银川综合旅游圈是“塞上江南、西夏古都、回乡风情”等旅游资源的复合体；沙坡头旅游圈是宁夏在国际旅游市场上享有较高知名度的旅游产品，应集中精力建设成“中国西部沙漠旅游基地”；六盘山文化生态旅游圈的核心产品是具有发展潜力的六盘山旅游区，其中泾河源景区、秦长城遗址均为极品旅游资源。

4.2.4.4 青海省3个旅游圈

青海省的地形是盆地、高山和与河谷相间分布的高原，全省地形特色显著，依据其旅游资源的分布及地势特征，可将青海省划分为3个旅游圈：环西宁黄河谷地旅游圈以宗教旅游、峡谷风光、民俗风情为主要旅游资源，是综合型旅游圈；青海湖—三江源河湖旅游圈以青海湖景区及三江源国家级自然保护区为核心建设龙头旅游区；环格尔木昆仑文化旅游圈依托有“龙脉之祖”“万山之祖”之称的昆仑山，发展包括历史探古、文化旅游、盐湖科考、蒙古风情等旅游产品。

4.2.4.5 新疆维吾尔自治区5个旅游圈

新疆维吾尔自治区是我国面积最大、接壤国家最多的省区，地形地貌可以概括为“三山夹两盆”，其资源分布与圈层划分都与地貌特征有显著关联。丝绸之路驿道文化旅游圈连接哈密与敦煌两个区域，重点开发哈密回王府、巴里坤古城景区；伊犁河谷草原生态旅游圈着重游牧文化培育，将喀纳斯与那拉提建设成为世界级生态旅游度假休闲目的地；阿克苏龟兹文化旅游圈以库车龟兹石窟群为重点，突出龟兹文化内涵；和田美玉文化旅游圈重点培育玉石文化，打造“美玉之都”旅游目的地；巴州大漠生态旅游圈重点开发沙漠公路探奇游、神秘西域文化探寻游等特色旅游产品。

4.2.5 跨域层面的宏观尺度圈层

17个文化生态旅游圈结合西北5省（区）的历史沿革、文化脉络、交通线路状况及丝绸之路地理区域的特殊性，跨越省域范围构建宏观尺度的5个文化生态旅游圈。

关中文化旅游圈的西南部，张掖—酒泉丝绸之路精品旅游圈与丝绸之路驿道文化旅游圈中，有古丝绸之路在发展过程中遗存的古城旧址及中西方文化交流碰撞形成的宗教文化、民俗风情，“丝绸之路：长安—天山廊道路网”的申遗成功更肯定了这条线路的历史价值，因此从文化脉络的角度跨越省域界限，划分出宏观尺度上的丝绸之路宗教文化旅游圈。

关中历史文化旅游圈与天水—陇南寻根朝觐旅游圈以秦、汉、唐等皇朝古都文化旅游资源为主，以关中—天水经济圈为支撑，依托其良好的联合开发基础划分出历史文化古都旅游圈；黄河流经陕北地区、宁夏西北部地区及青海东北部地区，形成了大漠、平原和谷地等地貌，同时孕育了悠久的黄河文化和独具特色的地方民俗，因此将陕北沿黄风情旅游圈、大银川综合旅游圈、沙坡头旅游圈划归大漠黄河风情旅游圈。

临夏—甘南生态民俗旅游圈、青海湖—三江源河湖旅游圈与环格尔木昆仑文化旅游圈处于青藏高原地区，青藏铁路线将沿线景点（如可可西里、盐湖、唐古拉山等）串联起来，形成独特的旅游线路，划分出雪域高原及藏文化旅游圈。

伊犁河谷草原生态旅游圈、阿克苏龟兹文化旅游圈、和田美玉文化旅游圈和巴州大漠生态旅游圈主要分布在南疆地区，以冰川雪岭、戈壁瀚海、高山湖泊、林海草原和戈壁大漠为主要地理特征，再结合浓郁的西域民俗，将其划归西域民族民俗旅游圈。

4.2.5.1 历史文化古都旅游圈

行政地域上包括西安、咸阳、天水、平凉、庆阳等城市，主要包括秦、汉、唐等皇朝古都文化、“三皇五帝”始祖文化等旅游资源，重点建设“古都+文物+宗教”的文化品牌。

4.2.5.2 大漠黄河风情旅游圈

行政地域上包括银川、中卫、兰州、甘南、西宁等城市，主要包括西夏文化、岩画文化、黄河文化、大漠文化、回乡文化等民俗文化旅游资源，发展沙漠探险、民俗生态体验及黄河风光等旅游资源。

4.2.5.3 丝绸之路宗教文化旅游圈

以古丝绸之路为基础，行政地域上包括西安、咸阳、汉中、兰州、武威、张掖、嘉峪关、酒泉、敦煌、乌鲁木齐、吐鲁番、哈密等城市，旅游资源主要包括佛教文化、长城文化、石窟文化、丝绸之路西域文化等。

4.2.5.4 雪域高原及藏文化旅游圈

行政地域上包括西宁、湟中、互助、西海、德令哈、格尔木、临夏等城市，旅游资源主要包括高原文化生态、藏传佛教文化、昆仑文化等，突出青藏高原独特的历史文化、雄浑的山河、丰富的高原生态、浓郁的民族风情和神秘的宗教文化，发展青藏铁路世界顶级旅游带。

4.2.5.5 西域民族民俗旅游圈

行政地域上包括库车、库尔勒、阿勒泰、阿克苏、喀什、和田等城市，旅游资源主要包括西域民俗文化、古遗址古城堡文化、边疆文化等，连接南北疆形成整体旅游，打开东进西出通往中亚的通道。

4.3 实证研究：基于昂普 RMP 理论的陕西丝路文化旅游产品开发策略

陕西丝路文化旅游圈依托丝路主题发展了兼容并包的文化，既吸收了丝路沿线地区的文化特点，也为当地文化增添了新的特色，陕西丝路文化与丝路沿线各地文化形成了既相互交叉又保持其独特性的文化旅游圈。从旅游者主体来说，通过对丝路沿线地区有关的文化历史遗迹进行游览参观并参与相关的文化活动，可以了解丝路历史，感知地域文化，获得精神交流。从旅游经营者主体来看，可以利用丝路文化资源开发产品，完善配套设施，以特色丝路文化产品吸引旅游者并为其提供旅游服务。因此，这是一个文化旅游资源禀赋—市场需求—文化旅游产品开发的双向市场关系。

RMP 分析方法是吴必虎教授为避免区域旅游开发中旅游产品结构性过剩和有效需求不足现象，于 1999 年提出的一种以产品为中心的旅游规划模式，其主张以旅游产品为中心，进行 R 性分析（resource analysis）和 M 性分析（market analysis），以此为基础进行 P 性分析（product analysis），并最终提出以旅游产品为中心的规划框架。RMP 模式应用对象主要是区域旅游规划，余家华等（2012）利用 RMP 方法对安徽省六安市的乡村旅游进行实证研究，提出乡村旅游深度开发策略。曹婷婷等（2013）运用 RMP 理论分析上思县县域资源及市场现状，构建旅游产品开发谱系。此外，也有学者从 RMP 角度分析遗址点，对遗产旅游开发提出建议。

4.3.1 陕西丝路文化旅游产品的资源分类

西安是古丝绸之路的起点，丝路遗产数量最多且历经汉唐盛世，见证了古丝绸之路的兴起和繁荣，无论是西北丝绸之路、西南丝绸之路还是草原丝绸之路，都对陕西省地域文化产生了一定的影响。陕西丝路文化旅游的资源分类是对陕西境内那些与丝绸之路形成和发展相关联的、与丝绸之路东西方交流史有密切关系的旅游资源，参照国家标准《旅游资源分类、调查与评价》（GB/T 18972—2003）的分类系统，考察陕西与丝绸之路在宗教层面、民族层面、商业层面、军事层面等重要见证物的联系。陕西省丝绸之路旅游资源以人文资源为主，包括遗址遗迹、建筑与设施、旅游商品、人文活动 4 个主类、12 个亚类及 32 个基本类型，涉及历史文化、宗教文化、军事文化、商业文化、农业文化、名人文化、民族文化、艺术文化等众多领域（见表 4-3）。除显性资源外，还有许多隐性资源，如遗址遗迹地下丰富的文物埋藏、与丝绸之路文化密切相关的著名人物及经传典籍、丝路代表性商品生产区域和非物质旅游资源，资源数量及种类十分丰富。目前，陕西省已有 8 处世界级文化遗址，与丝绸之路都有重要关联性，西安、汉中、榆林、咸阳等历史文化名城也是陕西丝绸之路历史发展的重要见证，文化旅游资源整体知名度较高。

表 4-3 陕西省丝绸之路文化旅游资源统计

主类	亚类	基本类型	资源名称
E 遗址遗迹	EB 社会经济文化活动遗址遗迹	EBC 废弃寺庙	华严寺遗址、青龙寺遗址
		EBD 废弃生产地	富平银沟遗址、澄城尧头窑遗址、耀州窑遗址
		EBE 交通遗迹	淳化秦直道遗址、汉渭桥遗址、隋唐灞桥遗址
		EBF 废城与聚落遗迹	汉长安城未央宫遗址、唐长安城大明宫遗址
		EBG 长城遗迹	陕北三边古长城遗址、镇北台

续表

主类	亚类	基本类型	资源名称
F 建筑与设施	FA 综合人文旅游地	FAC 宗教与祭祀活动场所	草堂寺、青龙寺、西安清真寺、法门寺、大兴善寺、大慈恩寺、净业寺、华严寺
		FAD 园林休憩区域	大唐芙蓉园
		FAG 社会与商贸活动市场	大唐西市
	FB 单体活动场馆	FBC 展示演示场馆	陕西省历史博物馆、秦始皇兵马俑博物馆
	FC 景观建筑与附属型建筑	FCA 佛塔	兴教寺塔、大雁塔、小雁塔、鸠摩罗什舍利塔、大秦寺塔
		FCD 石窟	彬县大佛寺石窟
		FCH 碑碣（林）	碑林博物馆
		FCK 建筑小品	丝路群雕
	FD 居住地与社区	FDB 特色街巷	回民街、书院门
		FDD 名人故居与历史纪念建筑	司马迁祠、汉中武侯祠
	FE 归葬地	FEA 陵区陵园	昭陵、乾陵、茂陵等唐十八陵及相关博物馆
		FEB 墓（群）	霍去病墓、张骞墓、粟特人墓、蔡伦墓
	FF 交通建筑	FFE 栈道	汉中石门栈道
G 旅游商品	GA 地方旅游商品	GAA 菜品饮食	仿唐菜、清真饮食
		GAB 农林畜产品与制品	商南泉茗、紫阳毛尖、午子仙毫、泾阳茯砖茶
		GAE 传统手工产品与工艺品	仿唐三彩、刺绣、皮影
H 人文活动	HA 人事记录	HAA 人物	张骞、班超、玄奘、蔡伦
		HAB 事件	张骞出使西域、蔡伦造纸、玄奘西行
	HB 艺术	HBB 文学艺术作品	《大唐西域记》《长恨歌》等
	HC 民间习俗	HCA 地方风俗与民间礼仪	张骞后人祭祖仪式、陈炉窑神庙春秋祭祀礼仪、石泉祭蚕神
		HCC 民间演艺	胡旋舞、秦腔、社火、西安鼓乐、洋县佛教音乐、长安佛乐、蓝田普化水会音乐、华县皮影戏、蒲城走马戏
		HCE 宗教活动	伊斯兰教圣纪、阿舒拉日、登霄夜、拜拉特夜、盖德尔夜；佛教讲经、超度、诵经水陆法会等
		HCF 庙会与民间集会	关中社火、大佛寺庙会、铜川香山庙会

续表

主类	亚类	基本类型	资源名称
H 人文活动	HD 现代活动	HDA 旅游节	丝绸之路国际旅游节
		HDB 文化节	西安古文化艺术节、长安国际书法年会、城墙灯会
		HDC 商贸农事节	临潼兵马俑石榴节
		HDD 体育节	西安城墙国际马拉松赛

西安市是丝绸之路的起点，先后有周、秦、汉、唐等 13 个王朝建都于此，中华历史上最辉煌的时代均与陕西有关，汉、唐长安发展历程与丝路沉浮息息相关，丝路发展也贯穿陕西历史进程，陕西丝路沿线的军事遗址也是重要见证。陕西境内有佛教、道教、天主教、基督教、伊斯兰教等众多宗教信仰，佛教、伊斯兰教、景教、基督教就是由丝绸之路传播而来。在民族文化交流方面，陕西除汉族外，有 42 个少数民族在全省杂居、散居，民族交流密切，多民族文化旅游资源丰富，本土民俗文化资源与回族文化资源知名度较高。从丝绸之路的商业角度来讲，长安曾是丝路商贸交流的中心城市，以此为基础发展的陕商文化及丝路代表的商品文化也独具特色。

4.3.2 评价指标和评价结果

跨区域线性文化遗产由单体文化遗址点和各种交通线路组成，形成典型的“点—轴”式空间结构。由于丝绸之路空间跨距较大，文化遗址点资源分散在众多的地理区域（包括文化区和行政区），赋存环境和开发条件复杂多样，各区域环境与开发条件的评价难以比较。因此，本书对陕西省丝路文化旅游圈的资源评价先剔除赋存环境、开发条件等外部因素，仅对陕西省部分文化旅游资源价值进行评价，得出一般性结论后，选取礼泉县作为陕西文化旅游圈的样本，加入景区开发条件和基础设施条件等外部因素，综合评价文化旅游资源与旅游景区周边环境和基础设施等外部条件的关系。

4.3.2.1 陕西省文化旅游资源价值的评价指标体系

借助层次分析法的递解分层分析法，利用共有因子拟定评价指标，参考已有评价指标体系做出指标设定，根据评分标准与评价等级，构建综合评价模型，对丝路沿线文化旅游资源价值做出评价。以文化旅游资源价值为指标评价的目标层，内涵价值、使用价值及社会影响力为评价项目层，每一层下面再设共计

15个评价因子层。根据因子层所反映的内容制成问卷，通过专家打分确定指标重要度，依据重要度筛选和优化指标，建立评价指标体系。

"内涵价值"是遗产内在人文属性（年代久远度、文化开创性等）所表现出来的价值，"使用价值"是基于内涵价值所表现出来的旅游资源意义上的功能价值，"社会影响力"是基于内涵价值与使用价值在文化传承与传播过程中产生的社会效果。需要说明的是，"美誉度"与"荣誉称号"这两个评价因子都有对资源的赞许，但前者源于公众评价，后者源于机构或团体评价，两者互不兼容（见表4-4）。

表4-4 文化旅游资源价值评价指标体系和权值

评价目标（A）	评价项目（B）	排序权值	评价因子（C）	单排序权值	总排序权值
资源价值	内涵价值	0.466	年代久远度	0.053	0.025
			文化开创性	0.088	0.041
			资源规模与丰度	0.187	0.087
			体现某些文化的程度	0.222	0.104
			与历史人物/事件相关度	0.428	0.200
			与传统/当代文化活动相关度	0.022	0.010
	使用价值	0.433	审美观赏价值	0.185	0.080
			文化认知价值	0.185	0.080
			珍稀奇特程度	0.545	0.236
			完整性	0.055	0.024
			与其他资源的互补性	0.030	0.013
	社会影响力	0.101	影响社会文化程度	0.550	0.055
			知名度	0.115	0.012
			美誉度	0.272	0.027
			荣誉称号	0.063	0.006

4.3.2.2 评价因子权重和评价等级划分

运用层次分析法对评价因子进行比较，主观判断客观量化确定评价因子权重，例如，相对于"内涵价值"，若"C1，1"比"C2，1"明显重要，"C2，1"明显不如"C1，1"重要，则"C1，1"的重要性赋值为5，"C2，1"的重要性赋值为1/5，由此构成判断矩阵，通过矩阵计算获得评价项目相对于目标层、评价因子相对于项目层的权重系数，在此基础上再计算出评价因子相对于目标层的权重系数。

文化旅游资源价值评价需要对各评价因子进行打分，利用评价因子得分与权值计算综合得分。通过征询专家意见，设定评分标准。

由权值总排序可知，“珍稀奇特程度”是最重要的价值评价因子，同时说明它是最具吸引力的因子。文化遗产资源的不可再生性和脆弱性符合旅游者求新求异、满足好奇心的旅游需求。“与历史人物/事件相关度”及“体现某些文化的程度”为次重要的价值评价因子，它们能反映资源的文化内涵和可读性的教育作用。

评价等级划分及区间值参照国家标准《旅游资源分类、调查与评价》（GB/T 18972—2003），从高向低划分，即五级（$\mu \geq 90$ 分）、四级（90 分$>\mu \geq$ 75 分）、三级（75 分$>\mu \geq 60$ 分）、二级（60 分$>\mu \geq 45$ 分）、一级（45 分$>\mu \geq$ 30 分）、未获等级（$\mu < 30$ 分）。等级越高，价值越大，五级为特品级、四级和三级为优良级、二级和一级为普通级（见表 4-5）。

表 4-5 文化遗产旅游资源价值评价因子评分标准

评价因子	评分标准/分				
	80~100	60~79	40~59	20~39	0~19
年代久远度	很远	较远	一般	较近	很近
文化开创性	很强	较强	一般	较弱	很弱
资源规模与丰度	很大	较大	一般	较小	很小
体现某些文化的程度	很充分	较充分	一般	较不足	很不足
与历史人物/事件相关度	很高	较高	一般	较低	很低
与传统/当代文化活动相关度	很高	较高	一般	较低	很低
审美观赏价值	很高	较高	一般	较低	很低
文化认知价值	很高	较高	一般	较低	很低
珍稀奇特程度	极其罕见	很罕见	稀有	少有	较常见
完整性	很完整	基本完整	反映总体特征	反映局部特征	不明显
与其他资源的互补性	很强	较强	一般	较弱	很低
影响社会文化程度	很深远	较深远	一般	较低	很低
知名度	很高	较高	一般	较低	很低
美誉度	很高	较高	一般	较低	很低
荣誉称号	很高	较高	一般	较低	很低

4.3.2.3 一般性整体评价结果

本课题调研人员在 2017 年 5 月 14—17 日对业内 20 位专家（来自高校、旅游研究机构、政府旅游管理部门及旅游企业）按表 4-5 的评分标准对陕西省部分文化遗产点评价因子进行打分，按照评级标准综合得到陕西丝路文化旅游资源等级评价（见表 4-6）。

表 4-6　陕西丝路文化旅游资源等级评价

资源等级	特级旅游资源	优良级旅游资源		普通级旅游资源	
	五级	四级	三级	二级	一级
资源名称	鸠摩罗什舍利塔、碑林博物馆、陕西省历史博物馆、汉长安城未央宫遗址、彬县大佛寺石窟、唐长安城大明宫遗址、昭陵、乾陵等唐十八陵及相关博物馆、兴教寺塔、张骞墓、法门寺	西安清真寺、司马迁祠、澄城尧头窑遗址、汉中石门栈道、华清宫、大唐西市、霍去病墓、草堂寺、淳化秦直道遗址、大慈恩寺	青龙寺、大兴善寺、大秦寺塔、富平银沟遗址、回民街、汉中武侯祠、大唐芙蓉园、华严寺、蔡伦墓	粟特人墓、马嵬驿、丝路群雕、书院门、班超墓、汉渭桥遗址、隋唐灞桥遗址	

从表 4-6 中可以看出，陕西丝路文化旅游资源特级和优良级占 60%左右，比重较高。在空间分布上，陕西丝路文化资源等级分布及地域分布存在明显差异。从旅游资源地域分布的角度来看，西安市的丝路文化旅游资源等级较高，数量分布较多；咸阳、宝鸡、汉中的丝路文化旅游资源数量次之，其他市的丝路文化旅游资源数量较少，等级较低。从资源分布的空间形态来看，主要有以丝路文化线路为基础的带状分布，以西安、咸阳、汉中、榆林等历史文化名城为中心的片状分布，以及同类文化旅游资源的点式分布。

由等级评价的结果可知，重点开发或优先开发特品级或评分等级较高的文化遗产旅游资源，形成区域开发的“增长极”，带动相邻遗产点的旅游开发，促进整体文化旅游开发。例如，以汉长安城未央宫遗址、唐长安城大明宫遗址等特级资源作为核心资源重点开发或优先开发，为“亮点”开拓市场，带动相邻遗产点开发，促进整个遗产线的旅游开发。

4.3.2.4　选取咸阳市礼泉县作为研究样本进行文化旅游资源综合评价

（1）样本选取的依据

咸阳市礼泉县旅游资源丰富，先后荣获“全国生态示范县”“中国最佳休闲旅游县”“中国最具特色魅力旅游百强名县”“乡村旅游示范县”“陕西省文化旅游名县”等荣誉称号。在资源类型上，礼泉县是陕西省重点文物旅游各县，大唐文物资源荟萃，古文化遗址、古建筑、陵墓众多，拥有世界上最大的皇家陵园——昭陵等国家级文化瑰宝，昭陵博物馆是国家级文物保护单位。礼泉县关中民俗风情浓厚，袁家村关中印象体验地闻名省内外，被誉为

“关中民俗大观园”，自然生态资源良好，休闲农业发达，在文化旅游资源的观赏价值、文化底蕴、科学价值等方面都有得天独厚的资源禀赋优势。

礼泉县旅游资源地域组合情况良好，各景区之间交通便利顺畅，各景区旅游基础设施完善，景区容量在“十一”黄金周期间最多日均接待过约 10 万人次，承载力相对较好。礼泉县交通便利，四通八达，内有关中环线、312 国道、西平铁路等交通线路穿境而过。礼泉县地理位置优越，距离省会城市西安大约 55 千米，距离咸阳大约 28 千米，距离咸阳机场大约 15 千米，处于西安、咸阳、机场的交通圈内，是西安“半小时经济圈”卫星城市和关天经济区三级城市。

从资源禀赋和外部基础条件来看，选取咸阳市礼泉县作为研究陕西文化资源评价的样本具有一般性和普遍性。礼泉县既有依托传统文物资源的文化旅游，也有依托民俗文化资源的乡村旅游，文化旅游资源丰富，类型多样，可以较全面地综合评价县域文化旅游资源。

（2）指标权重和评价标准

利用 AHP 软件进行一致性检验并得出因子权重（见表 4-7）。

表 4-7　因子权重结果

目标层	准则层	权重	排序	指标层	权重	排序
礼泉县文化旅游资源评价 A	资源价值 B1	0. 6738	1	观赏价值 C1	0. 2330	2
				科学价值 C2	0. 0386	6
				文化价值 C3	0. 4022	1
	景区条件 B2	0. 2255	2	可进入性 C4	0. 1232	3
				地域组合 C5	0. 0489	5
				环境容量 C6	0. 0168	9
				环境质量 C7	0. 0367	7
	基础设施条件 B3	0. 1007	3	交通通信 C8	0. 0568	4
				食宿条件 C9	0. 0227	8
				旅游商品 C10	0. 0083	11
				管理水平 C11	0. 0128	10

得到各指标因素的权重之后，要想得到最终的资源评价结果，还需要对评价指标进行赋分。指标赋分参考国家标准《旅游资源分类、调查与评价》（GB 18972—2003），共划分出 5 个不同的等级标准（见表 4-8）。采用 1～100 分打分法设计问卷，采用抽样调查法收集数据。于 2016 年 3 月 27 日和 28 日

在礼泉县袁家村、昭陵等旅游景点，通过面对面发放调查问卷的方式对 300 名游客进行了问卷调查。其中，收回有效问卷 294 份。

表 4-8　礼泉县旅游资源综合评价打分标准

指标评价层	打分标准/分				
	80～100	60～79	40～59	20～39	1～19
指标	非常好	比较好	一般	比较低	很低

（3）综合评价结果

利用层次分析法建立的礼泉县旅游资源评价模型将资源价值、景区条件和基础设施条件纳入评价体系，是礼泉县旅游资源中定性与定量相结合得到的大致评价（见表 4-9）。经过权重计算，可以得到礼泉县旅游资源评价中指标相对权重的前三位依次为文化价值、观赏价值和可进入性，分别为 0. 4022、0. 2330 和 0. 1232。运用该评价模型，通过实地调查研究，可以看出礼泉县丰富多样的旅游资源综合了农业休闲、乡村体验、关中文化等要素，文化价值丰富多元，既有以唐昭陵等唐代陵墓、遗址为代表的大唐文化，也有以袁家村为代表的展现关中民俗风情文化的旅游目的地，观赏价值极高，各种自然资源、生态环境、农业观光都吸引着游客慕名而来。同时，袁家村、昭陵、建陵等历史文化遗迹形成的集点、线、带、圈于一体的旅游体系，提高了游客的可进入性。

表 4-9　旅游资源综合评价结果

指标	权重	调研均分	得分	总得分
观赏价值 C1	0. 2330	71. 91	16. 757	72. 947
科学价值 C2	0. 0386	23. 83	0. 919	
文化价值 C3	0. 4022	81. 06	32. 604	
可进入性 C4	0. 1232	72. 02	8. 872	
地域组合 C5	0. 0489	65. 00	3. 177	
环境容量 C6	0. 0168	65. 21	0. 110	
环境质量 C7	0. 0367	73. 51	2. 695	
交通通信 C8	0. 0568	67. 02	3. 807	
食宿条件 C9	0. 0227	73. 94	1. 679	
旅游商品 C10	0. 0083	78. 62	0. 652	
管理水平 C11	0. 0128	53. 62	0. 689	

从评价结果中可以看出，旅游商品和管理水平得分均较低，分别为0.652分和0.689分。每逢节假日景区就要面临旅游人数猛增的压力，例如，2016年“十一”黄金周期间，礼泉县代表性景点——袁家村景区每天的游客数量都保持在10万人次以上，7天共接待游客88.5万人次，给景区接待和游客体验造成负面影响。而管理水平方面，经过实地调研可以发现，景区标识不明显、候车设施条件差，在旺季公共交通数量和车次明显不能满足旺盛的旅游需求，但是旅游高峰期过后又会出现公共交通车流量剩余等供需明显不平衡的现象。基于层次分析法所构建的旅游资源评价体系依据，礼泉县最终得72.947分，表明礼泉县文化旅游资源比较好，但是还存在管理水平和旅游商品等外部条件评分较低的现实问题。

4.3.3 陕西丝路文化旅游产品的市场发展情况

西安市作为丝路文化旅游汉唐文化最重要体现的文化古都，文化旅游吸引力一直较强。2014—2018年，西安旅游发展势头强劲，旅游总收入年年攀升，旅游收入及接待人次一直保持较高的增长率，在历年中国研究院发布的《中国旅游城市吸引力排行榜》中，西安一直位于前列。

陕西丝路文化资源中有许多资源开发不足，就目前已开发的丝路文化景点和景区来说，西安大雁塔、小雁塔、华清宫、西安城墙风景区等老牌景点旅游人数已趋于稳定，但持续影响力较大。2015年，秦始皇帝陵博物院接待人数居西安各景区接待量首位，同比增长10.5%；华清宫景区接待人数位居第二，同比增长40.7%；西安城墙景区游客居于第三位，但增幅较高，同比增长36.7%。

“五一”期间，以大明宫、汉城湖为主的汉唐文化景区持续发力，法门寺等宗教寺观景点也稳中有进，以饮食文化体验为主的景区发展势头较猛。茯茶小镇、硒茶小镇等以茶文化为主的小镇，以三国文化为主的诸葛古镇，以陶瓷文化为主的富平陶艺村等旅游吸引力都较高，发展势头良好（见表4-10）。

表4-10 2015—2017年丝路文化旅游景区“五一”旅游接待人数 单位：万人次

旅游景区	2015年度	2016年度	2017年度
秦始皇帝陵博物院	11.49	10.80	12.57
华清宫	7.80	6.73	6.97
大唐芙蓉园	5.52	6.73	7.10

续表

旅游景区	2015 年度	2016 年度	2017 年度
汉城湖景区	13.61	24.58	24.00
大明宫国家遗址公园	18.52	18.50	18.55
大唐西市	18.70	21.00	23.00
北院门回坊风情街	32.00	28.40	38.59
法门寺	4.82	5.26	5.97
马嵬驿	27.50	37.10	46.60

数据来源：根据陕西旅游政务网资料整理。

4.3.3.1　丝路文化旅游国际市场状况

中国旅游舆情智库发布的《中国旅游国际舆情调查报告》统计显示，美国、俄罗斯和意大利等欧美国家的游客对丝绸之路的旅游意愿超过半数，英国、西班牙、德国和法国等欧美国家的游客对丝绸之路的旅游意愿也超过三成。此外，中国境内丝绸之路沿线各省旅游客源主要是东南亚观光游客、独联体旅游购物游客、欧美历史访古民俗体验观光游客、韩国日本佛教之旅观光游客。西安作为丝绸之路的起点，有众多高知名度的名胜古迹，国际旅游市场发展较为稳定，以港澳台游客、韩国游客、英国游客为主要客源，开发丝路文化旅游的国际市场条件比较稳定。

4.3.3.2　丝路文化旅游国内市场调查

2017 年 4 月 22—25 日，研究人员在西安市大唐西市、回民街、大雁塔、小雁塔、大明宫 5 个丝路文化旅游景点景区发放问卷，共回收 1680 份问卷，得到有效问卷 1400 份（见附录 3）。

（1）丝路文化旅游者人口统计学特征

在所调查的游客中，男、女性游客人数基本相当，女性稍高，占比为 52.47%，男性游客占比为 47.53%；年龄构成方面，以 18~34 岁的中青年旅游者为主，占到了 77.78%；游客文化程度绝大多数为本科；在游客职业方面，以学生和公司职员为主，（学生群体除外）游客收入中等偏上（见表 4-11）。

表 4-11　调查问卷人口特征

人口学特征		人数/人	比重/%	人口学特征		人数/人	比重/%
性别	男	77	47.53	年龄	18 岁以下	1	0.62
	女	85	52.47		18~24 岁	92	56.79
文化程度	高中及以下	11	6.79		25~34 岁	34	20.99
	专科	22	13.58		35~44 岁	25	15.43
	本科	119	73.46		45~54 岁	6	3.70
	硕士及以上	10	6.17		55 岁及以上	4	2.47
月收入水平	无收入	48	29.63	职业	管理人员	15	9.26
					技术人员	12	7.41
	2000 元以下	15	9.26		公务员	8	4.94
	2001~3000 元	25	15.43		企事业职员	31	19.13
	3001~5000 元	39	24.07		退休	1	0.62
	5001~8000 元	25	15.43		学生	79	48.77
	8001 元及以上	10	6.18		私营业主	13	8.02
					其他	3	1.85

（2）空间特征

调查结果显示，由于受距离因素、可达性因素及经济因素等影响，陕西丝路文化旅游游客大多来自陕西省内及邻近省份，此外还包括沿海经济发达地区，如珠三角和长三角地区。其中，陕西省内游客比重为 37.03%，来自邻近省份游客所占比重为 33.33%（见图 4-2）。

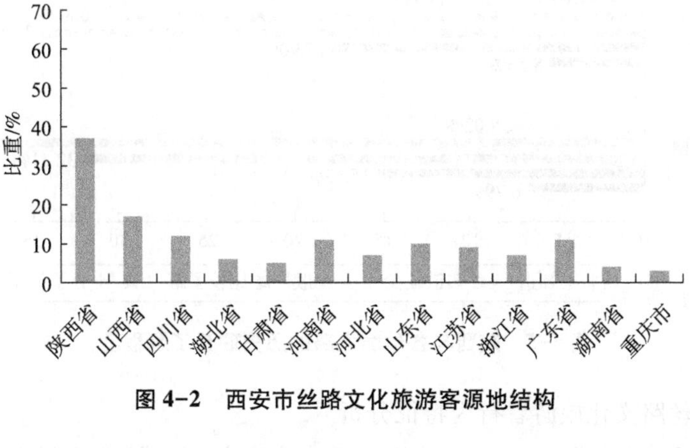

图 4-2　西安市丝路文化旅游客源地结构

（3）丝路文化旅游者认知分析

丝路文化旅游者对丝绸之路申遗成功及丝绸之路起点认知度较高，丝绸之路宣传方面工作做得较好，但西安丝绸之路起点认知度与丝绸之路申遗成功认知度之间存在一定差异，陕西省丝绸之路起点旅游仍需扩大宣传（见图 4-3 和图 4-4）。

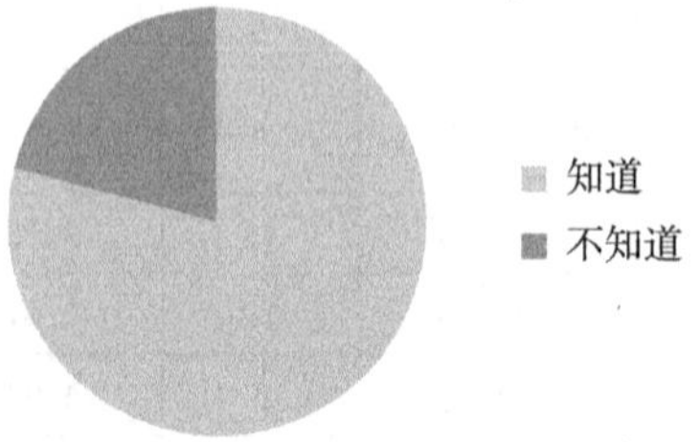

图 4-3 丝绸之路申遗成功

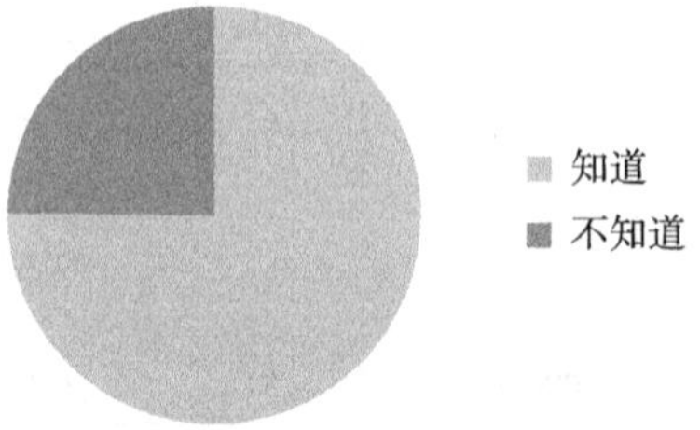

图 4-4 西安为古丝绸之路起点

游客对陕西与丝绸之路的历史关联了解较浅，对陕西与西北丝绸之路联系了解程度相对较高，对陕西与西南丝绸之路及草原丝绸之路历史联系认识不足，在陕西丝路文化旅游中，旅游仍主要集中在西安、咸阳等城市。游客对陕西与丝绸之路的历史丝路旅游多停留在观光阶段，没有在旅游过程中获得精神层面的提升，丝路旅游的文化性并未体现（见图 4-5）。

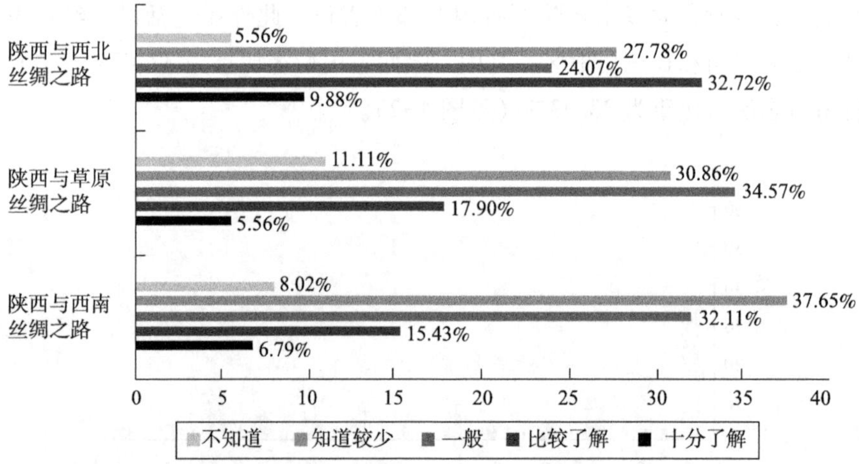

图 4-5 陕西与各丝绸之路的历史联系了解程度

（4）丝路文化旅游者行为特征分析

陕西丝路文化游客出行方式中，独自出游与朋友结伴出游各占 30%左右，跟团游所占比例为18.53%，说明丝路文化旅游中散客较多。从停留时间来看，绝大多数游客在陕西停留3~5天，相较于陕西以西安为主的传统三日游产品，游客停留时间明显加长，但3天以下也占到34.57%，可见当前陕西丝路文化长线旅游以跨省旅游为主，省内中长线旅游产品较少，未打造出省内跨行政区域的精品线路，无法满足游客的旅游需求，陕西省丝路文化旅游有待深入开发。在获得信息渠道上，网络及电视广播等媒体成为游客获取相关旅游信息最具影响力的渠道，所占比重分别为35.92%和20.90%（见表4-12）。

表4-12　陕西丝路文化景点游客行为特征统计　（%）

行为特征		比例	行为特征		比例	行为特征		比例
组织方式	跟团游	18.53	获得信息渠道	报纸杂志	12.89	出游时间	3天以下	34.57
	与家人一起	20.37		电视广播	20.90		3~5天	55.56
	与朋友结伴	28.39		政府宣传	10.79		6~9天	7.41
	独自出游	30.86		网上信息浏览	35.92		10天及以上	2.46
	其他	1.85		旅行社介绍	8.31			
				与他人交流	9.44			
				其他	1.75			

（5）旅游者消费偏好

大多数游客参与丝路文化旅游是为了体验汉唐风韵和感受地域风情，其次为休闲放松与了解丝路历史、增长见识。在旅游内容方面以历史遗产观光为主，其次注重饮食体验、喜爱艺术表演，还对传统技艺、汉服体验、节庆庙会有较大兴趣，体验性旅游项目比重较大。在期待的旅游产品开发中，文化体验旅游产品、文化创意旅游产品、文化主题旅游产品所占比重较高（见表4-13）。

表4-13　游客对于丝路文化旅游偏好分析　（%）

旅游目的	比例	旅游内容	比例	旅游产品	比例
休闲放松	40.74	历史遗产观光	68.52	休闲度假产品	24.69
体验民族文化	12.34	科普教育	29.01	文化体验旅游产品	61.11
体验汉唐风韵	68.55	观看艺术表演	50	文化创意旅游产品	47.53
感受地域风情	50.61	参加宗教活动	29.63	文化节庆产品	25.92
了解丝路历史	35.80	学习传统技艺	45.68	文化修学旅游产品	18.51
体验宗教文化	29.62	品尝美食	66.67	文化主题旅游产品	52.47

续表

旅游目的	比例	旅游内容	比例	旅游产品	比例
其他	9.25	汉服体验	42.59		
		参加节庆庙会	34.57		
		购买特色纪念品	27.61		

4.3.3.3 调查总结与分析

从以上市场问卷调查结果中，总结陕西丝路文化旅游圈的开发方向如下：

（1）在丝路文化旅游中，女性游客比例高于男性游客，游客的性别差异使得游客在旅游花费及旅游偏好上存在明显差异。女性游客更注重购物体验与美食体验，购买旅游特色纪念物与品尝美食的想法较男性更为强烈。在旅游开发中要注意不同性别游客的需要。

（2）来陕西旅游的游客以省内及周边地区 18～34 岁的中青年游客为主，要加强这一市场，以带动其他市场的发展。根据丝路文化旅游的广泛性及多样性，还可加大青少年及亲子游市场的旅游宣传，引导其参与丝路文化旅游，优化陕西丝路文化旅游市场结构。游客来源以省内及邻近省市为主，还有沿海发达地区，在旅游开发方面市场定位要准确，保持对这几级市场的宣传，也要积极开拓其他潜在旅游市场。

（3）参与丝路文化旅游的游客文化程度较高，收入水平也较高，游客职业构成中以普通职员和大学生居多，闲暇时间较多的大学生可作为一个重点细分市场。此外，高学历者的收入相对较高，对文化旅游的要求也就更高。因此，在旅游开发中要深入挖掘文化资源内涵，提升文化旅游产品的档次和品位，满足不同文化旅游者的需求。

（4）在旅游内容及旅游产品选择上，游客更多地倾向于体验性的旅游产品及内容。出游目的则是以体验陕西汉唐文化及地域风情为主，文化旅游开发要注重其特色性，还要兼顾丝路文化旅游的多样性。

4.3.4 陕西丝路文化旅游产品开发情况

4.3.4.1 陕西丝路文化旅游产品的主要类型

（1）观光休闲类文化旅游产品

观光休闲类文化旅游产品主要以遗址遗迹、风俗民居、古城街巷、历史与宗教建筑设施、文物为主，这也是陕西丝路文化旅游最早发展起来的且最为旅游者所了解的文化旅游产品，如体现盛唐文化的大唐芙蓉园遗产主题公园，展现古都风貌的兴庆宫、大明宫、汉城湖等遗址公园，以西安城墙为主的环城风景区。后来又发展起来的旅游古镇和旅游综合体有体现三国文化的诸葛古镇，体现茶文化的茯茶古镇及硒茶古镇等文化古镇，体现丝路商业文化的大唐西市及大唐西市博物馆等。

（2）演艺娱乐类文化旅游产品

演艺娱乐类文化旅游产品主要包括华清池大型实景舞台剧《长恨歌》、城墙入口仪式《梦长安——大唐迎宾盛礼》等汉唐文化旅游产品，此外还有宝鸡《法门往事》宗教演艺类节目及汉中诸葛古镇体现三国文化的《出师表》。

（3）节庆会展类文化旅游产品

节庆会展类文化旅游产品包括汉中武侯祠庙会、各地佛教庙会、每年4月在黄陵县举办的清明节黄帝陵祭祖等传统文化节庆、自1993年起每年举办的西安城墙国际运动体育赛事、在临潼举办的西安兵马俑石榴节等早期节庆旅游产品，以及每年9月举办的西安丝绸之路国际博览会、丝绸之路国际电影节、大明宫国家遗址公园的风筝节、丝路国家美食旅游节等节庆类文化活动和商业展览等。

（4）创新体验型文化旅游综合体

延安市甘谷驿古镇将建立中国革命军事博物馆分馆及军魂演艺场，成为国内首个以军事文化为核心的文化旅游项目；马嵬驿、茯茶小镇等以历史文化为基础，结合当地民俗文化开发民俗文化体验园。此外还有丝路风情小镇、丝路文化产业园等。汉唐帝陵大景区、岐山西周文化景区、两汉三国文化景区、丝绸之路风情城、韩城司马迁文化景区等重点项目，大唐西市、大唐不夜城、丝绸之路风情小镇等一批丝绸之路系列产品均各具特色。

就线路旅游产品而言，丝路旅游目前以西北丝绸之路跨地区旅游为主，如新丝路快车之完美河西、大漠风情、七彩云天、金银不换，长安号丝绸之路旅游专列、丝绸之路精华游等。在陕西境内的有精彩游西安旅游精品线路，以西安为中心呈放射状有多条旅游线路，但缺乏高知名度的线路产品。

4.3.4.2 陕西丝路文化旅游产品开发存在的问题

（1）产品雷同模仿多，创新体验不足

陕西丝路文化旅游资源十分丰富，但是大多集中在历史遗迹和民俗文化方面。市场上对饮食文化需求较大，因而大多数文化旅游产品都建成仿古建筑或者古民居建筑，建成小吃一条街的古镇或者古村。根据《白鹿原》小说改编的电影和电视剧热播以后，白鹿原成为代表西安乡土民俗文化最显赫的IP。在西安市北200多平方千米的白鹿原上就投资建设了6家以“白鹿原”文化为主题的乡村旅游项目，包括白鹿原影视城、白鹿仓景区、白鹿原文化生态观光园、白鹿原民俗村、白鹿古镇和簸箕掌民俗村。2016年，这些主题类似的文化旅游项目相继建成，刚开业时人满为患，曾经白鹿原民俗村在“五一”开业当天创造了12万人次的超高游客量，但是开业仅仅两年，在节假日都已经游客稀疏，300多家商铺关门歇业。游客在这一连串类似主题的文化旅游景区观赏，品尝陕西小吃的旅游体验基本类似，白鹿原主题文化并没有在景区中形成差异性的IP文化。游客体验不足，文化旅游产品开发没有向休闲度假产品升级，还有众多的古镇、民俗村和古村等，在文旅开发大潮中昙花一现，很快便无人问津。

（2）产品体系不完整，区域开发结构不平衡

陕西省在丝路旅游开发中对历史文化及文物遗址类旅游资源开发力度较大，该类产品在市场所占份额较大，产品类型比例失调。在开发格局上，陕北、陕南地区的丝路旅游产品开发相对较少，没有形成与西安丝路文化旅游产品的对接和串联。丝路文化与省内多种文化交融并生，丝路文化旅游产品也与其他文化旅游产品共生，但以丝路文化为主题的旅游产品仍以“点”为主，无“路”的整体性概念。从丝路陕西发展历史来看，以长安为起点向北、向西、向南的丝绸之路线路并未得到充分开发且多为观光产品，缺乏系统性，全域旅游难以全线展开。

（3）缺乏省域内中长线旅游产品，文化旅游产品更新换代不足

陕西丝路文化旅游产品主要以近西安地区的短线旅游为主，省域范围内的中长线旅游产品缺乏，丝绸之路申遗项目虽然可以贯穿成中长线，但是由于目前遗产旅游产品开发单一，主要以参观游览历史遗迹为主，尚未形成吸引力强的主题演艺活动，休闲旅游和目的地旅游的游客仍然停留在以西安大雁塔、钟鼓楼和临潼华清池为核心的传统景区，文化旅游产品的延伸扩展和升级换代后劲不足。2016年以来，国内主题公园旅游集团“大咖云集”于陕西，但基本上集中于西安。万达集团投资500亿元在西安建设万达城，综合文化、体育、旅游、酒店、商业等众多内容，宋城投资7亿元在大明宫国家遗址公园西侧打造“西安千古情景区”项目，华侨城重点打造“沣东华侨城大型文化旅游综合项目”“秦岭华侨城国家级生态旅游度假区项目”“碑林华

侨城兴庆宫城市文化客厅综合项目”“未央华侨城汉城湖主题文化综合项目”等，总投资2380亿元。华夏文旅在西安浐灞投资28亿元，占地87亩①建设华夏文旅（西安）度假区。恒大旅游集团在西咸秦汉新城打造西北唯一世界顶级神话童话主题乐园“恒大童世界”。主题娱乐性演艺活动把夜色经济和娱乐作为延伸拉长度假升级产品的主要方式，但大多还是以西安为中心的中短线产品为主。

4.3.5 陕西丝路文化旅游产品的开发策略

4.3.5.1 开发原则

（1）特色性

丝绸之路沿线经过众多省市，在旅游开发上有一定的趋同性，如河南省与陕西省的文化旅游产品在帝陵文化上具有较高的相似性，因此，需要突出地域旅游竞争力。在开发中不仅要保持其原有特色，还要使其特色更加鲜明并不断创新发展，要因地制宜，结合本地文化特色，借助当地与丝路所联系的各类因素，如代表性人物、相关的重要历史文化和民俗文化要素，合理开发，形成本地区独有的丝路旅游文化特色，也就是要形成当地旅游的IP。

（2）共生性

旅游资源不是单一存在的，它是与整个环境密切相关的，因此在丝路文化旅游资源开发中，既要注意资源与自然环境的联系，也要了解其内在的文化关联，实现资源与自然环境及人文环境的和谐共生。此外，资源开发中涉及多方利益，要考虑旅游利益相关者的需求，实现利益相关者共生。例如，在丝路文化旅游圈的开发中，不仅要集中于历史文化旅游，还要将沿途具有特色的民俗文化和非物质文化节庆活动整合包装，甚至将自驾游露营地与西部地区自然风光背景有机结合起来，形成各种环境下的共生利益体。

（3）市场性

旅游产品不仅要满足游客的旅游需求，还要适度超前地创造旅游者的需求。传统的丝路文化产品要利用全媒体营销创造新需求，西安旅游结合现代化的光影科技搭配传统的中国古建筑元素，借助抖音等新媒体传播，成为全国的网红旅游城市。西安于2018年和2019年连续两年在春节前后举办“西

---

① 1亩≈666.67平方米。

安年最中国”的体验活动。从城墙灯展到曲江大唐不夜城，从五一南门无人机光影科技表演到城墙上的中秋圆月亮，从永兴坊的摔碗酒到南门城墙洞网络歌手唱响《西安人的歌》，西安旅游在微信等全网平台的网络曝光量达到6亿次。西安旅游人数在2019年春节达到1652万人次，旅游收入达144亿元。

4.3.5.2 开发策略

（1）保护遗产生态，提升文化内涵

结合陕西省生态文明建设，把文化遗产生态保护作为全方位整治生态问题的一个方面来抓，防止因自然生态恶化影响和破坏文化生态的生存环境。同时多渠道宣传文化生态保护的价值，引导民众参与文化遗产保护。在开发上要遵循文化资源的历史脉络，不能胡乱捏造、生搬硬套，对资源要进行合理的开发，加强物理技术、化学技术和生物技术在遗产保护中的应用，在遗产受损修复中也要尽可能保留其原有特色。

（2）深入挖掘资源，加强资源整合

陕西拥有丰富的丝路文化旅游资源，但对此挖掘不充分，应加强对丝路文化资源的调查，深入考察丝路与陕西的历史联系，加强对其文化资源的正确认识，原原本本地展示丝绸之路的文化积淀，充分发挥丝路文化的优势和魅力。

陕西丝路文化旅游资源分布形式多样。丝路文化旅游资源有线状分布的，如三条丝绸之路线路；有点状聚集型的，如西安古城、汉中古城；还有散落分布式的，如汉、唐帝陵，茶园、磁窑及陶窑等代表性丝路商品生产地分散在各地。丝路文化种类也多种多样，包括周秦汉唐文化、民俗饮食文化、民族宗教文化、古代军事建筑文化等多个层面，因此要对丝路文化旅游资源进行空间整合、主题整合及文化整合，实现资源空间及功能上的共生。例如，散落式分布的，又作为丝绸之路代表性商品的茶叶，陕西是丝路茶叶贸易最重要的集散中心，陕西茶文化也是中国茶文化的重要组成部分。目前，陕西有江北茶区最大的绿茶生产基地，包括紫阳毛尖、午子仙毫、秦巴雾毫、商南泉茗、女娲银峰等知名绿茶，此外还有黑茶——泾阳茯砖茶，其他茶类也小有种植，但各市县茶文化旅游以本地资源为主，茶园散落式分布，陕南地区的成片茶园间极易形成竞争，因此可对陕南绿茶资源及咸阳黑茶资源进行文化整合。

丝路文化旅游产品应该着重整合优势旅游资源，以优势资源地区带动其他地区的发展。西安旅游在西北地区文化生态旅游圈中可谓“龙头”，拥有丰富的历史文化资源，安康、汉中有大量生态休闲资源，三者可协同发展，资源共享，共同打造自然生态和文化生态组合休闲旅游，以西安品牌效应带动安康与汉中的发展。此外，西北地区文化生态旅游圈要明确圈内各级行政区域旅游资源的特色以聚类整合，同类型旅游资源实行主体协同开发，在西北地区文化生态旅游圈内实现资源共享，以优化文化生态圈内旅游产业的发展格局，推动全面协同发展。

(3) 细分旅游市场，加强旅游营销

首先要对陕西丝路文化旅游客源市场进行定位。从距离远近来看，国内一级市场以陕西本省及周边省份为主，交通及时间成本较低，是需要继续巩固并拓展的目标市场，二级市场包括长三角地区、珠江三角洲地区及环渤海地区，此类客源地经济实力雄厚、出游力强、消费力高，应成为陕西丝路文化旅游重点开拓的市场，三级市场为国内其他省市。其次，其他以港澳台地区及日韩、欧洲各国为主力市场，要加强对此地区的旅游宣传。最后，可根据职业划分，积极开发大学生旅游市场；针对不同文化水平、经济水平及文化旅游在出游中的重要性程度划分不同层次的文化旅游者，根据旅游目的划分，可开发休闲游、研学游、军事游等多个旅游市场。

针对细分市场，可通过网络及电视媒体、节事会议等加强市场宣传，传播鲜明的旅游形象，如策划多类型节庆活动和会展会议，利用主流媒体及新兴媒体，结合线上、线下营销渠道，强化事件营销。与旅游网络营销平台合作，加强文化遗产景区智慧化、智能化建设，实现景区内 Wi-Fi 全覆盖，商户能够使用微信红包、支付宝等新形式完成快捷支付，游客可以识别二维码支付门票获得免费电子解说。便捷、快速、精准的旅游服务，可以提高游客对文化遗产景区的体验感。

(4) 定位产品主题，强化产品组合

在丝路文化旅游开发中，汉唐文化是陕西丝路文化最集中的体现，因此要以打造汉唐文化旅游为核心，加强陕西汉唐文化旅游吸引点之间的连接，创造富有特色的文化活动及商业氛围，如以《大唐西域记》等文学著作开发演艺产品，以汉赋、唐诗等文化经典开发文化节事活动。同时以丝绸之路线路为主，在长安向西、向南、向北的三个走向上打造丝绸之路文化线路旅游产品，提升游客对陕西与丝绸之路联系历史的了解。此外，结合各市历史概况及文化旅游资源遗存现状，发展适宜的主题旅游产品，如在汉中开展三国文化旅游，在榆林开发边塞文化旅游，在安康开展以桑蚕丝绸文化及茶文化为主题的乡村旅游。根据游客需求适度开发“饮食+文化”旅游产品，在旅游活动上可进行多类型产品组合，增强文化的体验性和感知力，如以观光为主的宗教文化旅游可以与亲子游相结合，起到宗教道德教化的作用，增加宗教道德体验的活动。

（5）加强区域合作，实行联动开发

丝绸之路的灵魂就是交流、沟通与合作共赢。陕西丝路文化旅游可划分为3个合作层次，首先，省内各市级单位之间的合作，以西安为核心，可与咸阳、汉中、榆林等地开展广泛合作，陕南地区、陕北地区间文化内涵上有相似性可进行地方合作。其次，陕西与其他丝路沿线省市的合作，如河南及陕西开展丝绸之路起点游的旅游合作，在草原丝路及西南丝路方面，可与内蒙古呼和浩特、四川成都等沿线重要节点城市进行合作，避免同质化产品及恶性竞争。最后，要加强与境外丝路沿线国家的合作，在基础设施建设、旅游宣传方面达成共识，构建好丝路沿线地区交通网络，完善旅游公共服务，实现无障碍旅游交通。

各级政府和旅游企业必须在利益问题上找到共同点，让旅游资源整合带来的好处在政府和企业之间得到合理的分配，提高企业在资源整合中的热心、信心和决心；要致力于改善中心城市及辐射城市的旅游交通网络及配套设施，优化航空、铁路、公路3种交通方式的分工与衔接，提高旅游交通网络的舒畅性和便利性；旅游信息化和电子商务在旅游经营中的重要性与日俱增，整合旅游信息的抓手是建立专业化的旅游信息系统，达到信息共享的目的，各旅游企业应建立良好的互动平台，满足各方对信息的需求。

参考文献

[1] 徐建华．现代地理学中的数学方法［M］．北京：高等教育出版社，2002.

[2] 鲍艳，胡振琪，柏钰，等．主成分聚类分析在土地利用生态安全评价中的应用［J］．农业工程学报，2006，22（8）：87-90.

[3] 黄远东．旅游资源学［M］．大连：东北财经大学出版社，2007.

[4] 戢斗勇．文化生态学论纲［J］．佛山科学技术学院学报（社会科学版），2004（5）：1-7.

[5] 梁渭雄，叶金宝．文化生态与先进文化的发展［J］．学术研究，2000（11）：5-9.

[6] 王玉德．生态文化与文化生态辨析［J］．生态文化，2003（1）：6-7.

[7] 阎友兵，李辉恒．关于旅游圈的理论探讨［J］．经济地理，1999，23（6）：135-137.

[8] HILLS T，LUNDGREN J. The impacts of tourism in the Can bean，a methodological study［J］．Annals of Tourism Research，1977，4（5）：248-267.

[9] PEARCE D. Tourist Development：a geographical analysis［M］．London：Longman Press，1995.

[10] PEARCE D. Form and function in French Resorts［J］．Annals of Tourism Research，1978，5（1）：142-156.

[11] DREDGE D. Destination place planning and design［J］．Annals of Tourism Research，1999，26（4）：773-786.

[12] 马勇，董观志．武汉大旅游圈的构建与发展模式研究［J］．经济地理，1996，16（2）：99-104.

[13] 王德利，冯国群．论黄山大旅游圈的构建［J］．旅游学刊，1998，（6）：37-40.

[14] 陈才．环渤海旅游圈的形成与发展［J］．人文地理，1999（2）：20-23.

[15] 阎友兵，李辉恒．关于旅游圈的理论探讨［J］．湘潭大学社会科学学报，1999（6）：135-137.

[16] 刘名俭．以武汉为例：大城市旅游圈的构建与发展模式［J］．湖北大学学报（哲学社会科学版），2003（2）：114-117.

[17] 张振国．长江三角洲地区旅游圈的构建［A］//全面建设小康社会——第九次中国青年地理工作者学术研讨会论文摘要集［C］．2003：7.

[18] 邓爱民．中国大城市旅游圈的构建与发展［J］．财贸经济，2003（12）：26-28.

[19] 孙根年，刘璐．大西安旅游圈空间错位及边沿区战略［J］．陕西师范大学学报（自然科学版），2012（5）：81-87.

[20] 方荣辉．山东省城市旅游圈结构整合及区域合作研究——以黄三角主要城市为例［J］．特区经济，2013（7）：60-62.

[21] 李伯华，骆丹云，刘红利，等．大南岳旅游圈旅游景区空间结构特征分析［J］．资源开发与市场，2014（6）：735-739.

[22] 徐程瑾，钟章奇，王铮．基于 GIS 的京津冀核心旅游圈构建研究 [J]．地域研究与开发，2015 (2)：103-107，130.

[23] 林瑶云，李山．旅游圈空间演化的嵌套模型与效用分析 [J]．旅游学刊，2015 (6)：17-29.

[24] 高文智．旅游圈层结构理论对城郊乡村旅游开发模式的借鉴与启示 [J]．农业经济，2016 (3)：53-55.

[25] 王勇．湖北省产城融合现状研究——以武汉城市圈与鄂西文化生态旅游圈为例 [J]．湖北经济学院学报（人文社会科学版），2017 (1)：32-33，42.

附录1 西北5省（区）文化生态旅游资源统计

A 地文景观	AA 综合自然	AAA 山岳型旅游地	南宫山国家森林公园、天华山、紫柏山森林公园、太白山国家森林公园、黎坪国家森林公园、玉华宫、华山风景名胜区、骊山、宝塔山、崆峒山风景名胜区、天山天池风景名胜区
		AAB 谷地型旅游地	—
		AAC 沙砾石地型旅游地	毛乌素沙漠、鸣沙山、库尔塔格沙漠风景区
		AAD 滩地型旅游地	—
		AAE 奇异自然现象	—
		AAF 自然标志地	—
		AAG 垂直自然带	—
		AAZ 自然保护区	陇县细鳞蛙自然保护区、陕西省朱鹮自然保护区、佛坪国家级自然保护区、长青国家级自然保护区、牛背梁国家森林公园、祁连山国家级自然保护区、安西极旱荒漠国家自然保护区、盐池湾国家自然保护区、安南坝野骆驼国家自然保护区、敦煌西湖国家自然保护区、云崖寺国家森林公园、松鸣岩国家森林公园、莲花山国家自然保护区、尕海—则岔国家自然保护区、哈巴湖国家自然保护区、宁夏罗山国家自然保护区、六盘山国家自然保护区、沙坡头国家自然保护区、青海湖国家自然保护区、可可西里国家自然保护区、三江源国家自然保护区、隆宝国家自然保护区、阿尔金山国家自然保护区、金布鲁克国家自然保护区、西天山国家自然保护区
	AB 沉积与构造	ABA 断层景观	—
		ABB 褶曲景观	—
		ABC 节理景观	—
		ABD 地层剖面	陕西洛川黄土国家地质公园、陕西延川蛇曲国家地质公园、黄河壶口瀑布国家地质公园、尖扎坎布拉国家地质公园、久治年保玉则国家地质公园、玛沁阿尼玛卿山地质公园、昆仑山国家地质公园
		ABE 钙华与泉华	—

续表

A 地文景观	AB 沉积与构造	ABF 矿点矿脉与矿石积聚地	—
		ABG 生物化石点	奇台硅化木—恐龙国家地质公园、刘家峡恐龙国家地质公园、和政古生物化石国家地质公园
	AC 地质地貌过程形迹	ACA 凸峰	—
		ACB 独峰	吐鲁番火焰山地质公园
		ACC 峰丛	克孜尔尕哈烽燧
		ACD 石林	—
		ACE 奇特与象形山石	—
		ACF 岩壁与岩缝	—
		ACG 峡谷段落	金丝大峡谷、托木尔大峡谷风景名胜区
		ACH 沟壑地	—
		ACI 丹霞	张掖丹霞地质公园
		ACJ 雅丹	—
		ACK 堆石洞	—
		ACL 岩石洞与岩穴	柞水溶洞、银川市灵武水洞沟景区
		ACM 沙丘地	—
		ACN 岸滩	—
		ACZ 石堡	—
	AD 自然变动遗迹	ADA 重力堆积体	翠华山山崩国家地质公园、临潭冶力关地质公园、灵武国家地质公园、西吉火石寨国家地质公园
		ADB 泥石流堆积	—
		ADC 地震遗迹	—
		ADD 陷落地	—
		ADE 火山与熔岩	—
		ADF 冰川堆积体	—
		ADG 冰川侵蚀遗址	—
	AE 岛礁	AEA 岛区	—
		AEB 岩礁	—

续表

B 水域风光	BA 河段	BAA 观光游憩河段	丹江漂流、彭阳县茹河水利风景区、隆德县清流河水利风景区、澜沧江水利风景区、玉树通天河水利风景区、海西州巴音河水利风景区、乌兰县金子海水利风景区、伊犁河
		BAB 暗河河段	—
		BAC 古河道段落	—
	BB 天然湖泊与池沼	BBA 观光游憩湖区	神木红碱淖风景区、彭阳阳洼流域水利风景区、青铜峡水利风景区、沙坡头水利风景区、青海湖风景名胜区、赛里木湖风景区、博斯腾湖风景名胜区、喀什地区泽普金胡杨景区
		BBB 沼泽与湿地	洽川风景名胜区、艾比湖湿地国家自然保护区
		BBC 潭池	—
	BC 瀑布	BCA 悬瀑	壶口瀑布风景名胜区
		BCB 跌水	—
	BD 泉	BDA 冷泉	月牙泉
		BDB 地热与温泉	汤峪温泉
	BE 河口与海面	BEA 观光游憩海域	富蕴可可托海国家地质公园
		BEB 潮涌现象	—
		BEC 击浪现象	—
	BF 冰雪地	BFA 冰川观光地	—
		BFB 常年积雪地	—
C 生物景观	CA 树木	CAA 林地	塔里木胡杨林国家自然保护区、甘家湖梭梭林国家自然保护区、贾登峪国家森林公园
		CAB 丛树	—
		CAC 独树	—
	CB 草原与草地	CBA 草地	关山草原风景区、金银滩草原、那拉提草原、巩乃斯草原
		CBB 疏林草地	—
	CC 花卉地	CCA 草场花卉地	—
		CCB 林间花卉地	—
	CD 野生动物栖息地	CDA 水生动物栖息地	—
		CDB 陆地动物栖息地	—
		CDC 鸟类栖息地	—
		CDD 蝶类栖息地	—

续表

D 天象与气候景观	DA 光现象	DAA 日月星辰观察地	—
		DAB 光环现象观察地	—
		DAC 海市蜃楼现象多发地	—
	DB 天气与气候现象	DBA 云雾多发区	—
		DBB 避暑气候区	—
		DBC 避寒气候区	—
		DBD 极端与特殊气候显示地	—
		DBE 物候景观	—
E 遗址遗迹	EA 史前人类活动场所	EAA 人类活动遗址	花石浪洞穴遗址、公王岭蓝田猿人遗址
		EAB 文化层	塬子头遗址、案板遗址、过风楼遗址、拜家嘴遗址、金川湾遗址、木瓜寨遗址
		EAC 文物散落地	沙苑文化遗址
		EAD 原始聚落场所	小圆坪遗址
	EB 社会经济文化活动遗址遗迹	EBA 历史事件发生地	会宁红军会师旧址
		EBB 军事遗址与古战场	定军山古战场
		EBC 废弃寺庙	公输堂
		EBD 废弃生产地	钟官城遗址
		EBE 交通遗址	子午栈道、秦汉沙河古桥遗址
		BEF 废城与聚落遗址	秦直道遗址，隋大兴、唐长安城遗址，汉长安城未央宫遗址，黑水国遗址，锁阳城遗址，玉门关遗址，王母宫遗址，尕海古城，高昌故城，交河故城，大河古城，北庭故城，楼兰故城，罗布泊南古城遗址，龟兹故城，阔纳齐兰遗址，莫尔寺遗址，石头城遗址，阿克斯皮力古城，安尔古城，约特干遗址，喀拉墩古城，尼雅遗址，精绝国遗址
		EBG 长城遗址	西安城墙、长城—秦长城遗址
		EBH 烽燧	—
		EBZ 馆藏文物	佛指舍利、宝鸡市青铜器博物馆

续表

F建筑与设施	FA综合人文旅游地	FAA 教学科研实验场所	—
		FAB 康体游乐休闲度假地	阿房宫、宁夏银川镇北堡西部影视城、吐鲁番市葡萄沟景区、伊犁州喀拉峻景区
		FAC 宗教与祭祀活动场所	法门寺寺院、龙岗寺、仓颉庙、药王风景名胜区、司马迁祠墓、兴教寺、化觉巷清真大寺、大慈恩寺、三原县城隍庙、彬县大佛寺、伏羲庙、玉泉观、武威文庙、海藏寺、张掖大佛寺、西来寺、拉卜楞寺、清真大寺、塔尔寺、东关清真大寺、却藏寺、夏琼寺、隆务寺、贵德文庙及玉皇阁、巴伦台黄庙古建筑群、苏巴什佛寺
		FAD 园林游憩区	华清池、大唐芙蓉园、楼观台森林公园
		FAE 文化活动场所	秦始皇陵兵马俑、陕西历史博物馆、汉军阵博物馆、延安革命纪念馆
		FAF 建设工程与生产地	—
		FAG 社会与商贸活动场所	—
		FAH 动物与植物展厅	杨凌农业高新科技成果博览会
		FAI 军事观光地	—
		FAJ 边境口岸	—
		FAK 景物观赏点	雁塔晨钟
		FAZ 历史文化名城	韩城
	FB单体活动场馆	FBA 聚会接待厅	—
		FBB 祭拜场馆	炎帝祠、张骞墓、张载祠
		FBC 展示演示场馆	秦公一号大墓遗址博物馆、法门寺博物馆、耀州博物馆
		FBD 体育健身场馆	—
		FBE 歌舞游乐场馆	—
	FC景观建筑与附属建筑	FCA 佛塔	小雁塔、鸠摩罗什舍利塔、大雁塔、克斯勒塔格佛寺遗址、库车大寺、一百零八塔
		FCB 塔型建筑物	—
		FCC 楼阁	钟楼、张掖鼓楼、平罗玉皇阁
		FCD 石窟	麦积山石窟、马蹄寺石窟群、甘肃敦煌莫高窟、榆林窟、南石窟寺、北石窟寺、炳灵寺石窟、须弥山石窟、克孜尔石窟、塞姆千佛洞、库克马日木石窟

续表

F 建筑与设施	FC 景观建筑与附属建筑	FCE 长城段落	万里长城—嘉峪关
		FCF 城堡	—
		FCG 摩崖字画	贺兰山岩画
		FCH 碑碣	半坡史前聚落遗址、祖庵碑林
		FCI 广场	—
		FCJ 人工洞穴	—
		FCK 建筑小品	丝绸之路群雕
	FD 居住地与社区	FDA 传统与乡土建筑	—
		FDB 特色街巷	大唐西市、喀什噶尔老城景区
		FDC 特色街区	党家村民居
		FDD 名人故居与历史纪念建筑	杨家岭革命旧址、王家坪革命旧址、延安革命旧址、枣园革命旧址、洛川会议旧址、瓦窑堡革命旧址、文都寺及班禅大师故居
		FDE 书院	—
		FDF 会馆	船帮会馆
		FDG 特色店铺	—
		FDH 特色市场	—
		FDZ 新城	—
	FE 归葬地	FEA 陵园陵区	武侯墓、昭陵、乾陵、茂陵、霍去病墓、黄帝陵风景名胜区、西夏王陵风景区
		FEB 墓	雷台汉墓、热水墓群、哈密回王墓、楼兰墓群
		FEC 悬棺	—
	FF 交通建筑	FFA 桥	—
		FFB 车站	—
		FFC 港口渡口与码头	—
		FFD 航空港	—
		FFE 栈道	—
		FFZ 隧道	—
	FG 水工建筑	FGA 水库观光游憩区段	瀛湖风景区
		FGB 水井	吐鲁番市坎儿井水利风景区
		FGC 运河与渠道段落	—
		FGD 堤坝段落	—
		FGE 灌区	—
		FGF 提水设施	—

续表

G 旅游商品	GA 地方旅游商品	GAA 菜品食品	—
		GAB 农林畜产品与制品	紫阳茶
		GAC 水产品与制品	—
		GAD 中草药材与制品	—
		GAE 传统手工产品与制品	凤翔彩绘泥塑、户县农民画、延安剪纸
		GAF 日用工业品	—
		GAG 其他物品	—
H 人文活动	HA 人事记录	HAA 人物	—
		HAB 事件	—
	HB 艺术	HBA 文艺团体	—
		HBB 文学艺术制品	陕北窑洞
	HC 民间习俗	HCA 地方风俗与民间礼仪	兰州黄河大水车技艺制作、保安族腰刀锻制技艺、临夏砖雕、撒拉族婚礼、土族婚礼、土族盘绣、土族於菟、拉仁布与吉门索、维吾尔刀郎麦西热甫、维吾尔族花毡、印花布织染技术、塔吉克族鹰舞、维吾尔族达瓦孜、哈萨克族阿依特斯
		HCB 民间节庆	土族纳顿节、热贡六月会、锡伯族西迁节
		HCC 民间演艺	紫阳民歌、安塞腰鼓、陕北民歌、兰州太平鼓、回族民间音乐
		HCD 民间健身活动与赛事	—
		HCE 宗教活动	—
		HCF 庙会与民间集会	华山庙会
		HCG 饮食习俗	塔尔寺酥油花
		HCH 特色服饰	回族服饰
	HD 现代节庆	HDA 旅游节	—
		HDB 文化节	—
		HDC 商贸农事节	—
		HDD 体育节	—

附录2 西北5省（区）文化生态旅游资源系统聚类

资源名称	主类	亚类	基本类型	6群集	17群集
天华山	1	1.1	1.101	1	2
南宫山国家森林公园	1	1.1	1.101	1	2
香溪洞风景区	6	6.1	6.103	1	2
瀛湖风景区	6	6.7	6.701	1	2
紫阳茶	7	7.1	7.102	1	2
紫阳民歌	1	8.3	8.303	1	2
太白山国家森林公园	1	1.1	1.101	1	2
陇县细鳞蛙自然保护区	1	1.1	1.108	1	2
关山草原风景区	3	3.2	3.201	1	2
宝鸡市青铜器博物馆	5	5.2	5.209	2	1
法门寺寺院	6	6.1	6.103	2	1
张载祠	6	6.2	6.202	2	1
炎帝祠	6	6.2	6.202	2	1
秦公一号大墓遗址博物馆	6	6.2	6.203	2	1
凤翔彩绘泥塑	7	7.1	7.105	3	4
黎坪国家森林公园	1	1.1	1.101	1	2
紫柏山风景区	1	1.1	1.101	1	2
陕西省朱鹮自然保护区	1	1.1	1.108	1	2
佛坪国家级自然保护区	1	1.1	1.108	1	2
长青国家级自然保护区	1	1.1	1.108	1	2
定军山古战场	5	5.2	5.202	2	1
张骞墓	6	6.2	6.202	2	1
武侯墓	6	6.5	6.501	2	1
牛背梁国家森林公园	1	1.1	1.108	1	2
金丝大峡谷	1	1.3	1.307	1	2
柞水溶洞	1	1.3	1.312	1	2
花石浪洞穴遗址	5	5.1	5.101	1	2

续表

资源名称	主类	亚类	基本类型	6 群集	17 群集
船帮会馆	6	6.4	6.406	2	1
玉华宫	1	1.1	1.101	2	1
药王风景名胜区	6	6.1	6.103	1	2
耀州博物馆	6	6.2	6.203	2	1
华山风景名胜区	1	1.1	1.101	1	2
洽川风景名胜区	2	2.2	2.202	1	2
仓颉庙	6	6.1	6.103	2	1
司马迁祠墓	6	6.1	6.103	2	1
西岳庙	6	6.1	6.103	2	1
历史文化名城韩城市	6	6.1	6.120	2	1
党家村民居	6	6.4	6.403	2	1
骊山	1	1.1	1.101	1	2
翠华山山崩国家地质公园	1	1.4	1.401	1	2
汤峪温泉	2	2.4	2.402	1	2
公王岭蓝田猿人遗址	5	5.1	5.101	2	1
公输堂	5	5.2	5.203	2	1
西安城墙	5	5.2	5.206	2	1
唐大明宫遗址	5	5.2	5.206	2	1
隋大兴、唐长安城遗址	5	5.2	5.206	2	1
汉长安城未央宫遗址	5	5.2	5.206	2	1
阿房宫	6	6.1	6.102	2	1
大慈恩寺	6	6.1	6.103	2	1
兴教寺	6	6.1	6.103	2	1
化觉巷清真大寺	6	6.1	6.103	2	1
华清池	6	6.1	6.104	2	1
大唐芙蓉园	6	6.1	6.104	2	1
楼观台森林公园	6	6.1	6.104	2	1
秦始皇陵兵马俑	6	6.1	6.105	2	1
陕西历史博物馆	6	6.1	6.105	2	1

续表

资源名称	主类	亚类	基本类型	6 群集	17 群集
鸠摩罗什舍利塔	6	6.3	6.301	2	1
小雁塔	6	6.3	6.301	2	1
大雁塔	6	6.3	6.301	2	1
祖庵碑林	6	6.3	6.308	2	1
半坡史前聚落遗址	6	6.3	6.308	2	1
大唐西市	6	6.4	6.402	2	1
彬县大佛寺石窟	6	6.1	6.103	2	1
三原县城隍庙	6	6.1	6.103	2	1
乾陵	6	6.5	6.501	2	1
昭陵	6	6.5	6.501	2	1
茂陵	6	6.5	6.501	2	1
霍去病墓	6	6.5	6.501	2	1
宝塔山	1	1.1	1.101	1	2
黄河壶口瀑布国家地质公园	1	1.2	1.204	4	5
陕西洛川黄土国家地质公园	1	1.2	1.204	4	5
陕西延川蛇曲国家地质公园	1	1.2	1.204	4	5
黄河壶口瀑布风景名胜区	2	2.3	2.301	4	5
延安革命纪念馆	6	6.1	6.105	4	5
杨凌农业高新科技成果博览会	6	6.1	6.108	4	5
枣园革命旧址	6	6.4	6.404	4	5
杨家岭革命旧址	6	6.4	6.404	4	5
洛川会议旧址	6	6.4	6.404	4	5
南泥湾革命旧址	6	6.4	6.404	4	5
黄帝陵风景名胜区	6	6.5	6.501	4	5
陕北窑洞	8	8.2	8.202	4	5
安塞腰鼓	8	8.3	8.303	4	5
陕北民歌	8	8.3	8.303	4	5
毛乌素沙漠	1	1.1	1.103	4	5
神木红碱淖风景区	2	2.2	2.201	4	5

续表

资源名称	主类	亚类	基本类型	6 群集	17 群集
杨家岭革命旧址	6	6.4	6.404	4	5
兰州黄河大水车制作技艺	8	8.3	8.301	2	1
兰州太平鼓	8	8.3	8.303	2	1
万里长城—嘉峪关	6	6.3	6.305	2	1
会宁红军会师旧址	5	5.2	5.201	2	1
伏羲庙	6	6.1	6.103	2	1
玉泉观	6	6.1	6.103	2	1
麦积山石窟	6	6.3	6.304	2	1
武威文庙	6	6.1	6.103	2	1
海藏寺	6	6.1	6.103	2	1
雷台汉墓	6	6.5	6.502	2	1
祁连山国家自然保护区	1	1.1	1.108	3	4
张掖丹霞地质公园	1	1.3	1.309	3	4
黑水国遗址	5	5.2	5.206	3	4
张掖大佛寺	6	6.1	6.103	3	4
西来寺	6	6.1	6.103	3	4
张掖鼓楼	6	6.3	6.303	3	4
马蹄寺石窟群	6	6.3	6.304	3	4
鸣沙山	1	1.1	1.103	3	4
安西极旱荒漠国家自然保护区	1	1.1	1.108	3	4
盐池湾国家自然保护区	1	1.1	1.108	3	4
安南坝野骆驼国家自然保护区	1	1.1	1.108	3	4
敦煌西湖国家自然保护区	1	1.1	1.108	3	4
月牙泉	2	2.4	2.401	3	4
锁阳城遗址	5	5.2	5.206	3	4
玉门关遗址	5	5.2	5.206	3	4
甘肃敦煌莫高窟	6	6.3	6.304	3	4
榆林窟	6	6.3	6.304	3	4
崆峒山风景名胜区	1	1.1	1.101	2	1

续表

资源名称	主类	亚类	基本类型	6群集	17群集
云崖寺国家森林公园	1	1.1	1.108	2	1
王母宫遗址	5	5.2	5.206	2	1
南石窟寺	6	6.3	6.304	2	1
北石窟寺	6	6.3	6.304	2	1
松鸣岩国家森林公园	1	1.1	1.108	2	1
刘家峡恐龙国家地质公园	1	1.2	1.207	2	1
和政古生物化石国家地质公园	1	1.2	1.207	2	1
炳灵寺石窟	6	6.3	6.304	2	1
保安族腰刀锻制技艺	8	8.3	8.301	2	1
临夏砖雕	8	8.3	8.301	2	1
莲花山国家自然保护区	1	1.1	1.108	2	1
尕海—则岔国家自然保护区	1	1.1	1.108	2	1
临潭冶力关地质公园	1	1.4	1.401	2	1
拉卜楞寺	6	6.1	6.103	2	1
银川市灵武水洞沟景区	1	1.3	1.312	5	3
灵武国家地质公园	1	1.4	1.401	5	3
宁夏银川镇北堡西部影视城	6	6.1	6.102	5	3
贺兰山岩画	6	6.3	6.307	5	3
西夏王陵风景区	6	6.5	6.501	5	3
回族民间音乐	8	8.3	8.303	5	3
回族服饰	8	8.3	8.308	5	3
平罗玉皇阁	6	6.3	6.303	5	3
哈巴湖国家自然保护区	1	1.1	1.108	5	3
宁夏罗山国家自然保护区	1	1.1	1.108	5	3
清真大寺	6	6.1	6.103	5	3
六盘山国家自然保护区	1	1.1	1.108	1	2
西吉火石寨国家地质公园	1	1.4	1.401	1	2
彭阳县茹河水利风景区	2	2.1	2.101	1	2
隆德县清流河水利风景区	2	2.1	2.101	1	2

续表

资源名称	主类	亚类	基本类型	6 群集	17 群集
彭阳阳洼流域水利风景区	2	2.2	2.201	1	2
长城—秦长城遗址	5	5.2	5.207	1	2
须弥山石窟	6	6.3	6.304	1	2
沙坡头国家自然保护区	1	1.1	1.108	1	2
青铜峡水利风景区	2	2.2	2.201	1	2
沙坡头水利风景区	2	2.2	2.201	1	2
一百零八塔	6	6.3	6.302	1	2
尖扎坎布拉国家地质公园	1	1.2	1.204	5	3
塔尔寺	6	6.1	6.103	5	3
东关清真大寺	6	6.1	6.103	5	3
塔尔寺酥油花	8	8.3	8.307	5	3
却藏寺	6	6.1	6.103	5	3
夏琼寺	6	6.1	6.103	5	3
文都寺及班禅大师故居	6	6.4	6.404	5	3
撒拉族婚礼	8	8.3	8.301	5	3
土族婚礼	8	8.3	8.301	5	3
土族盘绣	8	8.3	8.301	5	3
土族於菟	8	8.3	8.301	5	3
拉仁布与吉门索	8	8.3	8.301	5	3
土族纳顿节	8	8.3	8.302	5	3
青海湖风景名胜区	2	2.2	2.201	1	2
金银滩草原	3	3.2	3.201	1	2
尕海古城	5	5.2	5.206	1	2
隆务寺	6	6.1	6.103	1	2
热贡六月会	8	8.3	8.302	1	2
青海湖国家自然保护区	1	1.1	1.108	2	1
贵德文庙及玉皇阁	6	6.1	6.103	2	1
久治年保玉则国家地质公园	1	1.2	1.204	1	2
玛沁阿尼玛卿山地质公园	1	1.2	1.204	1	2

续表

资源名称	主类	亚类	基本类型	6 群集	17 群集
可可西里国家自然保护区	1	1.1	1.108	1	2
三江源国家自然保护区	1	1.1	1.108	1	2
隆宝国家自然保护区	1	1.1	1.108	1	2
昆仑山国家地质公园	1	1.2	1.204	1	2
澜沧江水利风景区	2	2.1	2.101	1	2
玉树通天河水利风景区	2	2.1	2.101	1	2
海西州巴音河水利风景区	2	2.1	2.101	1	2
乌兰县金子海水利风景区	2	2.1	2.101	1	2
热水墓群	6	6.5	6.502	1	2
吐鲁番火焰山地质公园	1	1.3	1.302	3	4
吐鲁番市坎儿井水利风景区	6	6.7	6.702	3	4
维吾尔刀郎麦西热甫	8	8.3	8.301	3	4
维吾尔族花毡、印花布织染技术	8	8.3	8.301	3	4
锡伯族西迁节	8	8.3	8.302	3	4
库尔塔格沙漠风景区	1	1.1	1.103	3	4
高昌故城	5	5.2	5.206	3	4
交河故城	5	5.2	5.206	3	4
吐鲁番市葡萄沟景区	6	6.1	6.102	3	4
大河古城	5	5.2	5.206	3	4
哈密回王墓	6	6.5	6.502	3	4
天山天池风景名胜区	1	1.1	1.101	3	4
奇台硅化木—恐龙国家地质公园	1	1.2	1.207	3	4
北庭故城	5	5.2	5.206	3	4
赛里木湖风景区	2	2.2	2.201	6	6
阿尔金山国家自然保护区	1	1.1	1.108	6	6
博斯腾湖风景名胜区	2	2.2	2.201	6	6
塔里木胡杨林国家自然保护区	3	3.1	3.101	6	6
楼兰故城	5	5.2	5.206	6	6

续表

资源名称	主类	亚类	基本类型	6 群集	17 群集
罗布泊南古城遗址	5	5.2	5.206	6	6
巴伦台黄庙古建筑群	6	6.1	6.103	6	6
楼兰墓群	6	6.5	6.502	6	6
克孜尔尕哈烽燧	1	1.3	1.303	2	1
托木尔大峡谷风景名胜区	1	1.3	1.307	2	1
龟兹故城	5	5.2	5.206	2	1
阔纳齐兰遗址	5	5.2	5.206	2	1
苏巴什佛寺	6	6.1	6.103	2	1
克斯勒塔格佛寺遗址	6	6.3	6.301	2	1
库车大寺	6	6.3	6.301	2	1
克孜尔石窟	6	6.3	6.304	2	1
塞姆千佛洞	6	6.3	6.304	2	1
喀什地区泽普金胡杨景区	2	2.2	2.201	5	3
莫尔寺遗址	5	5.2	5.206	5	3
石头城遗址	5	5.2	5.206	5	3
喀什噶尔老城景区	6	6.4	6.402	5	3
塔吉克族鹰舞	8	8.3	8.301	5	3
阿克斯皮力古城	5	5.2	5.206	5	3
安迪尔古城	5	5.2	5.206	5	3
约特干遗址	5	5.2	5.206	5	3
喀拉墩古城	5	5.2	5.206	5	3
尼雅遗址	5	5.2	5.206	5	3
精绝国遗址	5	5.2	5.206	5	3
库克马日木石窟	6	6.3	6.304	5	3
巴音布鲁克国家自然保护区	1	1.1	1.108	1	2
西天山国家自然保护区	1	1.1	1.108	1	2
伊犁河	2	2.1	2.101	1	2
艾比湖湿地国家自然保护区	2	2.2	2.202	1	2
甘家湖梭梭林国家自然保护区	3	3.1	3.101	1	2

续表

资源名称	主类	亚类	基本类型	6 群集	17 群集
那拉提草原	3	3. 2	3. 201	1	2
巩乃斯草原	3	3. 2	3. 201	1	2
伊犁州喀拉峻景区	6	6. 1	6. 102	1	2
维吾尔族达瓦孜	8	8. 3	8. 301	1	2
哈萨克族阿依特斯	8	8. 3	8. 301	1	2
阿勒泰地区喀纳斯景区	2	2. 2	2. 201	1	2
富蕴可可托海国家地质公园	2	2. 5	2. 501	1	2
贾登峪国家森林公园	3	3. 1	3. 101	1	2

附录3　陕西丝路文化旅游游客调查表

尊敬的游客：

您好，我是西北大学旅游管理专业学生，为调查陕西丝路文化旅游游客认知度及旅游偏好而设计此份问卷。

本次调查采用无记名方式，调查结果仅用于学术研究而非商业目的，请放心填写，真诚地感谢您的支持与合作！

1. 您的性别：

□男　□女

2. 您来自哪里？

□陕西省　□其他省：

3. 您的年龄：

□18岁以下　□18~24岁　□25~34岁

□35~44岁　□45~54岁　□55岁及以上

4. 您的职业：

□企事业职员　□管理人员　□公务员

□技术人员　□退休　□学生

□私营业主　□其他

5. 您的学历：

□专科以下　□专科

□本科　□硕士及以上

6. 您的月收入：

□2000元以下　□2001~3000元

□3001~5000元　□5001~8000元

□8001元及以上

7. 您是否知道2014年丝绸之路文化遗产申遗成功？

□知道　□不知道

8. 您是否知道陕西是古丝绸之路的起点？

□知道　□不知道

9. 您对陕西与陆上丝绸之路的历史联系的了解程度：

了解程度	不知道	了解较少	一般	了解较多	十分了解
陕西与西北丝绸之路					
陕西与西南丝绸之路					
陕西与草原丝绸之路					

10. 您对陕西丝路文化旅游感兴趣吗？

□没兴趣　□不太感兴趣　□比较感兴趣　□很感兴趣

11. 您通过哪些渠道了解丝路旅游信息？（可多选）

□报纸杂志　□电视广播　□政府宣传

□网上信息浏览　□旅行社介绍　□与他人交流　□其他

12. 您的出游原因？（可多选）

□休闲放松　□体验民族文化　□体验汉唐风韵

□感受地域风情　□了解丝路历史

□体验宗教文化　□其他

13. 您喜欢哪些丝路文化旅游活动项目？（可多选）

□历史遗产观光　□科普教育　□观看艺术表演

□参加宗教活动　□学习传统技艺　□品尝美食　□汉服体验

□参加节庆庙会　□购买特色纪念品

14. 您更期待哪类陕西丝路文化旅游产品？

□休闲度假产品　□文化体验旅游产品　□文化创意旅游产品

□文化节庆产品　□文化修学旅游产品

□文化主题旅游产品（陶瓷文化、茶文化、蚕桑文化）

15. 您的出游方式：

□跟团游　□与家人同行　□和朋友一起　□自助游

□其他

16. 您在陕西旅游停留的时间：

□3 天以下　□3~5 天　□6~9 天　□10 天及以上

17. 您在旅游过程中更注重哪方面的体验？（排序）

□吃　□住　□行　□游

□购　□娱

5 丝绸之路文化旅游景区遗产保护力感知对旅游体验和旅游意愿的影响研究

随着体验经济的到来，游客旅游消费需求不断升级，需求结构、内容、形式均出现了许多新变化，如个性化需求、情感需求比重上升等，作为旅游主体的旅游者在其旅游过程中越来越重视旅游体验性，也催生了文化旅游创意产品形式的多样化。本课题通过探讨文化遗产基于保护力感知的中介作用，游客体验对旅游意愿的关系影响，思考如何平衡文化遗产景区的保护和利用之间的矛盾，以天水麦积山景区、陕西半坡遗址、唐长安城大明宫遗址、大唐芙蓉园、大雁塔和小雁塔等景区为例，从游客主观感知的角度探讨景区保护对旅游体验和旅游意愿的影响，以期对丝路文化遗产景区的保护和开发有所启示。

5.1 文献回顾及研究方法

5.1.1 旅游体验

游客在旅游目的地参观游览的过程中关注的焦点已经从文化旅游景区提供产品的功能和特色转移到是否能带来个人情感上的满足。营造体验式旅游已经成为文化景区竞争优势、利润和市场的重要基础。国内外旅游学者近年来对有关旅游体验的理论与实践进行了深入、广泛地研究。马剑瑜等（2015）通过分析游客在游览文化旅游景区过程中的旅游体验感知及消费偏好，提出了体验型旅游产品开发的六要素：主题、情景、布景、角色、表演、互动。魏小安、魏诗华（2004）两位学者指出应该将旅游情景规划与项目体验设计创新性地结合在一起，并进一步探讨其具体内容。谢彦君等（2015）探讨了体验的本质内涵，厘清并总结出旅游体验的本质属性与特征，包括具身性、情境性、流动性和生成性四个方面。邹统钎（2015）综合多位学者关于旅游体验的研究观点，归纳并总结出旅游体验的五种类型：娱乐、教育、逃避、审美与移情，并从提升游客体验角度提出景区的体验塑造应遵循差异性、参与性、真实性和挑战性 4 个原则。梁彦明（2005）通过辨析旅游体验的定义、维度和特征，提出了基于游客体验的旅游产品 PEAR 矩阵分析法，将旅游体验分解为游客与其他参与者、旅游环境、游憩活动及内在反映四要素。

5.1.2 旅游意愿

旅游行为意愿是指游客再次光顾原文化旅游景区进行观光游览的意向，也是游客对景区的心理承诺程度，或者说游客准备再次游览意向，即评估之前的观光消费经历及使用旅游产品或服务后是否有再次游览的意愿。关于旅游行为意愿的衡量，学者们通过研究提出了不同的方法，但对游客观光游览行为倾向的具体构成并没有统一的意见。Boulding（1993）认为旅游行为意愿包括两个测量维度即再惠顾意愿和向他人推荐意愿；Mittal 等（1996）认为旅游行为意愿包括向他人推荐意愿和消费游览行为转换意愿两个测量维度；Zeithaml（1999）认为旅游行为意愿包括游客忠诚度、愿意支付更多、对问题的内部和外部反应以及转移支付等测量维度；Bake 等（2000）认为旅游行为意愿包括购买的可能性、向亲友推荐的可能性和愿意再次购买的可能性；李四化（2009）认为旅游行为意愿包括顾客满意、重购意愿和口碑传播 3 个测量维度。

5.1.3 游客保护力感知

感知的内涵主要包括人们得到和利用信息的活动与过程，有广义和狭义之分。本课题研究的游客保护力感知更准确的是狭义的感知，具体指游客在获得文化景区相关历史背景信息后，加工、储存和有效提取的过程。游客对文化遗产的保护力感知建立在游客所掌握的历史文化知识的基础上，游客的文化知识越雄厚，就越注重在参观游览过程中对文化遗产的保护，也更愿意去支持文化遗址的保护。游客在参观游览文化旅游景区的过程中所能感受到的保护力度主要集中在文化遗产景区环境保护、遗址利用与遗址管理三个方面。其中，遗址保护指标包括遗址所在景区的保护区划、景区周边环境保护等；遗址专项指标包括遗址展示利用、遗址保护修复、遗址监测控制等；遗址社会经济指标包括居民社会调控、遗址周边社区基础设施建设等。本课题所研究的游客保护力感知区别于传统的研究内容，具体包括环境保护感知、遗址利用感知及遗址管理感知三个方面。其中，环境保护包括历史环境保护、遗址环境整治、生态环境保护等方面；遗址利用包括景区主题、景区旅游线路设计、景区小品建筑等；遗址管理主要指景区服务人员的管理培训、遗址管理规划、遗址管理机构等。

5.1.4 研究方法

本课题主要采用结构方程模型实证研究方法，从游客感知视角构建遗产保护力感知、旅游体验和旅游意愿 3 个基本维度间的关系模型。结构方程模型作为一种建立、估计和检验复杂关系模型的多元统计方法，吸收了传统的因子分析、路径分析和多重线性回归分析等的优势，被国内外学者广泛应用于旅游目的地形象影响因素、旅游者重游率影响因素、景区游客满意度指数和旅游者忠诚度等研究，表明结构方程模型对于无法测量的变量，多因多果复杂关系研究具有独到优势，因此适用于旅游遗产保护力感知对游客体验和旅游意愿关系的多样性及其复杂性研究。

5.2 研究假设及模型构建

5.2.1 旅游体验对游客行为意愿有正向影响

Gitelson 等（1984）研究表明，游客的重游意愿对文化景区的持续发展和客源扩大有显著的正向影响，通过提高游客的旅游体验满意度不仅可以增加其重游意向，还可以为景区带来有利的宣传。Beeho（1997）研究认为，如果游客对本次旅游体验的整体评价较高，那么他会更愿意向其他人推荐该旅游景区。Beeho 等（2007）指出，旅游体验对游后行为意愿存在显著的正向影响，游客在景区游览过程中的参与体验度越高，越愿意向周边的亲朋好友推荐。彭玺（2010）以前往云台山景区进行参观游览的游客为实证研究对象，通过调查问卷整理出数据验证了旅游体验对旅游者游后行为存在的正向影响。王小芳（2010）在研究论文中构建了主题文化旅游景区游乐质量、游客满意度和重游意愿三者之间的关系模型，并指出游客游览后所“感知”的游乐质量对游客满意度和重游意愿有着显著的正向影响。刘亚萍（2013）在实地调查了乡村游客的重游意愿后发现，游客的重游意愿受到不同游客不同的体验行为、体验偏好和体验预期的影响。综上所述，游客行为意愿通常与感知价值、满意度、质量显著相关，游客对旅游体验项目的满意程度越高，越接近或超出游客的旅游期望，他就越有可能用积极的态度去推荐或进行再次游览，从而有助于景区或旅游企业进一步开拓市场。由此提出假设 H_1：旅游体验对游客行为意愿有正向影响。

5.2.2 遗产保护力感知对旅游体验有正向影响

游客在参观游览文化遗址旅游景区的过程中，由于对景区整体环境保护、景区文化主题设定、景区游览线路设计、景区安全技术防范等内容的感受不同，因此，以上几点会在不同程度上影响游客的旅游体验。一般来说，游客感受到景区内文物遗址的安全防护和警示措施越严格，游客的参观游览体验越差。然而，也有一部分游客认为文化旅游景区的整体保护力度越强，文化主题更加凸显，对整体的参观游览体验越好。目前学者关于旅游体验与保护力感知关系的研究主要集中在传统村落的保护、文化遗产的保护以及非文化遗产的旅游开发与保护等方面。刘海静（2013）以雅安市望鱼古村落为例，将“生态博物馆理论”融合到传统村落的保护与发展中，在加强对文化遗址保护力度的同时丰富了游客体验，从多方面论证了旅游体验与保护力感知相互促进、相互作用的可能性与合理性。根据文献和实践观察，提出假设 H_2：遗产保护力感知对旅游体验有正向影响。

5.2.3 遗产保护力感知对旅游意愿有正向影响

学者们对于旅游意愿的研究主要集中在推荐意愿和重游意愿两个方面。认为影响游客旅游意愿的因素主要集中在旅游产品的质量特征、旅游者的主观意识特征以及旅游者的客观人口统计特征等方面。关于遗产保护力感知和旅游意愿的关系研究，目前在研究领域还处于空白阶段，也没有对关于保护力感知和旅游意愿的关系研究，基于实践观察，提出假设 H_3：遗产保护力感知对旅游意愿有正向影响。

5.2.4　构建结构方程模型

根据上述假设，构建本课题研究的遗产保护力感知对旅游体验和旅游意愿影响结构关系模型（见图 5-1），该模型由 3 个基本维度（潜变量）和 24 个观测变量构成，观测变量由 24 道问卷量表项目产生。

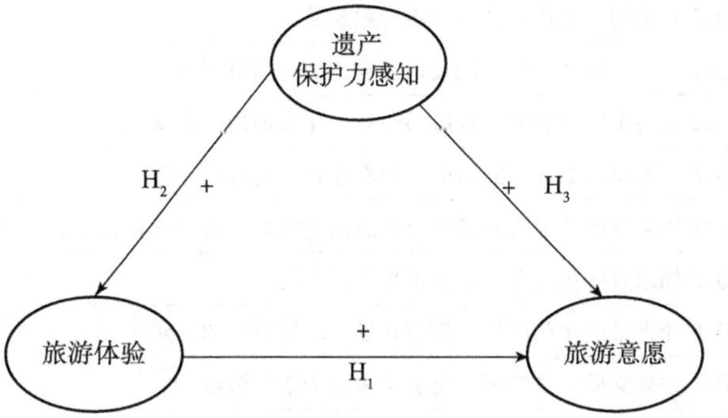

图 5-1　遗产保护力感知、旅游体验和旅游意愿的结构方程模型

5.3　量表设计和数据收集整理

5.3.1　量表及题项设计

量表的设计包含两部分内容：第一部分为受访游客的个人基本资料，包括年龄、职业、旅游方式、出行次数等内容，以客观选择题的形式表现。第二部分为游客游览测量题，包括游客景区旅游体验、遗产保护力感知与旅游意愿的选项共 24 题，全部以李克特 5 点量表方式表现（见附录 1）。24 个观测变量以测量题项的形式表达（见表 5-1）。

表 5-1　观测变量题项

潜变量	观测变量
景区游览	Q1 到达景区的交通便利性
	Q2 景区内的解说、地图指示和道路标识
	Q3 景区休憩设施和厕所卫生
	Q4 景区的餐饮质量和价格
	Q5 景区付费的娱乐活动项目
	Q6 景区旅游纪念品的设计感和价格
	Q7 景区服务人员的态度和工作效率
	Q8 对这个景区的总体评价
旅游体验	Q9 对晚间或室内高科技灯光艺术体现民俗文化的表演
	Q10 对民间工艺产品开发成旅游纪念品
	Q11 对参与性体验性强的娱乐活动，如与演员互动
	Q12 旅游出发前您对该景区的历史文化和地理民俗情况
旅游意愿	Q13 愿意向亲朋好友或者驴友分享在景区的旅游体验
	Q14 如果景区增加更有趣更有创意的付费娱乐表演项目，会再来景区游玩
	Q15 如果景区免门票费，会再来景区游玩
	Q16 如果景区免门票费，愿意在景区内消费约 300 元
	Q17 如果交通十分便利，愿意常来这个景区游玩
	Q18 愿意为此次参观游览点赞
遗产保护力感知	Q19 景区及周边环境景观保护得好
	Q20 景区整体规划设计和游览参观线路合理
	Q21 景区内文物遗址的安全防护和警示措施严格
	Q22 景区内参观标识可以指引游客游览有序
	Q23 景区内的商业活动对游览和文物保护没有影响
	Q24 总体感觉景区对文化保护传承做得不够好

5.3.2　数据收集

本课题调研人员于 2017 年 5 月 1—5 日，对甘肃省天水市的麦积山石窟、仙人崖、伏羲庙、玉泉观 4 个景区及陕西省西安市半坡遗址、唐长安城大明宫遗址、大唐芙蓉园、大雁塔、小雁塔 5 个景区进行实地调研，调研过程中共发放问卷 1470 份，回收问卷 1364 份，有效问卷率为 92.78%（见表 5-2）。

表 5-2 调研问卷发放及回收状况统计

地区	景区	问卷发放量	问卷回收量	有效问卷率/%
天水市	麦积山石窟	140	132	94.29
	仙人崖	54	47	87.03
	伏羲庙	57	47	82.45
	玉泉观	43	40	93.02
西安市	半坡遗址	250	231	92.40
	唐长安城大明宫遗址	243	220	90.53
	大唐芙蓉园	235	219	93.19
	大雁塔	248	234	94.35
	小雁塔	200	174	87.00

5.3.3 描述性统计分析

样本结构中，年龄层次分布以中青年游客居多（18～45 岁的游客占 83.20%）；职业构成以企事业工作者（14.57%）和学生（37.50%）为主；旅游形式以自驾车游（43.36%）和散客自助游（47.65%）为主；客源地覆盖甘肃（33.79%）、西安（57.18%）和其他地区（9.03%）（见表 5-3）。整体调查样本结构合理，适宜展开具体分析论证。

表 5-3 样本人口统计特征

指标	分类	频率	百分比/%
年龄	18 岁以下	50	3.70
	18~30 岁	802	58.79
	31~45 岁	333	24.41
	46~60 岁	123	9.06
	61 岁及以上	85	4.04
职业	国家公职人员	199	14.57
	私营业者	142	10.43
	大学生（硕士、博士）	512	37.50
	农、林、牧业生产者	139	10.25
	其他	372	27.25

续表

指标	分类	频率	百分比/%
出行方式	随团出游	173	12. 64
	随家人或朋友自驾车旅行	592	37. 36
	自助游旅行	650	47. 65
	其他	32	2. 35
客源地	甘肃省	461	33. 79
	陕西省	780	57. 18
	其他地区	123	9. 03
旅行次数	第一次	993	72. 77
	第二次	296	21. 73
	三次及以上	86	5. 5

5. 3. 4 样本数据的信度和效度检验

为了保证课题研究的科学性与可信度，首先，对构建的测量指标进行信度分析，通过计算，本课题所提出的旅游体验、旅游意愿、遗产保护力感知 3 个测量维度的 Cronbach's Alpha 都介于 0. 762～0. 820，说明本量表具有较高信度（见表 5-4）。其次，对构建的测量指标进行效度分析：第一，运用 KMO 检验和巴特利特球形度检验对测量指标进行结构效度检验，结果显示潜变量旅游体验和旅游意愿的 KMO 检验值分别为 0. 936 和 0. 799，巴特利特球形度检验近似卡方值分别为 7877. 47 和 2108. 339，说明样本数据的结构效度较好，不用删除测量项目。而潜变量遗产保护力感知的 KMO 检验值为 0. 779，巴特利特球形度检验近似卡方值为 2482. 903，说明可以考虑对其测量项目进行删除，可将因子载荷系数小于 0. 5 的 Q23、Q24 两个测量指标进行删除。删除后的潜变量遗产保护力感知的 KMO 检验值为 0. 818，巴特利特球形度检验近似卡方值为 2117. 671，拥有较好的结构效度。第二，对测量指标进行内容效度检验，结果显示观测指标与总和之间的相关系数都介于 0. 785～0. 932，且在 0. 01 或 0. 05 的显著性水平下呈显著相关，因而样本数据的内容效度也较好（见表 5-4）。

表 5-4 样本数据的检验结果（N=1364）

潜在变量	观测变量	Cronbach's Alpha	KMO	巴特利特球形度检验		单项总和相关系数	P-Value	EFA	CFA	组合信度
				近似卡方	df					
旅游体验 F1	Q1	0.820	0.936	7877.47	66	0.811	＊＊	0.533	0.415	0.768
	Q2					0.785	＊＊	0.588	0.443	
	Q3					0.846	＊＊	0.540	0.429	
	Q4					0.793	＊＊	0.555	0.595	
	Q5					0.893	＊＊	0.529	0.680	
	Q6					0.876	＊＊	0.585	0.603	
	Q7					0.921	＊	0.378	0.645	
	Q8					0.903	＊	0.389	0.721	
	Q9					0.865	＊＊	0.552	0.611	
	Q10					0.843	＊＊	0.583	0.621	
	Q11					0.898	＊＊	0.614	0.540	
	Q12					0.796	＊	0.550	0.404	
旅游意愿 F2	Q13	0.762	0.799	2108.339	15	0.932	＊＊	0.499	0.305	0.785
	Q14					0.891	＊＊	0.576	0.501	
	Q15					0.910	＊＊	0.419	0.527	
	Q16					0.902	＊	0.442	0.350	
	Q17					0.896	＊＊	0.480	0.541	
	Q18					0.876	＊	0.574	0.419	
遗产保护力感知 F3	Q19	0.808	0.779	2482.903	15	0.830	＊＊	0.627	0.566	0.874
	Q20					0.929	＊＊	0.679	0.594	
	Q21					0.928	＊＊	0.649	0.652	
	Q22					0.825	＊＊	0.568	0.572	
	Q23					0.796	＊＊	0.470	0.450	
	Q24					0.875	＊	0.486	0.498	

注：＊＊表示 $P<0.05$、＊表示 $P<0.01$，均呈显著相关。

5.4 因子分析及模型检验

5.4.1 探索性因子分析

为探索并验证游客旅游体验、旅游意愿和遗产保护力感知3个潜变量所构建的24项观察变量的可靠性和稳定性，运用SPSS 21.0软件对3个潜变量进行分维度的探索性因子分析，表5-4显示24项测量指标的KMO检验值均大于0.7，达到良好的指标，适合进行因子分析。巴特利特球形度检验的近似卡方值为16360.75，自由度为276，显著性概率$P=0.000<0.05$，达到显著性水平，表示24个题项有共同因素存在，适合进行因子分析。

运用SPSS软件对数据进行降维处理后，特征值大于1的共同因素共有4个，联合解释变异变量为58.669%。从转轴后的成分矩阵中可以发现：共同因素一包含Q12、Q13、Q15、Q18、Q19、Q20、Q21、Q22八题，共同因素二包含Q1、Q2、Q3、Q4、Q5、Q6、Q7、Q8八题，共同因素三包含Q9、Q10、Q11、Q14、Q16、Q17六题。共同因素一的构念名为“遗产保护力感知”，共同因素二的构念名为“旅游体验”，共同因素三的构念名为“旅游意愿”（见表5-5）。

表5-5 旋转成分矩阵

	成分		
	1	2	3
Q21	0.706	0.307	0.237
Q19	0.685	0.215	0.221
Q18	0.666	0.175	0.294
Q22	0.664	0.278	0.187
Q13	0.655	0.439	0.145
Q20	0.653	0.334	0.220
Q15	0.565	0.009	0.209
Q12	0.541	0.281	0.424
Q5	0.115	0.775	0.298
Q4	0.138	0.701	0.433
Q3	0.419	0.684	0.005
Q2	0.251	0.645	0.279
Q6	0.120	0.628	0.477

续表

	成分		
	1	2	3
Q1	0. 275	0. 626	0. 184
Q7	0. 414	0. 599	0. 202
Q8	0. 491	0. 546	0. 237
Q14	0. 214	0. 257	0. 724
Q10	0. 361	0. 185	0. 672
Q11	0. 325	0. 270	0. 631
Q16	0. 113	0. 320	0. 600
Q17	0. 377	0. 104	0. 564
Q9	0. 428	0. 257	0. 458

提取方法：主成分。
旋转法：具有 Kaiser 标准化的正交旋转法。
旋转在 9 次迭代后收敛。

5. 4. 2 验证性因子分析

运用 AMOS 21. 0 软件对旅游体验、旅游意愿、遗产保护力感知 3 个基本维度进行验证性因子分析（CFA），结果如表 5-4 所示，在验证性因子载荷中，旅游体验、旅游意愿、遗产保护力感知 3 个潜变量和观测变量间的标准化回归系数都介于 0. 305~0. 721，达到显著水平；旅游体验、旅游意愿、遗产保护力感知共 3 个潜变量的组合信度都大于 0. 6，均方差抽取量介于 0. 768~0. 874，基本符合大于 0. 5 的标准。

同时，采用结构方程模型 AMOS 软件对数据与假设模型结构的拟合度分别进行检验。共有三类拟合指标，分别是绝对拟合指标、增值拟合指标和精简拟合指标。根据 AMOS 输出结果显示，χ^2/df 为 1~3，GFI、AGFI、NFI、CFI、IFI 均大于或等于 0. 9，RMSEA = 0. 092<0. 1，说明模型拟合较好，已经达到了较高的拟合度，均达到模型适配标准（见表 5-6）。

表 5-6　模型整体适配度检验

拟合指标	绝对拟合指标			增值拟合指标				精简拟合指标	
	χ^2/df	GFI	RMSEA	AGFI	NFI	CFI	IFI	AIC	CAIC
理想数值	1~3	>0. 9	<0. 1	≥0. 9	≥0. 9	≥0. 9	≥0. 9	越小越好	越小越好
实际数值	2. 538	0. 907	0. 092	0. 932	0. 900	0. 911	0. 914	484. 65	661. 09

5.4.3 模型验证结果

AMOS 的输出结果显示了文化遗产整体结构模型与 5 个案例的模型基于假设 H_1、H_2、H_3 的潜变量之间的验证关系（见表 5-7）。

表 5-7 结构关系模型验证分析结果

假设关系	影响路径	标准化参数估计值					
		麦积山石窟	半坡遗址	唐长安城大明宫遗址	大唐芙蓉园	大雁塔、小雁塔	全部文化景区
H_1	旅游体验—旅游意愿	0.41*	0.26	0.47*	0.48*	0.52*	0.60*
H_2	遗产保护力感知—旅游体验	0.81*	-0.73*	0.85*	0.78*	0.42*	0.82*
H_3	遗产保护力感知—旅游意愿	0.40*	-0.61*	0.53*	0.45*	0.37	0.39
假设关系	影响路径	验证结果					
		麦积山石窟	半坡遗址	唐长安城大明宫遗址	大唐芙蓉园	大雁塔、小雁塔	全部文化景区
H_1	旅游体验—旅游意愿	正向显著影响	正向影响	正向显著影响	正向显著影响	正向显著影响	正向显著影响
H_2	遗产保护力感知—旅游体验	正向显著影响	负向显著影响	正向显著影响	正向显著影响	正向显著影响	正向显著影响
H_3	遗产保护力感知—旅游意愿	正向显著影响	负向显著影响	正向显著影响	正向显著影响	正向影响	正向影响

初始假设关系 H_1、H_2、H_3 在麦积山石窟、半坡遗址、唐长安城大明宫遗址、大雁塔、小雁塔和大唐芙蓉园均成立。其中，在 5 个案例地中除了半坡遗址，其他文化景区的旅游体验对旅游意愿产生正向显著影响；麦积山石窟、唐长安城大明宫遗址、大唐芙蓉园、大雁塔、小雁塔的遗产保护力感知对旅游体验呈现正向显著影响，而半坡遗址呈现负向显著影响；麦积山石窟、唐长安城大明宫遗址及大唐芙蓉园的遗产保护力感知均对旅游意愿产生正向显著影响，大雁塔、小雁塔景区的遗产保护力感知对旅游意愿的影响并不显著，半坡遗址的遗产保护力感知对旅游意愿产生负向显著影响。总体来说，游客在游览文化景区时，文化主题设计、景区环境氛围、遗址安全警戒措施、参

观游览线路等传达给游客的遗产保护力感知对其参观游览体验产生了一定的负向影响，进而削弱了游客再次游览消费的意愿。

5.4.4 潜变量模型检验结果

通过 AMOS 软件生成的结构关系模型路径系数显示了文化遗产整体结构模型与 5 个案例的模型各变量之间的影响关系路径及影响程度（见图5-2）。

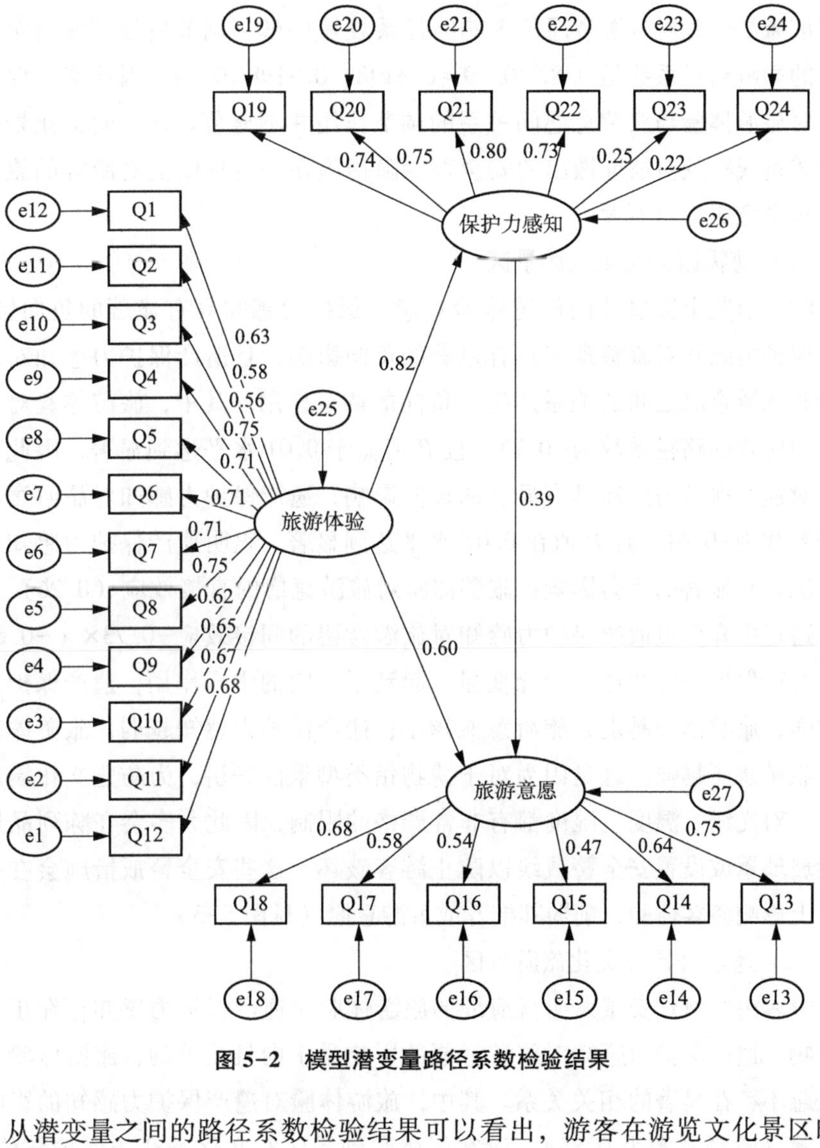

图 5-2 模型潜变量路径系数检验结果

从潜变量之间的路径系数检验结果可以看出，游客在游览文化景区时旅游体验对旅游意愿和遗产保护力感知的影响十分显著；遗产保护力感知对旅游意愿的影响并不显著；遗产保护力感知对旅游体验与旅游意愿间关系的调节作用是正向的。其中，旅游体验对旅游意愿的路径系数为 0.60，旅游体验对遗产保护力感知的路径系数为 0.82，均大于 0.40 的参数标准，而其 C.R. 和 *P* 检验结果也呈显著性；但遗产保护力感知对旅游意愿的路径系数为 0.39，未达到大于 0.40 的参数标准，说明遗产保护力感知对旅游意愿的影响并不显著；如果将遗产保护力感知作为旅游体验对旅游意愿影响的调节变量来看，调节前旅游体验对旅游意愿的影响路径系数是 0.60，调节后旅游体验对旅游意愿的影响路径系数是 0.82×0.39＝0.3198，0.3198<0.60，因此遗产保护力感知对旅游体验与旅游意愿间关系的调节作用并不显著。这说明文化景区规划的游览线路及对遗址做出的安全部保障措施在一定程度上对游客的旅游体验和重游意愿影响不大。

（1）博物馆类文化旅游景区

游客游览半坡遗址的旅游体验对遗产保护力感知具有显著的负向影响，遗产保护力感知对旅游意愿具有显著的负向影响，且遗产保护力感知对旅游体验和旅游意愿之间的关系产生了负向的调节作用。其中，旅游体验对遗产保护力感知的路径系数为-0.73，且 *P* 值低于 0.01 水平达到显著，因此旅游体验对遗产保护力感知具有显著的负向影响；遗产保护力感知对旅游意愿的路径系数为-0.61，且 *P* 值在 0.01 水平达到显著，表明遗产保护力感知对旅游意愿具有显著的负向影响；旅游体验对旅游意愿的直接效应（0.26）远远低于通过中介变量遗产保护力感知对旅游意愿的间接效应-0.73×（-0.61），并且遗产保护力感知作为中介变量，起到了负向的中介作用，遗产保护力感知越强，旅游体验越弱，旅游意愿越小；遗产保护力感知越弱，旅游体验越强，旅游意愿越强。这是因为对于博物馆类型景区来讲，为防止文化展品的损害，对光线、温度、湿度都有非常严格的限制，因此大多会在陈列品周围放置玻璃罩或设置安全警戒线以防止游客破坏。这些安全警戒措施会在一定程度上影响游客体验，削弱其推荐或重游意愿（见图 5-3）。

（2）遗址公园类文化旅游景区

游客游览唐长安城大明宫遗址的旅游体验对遗产保护力感知存在正向显著影响，遗产保护力感知对旅游意愿的影响是正向且显著的，旅游体验与旅游意愿不存在显著的相关关系。其中，旅游体验对遗产保护力感知的影响比较显著（路径系数为 0.85），游客能感受到景区对文化遗产的保护与传承，

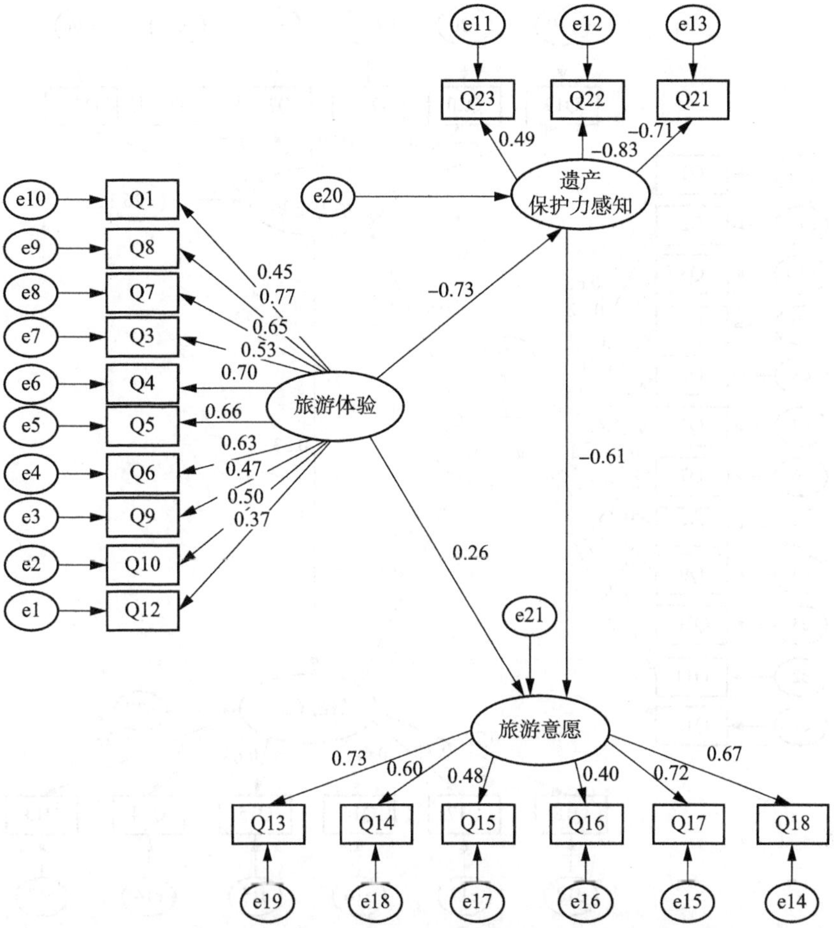

图 5-3 半坡遗址博物馆遗产保护力感知模型验证结果

游客能较好地感知出文化的传承与传递的这种意识；遗产保护力感知对旅游意愿的影响则较为显著（路径系数为 0.53），游客感知到的景区整体保护程度越高，满意度也越高，进而影响到推荐和重游意愿；旅游体验对旅游意愿的影响较弱（路径系数为 0.47），游览体验的好坏与游客的推荐和重购意愿无显著相关性。对于遗址公园类景区来讲，游客在游览公园的过程中更注重景区整体文化氛围的塑造，景区建筑的复原、文化小品的打造、游览的标识导向都会对游览体验产生显著正向影响，也能够在一定程度上吸引游客再次参观游览（见图 5-4）。

（3）古建筑类文化旅游景区

游客游览大雁塔与小雁塔的旅游体验对遗产保护力感知产生显著的正向

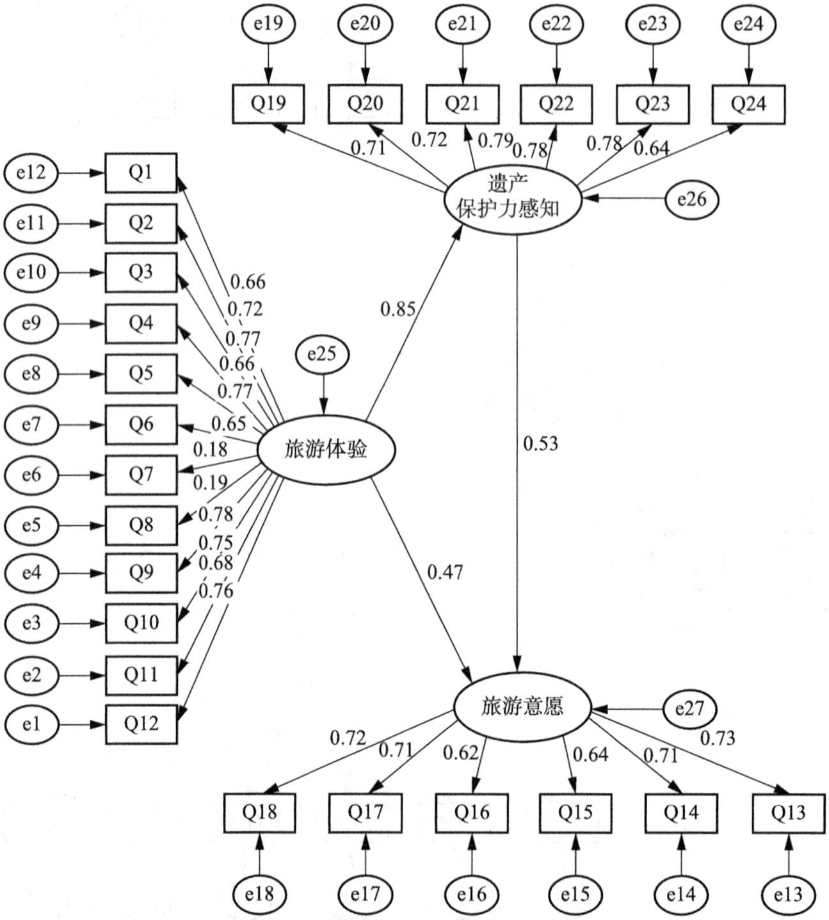

图 5-4 唐长安城大明宫遗址公园遗产保护力感知模型验证结果

影响，遗产保护力感知对旅游意愿产生正向显著影响，遗产保护力感知对旅游体验和旅游意愿之间的关系有正向调节作用。其中，旅游体验与游客的旅游意愿之间的影响系数为 0.46，而通过将景区的遗产保护力作为调节变量，进而对游客的旅游意愿的影响系数为 0.78×0.45=0.3510。由分析结果可以看出 0.3510<0.46，所以景区的遗产保护力感知对游客的旅游体验和旅游意愿之间的关系的调节作用并不显著，进而弱化了游客的重游和推荐意愿（见图 5-5）。

（4）文化—自然景观类文化旅游景区

游客游览麦积山石窟的旅游体验对旅游意愿和遗产保护力感知的影响十分显著，遗产保护力感知对旅游体验与旅游意愿之间的关系产生正向的调节作用。其中，旅游体验对旅游意愿的路径系数为 0.47，旅游体验对遗产保护

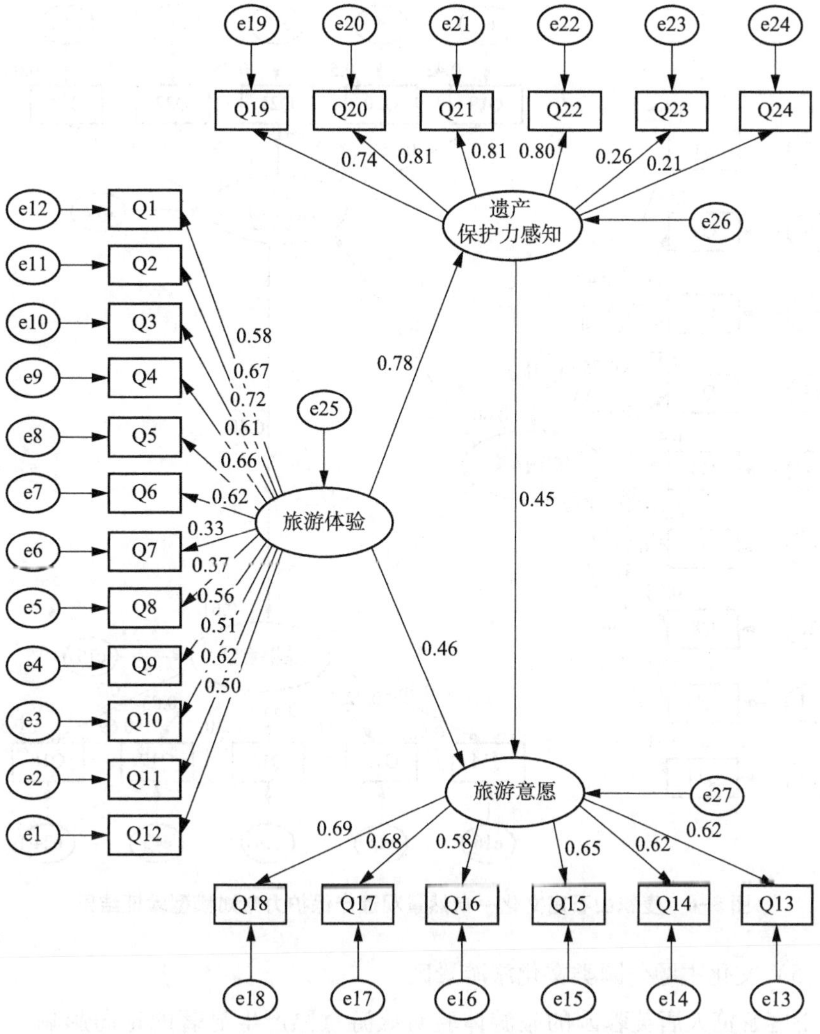

图 5-5 大雁塔、小雁塔古建筑类遗址遗产保护力感知模型验证结果

力感知的路径系数是 0.83，均大于 0.50 的参数标准，而其 C.R. 值和 P 值检验结果也呈显著性，说明旅游体验对旅游意愿和遗产保护力感知的影响十分显著；如果将遗产保护力感知作为旅游体验对旅游意愿影响的调节变量，调节前旅游体验对旅游意愿的影响路径系数为 0.47，调节后旅游体验对旅游意愿的影响路径系数为 $0.83 \times 0.40 = 0.332 < 0.47$，因此遗产保护力感知对旅游体验与旅游意愿间关系的调节作用并不显著。麦积山石窟昏暗的光线、安全警戒线的设置及单向游览线路的设计都对游客推荐和重游意愿影响不大（见图 5-6）。

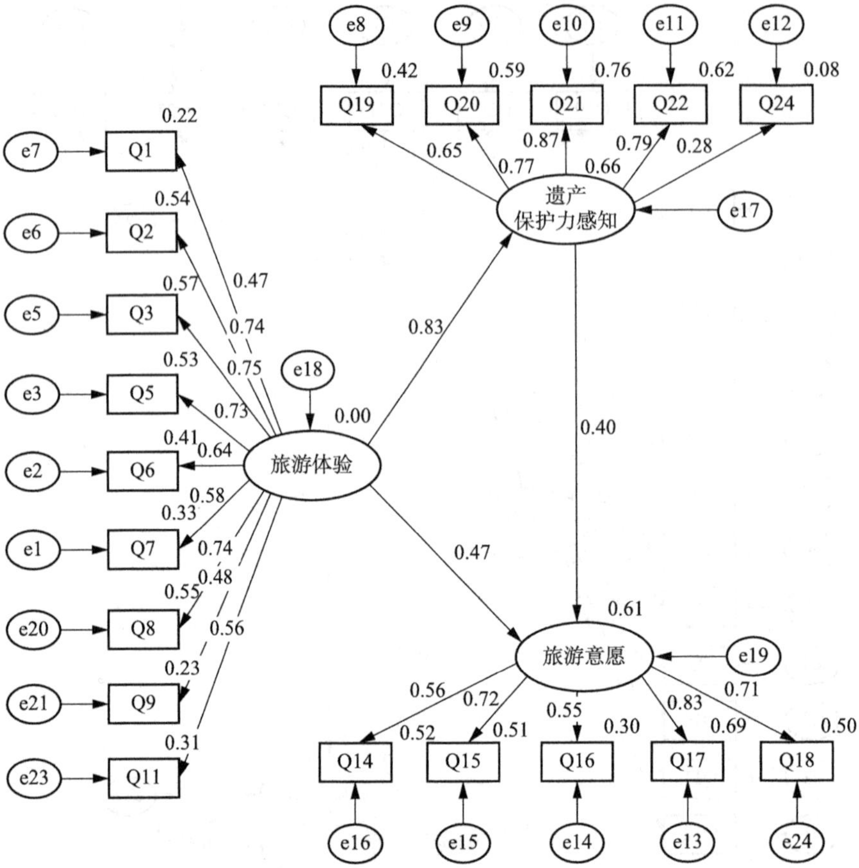

图 5-6　麦积山石窟文化—自然景观遗产保护力感知模型验证结果

（5）文化主题公园类文化旅游景区

游客游览大唐芙蓉园的旅游体验对旅游意愿产生显著的正向影响，遗产保护力感知对旅游意愿不存在显著影响，遗产保护力感知对旅游体验和旅游意愿之间的关系不存在显著的调节作用。其中，旅游体验对旅游意愿影响的路径系数为 0. 52，遗产保护力感知作为调节变量对旅游体验和旅游意愿之间的关系的影响路径系数为 0. 42×0. 37＝0. 1554，远小于 0. 52，说明遗产保护力感知对旅游体验和旅游意愿之间的关系的调节作用并不显著。因为大唐芙蓉园是文化主题园区类型，游客在游览过程中感受到的唐文化氛围以及景区内复建的唐代建筑传达给游客的感受是影响游客推荐及重游意愿的主要因素（见图 5-7）。

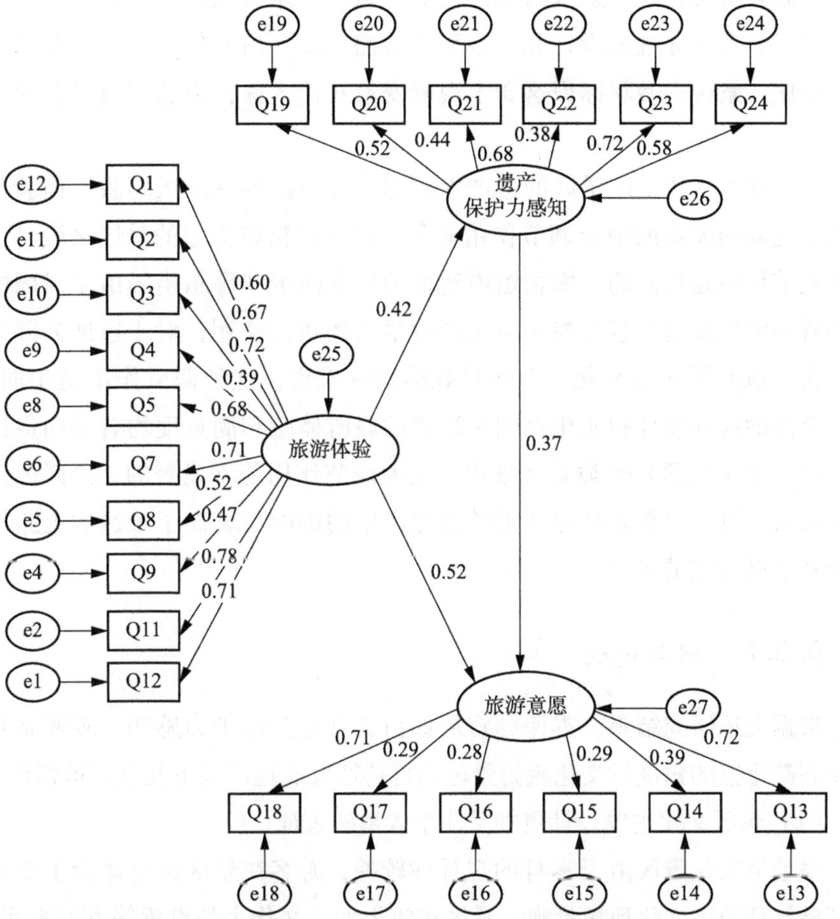

图 5-7　大唐芙蓉园文化主题公园遗产保护力感知模型验证结果

5.5 结论与对策建议

5.5.1 研究结论

①游客在景区的旅游体验对旅游意愿存在显著的正向影响，其中景区内的解说、地图指示和道路标识，景区服务人员的态度和工作效率，景区内参与体验性较强的旅游活动对游客旅游体验均存在显著的正向影响。

②游客对文化遗产景区的遗产保护力感知对旅游意愿存在显著的正向影响，其中景区整体规划设计和参观游览线路、景区内文物遗址的安全防护和警示措施、景区内参观标识这3个观测变量对遗产保护力感知有显著的正向影响。

③游客对文化遗产景区的遗产保护力感知对游客在景区的旅游体验与旅游意愿之间的关系的中介调节作用显著。对于博物馆类型的景区来说，这种中介调节作用是负向的：博物馆内遗址的安全防护和警示措施由于封闭的空间和昏暗的光线对游客的参观游览产生显著的负向作用；对于遗址公园类景区、古建筑类景区和文化—自然景观类景区来说，这种调节作用是正向的，景区整体的规划设计和文化氛围对游客的旅游体验和满意度均有正向促进作用；对于文化主题公园类景区来说，这种调节作用是不显著的，景区内活动体验项目的设计对游客推荐及重游意愿产生的影响显著高于景区的道路标识设计和基础设施的影响。

5.5.2 对策建议

根据上述研究结果，本课题将从如何提升遗产保护力感知、游客旅游体验及旅游意愿的角度对文化旅游景区的可持续发展提出以下几点对策建议：

（1）景区文化主题设计更加关注个人情感表征

遗址类文化景区由于本身的观赏性较差，游客在景区游览体验主要通过景区整体环境、文化地域景观、景区建筑类型、文化小品设置等方面来实现。深度体验旅游的发展需要更关注游客个体的情感表达与体验，倡导构建文化景区中有序的情感符号表征，从游客体验的角度对景区的体验项目进行塑造，同时遵循体验项目设计差异性、参与性、真实性与挑战性4个原则。文化景区通过旅游情景规划与项目体验设计的创新性结合，传递给游客有别于其他文化景区的差异性、独特性旅游体验，对旅游者形成持续的吸引力，进而影响旅游者的感知需求和行为意愿。同时，推动旅游体验对旅游意愿的正向驱动效应。例如，大唐芙蓉园景区应该充分挖掘利用唐文化的优质品牌资源，在统一景区建筑和文化小品主题风格的同时增添一些参与互动性较强的旅游体验项目，可借鉴无锡三国城、水浒城及杭州宋城等不同风格的主题文化旅游景区。通过文化主题的多样演艺方式突出唐文化主题，呈现景观建筑的独特性，拓展其价值刚性与增值空间，用层次丰富的旅游体验来赢得游客口碑。

（2）景区文化演艺项目更加深刻和丰富

为了给游客带来更精彩的旅游体验，许多文化景区陆续推出与景区文化主题相关的表演项目，但结果却不尽如人意。唐长安城大明宫遗址的3D MAX观影、大雁塔的灯光秀、小雁塔的全息投影起初确实吸引了不少游客，但这种单一的表演形式不能对游客形成持续的吸引力，而且随着科技的进步，景区VR虚拟游览体验游客在家中就能完成。因此景区文化演艺借助科技手段的同时，更应该注重演艺项目的设计和舞台表演，要吸引游客前往目的地景区进行体验。在这一方面，唐长安城大明宫遗址、大雁塔、小雁塔景区可以借鉴华夏文旅集团的文化景区开发模式：充分利用科技手段，通过幻影成像、5D飞行影院及大量声光电技术打造如梦如幻的超现实舞台感。例如，会跑的实景演出《神游传奇》与超大型室内实景演艺秀《闽南传奇》，场面的强代入感给许多游客带来了震撼的体验。充分利用景区周边建筑打造实景舞台，采撷华夏几千年的传统文化，演绎一系列经典神话传说、历史故事。分时间节点进行文化演出，在延长游客游览时间的同时通过表演线路的设计引导游客参观游览。这种潜移默化的引导会弱化景区的安全警戒措施对旅游体验的负面影响，相反，还能通过新颖丰富的旅游体验增强游客的重游意愿。

（3）景区保护规划和服务质量的全面提升

景区文化遗产保护规划中，一方面，文化旅游景区在文化遗产旅游目的地建设初期要加大基础设施建设的资金投入，通过核心吸引物——资源品位度极高的文化遗产、附属吸引力——周边相配套的资源品位度较低的生态资源的打造，来提高游客对服务条件的感知；另一方面，文化旅游景区要通过日常的监控服务降低游客的感知成本，通过提供便捷的服务来提高游客感知。除了景区的有形标识会影响游客的遗产保护力感知外，无形的服务质量也至关重要。景区内餐饮价格的制定、休憩设施的数量及位置、厕所的整洁程度、景区的解说系统、景区工作人员的服务态度，无一不对旅游体验及遗产保护力感知产生深刻影响。因此，景区应该加强这些方面的服务管理。

（4）景区文化产品设计更加新颖、实用

文创产品是游客在景区参观游览过程中比较重视的一个环节，旅游纪念品不仅承载着游客关于旅游目的地的经历和体验，更包含着旅行的回忆，这份特殊的情怀正是旅游纪念品的价值所在。在文化创意产品领域，可以充分借鉴故宫博物院：首先，对目标游客的准确定位和深入了解，现代消费需求不仅仅局限在实用层次，游客更期望在旅游目的地游览过程中购买到更加新颖、具有地方特色、有一定纪念和收藏价值的旅游产品；其次，文创产品本身的设计理念延续了故宫整个的历史文化发展脉络，将千年的历史文化积淀反映在文创产品本身的设计中，同时融合一些现代的设计理念如戏谑恶搞的原创表情图、独具宫廷纹样的文创胶带等；最后，对社交媒体和渠道的灵活运用，从引人注目的微博文创图片到对国家宝藏不遗余力的宣传，从“我在故宫修文物”的叙事综艺到引爆全网的“故宫雪景”，其内容营销不仅仅满足于图片和文字的叙述，还通过微博话题、短视频直播等交互平台带给游客持续的吸引元素，让游客从对话、分享、价值共创等维度更多地得到旅游产品以外的精神体验。

参考文献

[1] 唐继刚，田逢军．中部大城市居民港台旅游意象及其对旅游意愿的影响研究——以无港台旅游经历南昌市民为例 [J]．世界地理研究，2017，26 (5)：166-176.

[2] 涂红伟，骆培聪．消费者愤怒情绪对旅游意愿和负面口碑传播的影响——基于目的地非道德事件情境下的实证研究 [J]．旅游科学，2017，31 (2)：42-54.

[3] 辛璐琦，王兴元．旅游目的地品牌形象识别要素对游客行为意愿的影响机制研究——以品牌认同为中介 [J]．商业经济与管理，2016 (10)：88-97.

[4] 郭功星，周星，涂红伟．消费者敌意、自我效能与旅游意愿——基于对青少年出境旅游市场的实证研究 [J]．旅游学刊，2016，31 (2)：44-52.

[5] 马剑瑜，Noel Scott. 难忘的愉悦体验设计：乐趣、幻想、感觉与记忆的机制研究 [J]．旅游学刊，2015，30 (11)：9-13.

[6] 李翔，徐迎军，尹世久，等．消费者对不同有机认证标签的支付意愿——基于山东省 752 个消费者样本的实证分析 [J]．中国软科学，2015 (4)：49-56.

[7] 胡抚生．旅游金融服务质量对游客满意度及消费意愿影响研究 [J]．旅游论坛，2015，8 (2)：1-6.

[8] 谢彦君，孙佼佼，卫银栋．论黑色旅游的愉悦性：一种体验视角下的死亡观照 [J]．旅游学刊，2015，30 (3)：86-94.

[9] 邹统钎．主题公园成败的关键因素 [N]．中国旅游报，2015-01-28

(011).

[10] 梁彦明．基于游客体验的旅游产品设计［J］．江苏商论，2005（5）：71-73.

[11] BOULDING W, KIRMANI, et al. A Consumer-Side Experimental Examination of Signaling Theory: Do Consumers Perceive Warranties as Signals of Quality?［J］. J CONSUM RES, 1993, 20（1）：111.

[12] MITTAL B , LASSAR W M . The role of personalization in service encounters［J］. Journal of Retailing, 1996, 72（1）：95-109.

[13] BAKER D A, CROMPTON J L. Quality, satisfaction and behavioral intentions［J］. Annals of Tourism Research, 2000, 27（3）：785-804.

[14] 李四化．关系属性、归因与介入程度对服务补救期望的影响［J］．辽宁大学学报（哲学社会科学版），2009，37（3）：127-132.

[15] GITELSON R J , CROMPTON J L . Insights into the repeat vacation phenomenon［J］. Annals of Tourism Research, 1984, 11（2）：199-217.

[16] BEEHO A J , PRENTICE R C . Conceptualizing the experiences of heritage tourists: A case study of New Lanark World Heritage Village［J］. Tourism Management, 1997, 18（2）：75-87.

[17] BEEHO A J, PRENTICE R C. Evaluating the experiences and benefits gained by tourists visiting a socio-industrial heritage museum: An application of ASEB grid analysis to Blists hill open-air museum, the Ironbridge Gorge Museum, United Kingdom［J］. Museum Management and Curatorship, 1995, 14（3）：229-251.

[18] 彭玺．游客旅游体验、满意度与行为意向关系的实证研究［D］．河南工业大学，2010.

[19] 王小芳．主题乐园游乐质量、游客满意度与重游意愿研究［D］．西南交通大学，2010.

[20] 刘亚萍，吴燕秋，金建湘．体验型乡村旅游者重游意愿影响因素分析——基于Logistic模型的分析［J］．旅游论坛，2013，6（2）：5-10.

[21] 刘海静．"生态博物馆理论"在传统村落保护中的应用研究［D］．西南科技大学，2015.

[22] 郭英之，陈芸，黄剑锋，等．基于多维交互决策树模型的赴日旅游意愿研究［J］．旅游学刊，2015，30（1）：42-53.

[23] 张红梅，宋莉，沈杨．中国葡萄酒文化旅游发展战略研究——以宁夏贺兰山东麓为例 [J]. 干旱区资源与环境，2014，28（5）：197-202.

[24] Celine Li（李润）. 旅游目的地形象对法国青年游客旅华推荐意愿的影响研究 [D]. 杭州：浙江大学，2014.

[25] 范钧，邱宏亮，吴雪飞．旅游地意象、地方依恋与旅游者环境责任行为——以浙江省旅游度假区为例 [J]. 旅游学刊，2014，29（1）：55-66.

[26] ASSAKER G，VINZI V E，O'CONNOR P. Examining the effect of novelty seeking，satisfaction，and destination image on tourists' return pattern：a two factor，non-linear latent growth model [J]. Tourism Management，2011，32（4）：890-901.

[27] CHI C G-Q，QU H. Examining the structural relationships of destination image，tourist satisfaction and destination loyalty：an integrated approach [J]. Tourism Management，2008，29（4）：624-636.

[28] CHEN C-F，TSAI D C. How destination image and evaluative factors affect behavioral intentions? [J]. Tourism Management，2007，28（4）：1115-1122.

[29] 卫海英，张蕾，梁彦明，等．多维互动对服务品牌资产的影响——基于灰关联分析的研究 [J]. 管理科学学报，2011，14（10）：43-53.

[30] 邹宇．试论博物馆购物服务质量之提升——兼论博物馆商店经营 [J]. 北京第二外国语学院学报，2006（9）：15-19.

[31] 魏小安，魏诗华．旅游情景规划与项目体验设计 [J]. 旅游学刊，2004（4）：38-44.

[32] 白凯，郭生伟．入境游客情绪体验对忠诚度的影响研究——以西安回坊伊斯兰传统社区为例 [J]. 旅游学刊，2010，25（12）：71-78.

[33] 郭慧聪．山地度假旅游体验价值、满意度、重游意愿的关系研究 [D]. 长沙：湖南师范大学，2016.

附录 1 调查问卷

亲爱的游客朋友们：

你们好！

我是西北大学旅游管理系的研究生，现在正在进行一项有关“遗产保护力感知对文化旅游景区游客体验度和旅游意愿的影响”研究，想了解一下您对本景区遗产保护力的感受及旅游过程中的体验，以帮助景区不断完善旅游基础设施、提升旅游服务质量、改进遗产保护方式，促进旅游的可持续发展。您的意见将是我们研究所需的重要资料，所收集的资料仅供研究使用，我保证您所填写的信息为匿名，不会泄露任何隐私信息，不会用于任何商业目的，希望您能予以配合认真填写问卷，谢谢！

第一部分　个人基本资料（请您在○处打“√”或在________处填写答案）

1. 您的年龄是：

A. ○18 岁以下　　B. ○18~30 岁　　C. ○31~45 岁

D. ○46~60 岁　　E. ○61 岁及以上

2. 您的职业是：

A. ○国家公职人员

B. ○私营业者

C. ○大学生（硕士生、博士生）

D. ○农（林、牧）业生产者

E. ○其他________

3. 您的出游方式是：

A. ○随团旅行

B. ○与家人（朋友）自驾车旅行

C. ○自行出游

D. ○其他方式________

4. 您来自________省________市，是第________次来景区游览。

第二部分　景区游览体验表

景区游览	赞同程度				
	非常赞同	比较赞同	一般	比较不赞同	非常不赞同
1. 到达景区的交通便利性					
2. 景区内的解说、地图指示和道路标识					
3. 景区休憩设施和厕所卫生					
4. 景区的餐饮质量和价格					
5. 景区付费的娱乐活动项目					
6. 景区旅游纪念品的设计感和价格					
7. 景区服务人员的态度和工作效率					
8. 对这个景区的总体评价					
旅游体验	喜欢程度				
	非常喜欢	比较喜欢	一般	不太喜欢	很不喜欢
1. 对晚间或室内高科技灯光艺术体现民俗文化的表演					
2. 对民间工艺产品开发成旅游纪念品					
3. 对参与性体验性强的娱乐活动，如与演员互动					
4. 旅游出发前您对该景区的历史文化和地理民俗情况					
旅游意愿	愿意程度				
	非常愿意	比较愿意	一般	不太愿意	很不愿意
1. 愿意向亲朋好友或者驴友分享在景区的旅游体验					
2. 如果景区增加更有趣更有创意的付费娱乐表演项目，会再来景区游玩					
3. 如果景区免门票费，会再来景区游玩					
4. 如果景区免门票费，愿意在景区内消费约 300 元					
5. 如果交通十分便利，愿意常来这个景区游玩					
6. 愿意为此次参观游览点赞					
遗产保护力感知	赞同程度				
	非常赞同	比较赞同	一般	比较不赞同	非常不赞同
1. 景区及周边环境景观保护得好					
2. 景区整体规划设计和游览参观线路合理					
3. 景区内文物遗址的安全防护和警示措施严格					
4. 景区内参观标识可以指引游客游览有序					
5. 景区内的商业活动对游览和文物保护没有影响					
6. 总体感觉景区对文化保护传承做得不够好					

6 丝绸之路旅游非均衡发展与西部文化旅游产业集聚及耦合协调关系研究

在“一带一路”的建设背景下，旅游产业凭借其强大的综合带动效应成为“丝绸之路”沿线各级政府发展地区经济的先导产业。然而，西北地区经济发展状况差异性明显，旅游发展呈现空间不平衡特征，不能与其丰富的旅游资源相匹配。除陕西省的客源市场占有率在整个西北地区具有明显的优势外，其他4省（区）的旅游收入均低于全国平均水平，且增长较慢，在一定程度上制约了西北地区整体经济的发展。丝绸之路经济带西北5省（区）不平衡的空间结构和经济结构对旅游发展的影响程度有多大？有哪些影响因素？本课题进一步研究西部文化旅游产业集聚与区域经济耦合协调关系，对比西北5省（区）和西南5省（区、市）的文化旅游产业集聚类型，提出区域经济耦合协调发展的路径和对策。

6.1 区域旅游非均衡发展理论和评价指标

6.1.1 理论研究综述

区域经济非均衡理论强调由于市场信息的不完全和市场竞争的不充分等原因，区域经济的均衡状态总是暂时的，一旦达到平衡，很快又被新的非均衡因素打破，经济运行总是在非均衡状态下不断调整，应尽可能降低非均衡程度，最终实现在非均衡状态下资源最优配置。区域经济在不均衡—均衡—不均衡状态下的发展过程，也是经济核心区域扩散影响周围整个区域发展的过程。丝绸之路沿线节点城市的区位优势强、知名度高、资源富集、旅游业发展基础较好，是区域旅游经济发展的核心区，核心区域通过示范和带动效应，将周边有潜力的资源聚集起来产生区域的规模效应，使节点城市及近郊迅速发展，当聚集到一定程度时就会产生扩散效应，进一步带动周边资源禀赋较差、经济较落后地区的发展。经过平衡—不平衡—平衡的螺旋式上升过程，最终实现沿线旅游资源的整体发展。

学者们对区域旅游非均衡的研究大致分为两类。一类是对旅游非均衡发展的特点进行分析并提出解决对策。翁钢民等（2015）利用空间自相关对环渤海区域旅游的非均衡发展时空特征进行了研究。蒋丽芹（2102）以泛长江三角旅游区为例研究了旅游经济非均衡发展区域实现包容性增长的战略与策略。另一类是研究旅游非均衡发展的影响因素，如资源禀赋、区域经济水平、区位条件以及接待设施的差异。田纪鹏等（2011）从旅游资源、企业、政策与旅游经济关系的视角研究了上海旅游业区域差异。汪德根等（2011）、苏建军（2009）研究了中国旅游经济区域差异的空间变化规律。

区域差异的变动一般受经济发展的内在规律、市场作用和政府干预三种力量的影响。本课题选取丝绸之路经济带西北5省（区）在旅游资源、经济发展和区位优势等方面存在的不平衡，探讨其内在规律。研究区域旅游业发展差异的指标一般有绝对差异和相对差异两种。绝对差异主要是选取离差和标准差来衡量，相对差异有变异系数、基尼系数、泰尔系数等，为了确保研究的规范性，往往采用绝对差异与相对差异相结合的方式测量。

6.1.2 区域旅游非均衡发展评价指标和权重确定

6.1.2.1 旅游资源丰裕度

旅游资源丰裕度表示一个区域的旅游资源富裕程度，体现了一个地区旅游资源数量和等级的特征，是综合衡量一定区域内旅游资源数量与质量水平的定量化指标。借鉴孙根年的成果，选择国家5A级旅游景区、4A级旅游景区、3A级旅游景区、2A级旅游景区、A级旅游景区作为衡量指标，并分别赋予不同级别的景区以不同的权重，加权后即为旅游资源丰裕度，表示为：

$$F=5R_5+2.5R_4+1.5R_3+0.75R_2+0.25R_1 \tag{6-1}$$

式中，F为旅游资源丰裕度；5A、4A、3A、2A、1A级景区的数量分别用R_5、R_4、R_3、R_2、R_1来表示，其权重值分别为5、2.5、1.5、0.75、0.25。

从覆盖范围来看，5A级、4A级景区基本包括国内的世界地质公园、世界遗产地、国家地质公园、国家级风景名胜区、国家级自然保护区、国家水利风景区等高品位、高知名度的旅游目的地。A 级旅游景区共划分为 5 个等级，对于不同档次旅游资源的数量和等级水平都能较好地反映。因此，选用 A 级旅游景区作为反映旅游资源丰裕度的基础指标既可以保证数据的准确性，又能避免选择多种指标在统计上的重复性。

6.1.2.2 区位优势度

区位优势度指地理和交通位置上的优势，借鉴张文波对于区位优势的测算方法，并在此基础上进行修改，选取层次分析法并通过三个方面进行测度：接受经济辐射优势、对外贸易优势和交通运输优势，建立指标体系（见图 6-1）。中亚中心城市的经济辐射优势采用与中亚首都城市的距离来衡量，选取阿斯塔纳、比什凯克、塔什干、阿什哈巴德、杜尚别五大中亚国家的首都作为目标城市进行衡量；考虑到中国“一带一路”的贸易主要是能源进口方面，选取中国—中亚天然气管道沿线重要节点城市阿拉木图、希姆肯特、列巴普州、塔什干、布哈拉衡量对外贸易优势。中心城市和主要节点城市距离的测算采用 1∶500 千米 Google 地图上的直线距离。人均运输线路长度包括铁路、公路和内河航道总长。

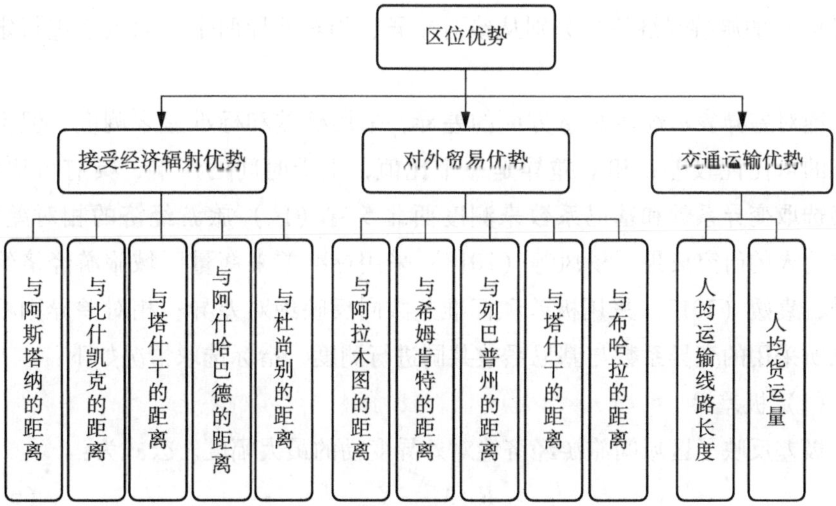

图 6-1 区位优势度指标评价体系

根据判断矩阵的构造标准并综合专家的意见，相对于目标层的区位优势，对三个准则层的重要性做出排序并得到判断矩阵，同理，根据准则层得出各个因素层的判断矩阵，计算出各层的因子权重结果（见表 6-1）。

表 6-1　区位优势度评价因子权重

目标层 A	准则层 B	权重 P_{Bi}	因素层 C	权重 P_{Ci}
区位优势	接受经济辐射优势 $B1$	0.37	与阿斯塔纳的距离 $C1$	0.198
			与比什凯克的距离 $C2$	0.250
			与塔什干的距离 $C3$	0.190
			与阿什哈巴德的距离 $C4$	0.225
			与杜尚别的距离 $C5$	0.137
	对外贸易优势 $B2$	0.29	与阿拉木图的距离 $C6$	0.201
			与希姆肯特的距离 $C7$	0.246
			与列巴普州的距离 $C8$	0.214
			与塔什干的距离 $C9$	0.149
			与布哈拉的距离 $C10$	0.190
	交通运输优势 $B3$	0.34	人均运输线路长度 $C11$	0.500
			人均货运量 $C12$	0.500

6.1.2.3　旅游经济差异度

参考学者的研究成果并结合西北地区实际情况，对 2008—2016 年西北 5 省（区）的旅游经济特征分别从绝对差异、相对差异两个方面入手进行定量研究。

绝对差异表示经济总量方面的差异，采用极差和标准差来测度，但不同时点的可比性较差；相对差异是一个比值，不受时间的影响，具有可比性，本书选取变异系数和基尼系数来测度西北 5 省（区）旅游经济的相对差异。借鉴前人的研究成果，杨风等（2018）采用标准差来衡量区域旅游经济绝对差异，袁媛（2013）采用极差和标准差共同反映绝对差异；相对差异则根据杨风所采用的变异系数与基尼系数共同进行测度，指标选取情况如下：

（1）极差 R

极差反映了区域间旅游经济绝对差异变动的最大幅度。公式为：

$$R=X_{\max}-X_{\min} \tag{6-2}$$

式中，$X_{\max}$ 为旅游总收入的最大值；$X_{\min}$ 为旅游总收入的最小值。

（2）标准差 S

标准差反映了区域旅游经济的绝对离散程度，是衡量区域旅游经济绝对差异的一个常用指标。公式为：

$$S = \sqrt{\frac{\sum_{i=1}^{n}(X_i - \overline{X})}{n}} \tag{6-3}$$

式中，X_i 为 i 地区旅游收入；$\overline{X}$ 为省旅游收入平均值；n 为地区个数。

(3) 变异系数 $C.V$

变异系数是衡量区域旅游经济相对离散程度的一个常用指标。公式为：

$$C.V = \frac{S}{\overline{X}} \times 100\% \tag{6-4}$$

(4) 基尼系数

基尼系数是测定收入分配差异程度的重要指标，现用于测定区域旅游经济相对差异。公式为：

$$G = \frac{2}{n}\sum_{i=1}^{n} iY_{ti} - \frac{n+1}{n} \tag{6-5}$$

式中，n 为城市个数，此处取值为 5；Y_{ti} 为 t 年 i 市旅游收入占当年全省旅游总收入的比重，按照升序排列，$Y_{t1}<Y_{t2}<Y_{t3}<Y_{t4}<Y_{t5}$。

6.1.3 数据处理和评价结果分析

(1) 区域间旅游资源丰裕度极不均衡，陕西省最大，宁夏回族自治区最小

为了消除各指标间因单位与数量级差异造成的影响，需要对所有数据进行标准化处理，采用的小数定标标准化处理方法是基于移动小数点位置实现的，最后得到的是区间（0，1）内的正数。将统计得到的各类 A 级旅游景区数量代入公式中，得到西北 5 省（区）旅游资源丰裕度指数（见表 6-2）。

表 6-2 旅游资源丰裕度指数

省（区）	丰裕度指数	位次
陕西省	565.25	1
甘肃省	381.25	3
宁夏回族自治区	105.75	5
青海省	174.25	4
新疆维吾尔自治区	496	2

对比西北地区旅游资源丰裕度指数可知，西北 5 省（区）的旅游资源分布极不均衡。陕西省资源丰裕度指数达 565.25，而宁夏回族自治区的资源丰

裕度指数仅为105.75，相差有5倍之多。陕西省旅游资源最为富裕，远远超出其他4省（区）；新疆维吾尔自治区位于陕西省之后，资源较为丰富；甘肃省资源绝对丰裕度位列第3；青海省虽然拥有独特的景观，但是其资源丰裕度与其他省（区）相比，仍有一定差距；宁夏回族自治区是5省（区）中资源总量最少的，大部分地区的旅游资源有待开发，或者开发程度较低，与其他省（区）差距明显。

（2）“一带一路”倡议改变了区位优势度，新疆维吾尔自治区最大，陕西省最小

根据AHP模型得出的各指标权重，结合搜集到的相关数据，经过层层加权后可计算出各地区区位优势度的综合评价值，得出区位优势度排名（见表6-3）。公式如下：

$$A = P_{B1}\sum_{i=1}^{5} CiP_{Ci} + P_{B2}\sum_{i=6}^{10} CiP_{Ci} + P_{B3}\sum_{i=11}^{12} CiP_{Ci} \qquad (6-6)$$

式中，A为各地区的区位优势度综合评价值；P_{Bi}、P_{Ci}分别为各指标层相应的权重；Ci为查阅的各项数值。

表6-3 区位优势排名情况

省（区）	*A*	*B*1	*B*2	*B*3
陕西省	5	5	5	4
甘肃省	3	3	3	5
宁夏回族自治区	4	4	4	1
青海省	2	2	2	2
新疆维吾尔自治区	1	1	1	3

可以看出，“一带一路”倡议使新疆维吾尔自治区的综合区位优势位于5省（区）之最，并且其优势远远超过其他省（区）。陕西省与宁夏回族自治区的区位相对处于劣势地位，从准则层来看，宁夏回族自治区的交通优势是5省（区）中最好的，经济贸易优势较大的新疆维吾尔自治区与青海省位于宁夏回族自治区之后，因此，在“一带一路”的政策影响下，与中亚诸国的经济贸易往来使得原本处于边境地区的新疆维吾尔自治区以及偏西北的青海省、甘肃省有了较大的区位优势，而原本位于我国偏中部的陕西省却一直处于较为劣势的地位。

（3）区域间旅游经济不平衡性逐渐扩大，外汇收入差距最大

以西北5省（区）近10年的旅游总收入、国内旅游收入及外汇旅游收入

为指标，分别测算旅游总收入的极差和标准差，更加直观地呈现 2008—2016 年西北 5 省（区）旅游经济绝对差异的动态变化特征（见图 6-2）。

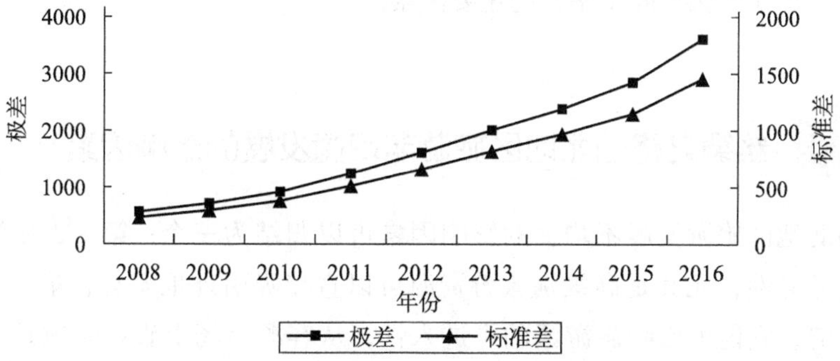

图 6-2　旅游经济绝对差异

从旅游总收入的绝对差异来看，极差与标准差的波动均呈现上升趋势，极差从 2008 年的 566. 57 上升到 2016 年的 3603. 43，上升幅度高达 6. 36 倍，标准差由 2008 年的 233. 55 上升至 2016 年的 1454. 32，升幅可达 6. 23 倍，说明西北 5 省（区）之间旅游经济不平衡在逐渐扩大，区域旅游经济发展越来越不平衡。

根据 2008—2016 年旅游总收入的变异系数以及基尼系数测算，衡量西北 5 省（区）旅游经济发展的相对差异（见图 6-3）。

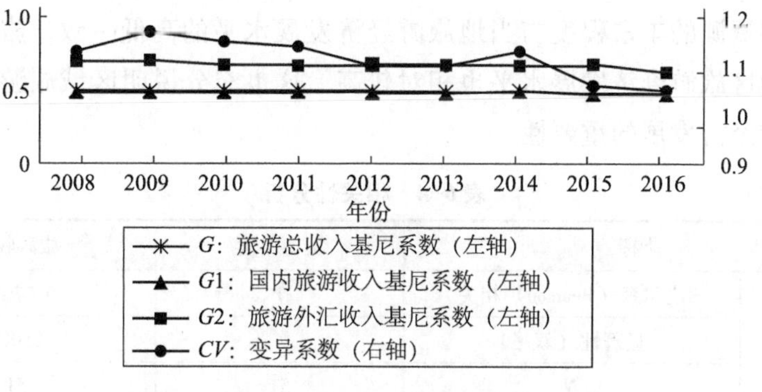

图 6-3　西北 5 省（区）旅游经济相对差异

2008—2016 年旅游收入变异系数总体呈减小趋势，说明各省（区）之间旅游经济相对差异趋于缩小。从基尼系数来看，旅游总收入的基尼系数变化趋势和旅游总收入的变异系数变化趋势大致相似，都呈现出略微下降但基本保持平稳的趋势。但是，旅游总收入和国内旅游收入的基尼系数基本趋于 0. 5

且几乎重合，表明区域间差距仍然较大并且总收入与国内旅游收入变化趋势类似。旅游外汇收入的基尼系数高达0.7，表明在外汇收入方面的区域间差距悬殊，这是导致区域间不平衡的主要因素。

6.2 丝绸之路西北地区旅游非均衡发展的影响因素

西北地区旅游发展不均衡的影响因素可以归结为三个：第一，旅游资源禀赋的差异性，尤其是高级别旅游资源可以直接吸引外地游客；第二，区位条件优势，它能够影响旅游区的可进入性，从客源市场上直接影响地区旅游发展；第三，经济发展水平，它决定了地区旅游基础设施的条件和旅游相关产业的发展水平，直接影响旅游产业结构和发展规模。下面通过相关性分析和回归分析，分析资源、区位及经济之间的影响机制。

6.2.1 旅游资源禀赋是形成旅游收入差异不均衡的决定性因素

利用SPSS 22.0软件对西北5省（区）51个地市的旅游资源与旅游收入进行相关性分析，得到西北地区整体旅游资源丰裕度和旅游收入的Pearson相关系数为0.776，达到显著性水平为0.01的显著标准（见表6-4）。这充分说明西北各地区的旅游资源丰富程度与旅游收入呈现较高的吻合度，也就是说，区域旅游资源的丰富程度与当地旅游经济发展水平的高低一致，旅游资源禀赋好的地区旅游经济发展水平也相对较高，这也充分说明区域旅游资源丰裕度对旅游经济发展的重要性。

表6-4 相关性分析

指标		资源丰度	旅游收入
资源丰度	皮尔森（Pearson）相关	1	0.776**
	显著性（双尾）		0.000
	N	51	51
旅游收入	皮尔森（Pearson）相关	0.776**	1
	显著性（双尾）	0.000	
	N	51	51

注：**表示相关性在0.01水平上显著（双尾）。

对旅游资源丰裕度和旅游收入之间进行回归分析，得到回归方程：

$$Y=5.497x-99.095$$

由回归方程可知，一个地区每增加一个5A级景区，相当于旅游资源丰裕度增加5，那么该地区的旅游收入就会增加27.49亿元。这充分说明目前我国西北地区旅游经济的发展模式属于单一的资源依赖型，资源禀赋对区域旅游经济的发展影响很大（见表6-5）。

表6-5 旅游资源与旅游经济回归分析

模型		非标准化系数		标准化系数	T	显著性
		B	标准错误	Beta		
1	（常数）	-99.095	31.019		-3.195	0.002
	旅游资源丰裕度	5.497	0.638	0.776	8.610	0.000

6.2.2 交通区位条件比旅游资源丰裕度对旅游经济发展的影响更大

旅游区位交通条件会直接影响地区的可进入性，而可进入性直接影响旅游经济的发展。西北地区相对于我国东部、中部地区经济发展一直处于落后状态，虽然经过多年努力，西北地区也已建立了一定程度的交通网络，但是受到地域和地形地貌等因素的影响，西北地区的交通可达性和通畅度依然不高。

一般来说，铁路、公路、高速公路、内河航运里程数越大，说明交通通达性越好，反之则越差。通过对比西北地区的铁路、公路、高速公路、内河航运里程数发现，除新疆的总里程数超过陕西外，5省（区）的交通与旅游收入排序基本一致，新疆的铁路、公路、高速公路、内河航运里程数达192400千米，而最差的宁夏只有36900千米，相差5倍多。在进行数据处理后，运用SPSS 22.0软件对西北地区的交通与旅游经济进行相关性分析，得到西北地区整体交通条件与旅游收入的Pearson相关系数为0.896，达到0.05的显著性水平。

6.2.3 西北地区社会经济发展水平对旅游收入的影响作用巨大

区域经济发展水平与旅游收入差异变动密切相关，至少从两个方面影响区域旅游业的发展：一方面，经济发展水平越高，居民可自由支配收入越多，参与旅游活动和从事旅游服务的人员就越多；另一方面，旅游业的高度发展依赖于当地经济的发展水平，同时，旅游收入也是当地经济发展的重要收入。

运用 SPSS 22.0 软件对西北 5 省（区）GDP 和各地旅游收入进行相关性分析可以看出，各省（区）的旅游收入与 GDP 的相关性很强，青海省的相关性最高，达 0.983。对西北 5 省（区）51 个市整体的 GDP 与旅游收入进行相关性分析以及回归分析，得到西北地区生产总值和旅游收入的 Pearson 相关系数为 0.814，达到显著性水平为 0.01 的显著标准（见表 6-6）。也就是说，旅游经济的发展水平与区域间经济实力较为符合，说明经济发展水平对旅游发展的重要性。

表 6-6　西北地区旅游收入与 GDP 的相关系数

省份	陕西	甘肃	青海	宁夏	新疆
旅游收入与 GDP 相关系数	0.907**	0.933**	0.983**	0.922*	0.917**

注：*表示相关性在 0.05 水平上显著（双尾）；**表示相关性在 0.01 水平上显著（双尾）。

西北地区旅游收入和 GDP 之间的拟合直线方程为 $Y=-0.702+0.926x$。从公式可以看出，地区生产总值每增长 1 亿元，地区旅游收入就会增加 0.926 亿元。这充分说明区域社会经济发展水平的提高对促进 5 省（区）旅游收入具有重要影响（见表 6-7）。

表 6-7　GDP 与旅游收入的回归分析

模型		非标准化系数		标准化系数	T	显著性
		B	标准错误	Beta		
1	（常数）	-0.702	0.255		-2.753	0.008
	GDP	0.926	0.094	0.814	9.807	0.000

6.3 西部文化旅游产业集聚水平和影响因素

区域旅游产业空间结构是一个地区的旅游产业在空间分布和产业关联结构上的集聚程度和状态。有效的产业空间结构可以充分利用区域特色资源，形成产业之间的优势互补和联动效应，实现区域内各种资源的合理利用，产业集聚效应形成规模经济，降低旅游开发成本，提高旅游经济效益。西部文化遗产资源丰富，历史遗迹保存较好，在长期的自然环境作用和人为破坏下，大多数土遗址的地面遗迹和夯土基址对于普通游客来说可视性、可观赏性较低，虽然科学价值和历史文化价值较高，但是旅游吸引力不足。另外，西部地区旅游基础设施落后，展陈方式单一，旅游产品开发水平不高，多停留在观光旅游的初级层次。西部文化遗产作为一种独特的文化旅游资源，在开发利用方式和产业结构布局上可以以文化遗产资源为依托，在西部文化生态旅游圈开展休闲、度假、特色主题旅游项目，辐射和带动相关支撑性产业，推动以文化旅游产业为核心的产业链的拓展与延伸，形成以文化旅游为主导的多元化、多类型的产业集群，实现文化旅游产业集聚的网络结构，提高西部的整体旅游吸引力。

西部地区文化旅游产业空间结构不均衡，考虑到西部文化旅游产业集聚与区域经济发展存在着较大的地区差异，本课题选取2013—2017年西北5省（区）和西南5省（区、市）共10个省（区、市），分为集聚规模、集聚效益、经济规模、经济效益共4个指标体系28个二级评价子指标，研究分析西部文化旅游产业集聚水平和影响因素。

6.3.1 西部文化旅游产业集聚水平的测定

衡量产业集聚水平的指标主要有区位熵指数、空间基尼系数（*Gini*）、Ellision-Glaeser集聚指数（*EG*）、赫芬达尔指数（*H*）和行业集中度（*CRn*）。其中，区位熵指数和行业集中度在指标计算处理上比较简单，不能全面反映旅游产业的行业集聚程度；赫芬达尔指数在衡量空间集聚程度时对数据的采集程度要求较高，需要将数据精确到西部地区的旅行社、旅游酒店和文化旅游景点等微观层面企业数据，获取难度较大；空间基尼系数在有关产业集聚的研究中能够对区域内旅游产业分布的均衡性进行度量和比较，但如果涉及西部地区跨区域、跨产业、跨时间维度时，其系数的可比性不足。本文在测定西部旅游产业集聚水平时主要采用区位熵指数和空间基尼系数。

（1）区位熵指数

区位熵指数E是用西部地区旅游产业就业人数比全国旅游产业就业人数，从而判断西部各省（区、市）旅游产业是否存在集聚现象，计算公式为：

$$E=\frac{E_{ij}/E_i}{E_j/E_s} \tag{6-7}$$

式中，E_{ij}为西部地区i省（i=1，2，3，4，5，6，7，8，9，10，分别

代表陕西、甘肃、宁夏、青海、新疆、四川、重庆、贵州、云南、西藏）旅游产业就业人数；E_i 为西部地区 i 省就业人数；E_j 为西部各省（区、市）旅游产业就业人数；E_s 为国家总就业人数。计算结果见表 6-8。

表 6-8　西部地区区位熵评价结果

省（区、市）	年份				
	2013	2014	2015	2016	2017
陕西	1.043	0.976	0.998	1.157	1.325
甘肃	0.787	0.803	0.720	0.811	0.816
宁夏	0.963	0.932	0.991	1.179	1.184
青海	1.489	1.559	1.039	1.308	1.083
新疆	1.520	1.228	1.165	1.296	1.247
四川	3.476	3.737	3.546	3.710	3.967
重庆	1.512	1.902	1.278	1.290	1.179
贵州	0.796	0.854	0.778	0.862	0.944
云南	1.421	1.749	1.306	1.406	1.432
西藏	16.270	15.970	11.360	11.430	12.950

通过计算西部地区各省（区、市）2013—2017 年的区位熵指数，除甘肃与贵州外，其他省（区、市）的旅游产业集聚区位熵指数均大于 1，表明陕西、宁夏、青海、新疆、四川、重庆、云南、西藏的旅游产业具有优势，一定程度上显示该产业具有比较强的竞争优势。根据 2013—2017 年的数据分析，西北地区的区位熵指数均在不同程度上小于西南地区的区位熵指数。从西北地区来看，甘肃省的旅游产业 E 指数均大于 0.5 小于 1，表明该地区旅游产业不存在明显的竞争优势；陕西和宁夏的旅游产业集聚区位熵指数刚开始都呈现出较低的集聚水平，随着时间的推移区位熵指数有了明显的增加，旅游产业的竞争优势不断加强。从西南地区来看，重庆、云南、西藏的区位熵指数呈现出较为明显的下降趋势，而四川和贵州两省的区位熵指数随着时间的推移有明显的增长，旅游产业发展逐步加快。

（2）空间基尼系数

空间基尼系数 $Gini$ 用来衡量计算旅游产业的集聚程度，计算公式为：

$$Gini = \sum_i (S_i - M_i)^2 \tag{6-8}$$

式中，S_i 为西部地区 i 省（i=1，2，3，4，5，6，7，8，9，10，分别代表

陕西、甘肃、宁夏、青海、新疆、四川、重庆、贵州、云南、西藏）旅游产业就业人数占全国旅游产业就业人数的比重；M_i 为西部地区 i 省（$i=1$，2，3，4，5，6，7，8，9，10，分别代表陕西、甘肃、宁夏、青海、新疆、四川、重庆、贵州、云南、西藏）就业人数占全国就业总人数的比重（见表6-9）。

表6-9 西部各省（区、市）空间基尼系数

省（区、市）	空间基尼系数取值
陕西	$Gini=0.127$
甘肃	$Gini=0.122$
宁夏	$Gini=0.052$
青海	$Gini=0.046$
新疆	$Gini=0.175$
四川	$Gini=0.142$
重庆	$Gini=0.106$
贵州	$Gini=0.107$
云南	$Gini=0.172$
西藏	$Gini=0.078$

通过计算西部地区的空间基尼系数可以看出：青海旅游产业集聚的空间基尼系数小于0.05，旅游产业分布较为均匀，没有引起其他产业的集聚现象；宁夏、西藏旅游产业集聚的空间基尼系数为0.05~0.10，旅游产业分布较为合理；陕西、甘肃、四川、重庆、贵州旅游产业集聚的空间基尼系数为0.10~0.15，旅游产业分布有所集中，旅行社、星级酒店和旅游景区的工作人数占该地区总就业人数为3%~5%；新疆、云南旅游产业集聚的空间基尼系数大于0.15，旅游产业分布出现集聚现象，旅游产业发展使得新疆、云南地区其他产业因为外部经济、政策扶持等因素而在地理空间上出现一定程度的集聚现象。

6.3.2 西部文化旅游产业集聚的特征

（1）空间上的产业集聚特征

西部文化遗产区域依托西部文化遗产保护与利用，形成基本的旅游吸引要素，在此基础上促使西部文化遗产文化产业、旅游产业和关联产业在一定区域地理位置上衍生和延伸，集中形成强大的综合性吸引力和知名度，吸引更多的企业进入，使区域知识和资本快速递增。

（2）空间上的圈层特征

由于西部文化遗产的特性对保护与利用的独特要求，使得遗产区内开展产业集聚只能以西部文化遗产为中心，形成以遗产保护区范围、建设监控地带和建设监控地带外围区域为基础的圈层结构。保护区范围只能开展遗产展示核心项目；建设监控地带可在严格规划控制下发展西部文化遗产附属产业，如旅游产业和生态农业、休闲农业等；建设监控地带外围区域是西部文化遗产区域产业集聚的核心，主要包括旅游产业的横向和纵向产业，如景区、民宿、农场或民俗村等，关联产业如其他主题文化旅游景区、景观房等。通过西部文化遗产区内、区外不同产业集聚发展，引导区内产业结构优化调整和区内人口区外就业分流，减轻对西部文化遗产区的破坏，并形成反馈机制，区外发展对区内形成补偿，实现遗址保护与区域协同发展。

（3）经济外部性特征

西部文化遗产区域产业集聚的目的之一是解决西部文化遗产保护所产生的负外部性，而其主要途径通过鼓励正外部性来实现。外部性使西部文化遗产区域产业集聚指导下的各个行业、部门相互依赖、互相协作，使企业个体的利益紧密地联系在一起，从外生性“量”的集聚向内生性“质”的集聚发展，即依靠西部文化遗产区域产业共同体的力量，使西部文化遗产区域网络化产业链结构更具稳定性和活力，进而提高西部文化遗产区域的整体竞争力。

6.3.3 西部文化旅游产业聚集影响因素的回归分析

（1）建立回归方程

在探讨一个区域最终能否开发成为一个成功的旅游目的地时必须考虑如下基础因素：

第一，能够吸引游客前往参观游览的文化旅游资源。旅游资源的独特性决定了旅游产业布局，资源等级较高的旅游资源优先开发，然后吸引游客前来参观游览。随着高质量旅游资源辐射力度的增强，周边等级较低的旅游吸引物利用毗邻的优势空间位置依附于级别较高的旅游资源，从而提高整体吸引力和区域旅游业的整体发展，最终实现旅游产业集聚，推动区域经济发展。

第二，联系客源地与旅游地之间的交通网络。旅游业往往沿着交通便利的地区（铁路沿线、高速公路沿线等）形成产业集聚。在旅游资源禀赋相近的条件下，交通网络便利的地区更容易影响游客的选择。旅游资源和交通网络相互联系形成旅游节点，对旅游业的空间集聚起到一定的影响作用。

第三，旅游接待设施不断完善。游客在旅游目的地游览的过程中，要解决基本需求，餐饮、住宿、供水供电系统等旅游接待设施在一定程度上影响着游客的旅游体验和满意度，以及重游意愿与推荐意愿。旅游接待设施的不断完善也将成为其他相关旅游企业集聚选择的考虑因素。

第四，政府公共政策与制度支持。在旅游产业集聚的过程中，政府的调节和支持作用可以促进市场运行的有序性和有效性发展，例如，政府划批项目中给予的生产、销售、税收、土地供给、信贷、人才、技术等优惠政策。

第五，旅游市场的推动力。一般来说，人口集中且经济比较发达的地区会优先产生旅游需求，而经济发展水平、消费习惯、文化差异、旅游产品偏好等旅游需求因素影响着游客的消费决策，且对区域旅游线路设计、旅游产业内部结构、旅游产业空间组合与分布产生影响，并最终影响旅游业空间集聚的进程和形态。

综合考虑以上因素建立如下多元回归计量模型：

$$Y-a_0+a_1A+a_2B+a_3C+a_4D+a_5E+\zeta \quad (6-9)$$

（2）指标选取

Y代表旅游产业集聚水平，采用西部地区各省（区、市）旅游总收入作为其衡量指标；A代表旅游资源禀赋，采用西部地区3A级以上旅游资源的数量作为其衡量指标；B代表旅游交通网络，采用西部地区铁路、公路和航空客运总量作为其衡量指标；C代表旅游接待设施，采用西部地区旅行社、星级酒店、旅游景区数量作为其衡量指标；D代表政府管理，以西部地区用于旅游发展的财政支出作为其衡量指标；E代表旅游市场规模，采用西部地区财政总收入作为其衡量指标。其中a_0为常数项，a_1、a_2、a_3、a_4、a_5分别为旅游资源禀赋、旅游交通网络、旅游接待设施、政府管理与旅游市场规模的权重系数。

（3）多元回归分析结果

根据2013—2017年西部地区的相关数据，通过SPSS软件将西部各省

（区、市）文化旅游产业集聚的影响因素进行回归分析得到多元回归结果，如表 6-10 所示。

表 6-10　多元回归结果

省（区、市）	回归方程
陕西	$Y=-2545.798+0.449A+0.068B-0.002C+0.682E$
甘肃	$Y=-135.066+0.002B-0.003C-8.442D+0.591E$
宁夏	$Y=-132.432-2.852A+0.001C-15.784D+0.760E$
青海	$Y=-211.675+0.000B-0.004C-0.007D+0.372E$
新疆	$Y=147.472+0.005B+0.000C-8.457D+0.313E$
四川	$Y=-14559.6539-1.734A-0.195B+0.551C+2.13E$
重庆	$Y=-1380.438+1.480B-178.77C+0.495D+0.215E$
贵州	$Y=77898.554+0.485A-0.341B+0.9C+0.9324E$
云南	$Y=76081.342+1.065A+6.315B-0.838C-6.377E$
西藏	$Y=-138.478+0.369B+0.041C+0.168D+0.455E$

可以看出，旅游接待设施、旅游交通网络和旅游市场规模这三个因素对西部地区的旅游产业集聚起到了主要作用。其中，旅游交通网络对西部大部分地区旅游产业集聚均存在不同程度的正向影响，但对四川和贵州的旅游产业集聚产生了负向影响，原因在于这两个省受多出多崎岖地形地貌所限，交通网络发展滞后于旅游产业集聚。

旅游接待设施对西部大部分地区旅游产业集聚均产生不同程度的负面影响，仅宁夏、四川、贵州和西藏为正向影响，这表明西部大部分地区旅游接待设施不能满足旅游产业需求，旅游供给较缺乏。

旅游市场规模对西部地区旅游产业集聚的影响最为广泛且深远，年旅游人次和旅游收入是旅游企业能否持续集聚发展最为重要的指标，且对大部分地区影响是正向的，仅云南为负面影响。一个地区的旅游人数增多，旅游收入也会随之增长，旅游市场规模的不断扩大使游客的消费需求也进一步升级，旅游企业需要通过合作来满足游客的多种需求，因此旅游市场规模对产业集聚的影响是正向且显著的。

文化旅游景区和政府管理对西部地区有些省份的旅游产业集聚产生了一

定的影响，但影响程度较小。其中，文化旅游景区不仅对陕西、贵州和云南的旅游产业集聚产生了显著的正向影响，而且对四川的旅游产业集聚产生显著的负向影响。原因在于四川的旅游发展起步较早，旅游基础设施的完善方便了游客的出行，旅游企业的地理分布也多集中在经济繁荣的城市中心，大大削减了文化旅游景区对产业集聚的影响。

政府管理因素对陕西、四川、云南、贵州等省份旅游产业集聚没有产生影响，原因在于这些省份自身的文化旅游资源禀赋较高，游客能产生持续且强劲的旅游动机，在参观游览的过程中也能带动当地旅游企业的进一步发展，政府的财政支持更多的是起到宏观调控的作用，对旅游产业的经济增长和集聚没有产生显著的推动。政府管理因素对甘肃、宁夏及新疆地区的旅游产业集聚产生显著的负向调节作用，由于这些地区的经济发展水平较为落后，政府提供的财政支持更多地倾向于第二产业建设，并且对当地的旅游中小企业发展形成了一定的约束，旅游产业集聚发展缓慢。

6.4 西部文化旅游产业集聚与区域经济发展耦合关系的评价模型

6.4.1 耦合模型评价指标选取与数据来源

文化旅游产业集聚与区域经济发展是两个单独的系统，其耦合关系的评价指标选取能够较好地反映出两系统内部的相互关联和胁迫约束的复杂变化过程，并且这是一个持续动态的发展过程，指标的选取要内容全面、层级分明、能够反映有效的动态信息，具备科学性、时序性、系统性和动态性。

（1）评价指标选取

回顾以往的文献研究发现，旅游产业集聚区的形成过程实际上是区域范围内生产经营规模和效益不断拓展延伸的过程，所以文化旅游产业集聚度的测量可以从旅游产业集聚规模和集聚效益两个层面进行研究（见表6-11），选取文化旅游景区作为文化旅游产业的重要指标。

表 6-11　旅游产业集聚系统测量指标选取

旅游产业集聚系统	集聚规模	文化旅游景区
		旅行社数量
		星级酒店数量
		旅游总人数
		旅游直接就业人数
		旅游间接带动就业人数
		网页关键词搜索数量
		旅游门户网站在线浏览量
		旅游民宿和青旅数量
		交通通达指数
	集聚效益	年旅游总收入
		年旅游创汇收入
		旅游产值占第三产业比重
		OTA 线上订单成交量
		旅游规模经济
		旅游就业乘数
		旅游贡献率

注：网页关键词搜索数量是指游客在旅行前通过百度搜索引擎检索西北五省（区）旅游概况的次数，数据由百度累加统计得到。

旅游门户网站在线浏览量是指游客在携程、艺龙、美团、途牛、马蜂窝、驴妈妈等在线旅游网站上搜索浏览西北五省（区）旅游景点、餐饮、住宿、交通出行等相关信息的次数，数据由浏览量及游客评论量分析得到。

OTA 线上订单成交量是指旅游门户网站通过接受游客的酒店、景区、交通等订单而创造的收入。

关于区域经济发展的衡量已经有许多学者做过相关研究，并且建立起一套比较完善的评价指标体系，经过多次实践检验被证实是科学合理的，所以本课题在研究过程中也借鉴了这套评价指标体系。

（2）评价因子权重

本课题研究拟采取层次分析法来进一步确定旅游产业集聚系统和区域经济发展系统各评价因子的权重，通过邀请旅游研究专家对各指标重要性进行评分，在对数据进行平均处理后得到相应的标准化值，计算得到的权重结果如表 6-12 所示。

表 6-12 旅游产业集聚与区域经济耦合评价指标权重

		一级指标	二级指标	权重
旅游产业集聚与区域经济耦合评价指标体系	旅游产业集聚系统	集聚规模 0.443	文化旅游景区/个	0.084
			旅行社数量/个	0.090
			星级酒店数量/个	0.069
			旅游总人数/万人次	0.126
			旅游直接就业人数/万人次	0.016
			旅游间接带动就业人数/万人次	0.004
			网页关键词搜索数量/次	0.009
			旅游门户网站在线浏览量/次	0.019
			旅游民宿和青旅数量/个	0.006
			交通通达指数/万人次	0.051
		集聚效益 0.557	年旅游总收入/亿元	0.194
			年旅游创汇收入/亿美元	0.116
			旅游产值占第三产业比重/%	0.094
			OTA 线上订单成交量/亿元	0.016
			旅游规模经济/%	0.012
			旅游就业乘数/%	0.013
			旅游贡献率/%	0.112
	区域经济发展系统	经济规模 0.578	地区生产总值/亿元	0.209
			财政总收入/亿元	0.124
			固定资产投资额/亿元	0.078
			财政支出/亿元	0.088
			社会消费品零售总额/亿元	0.036
			居民消费价格指数	0.043
		经济效益 0.422	地方财政收入占 GDP 比重/%	0.111
			人均 GDP/元	0.126
			城镇居民人均可支配收入/元	0.084
			进出口总额/亿元	0.027
			运输邮电业务/亿元	0.014

(3)数据收集

根据确定的指标体系，本课题研究收集了2013—2017年中国西部10个省(区、市)的旅游产业与区域经济相关数据，包括《中国统计年鉴》《中国旅游统计年鉴》以及陕西、甘肃、宁夏、青海、新疆、四川、重庆、贵州、云南、西藏的统计年鉴和旅游统计年鉴。

6.4.2 耦合协调模型的建立

（1）文化旅游产业集聚与区域经济耦合模型

$$M(x) = \sum_{n=1}^{17} a_i x_{in} \tag{6-10}$$

式中，i 为西部地区各省（区、市）（$i=1$，2，3，4，5，6，7，8，9，10，分别代表陕西、甘肃、宁夏、青海、新疆、四川、重庆、贵州、云南、西藏）；a_i 为西部各省（区、市）文化旅游产业集聚指标权重；x_{in} 为 i 省（区、市）第 n 个旅游产业集聚指标的标准化值。M 值越高，说明该省（区、市）旅游产业集聚水平越好。

$$N(y) = \sum_{n=1}^{11} b_i y_{in} \tag{6-11}$$

式中，i 为西部地区各省（区、市）（$i=1$，2，3，4，5，6，7，8，9，10，分别代表陕西、甘肃、宁夏、青海、新疆、四川、重庆、贵州、云南、西藏）；b_i 为西部各省（区、市）区域经济发展指标权重；y_{in} 为 i 省（区、市）第 n 个区域经济发展指标的标准化值。N 值越高，说明该省（区、市）区域内经济发展水平越好。

本课题研究拟通过离散系数 C 来表明文化旅游产业集聚与区域经济发展两者之间的耦合度：

$$C=\left\{\frac{M(x)\ N(y)}{\left[\frac{M(x)+N(y)}{2}\right]\times 2}\right\}k \tag{6-12}$$

式中，C 为耦合度；k 为调节系数。本课题拟采用 $k=5$，且 C 取值为 0~1，C 值越大说明耦合性越好。

（2）旅游产业集聚与区域经济耦合协调度模型

$$R=\sqrt{C\times L} \tag{6-13}$$

式中，R 为耦合协调度；C 为耦合度；$L=0.5M(x)+0.5N(y)$，代表西部各省（区、市）旅游产业集聚与区域经济发展水平指数，0.5 分别代表各自权重。$M(x)$ 为旅游产业集聚评价函数，$N(y)$ 为区域经济发展水平函数，且与 R 取值均处于 0~1。R 值越大，表明旅游产业集聚与区域经济发展间的耦合关系越强。

（3）文化旅游产业集聚与区域经济耦合协调发展类型评判标准

西部文化旅游产业与各省（区、市）经济发展的相互影响会在旅游产业集聚的形成过程中呈现持续动态变化的特征，在这一过程中，西部各省（区、市）的旅游产业发展必须考虑区域经济所能承受的压力，以使两者形成良性循环。本课题研究以文化旅游产业集聚与区域经济发展耦合度和耦合协调度为基础，提出其评判标准与类型（见表6-13、表6-14）。

表6-13 文化旅游产业集聚与区域经济发展耦合模型

C 取值	文化旅游产业集聚与区域经济发展耦合度
$C=0$	两系统之间处于无关状态，耦合度极小
$0<C\leq0.3$	两系统耦合水平较低，属典型二元结构，旅游产业集聚处于初始阶段
$0.3<C\leq0.5$	两系统处于拮抗耦合期，旅游产业集聚处于发展阶段，需要大量的资金，且对区域经济的影响开始显现
$0.5<C\leq0.8$	两系统处于良性耦合期，旅游产业高度集中，区域经济呈现多核心结构特征，系统之间相互磨合
$0.8<C<1.0$	两系统处于高水平耦合期，文化旅游产业多极集聚，并在一定程度上决定了区域的经济竞争力水平，两系统之间相互促进

表6-14 文化旅游产业集聚与区域经济发展耦合阶段评判标准和基本类型

R 取值	耦合水平	$M(x)/N(y)$	耦合发展类型
$R\leq0.3$	严重失调	$M(x)/N(y)\geq0.8$	严重失调区域经济损益型
		$0.4\leq M(x)/N(y)<0.8$	严重失调拮抗型
		$M(x)/N(y)<0.4$	严重失调旅游产业损益型
$0.3<R\leq0.4$	重度失调	$M(x)/N(y)\geq0.8$	重度失调区域经济损益型
		$0.4\leq M(x)/N(y)<0.8$	重度失调拮抗型
		$M(x)/N(y)<0.4$	重度失调旅游产业损益型
$0.4<R\leq0.5$	轻度失调	$M(x)/N(y)\geq0.8$	轻度失调区域经济损益型
		$0.4\leq M(x)/N(y)<0.8$	轻度失调拮抗型
		$M(x)/N(y)<0.4$	轻度失调旅游产业损益型
$0.5<R\leq0.6$	初级协调	$M(x)/N(y)\geq0.8$	初级协调区域经济滞后型
		$0.4\leq M(x)/N(y)<0.8$	初级协调同步型
		$M(x)/N(y)<0.4$	初级协调旅游产业滞后型
$0.6<R\leq0.7$	中级协调	$M(x)/N(y)\geq0.8$	中级协调旅游产业主导型
		$0.4\leq M(x)/N(y)<0.8$	中级协调同步型
		$M(x)/N(y)<0.4$	中级协调区域经济主导型

续表

R 取值	耦合水平	*M*(*x*)/*N*(*y*)	耦合发展类型
0.7<*R*≤0.8	良好协调	*M*（*x*）/*N*（*y*）≥0.8	良好协调旅游产业主导型
		0.4≤*M*（*x*）/*N*（*y*）<0.8	良好协调同步型
		M（*x*）/*N*（*y*）<0.4	良好协调区域经济主导型
R>0.8	优质协调	*M*（*x*）/*N*（*y*）≥0.8	优质协调旅游产业主导型
		0.4≤*M*（*x*）/*N*（*y*）<0.8	优质协调同步型
		M（*x*）/*N*（*y*）<0.4	优质协调区域经济主导型

6.4.3 耦合协调度分析结果

根据式（6-10）~式（6-13）计算西部地区旅游产业与区域经济的耦合度及协调度（见表6-15）。

表6-15 西部文化旅游产业与区域经济耦合协调度

西部省（区、市）	年份	*C*	*R*	*M*(*x*)/*N*(*y*)	耦合阶段	耦合发展类型
陕西	2013	0.400	0.300	0.012	拮抗耦合	严重失调旅游产业损益型
	2014	0.455	0.426	0.396	拮抗耦合	轻度失调旅游产业损益型
	2015	0.907	0.663	0.981	高水平耦合	中级协调旅游产业主导型
	2016	0.935	0.774	1.262	高水平耦合	良好协调旅游产业主导型
	2017	0.821	0.822	1.533	高水平耦合	优质协调旅游产业主导型
甘肃	2013	0.512	0.287	0.529	良性耦合	严重失调拮抗型
	2014	0.493	0.389	0.632	拮抗耦合	重度失调拮抗型
	2015	0.597	0.606	0.842	良性耦合	中级协调旅游产业主导型
	2016	0.624	0.800	0.824	良性耦合	良好协调旅游产业主导型
	2017	0.799	0.943	1.035	良性耦合	优质协调旅游产业主导型
宁夏	2013	0.594	0.218	0.683	良性耦合	严重失调拮抗型
	2014	0.387	0.565	0.640	拮抗耦合	初级协调同步型
	2015	0.586	0.669	0.705	良性耦合	中级协调同步型
	2016	0.621	0.723	0.721	良性耦合	良好协调同步型
	2017	0.742	0.900	0.925	良性耦合	优质协调旅游产业主导型

续表

西部省（区、市）	年份	C	R	$M(x)/N(y)$	耦合阶段	耦合发展类型
青海	2013	0.430	0.421	1.206	拮抗耦合	轻度失调区域经济损益型
	2014	0.590	0.444	0.519	良性耦合	轻度失调拮抗型
	2015	0.715	0.720	0.818	良性耦合	良好协调旅游产业主导型
	2016	0.790	0.834	0.923	良性耦合	优质协调旅游产业主导型
	2017	0.795	0.861	1.103	良性耦合	优质协调旅游产业主导型
新疆	2013	0.789	0.331	0.646	良性耦合	重度失调拮抗型
	2014	0.523	0.423	0.483	良性耦合	轻度失调拮抗型
	2015	0.584	0.520	0.478	良性耦合	初级协调同步型
	2016	0.832	0.714	0.590	高水平耦合	良好协调同步型
	2017	0.999	0.909	1.032	高水平耦合	优质协调旅游产业主导型
四川	2013	0.382	0.387	1.816	拮抗耦合	重度失调区域经济损益型
	2014	0.545	0.584	1.406	良性耦合	初级协调区域经济滞后型
	2015	0.755	0.708	0.997	良性耦合	良好协调旅游产业主导型
	2016	0.793	0.775	0.972	良性耦合	良好协调旅游产业主导型
	2017	0.992	0.812	0.924	高水平耦合	优质协调旅游产业主导型
重庆	2013	0.554	0.244	0.499	良性耦合	严重失调拮抗型
	2014	0.695	0.534	0.662	良性耦合	初级协调同步型
	2015	0.727	0.619	0.781	良性耦合	中级协调同步型
	2016	0.817	0.774	0.986	高水平耦合	良好协调旅游产业主导型
	2017	0.904	0.896	1.073	高水平耦合	优质协调旅游产业主导型
贵州	2013	0.355	0.407	1.318	拮抗耦合	轻度失调区域经济损益型
	2014	0.505	0.537	0.842	良性耦合	初级协调区域经济滞后型
	2015	0.667	0.665	0.877	良性耦合	中级协调旅游产业主导型
	2016	0.783	0.784	0.892	良性耦合	良好协调旅游产业主导型
	2017	0.929	0.808	1.035	高水平耦合	优质协调旅游产业主导型
云南	2013	0.660	0.374	0.560	良性耦合	重度失调拮抗型
	2014	0.560	0.438	0.548	良性耦合	轻度失调拮抗型
	2015	0.786	0.709	0.899	良性耦合	良好协调旅游产业主导型
	2016	0.828	0.824	0.957	高水平耦合	优质协调旅游产业主导型
	2017	0.989	0.882	1.098	高水平耦合	优质协调旅游产业主导型

续表

西部省（区、市）	年份	C	R	$M(x)/N(y)$	耦合阶段	耦合发展类型
西藏	2013	0.507	0.313	1.902	良性耦合	重度失调区域经济损益型
	2014	0.724	0.414	0.742	良性耦合	轻度失调拮抗型
	2015	0.776	0.672	0.843	良性耦合	中级协调旅游产业主导型
	2016	0.789	0.829	1.089	良性耦合	优质协调旅游产业主导型
	2017	0.795	0.869	0.986	良性耦合	优质协调旅游产业主导型

6.4.3.1 耦合度分析

2013—2017 年，西部地区文化旅游产业集聚与区域经济发展耦合度整体呈上升趋势，C 取值从最初的 0.3 上升到最后的 0.8 以上，文化旅游产业集聚系统与区域经济发展系统从拮抗耦合时期逐步发展到高水平耦合时期，西部地区的文化旅游产业集聚趋势不断加强，对区域经济发展的影响也不断扩大，两系统之间由无序状态向相互促进的良性循环状态演进。

（1）西北 5 省（区）的耦合度呈波动上升状态

西北地区文化旅游产业集聚与区域经济发展的耦合度呈波动上升的状态，特别是宁夏和新疆在 2013—2014 年有明显的下降趋势，由于政府对旅游企业（如旅行社、星级酒店）的审核，旅游接待设施的数量锐减，文化旅游产业集聚程度被削弱，对当地经济发展的辐射带动作用也相应减弱（见图 6-4）。

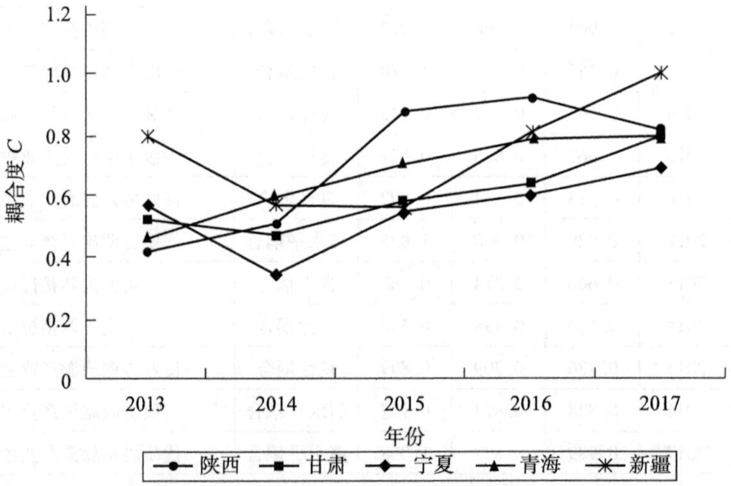

图 6-4 西北地区文化旅游产业集聚与区域经济耦合度分析

2015—2017 年各省旅游产业发展态势持续走高，与经济发展产生良好的协同效应，特别是陕西、新疆等旅游资源类型丰富、品位度较高的省（区），耦合度达到了接近于 0.9 的水平。对比不同的省（区），甘肃、宁夏和青海的耦合度增长幅度较小且系统内波动较小，耦合度从 0.457 上升到 0.799，耦合类型也从拮抗耦合逐渐向良性耦合转变，但由于地区经济发展的限制，使得文化旅游产业集聚增长态势放缓。而陕西和新疆地区的耦合度波动幅度较大且增长态势迅猛（特别是 2015—2017 年），这与当地政府出台的丝绸之路旅游发展政策有很大关系：陕西作为丝绸之路的起点，承担着带动丝绸之路沿线文化遗产繁荣振兴的责任；新疆作为中国对中亚及欧洲开放的大门，其主体地位也在国家及地区各级政府出台的相关政策中不断得到凸显。陕西和新疆的文化旅游产业集聚随着丝绸之路经济带的不断发展会进一步增强，对各地区甚至整个西部地区的经济发展都会产生重大影响。

（2）西南 5 省（区、市）的耦合度增长态势平稳且增幅较大

2013—2017 年，西南地区各省（区、市）的文化旅游产业集聚与区域经济发展的耦合度增长态势较为平稳，增长幅度较大，文化旅游产业集聚趋势不断加强，对区域经济的影响也在不断扩大（见图 6-5）。

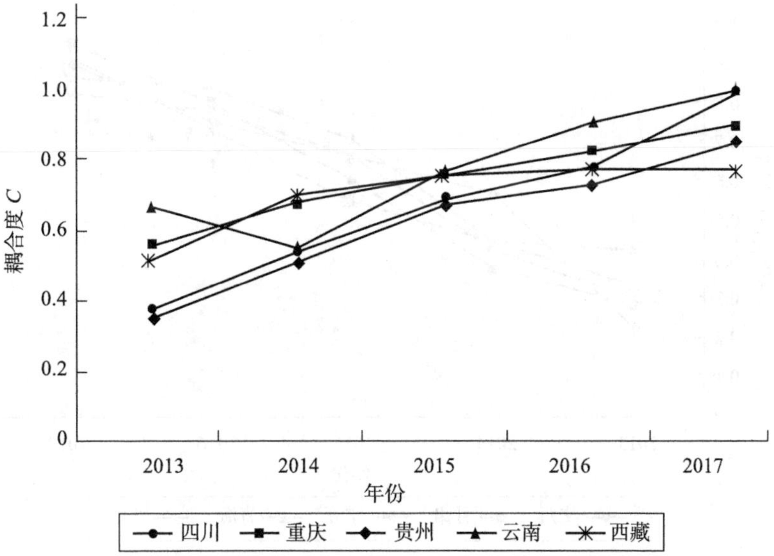

图 6-5　西南地区文化旅游产业集聚与区域经济耦合度分析

四川、重庆和云南的耦合发展态势良好且已达到较高水平，耦合类型也从失调衰退阶段向协调发展阶段逐渐发展。这主要得益于地区的旅游资源禀赋较好，再加上当地政府部门对旅游业发展做出适当的规划与调整，使旅游企业获得了较好的发展机遇，由旅游相关产业产生的收益对地区经济产生了持续且强劲的拉动作用；反观贵州和西藏，虽然旅游资源类型丰富且级别较高，但由于地区经济发展较为滞后，相关的旅游基础接待设施不能很好地承载起迅速增长的旅游市场，文化旅游产业集聚发展缓慢，对地区经济的贡献也不显著。

6.4.3.2 耦合协调度分析

（1）西北地区耦合协调度与耦合度基本一致

西北地区耦合协调度与耦合度基本一致，表明文化旅游产业集聚与区域经济发展两系统之间的关系正在逐步得到改善，两系统间的相互作用不断加强。耦合发展类型方面，两系统从失调衰退拮抗型朝着协调发展同步型方向发展。其中，2013—2014 年，西北各省（区）的文化旅游产业集聚与区域经济发展两系统处于失调衰退阶段，陕西 2015 年、甘肃 2015 年、宁夏 2017 年、青海 2015 年、新疆 2017 年开始出现以旅游产业为主导的发展趋势，对区域经济发展有良好的拉动作用（见表 6-15、图 6-6）。

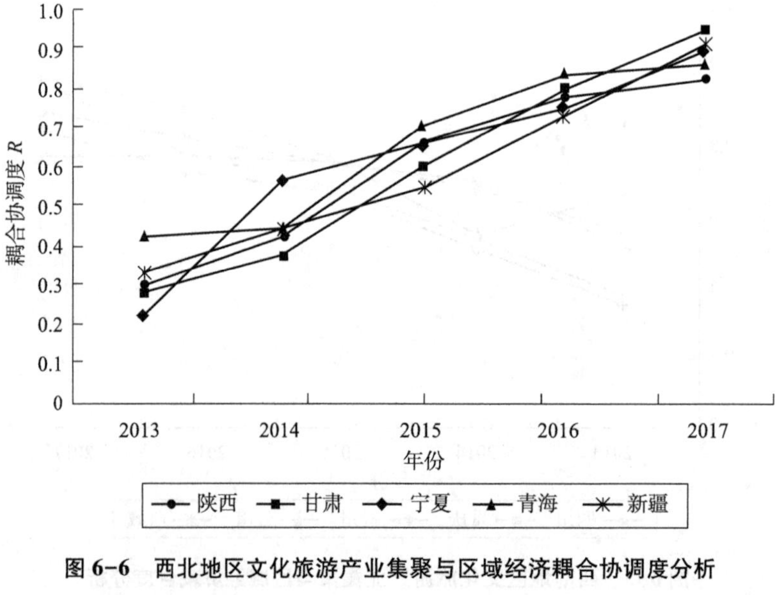

图 6-6 西北地区文化旅游产业集聚与区域经济耦合协调度分析

（2）西南地区耦合协调度与耦合度一致，处于稳定增长阶段

西南地区各省（区、市）耦合协调度与耦合度一致，都处于稳定的增长阶段，表明文化旅游产业集聚与区域经济发展两系统间的相互作用不断加强，从失调衰退经济损益型朝着协调发展旅游产业主导型方向发展。其中，2013—2014 年，西南地区大部分省（区、市）的文化旅游产业集聚与区域经济发展两系统处于失调衰退阶段，2015 年后开始呈现出以旅游产业为主导的发展趋势，对区域经济具有良好的拉动作用（见表 6-15、图 6-7）。

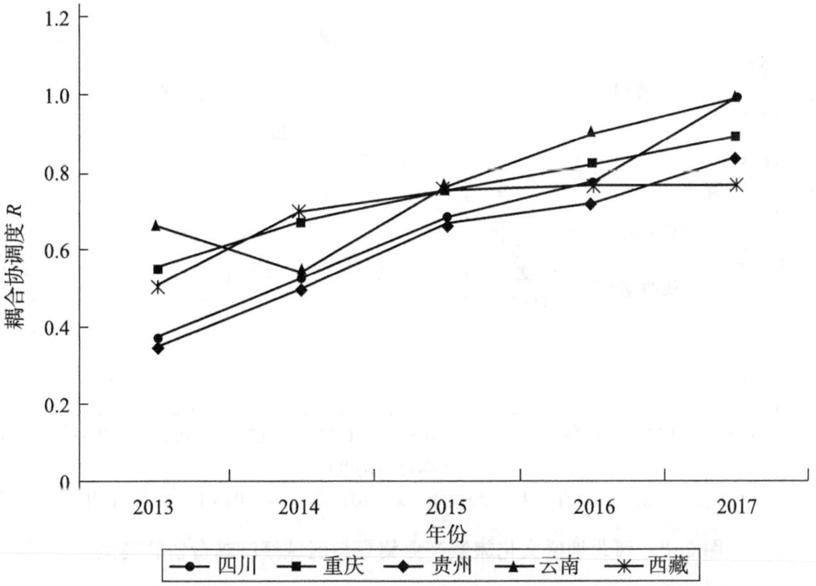

图 6-7 西南地区文化旅游产业集聚与区域经济耦合协调度分析

6.4.4 耦合协调度类型

根据文化旅游产业集聚与区域经济发展两系统发展评判标准：耦合度 $C>0.8$表明文化旅游产业集聚处于多极聚集阶段，旅游产业经济水平一定程度上决定了区域的经济竞争水平，两系统之间相互促进；耦合协调度 $R>0.8$ 表明旅游产业与区域经济处于优质协调发展阶段，文化旅游产业集聚的辐射带动作用在一定程度上影响了区域经济的发展水平。

（1）西北地区 5 省（区）基本上经历了从失调旅游产业损益型或者失调

拮抗型发展到优质协调旅游产业主导型的过程

2013—2014 年，西北地区基本处于严重失调和轻度失调阶段，甘肃和新疆还出现重度失调拮抗型，宁夏在 2014 年已经呈现出初级协调同步型。2015—2017 年，西北地区普遍处于从协调同步型或者中级协调、良好协调旅游产业主导型发展到优质协调旅游产业主导型的上升状态。这表明西北地区文化旅游产业集聚与区域经济发展两系统之间耦合协调类型在相互促进中逐渐发展到优质协调阶段。（见图 6-8）

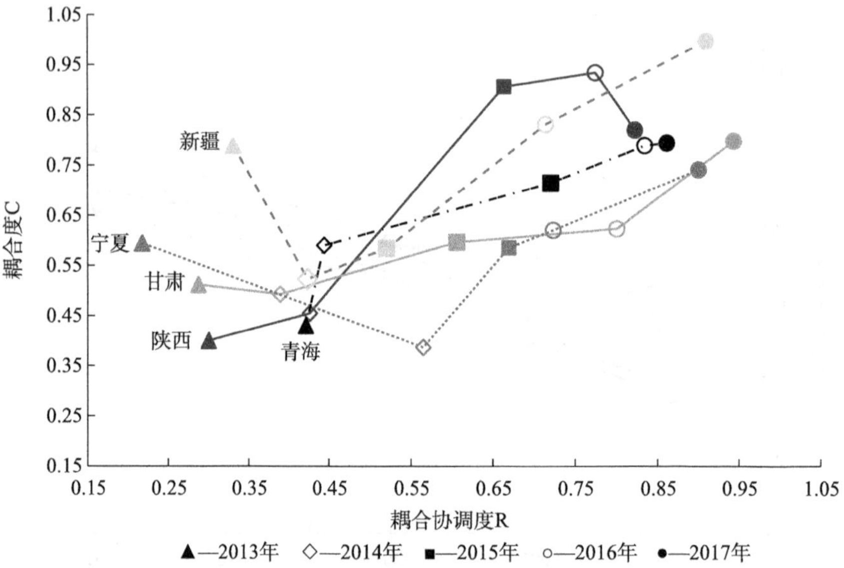

图 6-8 西北地区文化旅游产业集聚与区域经济耦合协调类型

（2）西南地区 5 省（区、市）基本上经历了从重度失调、严重失调或者轻度失调快速发展到优质协调旅游产业主导型的过程

2013 年西南地区除了贵州处于轻度失调区域经济损益型，其他地区都处于重度失调区域经济损益型或者严重失调拮抗型。2014—2017 年西南地区普遍从初级协调区域经济滞后型迅速发展到优质协调旅游产业主导型。这表明西南地区文化旅游产业集聚与区域经济发展两系统之间耦合协调类型迅速从重度失调发展到优质协调旅游产业主导型，也反映了西南地区整体区域经济高速发展促进了两系统的耦合协调。（见图 6-9）

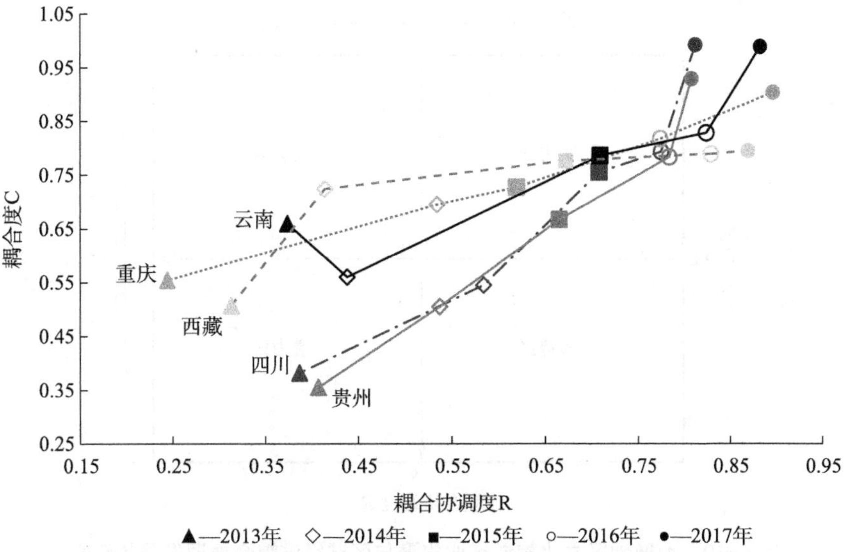

图 6-9　西南地区文化旅游产业集聚与区域经济耦合协调类型

6.5 西部文化旅游产业耦合协调发展的路径和对策

6.5.1 耦合协调发展的路径

一般来说，文化旅游产业集聚都会经历核心文化资源—旅游景区式集聚—旅游要素配套集聚—旅游相关行业融合式集聚等阶段。根据西部文化旅游产业集聚与区域经济耦合协调模型测算出的耦合度 C 与耦合协调度 R，将陕西、甘肃、宁夏、青海、新疆、四川、重庆、贵州、云南、西藏各省（区、市）进行划分。根据文化旅游产业集聚与区域经济发展两系统发展的评判标准：耦合度 $C>0.8$ 表明文化旅游产业集聚处于多极聚集阶段，且不同程度地决定了区域经济的竞争水平，两系统之间相互促进；耦合协调度 $R>0.8$ 表明文化旅游产业集聚特征与区域经济发展水平属于优质协调期，文化旅游产业集聚的辐射带动作用在一定程度上影响了区域经济的发展水平（见图 6-10）。

优势区是指耦合度 C 和耦合协调度 R 均大于 0.8 的双高省（区、市）。文化旅游产业处于中度和高度集聚阶段，呈现出多核心集聚的结构特征，且对

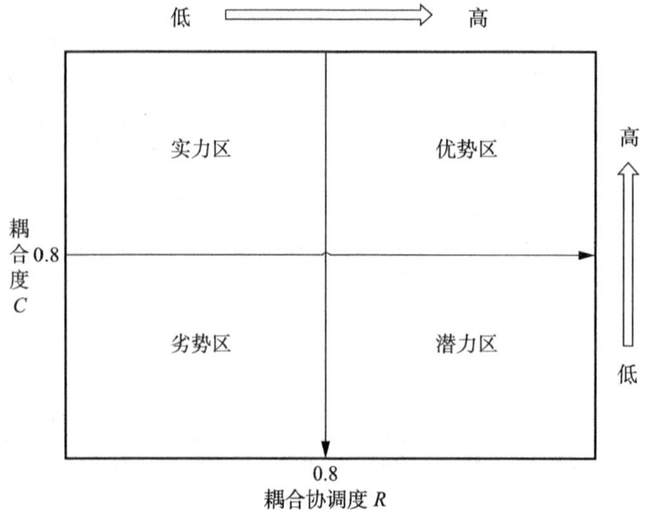

图 6-10　西部地区文化旅游产业集聚与区域经济耦合协调发展的路径

区域经济发展产生显著正向拉动作用，文化旅游产业集聚与区域经济发展呈现出优质协调发展类型。

劣势区是指耦合度 C 和耦合协调度 R 均小于 0.8 的双低省（区、市）。文化旅游产业发展水平较低，还未出现旅游产业集聚或者处于萌芽阶段，对区域经济发展没有显著影响，两系统属于典型的二元独立结构。

潜力区是指耦合度 C 小于 0.8 而耦合协调度 R 大于 0.8 的一低一高省（区、市）。文化旅游产业正处于迅速增长阶段，且对区域经济发展的贡献有较为显著的正向影响，两系统之间存在较为明显的联系。

实力区是指耦合度 C 大于 0.8 而耦合协调度 R 小于 0.8 的一高一低省（区、市）。文化旅游资源开发程度较好，文化旅游产业已经发展到较高层次，但对区域经济发展的贡献并不显著，属于旅游产业主导型区域。

随着文化旅游产业发展水平的不断提高，产业集聚化程度越来越成熟，潜力区和实力区呈现出向优势区转化的趋势，反之，可能恶化为劣势区。当然，劣势区借助地区政策优势和中央政策倾斜，加速集聚化，可能实现跨越式增长，形成优势区，也可能经过潜力区或者实力区过渡到优势区，这取决于外生政策因素和内生机制因素的驱动力大小。

6.5.2 耦合协调发展区域的分布情况

根据西部地区文化旅游产业集聚与区域经济耦合协调发展的路径，对西部10个省（区、市）划分耦合协调发展区域。

（1）优势区

新疆、陕西、四川、云南的C值与R值高于规定水平0.8，文化旅游产业集聚水平达到较高层次，并在一定程度上为区域经济的发展做出贡献，文化旅游产业集聚与区域经济水平两系统间呈现良性的互相推动作用，属于优势区。

（2）实力区

重庆和贵州的C值高于规定水平0.8而R值低于规定水平0.8，说明这两个省（市）的文化旅游产业集聚水平已经达到较高层次，但对区域经济发展的拉动作用并不显著，两系统的协调耦合程度正在朝着理想化的方向和状态发展，属于实力区。

（3）潜力区

青海和西藏的C值低于规定水平0.8而R值却在规定水平0.8以上，说明这两个省（区）的文化旅游产业集聚正处于迅速增长阶段，对区域经济发展的推动作用也不断加强，两系统之间存在较为明显的联系，属于潜力区。

（4）劣势区

宁夏和甘肃的C值与R值均低于规定水平0.8，文化旅游产业集聚开始出现并处于较为缓慢的增长阶段，与区域经济的发展水平联系不大，两系统之间存在较小的互动作用，属于劣势区。

6.5.3 耦合协调发展的对策

由于外部经济、规模经济和政府宏观调控的作用，西部地区旅游产业在发展过程中出现了不同程度的集聚状况，并对区域的经济发展起到了一定的推动作用。在分析西部地区文化旅游产业集聚与区域经济发展耦合协调度的过程中，可以发现西部地区的耦合度处于小幅波动上升阶段，且与耦合协调度的增长趋势相一致，表明各省（区、市）的旅游产业稳步持续增长，出现不同程度的产业集聚状况，与区域经济发展两系统之间的关系正在逐步得到改善，两系统间的相互作用不断加强。

（1）优势区制定系统旅游规划，理顺各省（区、市）文化旅游比较优势

陕西、新疆、四川、云南由于旅游产业发展步伐较快，配套基础设施较为完善，依托文化旅游景区和城市的旅游产业集群，文化旅游产业集聚水平近年来一直保持稳定的增长趋势且处于较高层次，与区域经济发展处于高水平的良性耦合阶段。在西部地区文化旅游产业集聚区建设过程中，这4个省（区）处于重要的旅游地位，新疆和云南以文化旅游产业为主导带动经济发展，陕西和四川以区域经济为支撑促进文化旅游产业发展，这主要得益于无可比拟的经济优势和政策优势。西安和成都作为国家中心城市，具有特殊的区域优势和发展意义，承担着带动和辐射沿线地区文化旅游的振兴和发展的责任，确定陕西和四川在西部地区文化旅游产业集聚建设的核心地位可以积极地实现省（区）间的互补发展和空间对接。新疆和云南的经济发展水平相对来说较为落后，但其旅游及相关产业的发展为当地的经济建设贡献了很大力量，所以文化旅游产业集聚与区域经济发展的耦合度及耦合协调度均处于一个相当高的水平。为有效地把握旅游发展的主动权，促进区域内经济发展的全局性和长远性，这4个省（区）的各级政府应制定科学明确的旅游规划发展战略，利用其自身地域面积辽阔、文化旅游资源异质性较大、文化旅游景区级别较高、经济发展及政策扶持基础较好的特点进一步扩大旅游影响力，吸引更多的旅游及相关企业投资建厂，进而拉动地区经济发展。

（2）实力区统筹区域利益需求，建立文化旅游相关利益共享机制

重庆和贵州的旅游发展水平较高，旅游市场规模不断扩展，但文化旅游产业产生的集聚现象对地区经济的发展没有明显的正向拉动作用，对区域经济增长的贡献不大，建设文化旅游相关利益共享机制是一个重要的问题。由博弈论可知，只有在满足双方利益的基础上找准各自定位才能做到优势互补与合作共赢，而资本恰恰是实现其利益共享的基本纽带。因此建议重庆和贵州各级政府统一联合制定旅游规划，一方面注入资本整合文化旅游资源要素，另一方面鼓励当地旅游企业争取政策红利，突破发展“瓶颈”，积极主动地为文化旅游景区发展建设贡献力量，同时完善国家与民营企业的合作经营制度，以体现利益共享机制。

（3）潜力区落实旅游联盟步伐，加快构建文化旅游产业集聚区

青海和西藏文化旅游产业发展相较于经济发展略显滞后，文化旅游产业集聚与区域经济发展两系统处于良性耦合阶段，存在一定的联系，但关联度较小。青海和西藏的旅游发展在很大程度上受到了地理环境的限制，盆地、高山与河

谷相间分布的高山地形增加了修建旅游道路的难度，交通通达性的降低直接影响了当地旅游景区的游客流量，旅游配套设施不完善也大大缩短了游客的停留时间，同时土地资源的限制也使得容纳大型企业的能力被削弱。综上所述，青海和西藏的文化旅游发展虽处于上升阶段但没有形成明显的文化旅游产业集聚区，文化旅游产业发展相对于经济动力略显滞后。对此，青海和西藏在今后的旅游发展中应注意各市区间的协调互助发展，共同进行旅游规划，发挥各自的核心竞争优势，跨省（区）整合文化旅游资源，打造旅游黄金线路，以统一、特色的整体旅游形象来扩大文化旅游资源的吸引力和辐射力。

（4）劣势区整合文化旅游资源要素，实现旅游产业集聚联动效应

宁夏和甘肃的文化旅游产业与区域经济发展均处于较为落后的阶段，虽然形成了文化旅游产业集聚区但水平普遍较低，未能对区域经济发展产生拉动作用，两系统之间的互动关系并不明显。宁夏由于地域面积的限制使得文化旅游景点分布较为密集，文化旅游景区级别不高但资源异质性较大，文化旅游资源具备一定的吸引力，但也正是由于地域上的限制，使得来宁夏旅游的游客停留时间很难延长，景区周边也很难形成特别突出的聚集区，这在很大程度上制约了当地旅游经济的发展。甘肃省景观分布呈现出明显的地貌特征，文化旅游景区级别较高但差异并不明显，多为古长城、佛教石窟、道教名山等人文资源。而且由于地区经济发展滞后，宾馆、餐饮、旅行社等基础设施建设比较落后。基于此，宁夏和甘肃在发展过程中应该打破地域限制，通过有效组合不同类型、不同级别的文化旅游资源打造不同的旅游产品，利用毗邻的区位优势构建文化产业集群，实现产业联动带动区域经济的发展。文化旅游产业联动要求旅游上下游企业间形成合理的产业分工体系，通过无缝连接与紧密合作，为区域经济发展带来持续的补充与推动力。

参考文献

[1] 杜瑞．“一带一路”背景下兰新高铁对西北地区社会经济发展的影响分析［J］．经营与管理，2016（6）：95-97.

[2] 赵菲菲，敬莉．“一带一路”战略下新疆产业结构调整研究——基于西北五省（自治区）产业结构趋同视角［J］．新疆社科论坛，2015（6）：21-27.

[3] 柳江，申洋．“一带一路”背景下西北地区市场分割与经济协调发

展分析 [J]. 西北人口, 2016, 37 (6): 92-99.

[4] 黄荆晶, 邓淑红, 郭萌. "一带一路" 背景下西北地区乡村文化治理路径探析 [J]. 现代农业, 2017 (7): 93-95.

[5] 李晓利. "一带一路" 战略背景下新疆清真食品产业发展的问题与对策 [J]. 产业与科技论坛, 2016, 15 (11): 26-28.

[6] 周欢, 马乃毅. "一带一路" 建设中我国西北地区城市群协调发展研究 [J]. 科技管理研究, 2016, 36 (6): 187-191.

[7] 张小军. 西北地区 "丝绸之路" 文化产业发展的区域法治协同 [J]. 法制与经济, 2016 (11): 19-23.

[8] 王春艳, 程健, 韦晓宏. "一带一路" 战略下西北地区的区域四位一体化构想研究 [J]. 西安财经学院学报, 2017, 30 (1): 46-51.

[9] 李兴江, 马亚妮. 丝绸之路经济带旅游业发展对经济影响的实证研究——基于甘肃省数据的模型检验 [J]. 开发研究, 2011 (5): 56-58.

[10] 刘增涛, 赵鸣. 江苏 "一带一路" 旅游产业发展对策研究 [J]. 城市, 2016 (1): 9-15.

[11] 张爱琴, 郭晓东, 苏维欢. "一带一路" 战略契机下西北地区城镇化与旅游业动态关系研究 [J]. 青海社会科学, 2017 (4): 36-43.

[12] 翁钢民, 姚昭屹, 贾丽丽. 环渤海区域旅游非均衡发展时空特征研究 [J]. 地域研究与开发, 2015, 34 (3): 91-95.

[13] 蒋丽芹. 旅游经济非均衡发展区域实现包容性增长的战略与策略——以泛长三角旅游区为例 [J]. 经济地理, 2012, 32 (6): 167-172.

[14] 郝俊卿, 曹明明. 基于时空尺度下陕西省旅游经济差异及形成机制研究 [J]. 旅游科学, 2009, 23 (6): 35-39.

[15] 何小勤. 浙江省区域旅游业发展差异成因及对策 [J]. 国土与自然资源研究, 2010, 6 (5): 76-77.

[16] 田纪鹏, 何建民. 上海旅游业区域差异研究——基于旅游资源、企业、政策与旅游经济关系的视角 [J]. 旅游科学, 2011, 7 (6): 1-13.

[17] 汪德根, 陈田. 中国旅游经济区域差异的空间分析 [J]. 地理科学, 2011, 31 (5): 528-536.

[18] 苏建军. 区域旅游经济发展水平非均衡演变的时空差异研究——以山西省为例 [J]. 技术经济, 2009, 28 (7): 73-76.

[19] 高鸿业. 西方经济学 (微观部分) [M]. 北京: 人民大学出版

社，2007.

[20] 孙根年，冯茂娥．西部入境旅游市场竞争态与资源区位的关系［J］．西北大学学报，2003，33（4）：459-464.

[21] 张文波．中国地位区位优势影响制造业集聚的实证研究［D］．长沙：湖南大学，2012.

[22] 杨风，李继红．旅游经济空间差异研究——以四川为例［J］．西部经济管理论坛，2018（1）：22-81.

[23] 袁媛．甘肃省旅游经济区域差异及其影响因素研究［D］．兰州：兰州大学，2013.

[24] 王兆峰，余含．西南地区旅游业发展的区域响应差异分析［J］．地理科学，2013，33（3）：322-328.

7 交通网络对遗产旅游与新型城镇化的调节效应研究

——基于陕西省面板数据的实证研究

7.1 问题的提出

在实施全域旅游和乡村振兴战略的过程中，一些远离中心城市的历史文化村落、古镇、古建筑、古遗址、农业遗迹等遗产旅游资源逐渐受到人们的重视和认识。随着乡村旅游发展规模、投资和影响力的不断扩大，依托遗产旅游发展的新型城镇建设不断加速，旅游开发成为新型城镇发展建设的重要推手。地处晋、冀、豫三省交界处的河北邯郸市峰峰矿区彭城镇的张家楼村，是一座历史文化悠久、磁州窑特色文化保存完好的古村落。随着古村文化遗产旅游开发和美丽乡村的建设，被誉为“中国陶瓷历史文化名城”的峰峰矿区彭城镇，2018 年春节“黄金周”期间共接待游客 77.79 万人次，同比增长 423.13%，旅游收入超过 1.7 亿元，同比增长 498.36%。位于陕、甘、川三省交界的青木川镇，距离陕西省汉中市 197 千米，距离宁县强 136 千米，被国家发展改革委列为《西部大开发“十三五”规划》中打造百座特色小城镇之一。依托丰富的历史文化遗产资源且拥有全国最具潜力的十大古镇之一的美誉，宁强县在 2018 年清明小长假期间接待游客 10.83 万人次，同比增长 27.4%，旅游综合收入达 4861 万元，同比增长 28.7%。

从以上两个遗产旅游型城镇化发展的实例可以看出，地处偏远的历史文化村落或者古镇，随着文化遗产旅游和乡村旅游的开发，城镇化发展水平不断提高，文旅产业成为新型城镇建设的重要产业，辐射带动其他相关产业的城镇化集聚，进一步促进和提升遗产旅游型地区城镇化水平。这个发展路径为那些遗产资源丰富、经济欠发达、远离中心城市的偏远地区的城镇化过程提供了一个发展思路：大力发展综合运输和区际骨干线路的交通网络，促进旅游开发的可进入性和通达性。然而，从目前国内一些衰败的旅游古镇的发展轨迹来看，有必要探究一些问题：遗产旅游与新型城镇化之间是否存在动态的因果关系？单向因果关系还是双向因果关系？长期稳定的均衡关系还是短期波动调整？在这个关系中，交通网络对两者的调节作用有多大？研究这些问题对于偏远地区在新型城镇化过程中，选择加强遗产旅游导向还是交通建设导向的城镇化发展政策，具有一定的理论指导和借鉴意义。

陕西省文化遗产资源十分丰富，其中约有86%分布在城郊区和农村地区。“十三五”期间，陕西省继续实施“两镇”带动战略，建设40个省级重点示范镇和31个文化旅游名镇。陕西省遗产旅游驱动型的新型城镇建设思路十分明确，本书选取陕西省10个地级市2007—2016年的面板数据为研究样本，通过协整检验和格兰杰（Granger）因果关系检验，分析交通网络、遗产旅游优势与新型城镇化之间的因果关系，进而检验交通网络在遗产旅游与新型城镇化互动关系中的调节效应是否显著。

7.2 文献综述

7.2.1 国外研究综述

国外研究遗产旅游与城镇化的关系侧重于案例研究城市发展中遗产旅游的压力，旅游景观和遗产环境都为城市化的显著增长带来重大挑战。Abdel-Maksoud等（2018）研究开罗两个地区的地质遗产旅游受到人为城市化的压力而遭到破坏。Parlett G等（1995）分析了遗产旅游对爱丁堡古城的影响。Samat等（2013）以兰卡威岛的旅游业为例研究遗产旅游城市的发展压力，提出控制建成区扩张的策略。当然，遗产旅游对城市发展的促进作用也是显而易见的，在中国小城镇发展中旅游驱动型城镇化是一个典型（Qian et al.，2012）。Setyaningsih等（2016）研究考夫曼城市聚落中遗产旅游在城市的发展空间和创造的经济价值，从宏观和微观的角度发现其空间布局并不是最优，历史建筑已经改变。Naselli（2016）提出一个地方发展中合理利用的遗产旅游，有助于加强和保护城市遗产与当地社区。Martinović等（2018）认为工业遗产可以在冲突后环境中成为社会可持续性城市再生的潜在催化剂。遗产旅游与城市发展之间也存在双向关系，蒙特利尔和新加坡的案例研究表明，“自上而下”的视角强调推动城市复兴的作用，“自下而上”的视角侧重于对当地的重要影响（T C Change et al.，1996）。但是，学术界长期以来缺乏系统的评估方法来考量可持续的城市发展与遗产旅游之间的差距，更广泛的城市化现象与遗产旅游之间相关性的研究工具和恰当的方法尚待发展（Guzmán et al.，2017）。

7.2.2 国内研究综述

国内对遗产旅游与城镇化关系的研究，一方面从城市规划和文化遗产管理的研究视角，集中于城镇化建设中的遗产价值的评估（熊筱等，2017）、文化遗产的保护（单霁翔，2010；刘玉昕，2018），以及城镇化发展与遗产旅游保护开发之间的关系（王元，2015；范虹珏，2016；贺云翱，2015；于晓磊等，2015）。另一方面探讨了遗产旅游对城镇化经济的影响（张杰等，2012），平遥古城作为世界文化遗产地，其生命周期与旅游驱动型城镇化发展阶段相对应的关系，证实了遗产旅游是城镇化发展的重要驱动因素（丁新军等，2014）。这是研究遗产旅游与城镇化两者之间的单向关系，也有学者用耦合协调度的方法研究两者的双向关系。高楠等（2017）以平遥古城为例，分析了遗产旅游与城镇化之间的耦合协调度受到新型城镇化和旅游业发展水平的综合影响，均存在显著性。

相比较国内外对遗产旅游与城镇化关系研究的深入性和广泛性，学者对交通网络与遗产旅游、城镇化三者之间关系的研究甚少，旅游目的地与交通运输之间的关系仍是一个相对未被研究的主题（Lohmann et al.，2014），大部分研究普遍集中在城镇化与交通因素两者之间相互影响的关系上。中国高铁网络改变中国城市旅游的空间格局（Wang et al.，2018），发展中国家尤其是中国的旅游新城镇需要建立人居的综合交通网络（Li et al.，2017）。相关关系和因果关系的研究是产生结论性观点的前提，回归分析和格兰杰因果关系检验是国外学者研究这个问题主要的方法。Poumanyvong 等（2012）通过回归模型考察表明，城市化对国家的交通和道路能源使用有正向影响，影响力在高收入群体中的体现比其他群体更大。Warnock-Smith 等（2008）发现航空政策自由化增长带来2.55%~3.02%的年游客流量增长，而最高的估计值受美国—巴哈马交通模型中多重共线性影响最小。Maparu等（2017）采用协整检验和格兰杰因果关系检验研究交通基础设施各子部门与经济发展和城市化之间存在长期的因果关系。Khan等（2017）运用面板数据完全修正最小二乘法（FMOLS）回归结果表明，入境旅游指数和出境旅游指数都与航空运输、铁路运输、旅行和运输服务存在双向因果关系，而它们彼此之间只存在一个单向因果关系。

国内学者对交通因素与城镇化关系的研究侧重于空间结构合理性和耦合协调等方面。高铁对城市交通网络和城市旅游空间结构有深刻的影响（刘军林等，2016），交通运输与新型城镇化发展之间的关系有“推动型”“同步型”“拉动型”三种发展策略，以此构建协调发展策略的匹配指标体系（吴改选，2018）。中小城市旅游经济与交通耦合协调发展（余菲菲等，2015），构建新型城镇化、交通网络化与服务业集聚三者协同发展的耦合度和协调度模型，评价中部、东部和西部三个地区的耦合协调程度（武勇杰等，2016）。

7.2.3 研究述评

以上研究主要聚焦于交通系统或交通网络对城市空间和旅游流的影响，涉及遗产旅游与交通网络的研究很少，国内几乎没有这方面的研究。Donázar等（2018）研究的是保护区内旅游道路和交通的密集程度如何影响资源使用模式。Gutiérrez等（2017）以塞伦盖蒂国家公园为例，分析了旅游与自然保护区之间的平衡关系，开发了一个基于运输网络特性模拟交通量变化的评估工具。

综上所述，国内外研究虽然从不同视角和不同方法上对遗产旅游与城镇化、交通因素与城镇化的两两关系进行了探讨，但是在遗产旅游与新型城镇化相互关系中，鲜有研究涉及交通网络作用于两者产生的效应。在中国偏远地区，遗产资源保存量大，在旅游驱动型的新型城镇化发展过程中，交通网络对当地区域经济发展和遗产旅游资源开发具有重要作用。

本课题利用陕西省10个地市2007—2016年的面板数据单位根检验和协整检验，研究遗产旅游、交通网络和新型城镇化之间的长期均衡关系，揭示三者之间的互动增长效应。运用面板数据格兰杰因果关系检验考察遗产旅游优势度、交通网络和新型城镇化两两之间短期和长期的因果关系，最后运用回归模型研究交通网络在遗产旅游优势度和新型城镇化之间的调节效应。通过研究交通网络对遗产旅游和新型城镇化的增长效应、因果关系和调节效应，以期对我国偏远地区旅游驱动型的城镇化协调发展提出具有参考性的政策建议。

7.3 研究设计与数据处理

7.3.1 指标体系构建

（1）新型城镇化评价指标体系构建

根据学者衡量新型城镇化指标体系的研究成果，本书根据经济因素、人口因素、社会因素和环境因素 4 个一级指标和 15 个二级指标构建新型城镇化评价指标体系（见图 7-1）。

图 7-1　新型城镇化评价指标体系

（2）遗产旅游评价指标体系构建

衡量一个地区旅游资源的丰裕度，可以用旅游资源优势度指标，即区域内旅游资源类型的质量，旅游资源丰裕度和旅游资源品位度来衡量（韩春鲜，2009）。王凯（1999）利用全国重点风景名胜区、国家级自然保护区、国家级森林公园、国家历史文化名城和全国重点文物保护单位 5 项高品质旅游资源的数量，计算出全国各地区旅游资源的绝对丰裕度、相对丰裕度、总丰裕度、组合指数和整体优势度等指标。黄成林（2001）增加了世界遗产类型，分析旅游资源丰裕度。孙根年等（2013）根据旅游景区游客流量及旅游收入测算，分别对 5A 级、4A 级、3A 级、2A 级、A 级景区的权重赋值为 5.0、2.5、1.75、0.5、0.25。祝明英（2016）以丝绸之路遗址群为研究对象提出遗址资源优势度，用遗址点密度和遗址资源影响程度衡量。

目前并没有较一致的关于遗产旅游评价体系的研究文献，本课题对遗产旅游的评价体系提出遗产旅游优势度的概念。遗产旅游优势度是指区域内遗产旅游资源保护和开发利用的有利条件与程度，包括遗产旅游开发度、遗产旅游品位度、遗产保护度和遗产分布密度 4 个一级指标和 10 个二级指标（见图 7-2）。为了保证指标体系计算单位的一致性，指标层均采用比值形式。

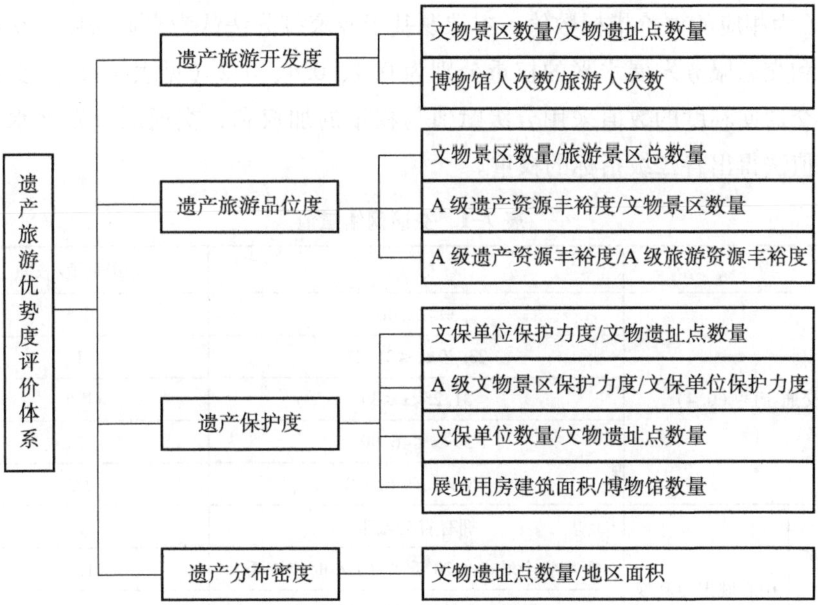

图 7-2　文化遗产旅游评价指标体系

在指标体系中，遗产资源（旅游资源）丰裕度和文物单位（景区）保护力度可以用公式表示为：

$$Q_i = \sum_{A=1}^{4(5)} p_A q_A \tag{7-1}$$

式中，Q_i 为 i 地区的遗产资源（旅游资源）丰裕度或者文物景区保护力度；p_A 为第 A 级旅游景区（文物景区）的权重；q_A 为第 A 级旅游景区（文物景区）的数量。这里对 5A 级、4A 级、3A 级、2A 级、A 级旅游景区的权重分别设为 5.0、2.5、1.75、0.5、0.25，对世界级、国家级、省级、市县级文物景区权重分别设为 4、3、2、1。

（3）交通网络评价指标体系构建

根据学者关于交通网络评价指标体系的相关研究成果，本课题从交通密度、交通便利度和交通服务发展水平 3 个方面构建交通网络评价体系，具体计算公式为：

$$C_i = \sum_{i=1,\ j=1}^{i=10,\ j=3} \alpha_{ij} f_{ij} \tag{7-2}$$

式中，C_i 为 i 地区交通网络评价综合指数，是交通密度、交通便利度和交通服务发展水平 3 项指标体系的加权和；α_{ij} 为 i 地区第 j 项评价指标的权重；f_{ij} 为相应的评价指标数值。本课题基于专家打分法认为交通密度、交通便利度和交通服务发展水平的权重分别为 0.4、0.4、0.2（见表 7-1）。交通密度和交通便利度的数值采用分级赋值与权重的加权和，交通服务发展水平采用熵值法得出各二级指标的权重。

表 7-1　交通网络赋值

指标层		标准	分级赋值/权重
交通密度（0.4）		$x \leq 23.40$	0.5
		$23.40 < x \leq 31.25$	1
		$31.25 < x \leq 39$	1.5
		$39 < x \leq 46.90$	2
		$46.90 < x \leq 62.50$	2.5
交通便利度（0.4）	中心城市便利度	拥有省会城市	2
		距离省会城市<120 千米（1 小时经济圈）	1.5
		距离省会城市 120~240 千米	1
		距离省会城市>240 千米（2 小时经济圈）	0

续表

指标层		标准	分级赋值/权重
交通便利度（0.4）	高速公路便利度	有出入口	2
		距最近高速出入口>60 千米	0
		距最近高速出入口 30~60 千米	0.5
		距最近高速出入口<30 千米	1
	铁路便利度	有线路有车站	$\sum 0.5n \times i/m$
		距最近车站>60 千米	0
		距最近车站 30~60 千米	$1.5/m$
		距最近车站<30 千米	$2/m$
	机场航线便利度	有支线机场航线	2
		有干线机场航线	2.5
		无机场航线	0
交通服务发展水平（0.2）		客运量	
		货运量	
		公路部门营运载客车拥有量	
		公路部门营运载货车拥有量	
		城市公共汽车运营量	
		城市出租汽车运营量	

表7-1 中 x 为公路密度；n 为交通线路通达方向个数；i 为铁路技术等级，分为高速铁路、客运专线和其他铁路，取值分别为 2、1.5、1；m 为火车站等级，按照中华人民共和国铁道部标准划分，分为特等站、一等站、二等站、三等站和四等站，取值分别为 1、2、3、4、5。

7.3.2 研究方法设计

（1）面板单位根检验方法

在进行协整检验之前，首先应该进行面板数据的平稳性检验，主要是检验样本序列的平稳性和单整阶数。面板数据单位根检验方法包括同质单位根检验和异质单位根检验。同质单位根检验包括 LLC 检验、Breitung 检验、Hadri 检验，异质单位根检验包括 IPS 检验、Fisher-ADF 检验等。其中，LLC 检验、Breitung 检验、IPS 检验和 Fisher-ADF 检验的原假设为面板数据存在单位根，Hadri 检验原假设为面板数据不存在单位根。虽然 5 种检验理论存在差异性，但是只要检验结果有超过一半不含单位根或者同阶单整，则可以继续进行协整检验。运用 LLC 检验、Breitung 检验、IPS 检验、Fisher-ADF 检验和 Hadri 检验对遗产旅游优势度、交通网络及新型城镇化进行单位根检验，考察 3 个变量是否存在一个平稳的线性组合，即变量之间是否存在一个长期的稳定关系。

（2）面板协整检验方法

协整检验可以考察变量之间是否具有长期稳定的均衡关系，如果通过了协整检验，其方程回归残差就是平稳的，回归结果比较精确。面板协整检验包括 EG 二步法和 Johansen 检验。EG 二步法又包括 Pedroni 检验和 Kao 检验，本课题采用学者普遍使用的方法，即 Pedroni 检验和 Kao 检验。

Pedroni 检验原假设 H_0：不存在协整关系。以协整方程的回归残差为基础，构造 Panel v、Panel rho、Panel PP、Panel ADF、Group rho、Group PP 和 Group ADF 共 7 个统计量检验面板数据之间的协整关系，其中 Panel v、Panel rho、Panel PP 和 Panel ADF 为组内统计量，Group rho、Group PP 和 Group ADF 为组间统计量。Pedroni 认为小样本中，Panel ADF 和 Group ADF 统计量检验效果最好，Panel v 和 Group rho 检验效果最差，其他统计量处于两者中间，因此，如果 Panel ADF 和 Group ADF 的显著性水平在 5%以下，则认为变量之间存在长期均衡关系。

Kao 检验原假设 H_0：不存在协整关系。如果拒绝原假设则说明变量之间存在长期的均衡关系。

（3）面板格兰杰因果关系检验方法

格兰杰因果关系检验的原理是“通过过去信息来预测未来”，即检验 X 是否是引起 Y 变化原因时，可以在 Y 的 VAR 模型中添加 X 的滞后变量，如果可以更显著预测 Y，则说 X 是 Y 的格兰杰原因。如果在 Y 的 VAR 模型中添加 X 滞后变量，没有显著预测 Y，则说明 X 不是 Y 的格兰杰原因。本课题借鉴了 Dumitrescu 和 Hurlin 提出的基于平均 Wald 统计量检验因果关系的面板格兰杰因果关系检验法。首先建立以下面板回归模型：

$$Y_{it} = \varphi_i + \sum_{k=1}^{n} \varphi_i^k Y_{i,\ t-k} + \sum_{k=1}^{n} r_i^k X_{i,\ t-k} + \mu_{it} \tag{7-3}$$

式中，n 为滞后长度；t 为时间；i 为第 i 个地级市。对于每个截面单位原假设 H_0：$r_i=0\ \forall i=1,\ \cdots,\ N$；备择假设 H_1：$r_i=0\ \forall i=1,\ \cdots,\ N_1$，$r_i\neq 0\ \forall i=N_1+1,\ N_1+2,\ \cdots,\ N$。当 $N_1=N$ 时，X 与 Y 之间没有因果关系；当 $N_1=0$ 时，

对于每个截面单位 i，X 与 Y 都有因果关系；当 $N_1>0$ 时，每个截面单位 X 和 Y 之间因果关系不同。因此，单个 Wald 统计量的平均值为：

$$W_{N,\ T}^{Hnc}=\frac{1}{N}\sum_{I=1}^{N}W_{i,\ T} \qquad (7-4)$$

式中，$W_{i,T}$为第 i 个截面单位的单个 Wald 统计量。运用平均 Wald 统计量对遗产旅游优势度、交通网络和新型城镇化两两之间因果关系进行检验。

应用面板 EGM 模型来分析三者之间的因果关系，面板 EGM 模型是运用 Engle 和 Granger 两步法构建的。第一步，建立如下面板固定效应模型，通过估计方程（7-5）、方程（7-6）得到残差 e_{it}和 ε_{it}（又称误差修正项）：

$$Y_{it}=\alpha_0+\alpha_1X_{it}+e_{it} \qquad (7-5)$$

$$X_{it}=\beta_0+\beta_1Y_{it}+\varepsilon_{it} \qquad (7-6)$$

第二步，建立以下误差修正模型来预测三者之间的因果关系：

$$\Delta Y_{it}=\varphi_0+\sum_{k=1}^{n}\varphi_k\Delta Y_{it-k}+\sum_{k=1}^{n}r_k\Delta X_{it-k}+\lambda ECM_{it-1}+\mu_{it} \qquad (7-7)$$

$$\Delta X_{it}=\varphi_0+\sum_{k=1}^{n}\varphi_k\Delta X_{it-k}+\sum_{k=1}^{n}\eta_k\Delta Y_{it-k}+\theta ECM_{it-1}+\nu_{it} \qquad (7-8)$$

式中，Δ 为一阶差分；n 为滞后长度；ECM 为误差修正项；t 为时间；i 为第 i 个地级市。在模型（7-7）中，如果可以拒绝原假设 H_0：$r_1=r_2=\cdots=r_n=0$，说明 X 是 Y 的短期格兰杰原因；如果 λ 显著不等于 0，说明 X 是 Y 的长期格兰杰原因。同理，在模型（7-8）中，如果可以拒绝原假设 H_0：$\eta_1=\eta_2=\cdots=\eta_n=0$，说明 Y 是 X 的短期格兰杰原因；如果 θ 显著不等于 0，说明 Y 是 X 的长期格兰杰原因。

7.3.3 数据来源及处理

（1）数据来源

本课题收集和整理了 2007—2016 年陕西省 10 个地级市的面板数据。原始数据中新型城镇化和交通网络的指标数据来自《陕西统计年鉴》《中国城市统计年鉴》以及陕西省各地级市《国民经济和社会发展统计公报》。遗产旅游优势度的 4 个指标体系数据包括遗产旅游开发度、遗产旅游品位度、遗产保护度和遗产分布密度，来自《陕西文物年鉴》和博雅旅游网的相关数据。为了消除量纲和量纲单位不同带来的不可公度性，需要对原始数据进行无量纲处理，采用改进熵值法和加权求和法，计算出 10 个地级市关于新型城镇化指数（NU）、遗产旅游优势度指数（$ADHT$）和交通网络指数（TN）的面板数据。

检验方法的面板数据均为处理过的指数分析，计算分析软件采用 EViews 6.0。

（2）数据的处理说明和假设

本课题采用改进熵值法确定新型城镇化、遗产旅游优势度和交通网络中交通服务发展水平各指标层的权重。公式为：

$$x'_{ij} = (x_{ij} - \bar{x}_j) / \sigma_j \tag{7-9}$$

式中，x'_{ij}为无量纲处理后的指标；x_{ij}为第 i 个被评价对象中的第 j 个指标观测数据（$i=1, 2, \cdots, n$；$j=1, 2, \cdots, m$）；$\bar{x}_j$ 为第 j 项指标的平均值；σ_j 为第 j 项指标的标准差。同时，为了消除无量纲处理之后产生的负值，将 x'_{ij}经过坐标平移变为 x''_{ij}。

计算指标 x_j 的权重：

$$w_j = \frac{g_j}{\sum_{j=1}^{n} g_j} = \frac{1 - e_j}{\sum_{j=1}^{n} 1 - e_j} e_j = -\left(\frac{1}{\ln m}\right) \sum_{i=1}^{m} R_{ij} \ln R_{ij} \tag{7-10}$$

计算指标 x''_{ij}的权重：

$$R_{ij} = x''_{ij} / \sum_{i=1}^{m} x''_{ij} \tag{7-11}$$

根据式（7-11）计算出新型城镇化、遗产旅游优势度及交通网络中交通服务发展水平的各指标层权重（见表 7-2）。

表 7-2　评价体系指标权重

评价体系	一级指标	二级指标	权重
新型城镇化	经济因素（0.252）	人均 GDP	0.028
		工业产值占 GDP 比重	0.066
		第三产业占 GDP 比重	0.065
		城镇固定资产投资占总投资比重	0.068
	人口因素（0.279）	总人口增加率	0.093
		城镇失业率	0.067
		城镇人口占总人口比例	0.065
		人口密度	0.063
	社会因素（0.199）	人均城镇道路面积	0.066
		用水普及率	0.070
		燃气普及率	0.071

续表

评价体系	一级指标	二级指标	权重
新型城镇化	环境因素（0.270）	生活垃圾处理率	0.070
		污水处理率	0.073
		人均公园绿地面积	0.066
		建成区绿化率	0.069
遗产旅游优势度	遗产旅游开发度（0.181）	文物景区数量/文物遗址点数量	0.104
		博物馆人次数/旅游人次数	0.240
	遗产旅游品位度（0.312）	文物景区数量/旅游景区总数量	0.014
		A级遗产资源丰裕度/文物景区数量	0.115
		A级遗产资源丰裕度/A级旅游资源丰裕度	0.072
	遗产保护度（0.403）	文保单位保护力度/文物遗址点数量	0.080
		A级文物景区保护力度/文保单位保护力度	0.032
		文保单位数量/文物遗址点数量	0.223
		展览用房建筑面积/博物馆数量	0.104
	遗产分布密度（0.104）	文物遗址点数量/地区面积	0.016
交通网络	交通密度（0.400）	公路密度	0.400
	交通便利度（0.400）	中心城市、公路、铁路及航空便利度	0.400
	交通服务发展水平（0.200）	客运量	0.188
		货运量	0.126
		公路部门营运载客车拥有量	0.170
		公路部门营运载货车拥有量	0.169
		城市公共汽车运营量	0.171
		城市出租汽车运营量	0.176

采用加权求和法计算第 i 年评价体系指数：

$$v_i = \sum_{j=1}^{n} w_j R_{ij} \tag{7-12}$$

根据式（7-12）可以得出陕西省2007—2016年10个地级市新型城镇化指数、遗产旅游优势度指数及交通网络指数，其基本趋势如图7-3所示。

可以看出，陕西省10个地市新型城镇化指数趋于高度一致性，西安市作为省会城市和历史文化名城，遗产旅游优势度指数和交通网络指数明显高于其他大部分地市，渭南市的遗产旅游优势度提升较快，榆林市的交通网络改善水平较高。

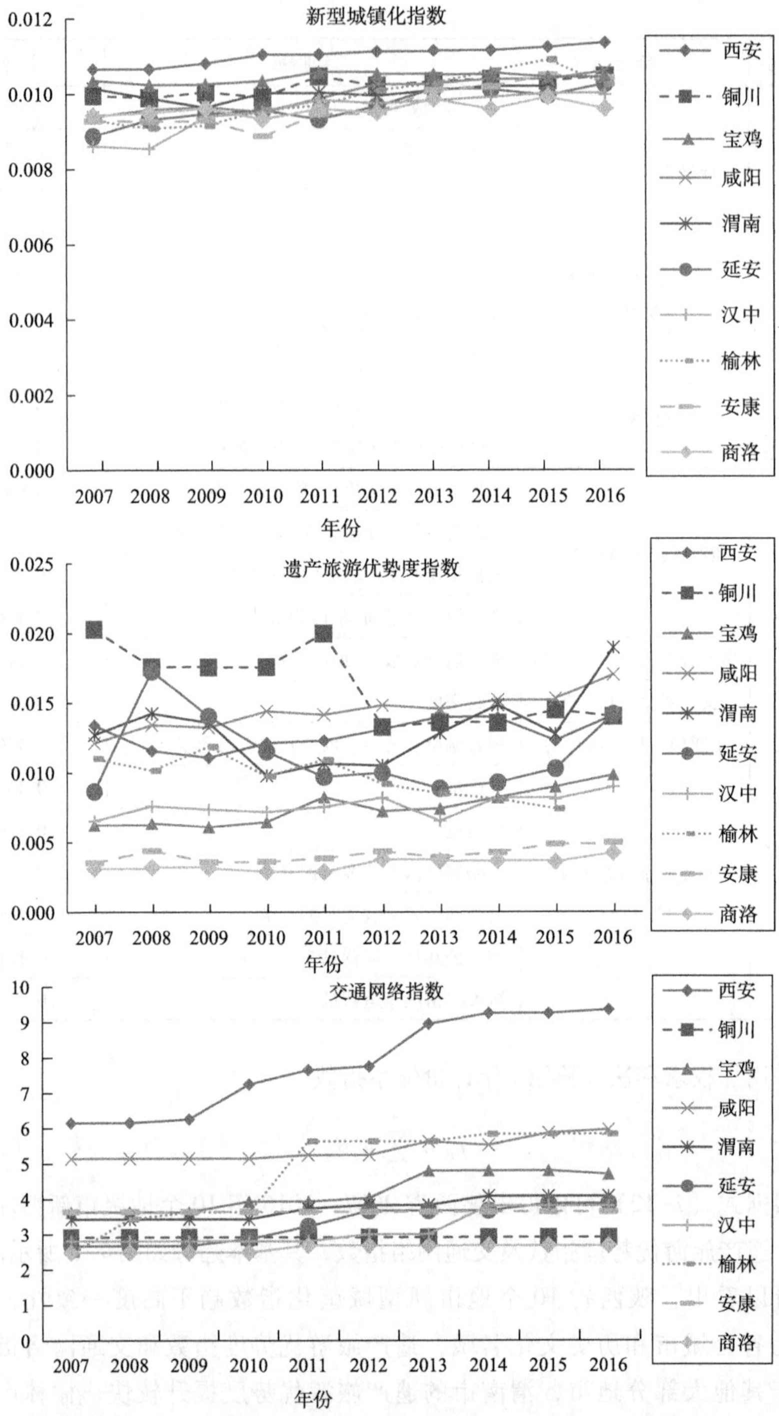

图 7-3　新型城镇化指数、遗产旅游优势度指数及交通网络指数增长趋势（2007—2016 年）

数据是否表明交通网络对城镇化和遗产旅游优势度有影响，三者之间是否存在因果关系，是单向还是双向，需要进一步验证。根据旅游城镇化发展的一般规律，可以构建四种假设：第一，遗产旅游优势度带动了全域旅游和就业，居民收入提高，强烈推动城镇化的单向驱动型因果关系；第二，交通网络全面提升拉动和引导了城镇化发展的单向拉动型因果关系；第三，交通网络和遗产旅游与城镇化同步双向互动型因果关系；第四，交通网络和遗产旅游与城镇化完全无因果关系的中立型。

7.4 实证检验与结果分析

7.4.1 新型城镇化、遗产旅游优势度及交通网络指标体系的面板单位根检验

运用LLC检验、Breitung检验、IPS检验、Fisher-ADF检验和Hadri检验，对遗产旅游优势度、交通网络和新型城镇化的发展指标进行面板单位根检验。各变量基本上不能在5%的显著性水平拒绝原假设，一阶差分序列基本上在5%的显著性水平拒绝原假设。检验结果如表7-3所示，遗产旅游、交通网络和新型城镇化的数据表现为非平稳序列，但是3个变量都符合一阶差分过程，经过一阶差分后面板序列在5%的显著性水平下都显示为平稳，原有的面板序列都是一阶单整，表明它们之间可能存在协整关系，需要进一步进行协整关系检验。

表7-3 面板单位根检验结果

变量	LLC检验	Breitung检验	IPS检验	Fisher-ADF检验	Hadri检验	检验结果
ADHT	-5.87704	-1.15545	-0.81924	30.1089	6.05262	不平稳
	(0.0000)	(0.1240)	(0.2063)	(0.0681)	(0.0000)	
TN	-2.204841	0.13274	1.42636	10.7842	5.94682	不平稳
	(0.0137)	(0.5528)	(0.9231)	(0.9033)	(0.0000)	
NU	-9.26527	-1.52727	1.26783	30.57151	5.92378	不平稳
	(0.0000)	(0.0633)	(0.1024)	(0.0611)	(0.0000)	
Δ*ADHT*	-10.2079	0.12387	-1.671974	52.8645	9.93566	平稳
	(0.0000)	(0.5493)	(0.0473)	(0.0000)	(0.0000)	

续表

变量	LLC 检验	Breitung 检验	IPS 检验	Fisher-ADF 检验	Hadri 检验	检验结果
ΔTN	-15.4986	-2.86925	-2.46328	48.8349	8.15048	平稳
	(0.0000)	(0.0021)	(0.0069)	(0.0001)	(0.0000)	
ΔNU	-12.6622	0.59887	-7.15845	83.1231	5.71826	平稳
	(0.0000)	(0.2746)	(0.0000)	(0.0000)	(0.0000)	

7.4.2 新型城镇化、遗产旅游优势度及交通网络指标体系的面板协整检验

Pedroni 检验中 Panel PP、Panel ADF、Group PP 和 Group ADF 统计量在5%的显著水平下拒绝原假设，表明变量之间存在协整关系。Kao 检验也在 5%的显著水平下拒绝原假设，因此遗产旅游优势度、交通网络和新型城镇化存在协整关系，即遗产旅游优势度、交通网络和新型城镇化存在长期均衡关系（见表 7-4）。

表 7-4 面板协整检验结果

检验方法	统计量	统计量值	P 值
Pedroni 检验	Panel v	-0.395684	0.6538
	Panel rho	0.265135	0.6045
	Panel PP	-1.978848	0.0239
	Panel ADF	-2.633772	0.0042
	Group rho	1.331693	0.9085
	Group PP	-4.793664	0.0000
	Group ADF	-4.693454	0.0000
Kao 检验	ADF	-2.557606	0.0053

7.4.3 新型城镇化、遗产旅游优势度及交通网络指标体系的面板格兰杰因果检验

（1）遗产旅游优势度与交通网络的面板格兰杰因果关系检验

对于遗产旅游优势度与交通网络因果关系而言，陕西省整体遗产旅游优势度与交通网络互相促进。从各地市层面来看，西安、宝鸡、咸阳、渭南、

汉中和榆林交通网络促进遗产旅游发展；铜川、延安、安康遗产旅游优势度促进交通网络提高；商洛遗产旅游优势度与交通网络互相促进（见表7-5）。

表7-5 遗产旅游优势度与交通网络面板格兰杰因果关系检验结果

截面单位	*ADHT→TN*	*TN→ADHT*	因果类型
陕西省	-2.269（0.0267）	2.269（0.0267）	互动型
西安市	1.153（0.3324）	2.511（0.0458）.	拉动型
铜川市	-2.776（0.0322）	-1.489（0.2332）	驱动型
宝鸡市	0.161（0.8772）	2.610（0.0401）	拉动型
咸阳市	0.134（0.9022）	3.227（0.0180）	拉动型
渭南市	-0.329（0.7636）	2.734（0.0717）	拉动型
延安市	-2.448（0.0919）	0.253（0.8167）	驱动型
汉中市	0.799（0.4825）	2.800（0.0312）	拉动型
榆林市	1.185（0.3214）	-5.760（0.0104）	拉动型
安康市	-2.147（0.0755）	-0.680（0.5420）	驱动型
商洛市	-4.985（0.0155）	3.544（0.0121）	互动型

（2）遗产旅游优势度与新型城镇化的面板格兰杰因果关系检验

对于遗产旅游优势度与新型城镇化因果关系而言，陕西省整体遗产旅游优势度与新型城镇化互相促进。从各地市层面来看，西安遗产旅游优势度与新型城镇化互相促进；铜川、延安、榆林、安康新型城镇化促进遗产旅游发展；宝鸡、咸阳、汉中遗产旅游优势度与新型城镇化互不促进；渭南、商洛遗产旅游优势度推动新型城镇化进程（见表7-6）。

表7-6 遗产旅游优势度与新型城镇化面板格兰杰因果关系检验结果

截面单位	*ADHT→NU*	*NU→ADHT*	因果类型
陕西省	2.318（0.0248）	4.815（0.0000）	互动型
西安市	5.369（0.0126）	3.686（0.0103）	互动型
铜川市	1.510（0.2281）	-5.364（0.0127）	拉动型
宝鸡市	0.427（0.4270）	-0.259（0.8119）	中立型
咸阳市	1.509（0.2283）	1.256（0.2558）	中立型
渭南市	-0.018（0.016）	-0.764（0.4740）	驱动型
延安市	-0.871（0.4480）	2.450（0.0917）	拉动型

续表

截面单位	*ADHT→NU*	*NU→ADHT*	因果类型
汉中市	-0.597（0.5927）	1.348（0.2263）	中立型
榆林市	-0.154（0.8874）	-2.650（0.0768）	拉动型
安康市	-1.367（0.2650）	3.140（0.0518）	拉动型
商洛市	3.753（0.0095）	0.858（0.4538）	驱动型

（3）交通网络与新型城镇化的面板格兰杰因果关系检验

对于交通网络与新型城镇化因果关系而言，陕西省整体交通网络与新型城镇化互为因果关系，即两两之间相互促进、相互发展。从各地市层面来看，因果关系不一，西安、延安、榆林交通网络与新型城镇化互相促进；铜川、咸阳是新型城镇化促进交通网络发展；宝鸡、汉中是交通网络与新型城镇化互不促进；渭南、安康、商洛是交通网络推动新型城镇化进程（见表7-7）。

表7-7　交通网络与新型城镇化面板格兰杰因果关系检验结果

截面单位	*TN→NU*	*NU→TN*	因果类型
陕西省	2.040（0.0463）	-3.428（0.0014）	互动型
西安市	5.369（0.0126）	4.152（0.0060）.	互动型
铜川市	1.205（0.3147）	3.005（0.0238）	拉动型
宝鸡市	0.649（0.5404）	1.780（0.1731）	中立型
咸阳市	0.506（0.6479）	3.181（0.0191）	拉动型
渭南市	4.922（0.0161）	-0.764（0.4740）	驱动型
延安市	3.943（0.0076）	2.359（0.0995）	互动型
汉中市	1.010（0.3869）	1.189（0.2795）	中立型
榆林市	2.496（0.0468）	2.551（0.0839）	互动型
安康市	-2.394（0.0964）	-1.150（0.3328）	驱动型
商洛市	2.750（0.0333）	0.390（0.7224）	驱动型

方程中滞后长度按照AIC准则（赤池信息准则）和SC准则（施瓦兹准则）进行选取，选取的滞后长度分别为2、2、1。运用面板EGM模型对遗产旅游优势度、新型城镇化和交通网络三者关系进行因果检验（见表7-8），由于面板数据的时间序列有限，本课题将显著性水平控制在10%以下。

表 7-8 面板格兰杰因果关系检验结果

原假设	短期		长期	
	统计量	P 值	统计量	P 值
ADHT 不是 *NU* 的格兰杰原因	8.4701	0.8265	-0.1682	0.0074
NU 不是 *ADHT* 的格兰杰原因	-9.12e-04	0.7398	-0.1286	0.0311
ADHT 不是 *TN* 的格兰杰原因	-0.0540	0.0043	-0.2837	0.0011
TN 不是 *ADHT* 的格兰杰原因	-0.4204	0.4754	-0.1082	0.0691
TN 不是 *NU* 的格兰杰原因	7.97e-06	0.8950	-0.3609	0.0010
NU 不是 *TN* 的格兰杰原因	-60.005	0.8187	-0.1337	0.0939

7.4.4 交通网络的调节效应分析

为了进一步弄清交通网络对遗产旅游优势度与新型城镇化互动关系的调节效应是否显著，本课题使用面板数据回归分析法，构建模型如下：

$$NU_{it}=\gamma_0+\gamma_1 ADHT_{it}+\gamma_2 TN_{it}+\sigma_{it} \tag{7-13}$$

$$NU_{it}=\lambda_0+\lambda_1 ADHT_{it}+\lambda_2 TN_{it}+\lambda_3 ADHT_{it}\times TN_{it}+\omega_{it} \tag{7-14}$$

式中，t 为时间；i 为第 i 个地级市；σ_{it} 和 ω_{it} 为残差。加入遗产旅游优势度（*ADHT*）与交通网络（*TN*）的交互项，根据式（7-13）和式（7-14）结果比较，判断交通网络对遗产旅游优势度与新型城镇化互动关系的调节效应是否显著。运用回归分析对交通网络调节效应的检验结果如下（见表 7-9）。

表 7-9 交通网络调节效应的检验结果

	模型（7-13）	模型（7-14）
ADHT	0.017*	0.075**
TN	0.000***	0.000***
ADHT×TN	—	0.011***
C	0.009***	0.008***
R^2	0.499	0.517
F	48.381***	34.188***

注：***、**和*分别表示 1%、5%和 10%的显著性水平。

从模型（7-13）可以看出交通网络（*TN*）的回归系数数值较小，但为正数且标准化系数也为正（$H=0.680$，$P<0.01$），对新型城镇化（*NU*）方差解释率（R^2）为 0.499，F 统计量为 48.381 且在 1%的显著水平下显著，表明交

通网络（*TN*）与新型城镇化（*NU*）之间存在正相关。在加入交通网络与遗产旅游优势度的交互项（*ADHT*×*TN*）后，模型（7-14）的方差解释率增加了1.8%，且交互项的回归系数为正（$H=0.011$，$P<0.01$），所以交通网络对遗产旅游优势度与新型城镇化之间关系的调节效应为显著的正向调节，进一步可以说明交通网络的健全可以推动遗产旅游优势度对新型城镇化的促进作用。

从短期看遗产旅游优势度与新型城镇化之间不存在因果关系，从长期看遗产旅游优势度与新型城镇化存在双向因果关系。这说明短期内遗产旅游优势度与新型城镇化互不促进，遗产旅游是新兴旅游类型的一种，景区开发处于初创期，基础设施等不健全，景区开发深度不够，游客体验不足，因此短期内与新型城镇化互不影响。而长期内，随着遗产旅游景区各项基础设施趋于完善，景区得到深度开发，游客的满意度及体验度有所提高，两者之间将彼此促进、相互影响。

从短期看遗产旅游优势度与交通网络存在单向因果关系，即遗产旅游优势度的提高可以促进交通网络完善，从长期看遗产旅游优势度与交通网络存在双向因果关系。这一结论表明，由于大多数遗址位于郊区、乡镇及农村等欠发达地区，交通设施极不健全，短期内由于遗产旅游的发展促使周边交通网络不断完善。而长期内，遗产旅游会促进交通设施日益完善，交通设施的不断完善也会促进遗产旅游的发展。

从短期看交通网络与新型城镇化之间不存在因果关系，但从长期看交通网络与新型城镇化之间存在双向因果关系。这说明短期内交通网络与新型城镇化互不促进，长期内两者相互促进。

7.5 政策建议

7.5.1 加强以交通建设为导向的遗产旅游特色的新型城镇化发展

陕西省文化遗产品位度高、存量大，全省拥有49058处重要文物古迹、140多处全国重点文物保护单位、10座国家级历史文化名镇（村），被誉为“天然的历史博物馆”。但大多数遗址、古村（镇）等位于郊区、乡镇及欠发达地区，通往古村（镇）、遗址等的道路交通基础设施不完善，游客很难直接到达景区，严重影响了遗产旅游城镇化的发展。随着全域旅游与乡村振兴战略政策的不断实施，在以遗产旅游为基础的新型城镇化发展过程中，应当加强以交通建设为导向的遗产旅游特色新型城镇化发展。首先，完善古村（镇）或品位度高的遗产旅游景区通往中心城市的交通基础设施，其次，完善周围其他遗产旅游景区通往古村（镇）或品位度高的遗产旅游景区的交通基础设施，通过古镇（村）、品位度高的遗产旅游景区带动周边景区的共同发展，产生积极的连带效应，从而形成以古镇（村）、品位度高的遗产旅游景区为核心的遗产旅游特色新型城镇。

7.5.2 依托遗产资源优势推动文化资源与城镇化的深度融合

目前，陕西省的文化旅游名镇或者历史文化村镇，多以观光游览和农家乐餐饮为主，产业结构单一，遗产资源深度挖掘不够，文化体验不足，旅游产业拉动城镇化发展的动力不足。究其原因，除受制于落后的交通基础设施以外，还有文化资源与城镇化发展融合较低，没有形成具有地区特色、遗产文化特征的旅游城镇。陕西省安康市朱家湾村被誉为秦岭最美乡村，位于距离西安主城区约78千米处，森林覆盖率达90%以上，所在的营盘镇陕南特色民俗文化特征鲜明，遗产资源丰富，城镇化发展以民宿旅游和农家乐为主，休闲农业和乡村旅游业占全镇居民收入的82%，2017年人均收入为13615元。

7.5.3 遗产资源导向型的城镇交通网络延伸至遗址点

2016年陕西省高速公路通车里程达到5181千米，位居全国前列，但是整体交通网络与遗产资源依托型城镇化发展并不匹配。加大城市交通至遗址点的通畅程度，布局高铁、动车等高质量交通基础设施，完善和提升中心城市与城郊区遗址、乡村欠发达地区遗址的交通，实现遗址点交通与城市公共交通的无缝对接，提高遗产旅游的体验性，进一步推动旅游城镇化发展。汉中城固县是陕西省首批省级历史文化名城，各类文化遗产多达437处，拥有1处世界文化遗产张骞墓，3处国保单位和10处省保单位，国家一级文物500多件，位居全国县级第二。但是距离中心城市西安240千米、汉中35千米，各类交通工具到达众多遗址点的一站式交通并不通畅，严重限制了遗产旅游导向型城镇的发展，每年旅游人数不足500万人次。

参考文献

[1] 刘楠．邯郸峰峰：全域旅游持续发力　新春旅游再现高峰［N］．邯郸日报，2018-03-08.

[2] 徐敏．宁强县青木川镇“四抓”全力做好清明小长假旅游服务工作［N］．陕西日报，2018-04-11.

[3] KHOLOUD M ABDELMAKSOUD，WAEL M AL-METWALY，DMITRY A RUBAN，et al. Geological heritage under strong urbanization pressure：El-Mokattam and Abu Roash as examples from Cairo，Egypt［J］. Journal of African Earth Sciences，2018（141）：86-93.

[4] PARLETT G，FLETCHER J，COOPER C. The impact of tourism on the old town of Edinburgh［J］. Tourism Management，1995（16）：355-360.

[5] NARIMAH SAMAT，NORHIDAYAH HARUN. Urban development pressure：challenges in ensuring sustainable tourism development in Langkawi Island［J］. Social and Behavioral Sciences，2013（91）：385-394.

[6] JUNXI QIAN，DAN FENG，HONG ZHU. Tourism-driven urbanization in China's small town development：a case study of Zhapo Town，1986-2003［J］. Habitat International，2012（36）：152-160.

[7] WIWIK SETYANINGSIH，WIENDU NURYANTI，BUDI PRAYITNO，et al. Urban heritage towards creative-based tourism in the urban settlement of Kauman-Surakarta［J］. Social and Behavioral Sciences，2016（227）：642-649.

[8] FABIO NASELLI. Tourism as resource in managing the valorisation of the urban and territorial heritage within the mediterranean basin. MOTRIS a proposal of integrated relational tourism［J］. Social and Behavioral Sciences，2016（225）：433-438.

[9] ANA MARTINOVIĆ，SONJA IFKO. Industrial heritage as a catalyst for urban regeneration in post-conflict cities case study：Mostar，Bosnia and Herzegovina［J］. Cities，2018（74）：259-268.

[10] T C CHANG，SIMON MILNE，DALE FALLON，et al. Urban heritage tourism：the global-local nexus［J］. Annals of Tourism Research，1996（23）：284-305.

[11] P C GUZMáN，A R PEREIRA RODERS，B J F COLENBRAND-

ER. Measuring links between cultural heritage management and sustainable urban development: an overview of global monitoring tools [J]. Cities, 2017 (60): 192-201.

[12] 熊筱，代莹，宋峰，等．基于形态学的历史性城镇景观遗产价值判识与地理过程分析——以庐山牯岭镇为例 [J]. 人文地理，2017 (6): 36-43.

[13] 单霁翔．关于城市文化遗产保护的思考 [J]. 人民论坛，2010 (27): 8-11.

[14] 刘玉昕．做好城镇化建设中文化遗产的保护 [J]. 文物世界，2018 (5): 55-56.

[15] 王元．城镇化进程中的城市文化安全与文化遗产保护 [J]. 北京社会科学，2015 (3): 96-102.

[16] 范虹珏．基于新型城镇化视角下的农业文化遗产保护的现实困境及弥合机制 [J]. 山西农业大学学报（社会科学版），2016 (5): 475-480.

[17] 贺云翱．冲突还是协调：城市化与文化遗产保护 [J]. 中国名城，2015 (5): 63-66.

[18] 于晓磊，廖汝雪．文化遗产中新型城镇化的历史经验探索——以唐闸历史工业城镇遗产为例 [J]. 城市发展研究，2015 (7): 82-87.

[19] 张杰，卢刘颖，霍晓卫．世界文化遗产地对城镇旅游经济发展的影响 [J]. 城市规划，2012 (9): 85-90.

[20] 丁新军，田菲．世界文化遗产旅游地生命周期与旅游驱动型城镇化研究——基于山西平遥古城案例 [J]. 城市发展研究，2014 (5): 13-16.

[21] 高楠，王琳艳，马耀峰，等．旅游业驱动下世界文化遗产依附地城镇化响应机制——以平遥古城为例 [J]. 经济地理，2017 (4).

[22] GUI LOHMANN, DAVID TIMOTHY DUVAL. Destination morphology: a new framework to understand tourism-transport issues? [J]. Journal of Destination Marketing & Management, 2014 (3): 133-136.

[23] DE-GEN WANG, YU NIU, JIA QIAN. Evolution and optimization of China's urban tourism spatial structure: a high speed rail perspective [J]. Tourism Management, 2018 (64): 218-232.

[24] GONGCHENG LI, BANRU LI, MENGYING JU, et al. Discussion on Integrated Traffic Planning (ITP) of new tourism town upon sustainable development and livable request [J]. Transportation Research Procedia, 2017 (25): 3398-3411.

[25] PHETKEO POUMANYVONG, SHINJI KANEKO, SHOBHAKAR DHAKAL.

Impacts of urbanization on national transport and road energy use: evidence from low, middle and high income countries [J]. Energy Policy, 2012 (46): 268-277.

[26] DAVID WARNOCK-SMITH, PETER MORRELL. Air transport liberalisation and traffic growth in tourism-dependent economies: a case-history of some US-Caribbean markets [J]. Journal of Air Transport Management, 2008, 14 (2): 82-91.

[27] TUHIN SUBHRA MAPARU, TARAK NATH MAZUMDER. Transport infrastructure, economic development and urbanization in India (1990-2011): is there any causal relationship? [J]. Transportation Research Part A: Policy and Practice, 2017 (100): 319-336.

[28] SYED ABDUL REHMAN KHAN, DONG QIANLI, WEI SONGBO, et al. Travel and tourism competitiveness index: the impact of air transportation, railways transportation, travel and transport services on international inbound and outbound tourism [J]. Journal of Air Transport Management, 2017 (58): 125-134.

[29] 刘军林，尹影．高铁交通体验对中小城市旅游空间结构的影响——以涪陵为例 [J]. 经济地理，2016 (5): 190-194.

[30] 吴改选．交通运输与新型城镇化协调发展策略研究 [J]. 内蒙古公路与运输，2018 (3): 44-49.

[31] 余菲菲，胡文海，荣慧芳．中小城市旅游经济与交通耦合协调发展研究——以池州市为例 [J]. 地理科学，2015, 35 (9): 1116-1122.

[32] 武勇杰，张梅青．新型城镇化、交通网络化与服务业集聚——基于时空耦合的视阈 [J]. 软科学，2016 (6): 1-5.

[33] JOSé ANTONIO DONáZAR, OLGA CEBALLOS, AINARA CORTéS-AVIZANDA. Tourism in protected areas: disentangling road and traffic effects on intra-guild scavenging processes [J]. Science of the Total Environment, 2018 (630): 600-608.

[34] MARíA DíEZ GUTIéRREZ, TRUDE TøRSET, EIRIK SKJETNE, et al. Tourist traffic simulation as a protected area management tool. The case of Serengeti National Park in Tanzania [J]. Tourism Management Perspectives, 2017 (22): 54-63.

[35] 韩春鲜．基于旅游资源优势度差异的新疆旅游经济发展空间分析 [J]. 经济地理，2009, 29 (5): 871-875.

[36] 黄成林．中国主要旅游资源的省际比较研究 [J]. 安徽师范大学学报（人文社会科学版），2001 (1): 135-137.

[37] 孙根年，潘潘．陕西十地市旅游业发展的地区差异及其影响因素分析 [J]．干旱区资源与环境，2013，27 (11)：184-191.

[38] 祝明英．基于 GIS 丝绸之路遗址群区域合作发展的空间布局研究 [D]．西安：西北大学，2016.

[39] 刘传明，张义贵，刘杰，等．城市综合交通可达性演变及其与经济发展协调度分析——基于"八五"以来淮安市的实证研究 [J]．经济地理，2011，31 (12)：2028-2033.

[40] 李琳，辜寄蓉，文学虎，等．不同空间尺度下交通通达性测算效果对比分析 [J]．地理空间信息，2017，15 (10)：11，94-97.

[41] 武勇杰，张梅青．新型城镇化、交通网络化与服务业集聚——基于时空耦合的视阈 [J]．软科学，2016，30 (6)：1-5.

[42] 李志，周生路，吴绍华，等．南京地铁对城市公共交通网络通达性的影响及地价增值响应 [J]．地理学报，2014，69 (2)：255-267.

[43] 吴改选．交通运输与新型城镇化协调发展策略研究 [J/OL]．内蒙古公路与运输，2018 (3)：44-49 [2018-07-06]．https：//doi. org/10. 19332/j. cnki. 1005-0574. 2018. 03. 011.

[44] ELENA-IVONA DUMITRESCU，CHRISTOPHE HURLIN. Testing for Granger non-causality in heterogeneous panels [J]. Economic Modelling，2012，29 (4)：1450-1460.

[45] 陈晓静．欧盟旅游与经济增长关系研究——基于面板数据的实证分析 [J]．华东师范大学学报（哲学社会科学版），2015，47 (3)：102-109，170.

[46] 王凯．中国主要旅游资源赋存的省际差异分析 [J]．地理学与国土研究，1999 (3)：69-74.

8 城市化进程中文化生态功能区的管理制度创新及补偿机制研究

——以西咸新区大遗址群为例

随着城市化进程的不断蔓延，曾经位置偏远的历史古迹遗址逐渐邻近城市或者成为城市新区，其功能也不断地被开发和利用，西部地区大型连片的大遗址群作为城市化发展进程中的文化生态功能区的作用逐渐凸显，创新管理制度和补偿机制成为解决城市发展与文化遗址保护关系的理论问题。本章以国家级城市新区西咸新区大遗址群为例，研究大遗址群作为文化生态功能区的功能以及管理制度的创新和补偿机制。

8.1 西咸新区大遗址群的保护评估和文化生态功能区的开发建设

8.1.1 西咸新区大遗址群的分布格局

西咸新区位于西安和咸阳两市建成区之间，东距西安市中心 10 千米，西距咸阳市中心 3 千米，涉及西安和咸阳两市的 7 个县（区）、23 个乡镇（街办），城镇化水平为 23%。西安市和咸阳市作为两个国家级历史文化名城，城市间相距仅 25 千米，两个城市都拥有十分丰富的高品质的文化遗产资源，广泛分布着众多历史文化遗址群。

西咸新区大遗址群在五陵塬上分布着 9 座西汉帝陵，以及以秦咸阳城遗址、阿房宫遗址、丰镐遗址为主体的都城遗址，这 4 处被《大遗址保护“十二五”专项规划》列入全国 150 处重要大遗址。此外还包括周、秦、汉、唐等多个历史时期的宫殿离宫、帝陵、贵族墓葬、名人墓葬等，是全国拥有大遗址最多、最密集、等级最高的地区。其中，秦汉新城地块上的8座西汉帝陵都是国保级单位，其等级之高、品位之最、保存之完好在全国都是十分罕见的。西咸新区城市规划提出的以文化遗址保护和都市农业衬托的大开大合城市布局和现代田园城市建设，充分考虑了遗址群分布的广泛性和密集性。

根据《西咸新区总体规划》，西咸新区规划面积为882平方千米，建设面积为272平方千米，区域内的文物保护单位共45处49个点，其中全国重点文物保护单位14处20个点，省级重点文物保护单位15处，县级文物保护单位16处，主要分布在秦汉新城、沣东新城和沣西新城。还有292处无保护级别的文物遗址，主要分布在秦汉新城（105处）和空港新城（60处）。西咸新区的文物分布密集、数量众多、类型丰富、规模宏大，历史价值和科学价值重大。

秦汉新城的文物遗址分布众多而且密集，占地面积最大，尤其密布着高级别的文物，在全省乃至全国也极为罕见，文化旅游资源最为丰富。秦汉新城总面积302.2平方千米，规划建设用地50平方千米，遗址保护区面积104平方千米（有些遗址保护范围叠压，面积重叠，故实际遗址保护面积与规划面积存在误差），文物保护区规划面积最大，遗址面积占新城面积的1/3，规划面积为123.4658平方千米，约占西咸新区文物保护面积的60%。其他新城也分布着类型丰富、品级较高的文化遗存，是文化遗产保护利用的核心区域。

陕西省文化遗产研究院对西咸新区规划了“一心两带”分布格局：“一心”即以秦咸阳城遗址和汉长安城遗址为核心形成的遗址保护区；“两带”是以西汉帝陵为主体，包括众多高等级的陪葬墓的帝王陵墓带，以及以秦咸阳城遗址、汉长安城遗址为龙头，包括阿房宫遗址、丰镐遗址的都城遗址带。根据规划的理念，形成“以两条廊道为主体，串联一个特区、四大公园、七个示范点”的完善的文物保护总格局①。

① 根据《西咸新区文化遗产保护总体规划》，西咸新区文物保护总体格局：以五陵塬上9座西汉帝陵为主体形成西汉帝陵廊道，以秦咸阳城遗址、阿房宫遗址、丰镐遗址为主体形成都城遗址廊道，两条廊道共同形成一条“人”字形文化廊道；以秦咸阳城遗址为主体的国家大遗址保护特区；建立并完善汉阳陵、汉茂陵、秦咸阳城遗址、丰镐遗址4个国家级考古遗址公园；以阿房宫遗址、长陵、安陵、平陵、沙河古桥遗址、顺陵和崇文塔为重点保护对象。两条精品文化旅游线路：一条是中部以西汉帝陵为主体的陵墓主题展示线路。包括渭北咸阳塬上9座西汉帝陵及其周边陵墓，东面以汉阳陵为起点，连接长陵、兴宁陵、安陵、顺陵、义陵、渭陵、康陵、周陵、延陵、平陵，最西面为汉武帝茂陵。另一条是南部的都城主题展示线路。自北向南包括望夷宫遗址、秦咸阳城遗址、渭城遗址、汉长安城遗址、阿房宫遗址、丰镐遗址，跨越了周、秦、汉三代。

基于此分布格局和保护格局，西咸新区结合区位、交通等因素综合考虑，选取一些最具代表性、最能体现历史文化基因的优秀文化遗产，打造出两条富有特色的精品文化旅游线路，分别展示西汉帝陵和古代都城的大气恢弘的气势。

通过规划布局这两条主题展示旅游线路，西咸新区将区域内原本分散的、孤立的、静态的文物遗址有机地整合起来，形成富有文化主题特色的遗产旅游线路，发挥遗址群的相互关联效应、群组效应和集聚效应，最终实现区域内文化遗产保护和发展的相对平衡。

8.1.2 文物遗址的分布与组团关系

从5个新城文物遗址的分布情况来看，共有45处49个文物保护单位，其中，秦汉新城有24个，空港新城有9个，泾河新城有8个，沣东新城有4个，沣西新城有4个。省级重点文物保护单位15处，县级文物保护单位16处，还有292处无保护级别的文物遗址，主要分布在秦汉新城（105处）和空港新城（60处）。在西咸新区50个文物保护单位中，跨越的历史朝代从西周到明清，遗址类型丰富多样，国保级文物保护单位较多。在各朝代的历史遗存中，汉代历史遗存最多，有17处23个文物保护单位（西汉帝陵为1处，包括阳陵、平陵、延陵、康陵、渭陵、义陵、安陵共7座），以西汉帝陵及其众多高等级的陪葬墓为主。区域内西汉帝陵共9座，有8座分布在秦汉新城，1座在泾河新城。

从文物保护单位的级别来看，全国重点文物保护单位有14处20个点，主要分布在秦汉新城、沣东新城和沣西新城。此外，还有省级文物保护单位15处，市（县）级文物保护单位共16处。秦汉新城国保级单位有8个。沣东新城和沣西新城虽然遗址分布的数量不多，但是遗址类型十分丰富，包括宫殿遗址、城址遗址、古桥遗址和铸币遗址，具有十分重要的历史价值。

从文物遗址的类型来看，古墓葬类分布众多并且十分广泛，共有25处31座，主要分布在秦汉新城和空港新城，这两个新城地块上的古墓葬共有29座。历史跨度西周—战国—汉—隋唐—明，其中汉代古墓葬多达16座，历史文化主题十分鲜明。古建筑类遗址主要集中在泾河新城，都是保存完好的明清建筑。

从开发利用的角度来看，古建筑类遗址的保存状态基本完好，可视性及可观赏性较强，旅游开发价值较高；古墓葬类遗址一般保存较完整的墓葬形制，远观视觉效果较好，可作为组合旅游开发产品的背景环境打造利用，旅游开发价值较高；古遗址类多为地下夯土遗迹，地面形态基本毁灭，保存状态不完整，可视性和直观性较差，如果不开展深层次的文化旅游内涵的发掘，旅游吸引力不强。目前，还有 292 个遗址点没有被列入文物保护单位，无相关考古资料，应以严格保护为主。

8.1.3 西咸新区文物遗址保护总体评估结果

根据陕西省文化遗产研究院编制的《西咸新区文化遗产保护总体规划》，对西咸新区 49 个文物保护单位做了分类评估和总体评估。分类评估有六项，包括保存现状评估、环境评估、保护工作评估、展示利用评估、管理评估和研究评估。最后综合六项评估结果，得出总体评估，共分四个等级（见表 8-1）。

表 8-1 西咸新区文物遗址评估结果

文物点	保存现状评估			环境评估			保护工作评估			展示利用评估			管理评估			研究评估			总评估			
	良好	一般	较差	良好	一般	较差	良好	一般	较差	良好	一般	较差	良好	一般	较差	良好	一般	较差	一级	二级	三级	四级
泾河新城（8）	6	2	0	2	4	2	6	1	1	4	3	1	5	2	1	3	2	3	2	5	0	1
崇文塔	•				•		•				•		•				•		•			
泾阳文庙	•					•	•			•			•			•				•		
太壶寺大殿		•				•		•		•			•				•			•		
味经书院正堂	•				•		•				•			•				•		•		
崇实书院书房	•				•		•				•			•				•		•		
阳陵	•				•		•			•			•			•			•			
双冢		•		•					•			•			•			•				•
国家大地原点	•			•			•			•			•			•				•		
空港新城（9）	6	2	1	4	3	2	2	1	6	2	1	6	2	4	3	1	2	6	2	1	1	5
周公墓	•			•					•			•		•				•				•
鲁公伯禽墓		•		•					•			•			•			•				•
萧何墓	•				•				•			•		•				•				•
曹参墓	•				•				•			•		•				•				•
北周武帝孝陵			•	•					•			•			•			•			•	
恭陵	•					•			•			•		•				•				•
顺陵	•			•			•			•			•			•			•			

续表

文物点	保存现状评估			环境评估			保护工作评估			展示利用评估			管理评估			研究评估			总评估			
	良好	一般	较差	良好	一般	较差	良好	一般	较差	良好	一般	较差	良好	一般	较差	良好	一般	较差	一级	二级	三级	四级
上官婉儿墓		•			•			•			•				•		•			•		
千佛铁塔	•					•	•			•			•				•		•			
秦汉新城（24）	10	9	5	12	5	7	4	8	12	4	6	14	6	10	8	12	4	8	6	7	5	6
茂陵	•			•			•			•			•			•			•			
平陵	•			•				•			•			•		•			•			
延陵	•					•		•			•			•		•				•		
康陵		•				•		•			•			•		•				•		
周陵	•					•	•			•			•			•				•		
渭陵		•			•			•			•			•		•				•		
义陵		•			•			•			•			•		•				•		
安陵	•				•			•				•		•		•			•			
长陵	•				•			•				•		•		•			•			
兴宁陵			•	•					•			•	•					•		•		
阴阳冢		•		•					•			•			•			•				•
周勃墓		•		•					•			•			•			•				•
霍去病墓	•			•			•			•			•			•			•			
戚夫人墓		•		•					•			•			•		•					•
赵王如意墓		•		•					•			•		•			•				•	
胡登州墓			•	•					•			•			•			•			•	
周毕公墓	•			•					•			•		•				•				•
班婕妤墓		•		•					•			•			•			•				•
姜子牙墓	•					•			•			•		•				•				•
严家沟秦陵			•			•			•			•			•		•				•	
司家庄秦陵			•			•			•			•			•		•				•	
秦咸阳城遗址		•			•			•			•		•			•			•			
渭城遗址	•			•			•			•			•			•				•		
望夷宫遗址			•			•			•			•			•			•			•	
沣东新城（4）	2	0	2	0	1	3	1	1	2	2	2	0	3	1	0	3	0	1	0	4	0	0
建章宫遗址			•			•			•		•		•			•				•		
阿房宫遗址	•					•	•			•			•			•				•		

续表

文物点	保存现状评估			环境评估			保护工作评估			展示利用评估			管理评估			研究评估			总评估			
	良好	一般	较差	良好	一般	较差	良好	一般	较差	良好	一般	较差	良好	一般	较差	良好	一般	较差	一级	二级	三级	四级
丰镐遗址			•			•			•		•			•		•				•		
牛郎织女石刻	•				•			•		•			•					•		•		
沣西新城（4）	1	2	1	2	2	0	1	0	3	1	1	2	1	1	2	0	2	2	1	2	1	0
沙河古桥遗址	•				•		•			•			•				•		•			
兆伦钟官铸钱遗址		•		•					•			•			•			•		•		
渭城渭河古桥遗址		•			•				•		•			•			•			•		
真守村遗址			•	•					•			•			•			•			•	
合计（49）	25	15	9	20	15	14	14	11	24	13	13	23	17	18	14	19	10	20	11	19	7	12

资料来源：根据《西咸新区文化遗产保护总体规划》说明书资料整理。

可以看出，除了空港新城文物遗址保护单位的总体评价为四级的较多以外，其他 4 个新城的文物保护单位的总体评价为二级的居多。从分类评价项目来看，5 个新城的保存现状评价和环境评价为良好居多，但是空港新城和秦汉新城的保护工作评价和展示利用评价为差居多，泾河新城和空港新城的研究评价为差居多。由此可见，文物遗址分布较为集中的秦汉新城、空港新城和泾河新城，在未来的保护管理中还有需要进一步改进的工作。

8.1.4 西咸新区文化生态功能区的范围

西咸新区县级以上文物遗址都明确了保护区划。截至 2013 年 5 月全国重点第七批文物保护单位和 2014 年 6 月陕西第六批文物保护单位的名单公布，西咸新区文物保护单位保护区划的保护范围总面积为 120.4165 平方千米，建设控制地带总面积为 86.7141 平方千米，规划面积为 207.1306 平方千米。其中，秦汉新城的文物保护区规划面积最大，约占西咸新区文物保护面积的 60%。西咸新区大遗址群蕴含丰富的文化价值和社会价值，分布范围广、面积大。规划充分考虑了大遗址群的分布现状和历史价值，强调发挥新区历史文化、生态文脉、资源要素等优势，建设彰显历史文化和产业有序集聚的西安国际化大都市的主城功能区和生态田园新城。可以看出，西咸新区文物保护用地占规划面积的 58.1%，受限制发展区占规划建设面积近 42%，城市新区发展建设的压力巨大，但同时文化生态优势十分明显。

西咸新区大遗址群目前土地类型为农业用地，受到土地利用的法律限制，作为文化生态功能区的调节作用并没有完全发挥出来。随着西咸新区完全划转到西安市，一些集体农业用地征收为国有土地，转为城市建设用地，大遗址群保护范围和建设控制地带作为城市文化生态功能区，对发挥城市文化主体内涵和文化脉络传承尤为重要。西咸新区大遗址群作为文化生态功能区的资源禀赋条件很好，有着良好的生态基础和文化积淀，可以发展环保农业、生态产品加工业、生态服务业，适度开发民俗旅游和生态旅游，以展示当地的文化生态。因此，本课题研究的西咸新区文化生态功能区包括大遗址群的保护范围和建设控制地带，总面积约 207.1306 平方千米。

相较而言，西咸新区大遗址群保护范围侧重于静态的文物保护管理，大遗址群文化生态功能区侧重于文物作为文化产业适度发挥其文化生态功能，这有利于西咸新区大遗址群的保护和利用的协调发展。

8.1.5 西咸新区文化生态功能区的文物保护展示项目和开发建设项目

8.1.5.1 西咸新区文化生态功能区的文物保护展示项目

①露天展示项目：是指在遗址本体周围设置围栏、围墙等防护设施，但不设置保护棚或者其他遮盖设施，如秦阿房宫前殿遗址西侧采用简易护栏。西咸新区的大部分遗址都是露天展示。

②场馆展示项目：是指在考古现场或者遗址区建设封闭式博物馆或者半封闭式保护棚设施，如沙河古桥、丰镐遗址车马坑、茂陵、霍去病墓石刻馆、汉阳陵地下博物馆、汉阳陵南门阙和出土文物展厅、秦咸阳城出土文物展厅、秦咸阳宫博物馆等。

③原址回填与地表模拟保护展示项目：对考古现场勘探发掘和测量，并记录遗址现场发掘情况，包括大小、深度、布局，地砖的位置、序号等。考古发掘结束后，进行遗址回填保护，在遗址上再以 1∶1 的比例对遗址进行科学的完全复原，所用技术和材料与遗址十分接近。这种工程技术手段既原真性地保护了古遗址，又满足了感官实景观赏的需求。目前西咸发掘的各大遗址已经全部原址回填，汉长安城内的桂宫二号遗址保护工程和汉阳陵还保存有地表模拟。

④植被、非植被标识展示项目：是指对地上部分基本被破坏的遗址，根

据地下遗址保存的情况，采用浅根系植被或者其他新材料、新工艺标识展示遗址的基本轮廓和功能。如延平门采用仿夯土效果的混凝土外挂板展示唐城墙遗址的部分走向和格局，大明宫考古御道开辟 2.3 平方米的玻璃罩膜展示唐代御道的路面原状。汉阳陵和茂陵遗址也属于此类展示。

8.1.5.2 西咸新区文化生态功能区的开发建设项目

从西咸新区大批建设项目的推进情况来看，文物遗址点的建设项目以生态景观和旅游开发或者商业综合开发为主，这些项目占西咸新区在建或者规划建设项目的很少一部分，在整体上符合西咸新区现代田园都市以历史文化遗址保护带、河流生态廊道、森林博览园、都市农业园区营造的绿色田园景观（见表 8-2）。

表 8-2 西咸新区大遗址群开发建设项目

新城	文物遗址	生态环境	周边旅游发展状况	类型
空港新城	顺陵		唐顺陵遗址生态园林 春季举办丝路樱花节	文物遗址+生态景观
	萧何墓、曹参墓		萧何、曹参遗址园林	文物遗址+生态景观
泾河新城	崇文塔		崇文文化旅游景区（崇文塔景区、崇文庄园小镇、陕商文化博物馆）	文物遗址+旅游开发+生态农业+商业地产
	国家大地原点		原点新城 中国原点地理信息产业园 举办丝路家居文化节	文化概念+商业开发
	阳陵		汉阳陵考古遗址公园 汉阳陵遗址博物馆 秋季举办银杏节	考古遗址公园+博物馆
		泾河	泾河生态景观带	自然生态景观
秦汉新城	义陵		义陵梅园	文物遗址+生态景观
	秦咸阳宫遗址		秦文化主题公园（秦咸阳宫遗址考古公园、咸阳博物院、秦文化体验服务区）	文化遗址+博物馆+旅游体验
		渭河	渭河北岸湿地公园 渭河生态景观带 秦汉新城森林公园 生态田园休闲观光项目 西部芳香植物园 张裕瑞那城堡酒庄	文化概念+生态景观+休闲旅游

续表

新城	文物遗址	生态环境	周边旅游发展状况	类型
沣东新城	阿房宫遗址		阿房宫文化旅游产业基地 阿房宫国家遗址公园	遗址公园+商业综合开发
		沣河	沣河湿地公园	自然生态景观
沣西新城	沙河古桥遗址		沙河古桥遗址公园 丝路风情城	遗址公园+商业综合开发
			秦皇大道、绿廊	全国城市步行和自行车交通系统示范项目

以秦汉新城为例，大遗址生态核、渭河生态景观带、帝陵遗址风光带、泾河生态景观带等生态空间把秦汉历史文化主轴连点成片，建设大范围的绿化植被和景观带，借助帝陵保护区的遗址公园性质的景观特点，实现大范围甚至整体区域的环境协调性和统一性。强调秦汉文化的主题性，景观设计突出绿化效果和景观带效应，以及休闲公园、生态产业等，实现自然景观和人文底蕴的协调共生。同时注重区域内外的交通联系问题，建设一定的内外交通路网，保证区域的畅通性以及基础设施的全面性。在建设规模上，根据秦汉新城的规划目标和发展定位，建设秦文化主题公园（包括秦咸阳宫遗址考古公园、咸阳博物院、秦文化体验服务区），使分散的景点形成一个整体，借用考古遗址公园和博物院两个直观的遗产展示，向参观游客完美地阐释秦文化的丰富内涵。为游客提供一站式体验性的服务，不仅符合现今的旅游发展趋势，也能建立一个有巨大吸引力的旅游体验目的地。

秦文化园南部广场、太伟运动公园、山水秦韵广场借助秦文化的历史内涵和丰富底蕴，建设成为既可以满足游客的需求，也可以满足当地社区居民的休闲和娱乐需求的公共空间，此外，还可以进行多项文化活动，充分发挥秦文化在当地社区的感染力。

义陵梅园、秦汉新城渭河生态景观带在遗址区周边和大范围的区域内建设植被覆盖区和生态绿化区，形成遗址区内外协调的生态环境景观，也可以借此对整个新城的生态环境风貌进行改善。

秦汉鲜花港项目、秦汉新城森林公园项目、秦汉新城生态田园休闲观光项目、西部芳香植物园、张裕瑞那城堡酒庄依据遗址区整体的发展模式，避免了高耗能的工业发展形式，大力开发生态产业、文化产业等服务项目，配合遗址区的旅游项目和生态景观设计，发展观光旅游业，在未来形成一条良性发展的产业链，不仅能够提高整个区域的景观和环境效果，还能够增加社区居民的收入，推动整体经济发展。南舍大桥、正阳大桥、兰池大道、横桥等都是必要的辅助性基础建设项目，是沟通渭河两岸优美小镇必不可少的交通干道。

8.1.5.3 西咸新区大遗址群生态功能区保护和发展的关系

西咸新区规划范围 882 平方千米，约 610 平方千米的土地是田园绿廊，其中 207 平方千米的土地是文化遗产保护规划范围。如何保护和发展田园，让田园中的文化遗产得到保护、传承和利用，是西咸新区发展建设中需要处理好的问题。

传统的文物保护管理体制从政府部门的管理职能出发，立足于单一的保护，限制开发性生产活动，导致文化遗产保护区内只限于传统落后的农业和种植业，居民生活水平很低，成为贫困落后的脏乱差地区。文化遗产和生态保护与当地经济发展的矛盾也使得文化遗产保护区的破坏现象十分严重，社会环境和秩序十分混乱。

从西咸新区的发展建设项目来看，依托文化遗产和生态景观环境开展文化旅游产业和创意产业的项目很多，通过对文物遗址周边环境的整治，控制和限制文物保护建设控制地带的土地利用，统一规划和发展文化产业，可以形成产业集聚和产业带动效应。同时，对控制区或者限制区的居民进行补偿，补偿资金可以取自项目开发建设商的市场融资和土地开发权转让，通过项目补偿的形式拆迁安置和就业培训，以项目开发带动土地增值，进而反哺遗址保护区和生态保护区，美好的人居环境和密集的产业集群将不断推高土地的利用率和收益率，形成西咸新区文化生态区的遗址保护和生态环境保护的良性循环。

8.2 西咸新区发展中的城市建设与文化遗产保护的矛盾

8.2.1 西咸新区作为国家级新区存在不平衡发展的问题

在创新城市发展方式的过程中，城市新区成为城市空间跨越式蔓延扩张的主要形式。随着城市新区经济快速发展，新区高效的开发建设机制，在推动城镇化进程的同时，也与一些传统的行业管理体制产生矛盾，如城市新区开发建设强烈的土地需求与文物遗址严格保护的土地控制之间的矛盾、城市建设的发展效率与文物保护的社会公平之间的矛盾等。

随着西咸城市化进程快速发展，这些曾经分布于农村的大遗址群及其保护范围，逐渐被扩容为城市建成区。在这个城市化发展的动态变化过程中，西咸新区作为国家级城市新区存在不平衡发展问题，一方面是城市新区高强度的现代化产业集聚，另一方面是传统的文物管理体制滞碍着文化旅游产业融入城市新区的发展。因此，解决城市新区与西咸大遗址群的制度困境，建立现代城市发展与大遗址群保护的协调创新机制，加强文物保护的利用与传承，加快文化旅游产业发展，是西咸新区实现追赶超越发展战略目标的重要一环，也是历史文化名城在发展建设过程中制度创新的有益尝试。

8.2.2 西咸新区大遗址群在城市化进程中区位变化的动态过程

从1980年和1995年西安市总体规划来看，曾经西安和咸阳两市以渭河和泾河为界，从西安市北郊到西南郊依次分布着唐大明宫遗址、汉长安城遗址、秦阿房宫遗址、周丰镐遗址四大遗址群，咸阳市的南郊分布着汉代11座帝陵群和秦咸阳城遗址，唐代18座帝陵在咸阳北边依次经过乾县、礼泉、泾阳、三原、蒲城、富平6个县。这些大遗址群远离城市建成区，分散在农田里，有少数遗址周边被征为文物保护用地。但是随着西咸新区建设的不断推进，从2008年西安城市总体规划来看，西安的城市边界跨越了渭河和沣河，向北和向西推进。除了唐十八陵不受城市化发展的影响外，其他遗址群都已经被西安城市建成区和西咸新区建设用地包围。控制城市天际线与文物遗址环境保持协调性和开阔性，需要从顶层制度设计上将现代城市发展与历史文化遗产保护完美结合起来。

从大遗址群在西安市和咸阳市城市化进程的区位变化的过程可以看出，1980—1995年两个城市以渭河和沣河为界线各自发展，城市之间古遗址都分布在郊区和农地里。2008年以后，随着西安行政中心北移，西咸新区发展加速，西安和咸阳两个城市融合发展，众多高规格的古遗址成为城市发展的中心区域，未来城市发展和文化生态保护之间的关系成为亟须解决的问题。

8.2.3 西咸新区大遗址群保护管理的制度变迁

(1) 西咸新区大遗址群传统保护管理体制

我国文物管理实行双轨并行的分级属地管理体制，这种双轨并行的管理体系在业务上接受自上而下的行业分级垂直管理，即所谓的“条条管理”；另一条管理体系是在行政上接受地方政府的横向分部门管理，即所谓的“块块管理”（见图 8-1）。

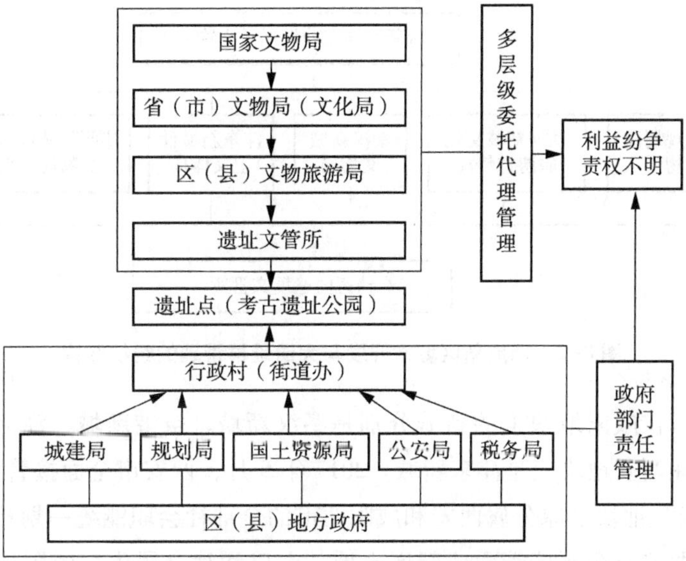

图 8-1　我国双轨并行的文物属地管理制度

西咸新区大遗址群在这种条块管理的宏观体制下，一方面在行政隶属关系上归属地方政府部门，如秦汉新城文物局；另一方面在业务上接受西咸新区文物局、西安市文物局的管理，但同时文物遗址管理也涉及土地、规划、城建等部门，这种管理共同构成了西咸新区文物管理体制（见图 8-2）。可以看出，西咸新区大遗址群保护管理机构归属于规划建设局，落实到 5 个新城的文物保护管理机构都略有不同，只有秦汉新城成立了专门的文物局。

西咸新区的 5 个新城发展目标都以经济开发和项目建设为主，《中华人民共和国文物保护法》（以下简称《文物保护法》）作为工程项目建设施工的上位法，以确保文物安全作为土地批租和项目建设的前置条件。秦汉新城的文物遗址分布众多而且十分密集，遗址保护区面积约占新城总面积的 1/3，占新区文物保护面积的 60%，机构部门单列文物局符合秦汉新城的发展现状。

（2）西咸新区“一区五城”行政管理体制的变革

西咸新区从设立至今经历了三个阶段，2010 年陕西省政府设立西安沣渭新区和咸阳泾渭新区。2014 年 1 月，西咸新区经国务院批准设立首个以创新城市发展方式为主题的国家级新区，实行西安和咸阳两市共管的“一区五城”

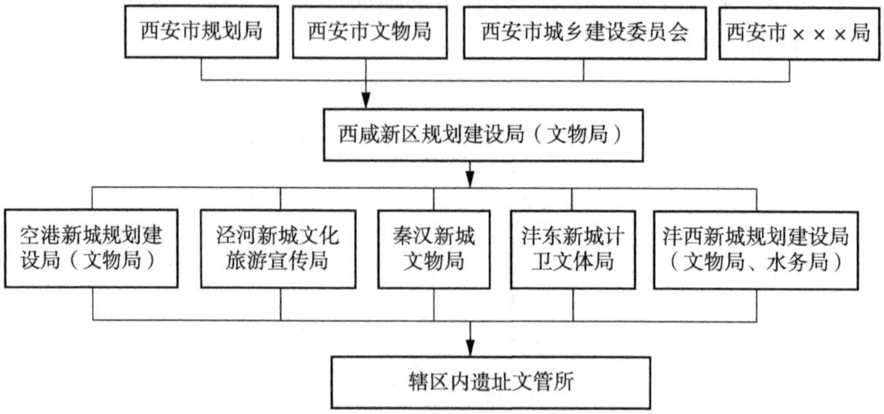

图 8-2　西咸新区城市开发与大遗址群管理的组织结构

组织架构，在咸阳地块上的新城分别是秦汉新城、空港新城、泾河新城、沣西新城，在西安地块上是沣东新城。2017 年 5 月，西安市全面接管西咸新区，“一区五城”地块上原分属西安和咸阳两市的全部社会职能统一划转西安市。

随着西安市全面接管西咸新区土地、人口和社会民生，咸阳地块上的文物遗址在行政上全部归属西咸新区的 5 个新城属地管理，工程建设文物保护审核的职能归属西咸新区规划建设局（文物局），在业务上接受西安市文物局和西安市城乡建设委员会的专业指导。

（3）西咸新区文物遗址属地管理主体的变革

随着西咸新区一元化管理主体的变革，文物遗址属地管理体制也逐渐理顺。西咸新区曾经由西安和咸阳两市共管，新区体制下的管理委员会不具备文物保护管理等社会事务的行政职能，因此，长期以来西咸新区大遗址群的保护管理机构由属地政府管理，国保级大遗址群周边的开发建设项目须经过属地政府文物行政部门考古调查勘测，报批国家文物局，由城乡规划部门批准立项。严格确保文物安全的建设项目审批程序与西咸新区的开发建设机制难以协调，西汉帝陵群、汉长安城建章宫等大遗址群还涉及整体保护规划、土地控制、保护资金和拆迁补偿等诸多跨部门协调的问题，西咸新区的开发建设受到传统文物管理体制约束而滞后。

（4）西咸新区文物遗址保护管理机构情况

西咸新区 45 处 49 个文物保护单位的保护管理机构情况并不相同。有的成立了专门的文管所，如阳陵、茂陵（霍去病墓）等；有的直接由省（市）级文物管理部门管理，如汉阳陵博物馆直属陕西省文物局，阿房宫遗址、丰镐遗址属西安市文物局下属文管所负责管理；还有的由县级文物管理部门代管，如萧何墓、曹参墓由咸阳市渭城区文物旅游局代管；建章宫是汉长安城的重要组成部分，汉长安城由汉长安遗址文管所管理，2011 年 6 月，建章宫划归西咸新区管辖范围，2013 年 5 月，建章宫被列入第七批文物保护单位，由西安市文物局和地方行政管理部门协商共管，因为没有明确文物保护的责任主体，所以目前还没有设立文管所。

相对来说，保护管理级别越低，由于保护经费不到位、保护措施不健全等原因，保护管理条件越差。省级直属的文物保护管理机构的管理设施、规章制度较完备，保护经费充足，能够全面进行遗址保卫巡查、安全监测工作，实施重大文物保护工程和组织、实践学术研究活动。例如，汉阳陵博物馆和考古遗址公园直属陕西省文物局，各项保护管理经费充足，有较完善的理事会管理制度。市级文管所在保护经费上存在困难，只能局部地、阶段性地进行遗址保护工程，实施管理措施。县级文管所普遍存在设施简陋、装备不足、人员薄弱等问题。还有一些没有设立专门文管所的文物单位，没有专职的保护管理人员，由县级文物保护机构代管，各方面的保护措施都不能到位（见表 8-3）。

表 8-3　西咸新区文物保护管理机构

遗产名称	机构名称	机构概况	隶属
千佛铁塔	咸阳市渭城区北杜文物管理所	1990 年，编制 5 人，在岗 9 人，副科级	咸阳市渭城区文物旅游局
崇文塔	崇文塔文管所	1985 年，编制 3 人，在岗 5 人	咸阳市泾阳县文物旅游局
国家大地原点	大地原点管理处	1978 年	国家测绘局第一测量大队
泾阳文庙	泾阳县博物馆	1987 年，编制 8 人	咸阳市泾阳县文物旅游局
太壶寺大殿	太壶寺文管所	1998 年，编制 3 人	咸阳市泾阳县文物旅游局
阳陵	汉阳陵博物馆	1999 年，全额拨款	直属陕西省文物局
茂陵	茂陵博物馆	1979 年，差额拨款，在岗 86 人	兴平市文物旅游局
顺陵	顺陵文管所	1981 年，编制 10 人，在岗 10 人，全额拨款，副科级	咸阳市渭城区文物旅游局
秦咸阳城遗址	秦咸阳城博物馆	编制 15 人，在岗 9 人，全额拨款，副科级	咸阳市渭城区文物旅游局

续表

遗产名称	机构名称	机构概况	隶属
长陵	长陵文管所	编制 5 人，在岗 8 人，全额拨款，副科级	直属咸阳市文物旅游局
安陵	安陵文管所	编制 5 人，在岗 7 人，全额拨款，副科级	咸阳市渭城区文物旅游局
渭陵	渭陵文管所	2010 年，在编 11 人，在岗 9 人，全额拨款，副科级	咸阳市渭城区文物旅游局
平陵	平陵文管所	2010 年，编制 7 人，在岗 7 人，全额拨款	咸阳市秦都区文物旅游局
周陵	周陵文管所	编制 13 人，在岗 13 人，全额拨款，副科级	咸阳市渭城区文物旅游局
义陵	义陵文管所	2011 年，在编 4 人，在岗 4 人	咸阳市渭城区文物旅游局
康陵	康陵文物管理所	2011 年，在编 5 人，在岗 2 人，副科级	咸阳市渭城区文物旅游局
延陵	延陵文管所	2010 年，副科级，在编 5 人，在岗 6 人	咸阳市渭城区文物旅游局
建章宫遗址	原由汉长安城遗址文管所管理，2013 年列为国保单位后，没有成立专门独立的保护管理机构，无实际责任主体		西安市文物局和西咸新区协商共管
阿房宫遗址	秦阿房宫遗址保管所	科级	直属西安市文物局
丰镐遗址	丰镐遗址保管所	科级	直属西安市文物局
兆伦钟官铸钱遗址	兆伦钟官铸钱遗址博物馆	2012 年成立	户县文物旅游局
沙河古桥遗址	秦都区沙河古桥遗址博物馆	在编 6 人	咸阳市秦都区文物旅游局
牛郎织女石刻	长安区牛郎织女石刻管理所	无编制	长安区文物局成立，长安区斗门镇白家庄村民管理

资料来源：根据《西咸新区文化遗产保护总体规划》说明书资料统计整理。

由表 8-3 可以看出，共有 21 个文物保护单位设立了专门的文物保护管理机构（有政府事业管理编制），还有一半以上的省保和市（县）保文物单位由属地文物管理行政部门代管。秦汉新城地块上帝王陵墓大多属于咸阳市渭城区管理，文物保护管理机构较为健全，在编在岗的保护人员较多。但是，也有一些国保级文物保护单位没有设立文管所，如兴宁陵由长陵文管所代管，霍去病墓由茂陵博物馆代管。古建筑类和城址类古遗址设立保护管理机构较早，在编在岗人员到位。长安区牛郎织女石刻管理所由长安区文物局成立，但是没有管理人员编制，由周边三个村子 8 个村民管理，管理经费主要是香火钱，所有经营活动没有长安区文物局的监管。

从遗址保护管理机构的级别来看，阳陵和茂陵设立了博物馆管理，阳陵直属陕西省文物局，是全额拨款的事业单位，现正在进行理事会决策下的馆长负责制的改革试点。茂陵归属兴平市文物旅游局管理，是自收自支的事业单位。国保级文物保护单位普遍级别较低，属副科级行政级别。原由汉长安城遗址文管所管理的建章宫遗址，自批准列入陕西省第七批国保单位，还没有清楚地设置责任管理主体。

除了以上 49 个文物保护单位的情况，还有 292 个文物遗址点至今散落在农田里，虽然登记造册，但是没有任何保护监管措施，处于无管理主体、无管理机构的自然状况。

8.2.4 西咸新区开发建设与传统文物管理体制不相协调的制度困境

（1）开发建设主体和保护责任主体层级较多，建设成本偏高

西咸新区 45 个文物保护单位中，只有 20 个文物保护单位成立了专门的文管所，其他文保单位由各新城规划建设局（文物局）代管。多层级委托代理管理，落实到最基层的执行机构就是文管所，管理权限很小。转型期的西咸新区规划建设局（文物局）也缺乏专业的文物保护管理人员充实基层保护队伍，基层文保力量薄弱。西咸新区文物保护单位由 5 个新城政府直接管理，在涉及工程项目建设的国保级文物保护审核时，由新城管委会呈报西咸新区规划建设局，再由西安市文物局审批，报国家文物局批准。繁杂冗长的报批手续导致大量建设资金的浪费，资金成本增加，甚至为了保证施工进度文物保护常常服从于开发建设，文物保护范围内违规建筑难以避免。西咸新区屡被曝光的违规建设，都存在着或来自文物保护的压力，或来自经济发展的压力，相对于高额的建设资金，违规罚款的成本较低，这也是西咸新区违规建筑屡禁不止的重要原因。

（2）保护成本较高，建设发展动力不足

目前，文物保护资金渠道主要来自国家和地方政府，一方面是来自国家

的专项保护资金，另一方面来自地方政府的配套资金和日常保护管理经费。西咸新区遍布的省保和县保单位，完全依靠政府投入保护资金，对于新区政府来说，无疑有巨大的财政压力。从目前西咸新区文物遗址保护的投入来看，其主要来自文化产业的专项补贴和一部分建设资金，保护成本巨大，长期无产出、无收益的投入将会耗尽企业发展的动力。如何借助西咸新区的创新机制和良好的政府公信力，运用新型融资方式，吸引社会多元资金进入遗址保护项目，是新时期文物保护发展的重要任务。

（3）文物保护用地的土地权属不明确，影响城镇建设用地的开发

西咸新区文物遗址大多散落在农地里，虽然《文物保护法》明确规定一切文物归国家所有，但是文物遗址的保护范围和建设控制地带内的农村土地，按照《中华人民共和国土地管理法》（2004 修正）规定属于农村集体所有，农民拥有土地的使用权和收益权。因此，在现有的国家法律框架下，存在一个明显的矛盾，那就是明确归国家所有的文物同时又因其附着的土地使用权和收益权归农民所有，文物遗址的土地权属界定变得模糊不清，从而在文物保护过程中与农民的摩擦成本增大。此外，现有的土地利用分类和城市建设用地分类针对文物古迹用地的分类标准不一致①，导致在城市化发展的进程中，城镇发展用地与文物遗址保护用地在法律界限上不清晰，常常影响建设用地行政审批手续进程。

（4）文物法治化进程慢，加剧建设性破坏

《文物保护法》虽然对一些破坏文物和影响文物安全的行为制定了行政处罚的法律条款，但相对于建设项目的巨额投入和收益而言，行政处罚的资金仅仅是九牛一毛，并没有形成实质上的法律威慑力和社会影响力，保护过程中文物保护工作与农民生产生活之间的摩擦成本增大。在现行实施的法律法规中，由于一些地方对破坏文物的违法拆迁和工程建设行为缺乏强制性的追责措施和纠错程序，依法执行的法律力度和强度不高。在国内屡屡发生的破坏文物安全的拆迁建设事件中，除了有开发商的违法行为，还有一些法人团体存在

① 根据 2017 年 11 月 1 日颁布修订后的《土地利用现状分类》（GB/T 2101—2017），分为 12 个一级类、72 个二级类，其中一级类公共管理与公共服务用地中，只有公园与绿地、文化设施用地一级类特殊用地有风景名胜设施用地，但并没有明确的文物古迹用地。根据 2012 年 1 月 1 日颁布的《城市用地分类与规划建设用地标准》（GB 50137—2011），分为 8 大类、35 中类、44 小类，其中 A 大类的公共管理与公共服务用地中，有明确的文物古迹用地（A7）。由此可见，大部分分布在农村的文物古迹用地，尚存在着国家标准的缺失。

知法犯法的行为，但却没有专项法律诉讼渠道①。在现阶段文物保护公益诉讼没有明确法律依据的情况下，一些民间保护组织只有借《中华人民共和国环境保护法》的环境公益诉讼追究法人破坏文物的法律责任。环保人士把破坏不可移动文物纳入环境公益诉讼范畴，依据《中华人民共和国环境保护法》行使文物保护的诉讼权，这也是在缺失文物保护诉讼权的法律现状下的权宜之计。

（5）文化生态公益性功能缺乏补偿依据

根据现行《文物保护法》的规定，明确禁止在文物保护范围内的一切工程建设。在实际工作中，一些与文物相关的工程建设单位以及在文物保护范围内的村庄和农民，承担了超过其他公众更多的文物保护义务，由此造成的误工、误产等经济损失，并没有得到相应的补偿，导致公共利益与私有主体利益失衡，常常出现文物执法遭到抗拒的不法现象，最终影响文物执法的效果。因此，应该对文物保护范围内涉及的单位土地和农户，因履行文物保护义务而受到的权利和利益损失进行合理补偿，应完善在补偿方式、程序和标准等可操作性方面的规定。对文化生态公益性功能的补偿，应该在法律上有明确规定，以确保主体由于承担文物保护的特殊义务而遭受的经济损失可以获得合理补偿。

8.3 城市新区文化生态功能区借鉴国家公园体制的制度创新

8.3.1 国家公园体制政策出台的背景和内涵

（1）政策背景

2013年11月，党的十八届三中全会通过了《中共中央关于全面深化改革

① 2015年4月16日，民间环保组织“中国绿发会”收到了一份来自河南省郑州市中级人民法院的“受理案件通知书”。案件原委是一个享有“中原第一文物古村落”美誉的千年古村——河南郑州上街区峡窝镇马固村，在全国第三次文物普查中，有7处不可移动文物名列其中，如今已有5处文物被拆除，民间环保组织把马固村村委会、上街区人民政府、上街区峡窝镇人民政府和郑州市上街区文化广电新闻出版局诉讼至法庭，状告这4个行政单位对直接拆毁文物不履行法定政府职责负有违法责任。这是国内首起人文遗迹（文物）保护公益诉讼，也是人文遗迹（文物）首次被纳入环境公益诉讼的范围。环保组织在保护文物中担当了主角，也凸显出文物保护不堪的现状。（资料来源：2015年10月20日《法制日报》）

若干重大问题的决定》，首次提出加快生态文明制度建设，严格按照主体功能区定位推动发展，建立国家公园体制。2015 年 4 月，《中共中央、国务院关于加快推进生态文明建设的意见》提出建立国家公园体制，实行分级、统一管理，保护自然生态和自然文化遗产原真性、完整性。2015 年 5 月 18 日，国务院批转《发展改革委关于 2015 年深化经济体制改革重点工作意见》，提出在 9 个省（市）开展"国家公园体制试点"①。2015 年 9 月，中共中央、国务院印发《生态文明体制改革总体方案》，其中第二十二条明确要求对自然保护区、风景名胜区、文化自然遗产、地质公园、森林公园等的体制进行改革，提出建立国家公园体制，确定了包括长城在内的 9 个国家公园体制试点②。2016 年 4 月，经过调整最后确定国家公园体制试点区为 9 个，涉及 12 个省份。

我国目前已建立了 9 个国家公园试点区，这是对我国多头管理的保护地管理体系进行整合和完善的管理试点③。2018 年，根据《深化党和国家机构改革方案》的规定，组建成立了国家公园管理局，这是在新组建的自然资源部下属的国家林业和草原局加挂国家公园管理局的牌子。这 9 个试点的国家公园主要由林业、农业、水利、环保、国土、海洋等部门分别管理，旅游、住房和城乡建设等部门在保护区上挂牌评级。自然保护区的管理制度起步最早、数量最多、管辖面积最大，保护效果也是最好的，成为我国自然资源保护管理的主体制度④。各类型的保护地绝大多数为属地化管理，管理权限分散在较低级别政府的诸多部门，一地多牌且一地多主，依据不同部门的规章法规，管理不规范、标准不统一，保护与利用的关系模糊不清。由于保护类型多、分属管理部门多，缺乏科学统一的分类体系，在国土空间上存在重叠和交叉、权属不清、多头管理、管理目标不明确等诸多问题，给实际保护管理

① 国家发展改革委同中央编办、财政部、国土部、环保部、住建部、水利部、农业部、林业局、旅游局、文物局、海洋局、法制办 13 个部门联合印发了《建立国家公园体制试点方案》。根据该方案，国家在北京、吉林、黑龙江、浙江、福建、湖北、湖南、云南、青海建立国家公园体制试点。试点时间为 3 年，2017 年年底结束。

② 按照国家统一部署，在青海、北京、浙江等 12 个省（市）开展建立国家公园体制试点工作，2016 年 8 月国家发展改革委正式同意北京长城国家公园体制试点区试点实施方案。试点区选址于延庆区八达岭长城区域，总面积为 59.91 平方千米，试点主要是对现有的禁止开发区域体制机制进行整合，实行统一有效的管理和保护，基本解决各类国家禁止开发区域交叉重叠、多头管理的碎片化问题，形成可复制、可推广的有效模式。

③ 包括自然保护区、风景名胜区、森林公园、地质公园、湿地公园、矿山公园、沙漠公园、水利风景区、考古遗址公园等。

④ 20 世纪 50 年代以来，我国已经建立了 2800 多处覆盖全国的自然保护区体系，保护了我国 80%的陆地自然生态系统类型、85%的野生动植物种群。

工作带来了一些困难和矛盾，不利于带动社区发展。例如，景区门票价格上涨过快、节假日期间景区人满为患、旅游开发过度、服务质量不高等问题，严重影响了中国保护区体系的整体保护成效。

目前，我国国家公园管理体制的实施与推进主要针对面积较大、生态系统脆弱的水源地和保护地，北京长城国家公园是我国第一个以文化遗产保护为主体类型的国家公园。2018 年，按照《深化党和国家机构改革方案》组建国家林业和草原局、加挂国家公园管理局牌子，旨在加大对生态系统保护的力度。随着城市新区的不断扩张，以脆弱的文化生态系统为保护主体的城市化发展问题也将提上议事日程。在探索公共资源统一高效的管理模式上，国家公园管理体制破解了我国自然和遗产保护地长期以来存在的多头体制、管理分割、协调无力、合作低效的难题。

（2）政策的基本内涵

国家公园体制的重点在于建立统一规范高效的管理体制，即通过新的管理体制实现国土空间的分功能、分区域使用，统筹解决国家资源的保护和管理问题，解决好跨地区、跨部门的体制性问题，从原真性和完整性的保护原则出发，加强自然生态系统和文化生态系统的保护和利用，实现重要自然生态资源的国家所有、全民共享、世代传承。

国家公园是以保护具有典型性、代表性和稀有性的生态系统、自然与文化遗迹或景观为目的，为公众提供教育、科研、游憩机会，由国家依法划定并统一保护与管理的区域。因此，国家公园既是“划定生态保护红线”，也是建设生态文明和美丽中国的切实手段。

（3）生态保护的目标与多功能复合效益的关系

国家公园试点主要集中在国家禁止开发区内，自然环境脆弱、资源禀赋丰富，保护生态系统的原真性和完整性是国家公园建设的关键目标之一。由于国家公园大多数处于欠发达地区，资源富集区往往也是人口密集区域，经济发展需求较高，这就需要在发挥好保护主体功能的同时适度开发资源，在确保非消耗性利用和非损伤性获取利益的前提下，合理发挥国家公园的多功能复合效益。通过开展科学研究、游憩展示、环境教育和社区发展等辅助形式，适度发展旅游接待，提升周边社区居民的生活水平，创造社区居民与环境保护的和谐发展。

国家公园强调大面积保护和小面积开发的保护、利用兼顾的理念，不能无节制、大规模地开展旅游或其他形式的开发利用。国家公园的生态保护功能具有绝对的主体地位和主导功能，当其他功能的发挥影响到保护功能的实现时，需要服从、服务于保护这个根本目标。云南普达措国家公园在3年内投资600万元，把附近的洛茸村打造成云南典型的民族文化村，村民人均旅游收入达4万余元。普达措国家公园与周边村民社区共同发展，发展园区的旅游惠及村民，提高了社区居民的生活水平和经济收入，也激励更多的村民参与民族文化的保护和传承，为普达措国家公园增添了更多的人文情怀和文化内涵。

8.3.2 国家公园体制的资源保护优势

（1）独立的管理机构集中统一垂直管理

国家公园选择的试点区在管理体制上都存在传统部门条块分割、管理职能交叉多元和责权不明确等问题，在试点阶段整合归并多块牌子，明确管理界限，实行一个国家公园一块牌子、一套管理机构，建立国家部门或省政府垂直全面管理体系。由高层级政府承担保护国家公园的主要事权，可以匹配相应的财权和行政权，确保政策的有效执行力和权威性。此外，要明确划分中央政府和地方政府在国家公园管理中承担的责任和职能，合理界定事、人、财、物的管理权责。跨地区或跨省的情况，需要由国家层面推动建设和实施管理，可以由中央直接管理或者委托省级人民政府代行管理权。

青海三江源国家公园整合了园区国土、生态环境、水利、农牧等部门的职能及执法力量，建立覆盖省、州、县、乡四级统筹式“大部制”生态保护机构。湖南城步县南山国家公园整合了其中4个保护地和文化价值较高的18个行政村落，原先互不相连的保护地连成一片，按照“编制不增、内部分工、各司其职”的原则开展工作。

西咸新区实行国家公园体制可以将文物遗址分布最多的秦汉新城管理委员会转型成为西咸新区国家公园管理委员会，整合园区内各部门职能，统一管理西咸新区辖区内的文物遗址，由西安市政府承担保护国家公园的主要事权，国家文物局承担一定比例的保护资金投入。明确中央政府和地方政府在国家公园管理中承担的责任和职能，配备相应的财权和人事管理权，确保政策的有效执行力和权威性。

（2）分类保护和分区管理

国家公园试点区按照生态系统脆弱性程度进行分区管理，依据保护对象的敏感度、濒危度、分布特征和遗产展示及居民生产、生活与社会发展的需要，在不同区域按照不同的保护发展策略进行“差异化管理”。一般划为四类功能分区：核心保护区、生态保育区、游憩展示区和传统利用区。国家公园的核心区和生态保育区严格禁止人为活动，在不影响保护的前提下，可以以极小比例的面积作为游憩展示区，进行最低限度的必要设施建设，并通过规范的管理引导民众进入，使民众能够感受自然之美，接受环境教育，培养爱国情怀，促进社区发展。国家公园分类保护、分区管理可以妥善处理好保护与利用的关系，促进国家公园内人与自然和谐发展。

福建省以武夷山国家级自然保护区、武夷山国家级风景名胜区以及中间过渡地带开展国家公园体制试点，总面积为982.59平方千米，划分为特别保护区、严格控制区、生态修复区和传统利用区，针对不同区域明确分级管理措施。对传统利用区居民的生产生活建设进行规范管理，严格控制园区内居民人口增长和区域外人口迁入。

湖北神农架国家公园试点按山系水系、资源情况、社区发展分布和保护程度需求划分为四类功能区，即严格保护区、生态保育区、游憩展示区和传统利用区。严格保护区原则上禁止游客进入，且严禁开展任何开发建设活动。生态保育区内只允许建设保护、科研监测类型的建筑。在允许游客进入的区域，根据环境承载能力和资源监测结果，合理控制游客数量，减少对自然资源和人文资源及其景观的干扰和破坏。

三江源国家公园试点规划范围以长江源、黄河源、澜沧江源的典型区域为基础打造“一园三区”格局。三个园区按照生态系统功能划分为核心保育区、生态保育修复区、传统利用区，实行差别化保护。园区确定生态体验和环境教育游客承载数量，把县城和重点城镇作为国家公园支撑服务区，集中布局公共服务和访客接待、自驾营地、医疗救护等设施，尽量减少人为活动对园区生态的干扰和影响。

西咸新区实行国家公园体制，按照辖区内文物遗址的类型和规划范围，划分为核心保护区、游憩展示区和传统利用区。以文物遗址公布的保护范围作为核心保护区，实行严格的文物保护和环境保护，加固、修复文物和绿化环境，严禁任何开发建设活动。以文物遗址公布的建设控制范围作为游憩展示区，可以开展文化旅游、生态旅游、民俗节庆赛事、低空飞行、集装箱酒店及空中花园等体验项目。建设控制范围涉及的村镇等作为传统利用区，打造规模性农业景观，开展采摘农业和现代科技旅游等项目。最终形成以文化生态保护系统为主体的分类保护和分区管理。

（3）资源和土地权属统一管理

国家公园的资源属国家所有，全体公民享有国家公园的福利，包括游憩、观赏和教育，公益性是国家公园的基本属性①。但是，由于国家公园资源所附着的土地权属归当地农村集体所有，村民拥有永久使用权，因此，国家公园保护地应禁止社区和个人无序生产经营。在目前无法将国家公园土地权属收归国家所有的前提情况下，政府采用流转、租赁、协议管理等方式与土地使用权所有者合作，但是存在管理合作的不可持续等问题。试点区的做法是在对社区土地利用实行强度限制的同时建立合理补偿机制，包括货币补偿和生态补偿。

云南省普达措国家公园内的洛茸村建设民族文化村，并没有因为发展旅游而破坏园区内的自然生态，园区严格控制牧场，为了保护生态环境，取缔村民的旅游马匹和烧烤摊，以每个村民每年 5000 元的反哺资金作为补偿，还为村民安排环卫、巡逻等工作岗位。由于村民的经济收入不降反增，村里主动与园区订立了“生态村规”：不准打猎，只捡干柴，每家老屋 30 年才能修一次，如果房子的木结构坏了，必须经村里同意才能更换。保持干净整洁的村庄环境，为参观游客提供好服务成了村民共同努力的工作。

国家公园体制很好地解决了园区保护用地与当地村民土地使用之间的矛盾，一些地方把林权和土地权结合起来的做法具有一定的借鉴作用。浙江省钱江源国家公园试点区租赁园区内的林地，租赁价格高于生态公益林的补偿标准。湖南南山国家公园选择 2.1 万亩林地开展地役权协议试点②，即由政府与林地土地所有者签订协议，不改变林地权属，限制土地利用方式和强度并进行合理补偿。福建武夷山国家公园在 2008 年与周边的 3 个乡镇和 15 个村庄签订了强化落实保护管理责任和利益分配的协议，剥离了园区内林地的使用权和所有权，理顺了园区与周边村镇的关系。

西咸新区实行国家公园体制可以对辖区内文物保护范围内的土地，以限制土地开发强度和利用方式作为土地流转和补偿前提，与土地所有者签订协议，解决村民利益分配与文物保护用地的统一性管理。

---

① 国家公园的公益性主要体现在生态效益方面，其优良的生态产品能够提供强大的生态环境服务功能，有利于形成天蓝、水清、地绿的良好环境，使人人都能够感受到这种最普惠的民生福祉。

② 地役权（Easement）：根据《中华人民共和国物权法》是指利用他人土地以便有效地使用或经营自己土地的权利。从生态系统保护的需求来看，在对保护地居民的土地利用强度进行权利限制的同时，进行了合理补偿。

（4）特许经营管理

国家公园内公益性较强的服务属于政府事务，而市场介入的领域只有餐饮、住宿、交通等消费弹性较大且不属于基本公共服务的项目。在政府明确划定空间范围和业务范围后，通过特许经营准入机制，允许企业在限制商业经营强度的同时，改善服务质量和服务效率。这种委托经营模式，把资源和设施的管理权与经营权分离开，在确保国家公园公益性的前提下，实现对资源的合理优化利用。在实施中要在制度层面严格特许经营的准入机制、资金管理、项目筛选等，避免特许经营制度被滥用，造成“整体转让、垄断经营”的状况。

浙江省制定出台了《国家公园特许经营管理办法》《国家公园特许经营操作规程》，探索钱江源国家公园建立完善的特许经营制度，鼓励更多当地居民参与公园的建设并从中受益。三江源国家公园颁布法令法规明确特许经营的内容、项目和收入的使用，管理机构的特许经营收入仅限于生态保护和民生改善的用途，执行最严格生态保护标准。园区内涉及的基础设施建设或者公用事业建设，如能源、交通运输、水利、环境保护、市政工程等，依据国家有关规定执行特许经营权，同时管理部门也在探索引导当地牧民参与适度特许经营，将控制发展强度与经济补偿、就业培训、适度旅游等配套管理措施相结合①。园区内建成了以保护雪豹为主体的全域化自然体验基地，培训牧民参与园区环保教育和旅游体验接待的服务工作。通过订单式管理，有计划地接待了10个旅游体验团，每户牧民从每个旅游团的获益达2000~8000元。园区内探索开发的生态体验、有机高效畜牧养殖、特色食品、民族文化等绿色产业，都通过招标程序进入园区特许经营。获取特许经营权的企业除了日常经营外，还参与厂区的生态治理恢复、吸纳当地居民就业培训、开展环保生态教育等工作。一些有经营能力的村民还自发流转草场成立生态旅游合作社，开发绿色食品和生态旅游，并自觉承担区域内的生态保护义务。三江源国家公园有序开展适度特许经营和社区居民参与管理，牧民从单一生态看护转向生态生活的良性循环，实现了自然生态保护和合理利用的双赢目标。

① 被称为“中华水塔”的三江源地区，因具有亚洲重要水源涵养地及生态安全屏障等功能，近20年来，实施禁牧减畜工程，近10万名牧民搬离草原转产转业，减少人类活动对当地生态环境的影响。2016年4月，我国首个国家公园体制试点在三江源地区实施，园区总面积为12.31万平方千米，划分为长江、黄河、澜沧江3个分园区推进大部门制改革，涉及玉树藏族自治州和果洛藏族自治州4个县。

西咸新区实行国家公园体制可以将园区内的餐饮、住宿、交通、游览等竞争性项目的经营管理权以特许经营管理合约的形式委托给当地企业，有经营能力的当地居民可以参与园区的培训、就业和服务等，实现文化生态系统在地保护和原住居民受益的双赢目标。

8.3.3　西咸新区文化生态功能区设立国家公园的协调创新机制

（1）“多规合一”引领机制

国家公园管理在业务上存在多部门、多层次、多标准的规划体系，无法以单个部门单独完成管理目标，多目标的规划管理需要以科学规划为先导，采用统筹协调和专业管理的方式，协调不同规划体系之间的矛盾、冲突和衔接落实。把不同部门的多目标规划统筹在一个管理体系下，实行“多规合一”的规划引领，强化城乡建设、土地利用、环境保护、文物保护、林地保护、综合交通、水资源、文化旅游、社会事业等各类规划的空间信息，实现各类规划的一致衔接，确保“多规”下的保护性空间、开发边界、城市规模等重要参数一致，并在统一的信息平台建立规划控制线体系，以实现优化空间布局、有效配置土地资源、提高政府空间管控水平和治理能力的目标。

浙江开化县钱江源国家公园试点区从2015年开始就通过“多规合一”改革，一张蓝图绘到底，统筹全局发展，各领域发展步调统一，科学划定了生态、生产、生活空间。开化县在县域范围内划分了三大区域，即生态保护区、生态农林区、产城集聚区，三个区域在生态保护目标统一的前提下，形成了控制性详细规划、土地利用规划以及其他实施性方案或行动计划，采取不同发展思路、不同资金机制、不同考核办法，确保三个区域的生产生活强度与生态环境、资源、野生动植物保护相协调。同时，培育创意农业、林下经济和生态旅游，把钱江源国家公园生态空间由50.8%提高到80.3%，森林覆盖率达到80.7%，空气优良率达到99.4%。2016年，全县接待游客、旅游收入分别比上年增长22.8%和25.6%，农民人均收入同比增加10%。

西咸新区文化生态功能区设立国家公园要依托“多规合一”强化城乡建设、土地利用、环境保护、文物保护、林地保护、综合交通、水资源、文化旅游、社会事业等各类规划信息，实现各类规划的衔接一致，避免国家公园内出现多层次、多部门、多标准的规划体系，杜绝不同规划体系间存在矛盾、冲突，缺乏衔接和协调现象。要确保“多规”的保护性空间、开发边界、城市规模等重要空间参数一致，并在统一的空间信息平台上建立控制线体系，实现优化空间布局、有效配置土地资源、提高政府空间管控水平和治理能力的目标。

（2）部门整合协调机制

国家公园体制的各部门从公益性和国家性角度出发，打破了原有体制各部门分散管理和交叉管理的乱象，大力加强部门之间的协调配合和统筹管理。跨区（县）的国家公园牵涉利益广、涉及部门多，一般从省市级层面，联合国土、水利、环保、农业、林业、旅游、文物、规划等多个部门，厘清部门权责，明确管理职责，制定完善的配套措施，包括考核指标、奖惩措施、土地资源调配、道路规划等，对辖区范围实行有效的监管和运营指导。国家公园资源和土地的所有权、管理权、监督权分开行使，国土部门对资源产权实行确权登记，资源管理部门实施有效的行业管理，其他相关综合部门实施监督管理。

开化县对现有的开化国家公园管理委员会、古田山国家级自然保护区管理局、钱江源国家森林公园管理委员会等综合管理体制全面整合调整，建立实体化单一管理机构，将国家公园试点区①与自然资源产权确定、“多规合一”、领导干部政绩考核等结合起来，全面构建区域“一体化”综合管理体系，实现对辖区内自然资源“统一、规范、高效”的全面保护管理。

西咸新区国土、水利、生态环境、农业、林业、旅游、文物、规划等部门，由西咸新区国家公园管理委员会整合和厘清部门权责，明确职责，对园区内的管理和运营实行有效监管和指导，制定完善的配套措施，包括考核指标、奖惩措施、土地资源调配、道路规划等。西咸新区国家公园的所有权、管理权、监督权分开行使，园区的资源产权由西安市国土部门登记，由西咸新区国家公园管理委员会直接管理，接受西安市文物局和国家文物局的行业管理，由西咸新区政府实施监督。把文物资源产权确定、“多规合一”、领导干部政绩考核等结合起来，整合现有的5个新城的规划建设部门、文物管理部门、文化和旅游部门，构建“一体化”管理体系。

（3）资金保障机制

目前，国家公园的资金来源主要有三个：一是财政投入，主要是中央和

① 钱江源国家公园位于钱塘江南源上游，面积为252平方千米，包括开化县境内的古田山国家级自然保护区、钱江源国家森林公园、钱江源省级风景名胜区以及上述自然保护地之间的连接地带。与安徽、江西两省交界，生物资源丰富，是全国9个生态良好地区之一。

地方各级政府的财政投资，中央政府资金主要以相关专项资金形式投入，但数量有限，大多数资金源于地方政府，地方财政资金主要以项目投入或配套资金等形式投入①；二是社会支持，主要来自国外资助，包括联合国有关机构、国际保护组织、多边和双边援助机构、国外民间组织或个人的资助和科技合作，还有来自国内企业或者个人的资金捐助；三是经营收入，主要指以保护地为基础开展的多种经营和有关服务收费。

国家公园试点过程中由于缺乏来自中央财政的专项建设资金，按照“政府主导、社会参与、市场运作”的原则，构建多元化资金渠道。中央财政资金广泛布局在重点生态功能区转移补助、森林生态效益补助、草原生态保护补助奖励、湿地生态效益补助等项目，同一个区域可以通过不同政策获得来自中央政府的资金支持，地方政府通过整合国家财政资金，加大地方政府统筹整合现有各类专项资金及安排专项补助的力度，集中落实在国家公园的各个层面，可以有效弥补国家公园建设前期运营资金的严重不足。

试点期的国家公园建设项目资金结构包括三个部分：一是关于生态保护、生态补偿、土地流转、社区发展和基础设施建设等项目可由中央和地方财政以调整预算、规划，统筹整合专项资金及安排专项补助的方式来落实；二是国家公园管理机构的事业经费由地方财政承担；三是经营设施建设可采取地方自筹、银行贷款、金融融资等方式筹措资金。

真正意义上的国家公园建设实施以中央政府财政拨款为主，地方财政投入为辅，社会积极参与的多渠道资金筹措保障机制。中央财政建立国家公园专项资金，用于国家公园的保护、规划建设管理以及基础设施、公用服务设施建设等。国家公园开展旅游等经营活动，实行特许经营制度，特许经营收入只限于生态保护、基础设施建设和社区发展等方面，不得用于经营性投入。广泛吸引企业、社会团体和个人的投资与捐赠，完善社会投资和捐赠的配套政策，如在税收方面施行优惠或减免等②。此外，还要健全第三方监督机制和

① 我国保护地经费主要来自主管部门和地方政府的事业费拨款，缺乏稳定和充足的资金投入，只能维持职工基本工资。

② 2016年9月1日正式实施的《中华人民共和国慈善法》第八十条规定：“自然人、法人和其他组织捐赠财产用于慈善活动的，依法享受税收优惠。企业慈善捐赠支出超过法律规定的准予在计算企业所得税应纳税所得额时当年扣除的部分，允许结转以后三年内在计算应纳税所得额时扣除。境外捐赠用于慈善活动的物资，依法减征或者免征进口关税和进口环节增值税。”明确了无论是境内捐赠还是境外捐赠，都依法享有税收优惠。并且准予在三年内结转扣除，是《中华人民共和国慈善法》在税收优惠政策上的重大突破和亮点，是国家鼓励和引导企业进行慈善捐赠的有力措施。

制定完善的法律法规。

西咸新区文化生态功能区在设立国家公园试点过程中，由于前期缺乏专门的国家公园建设专项资金，按照“政府主导、社会参与、市场运作”的原则，构建多元化资金渠道。整合各类专项财政扶持补助资金，包括国家对重点生态功能区转移支付、生态效益补助和生态保护奖励、水土保持、城乡建设、退耕还林、文物保护、精准扶贫以及各项涉农资金等，还可以申请国家文化和自然遗产保护专项资金、文化产业专项资金等，将这些资金统筹安排，集中投入西咸新区文化遗产保护和开发中，形成整体合力和综合效益。此外，通过特许经营、产业开发、金融融资、社会捐赠、PPP 项目融资、碳汇交易等社会和市场方式，激励社会资金参与国家公园建设。广泛吸引企业、社会团体和个人的投资与捐赠，完善社会投资和捐赠的配套政策，如在税收方面实行优惠或减免等政策。

（4）公众参与机制

公众参与机制要通过法律制度保障、多样化的公众参与渠道、基于多方参与的规划指导、针对特殊事项的公众参与技术规程、多形式的项目参与途径等方式协同开展。国家公园管理机构鼓励和支持社会资金、生态保护基金、社会各界捐赠、国际组织和国外政府援助等参与国家公园建设，鼓励金融机构在信贷融资等方面支持国家公园建设。非营利组织和当地社区居民在政府引导下，应自下而上自觉共同参与建设管理国家公园。政府在国家公园保护管理中要引导公众参与生态保护、科研监测、特许经营、授权管理、宣传教育、社会监督、志愿者服务等活动，可以采取政府采购、委托授权、荣誉称号、公益基金等方式激发公众参与热情。

三江源国家公园的协管员队伍由 43 名年龄在 25~55 岁的当地牧民组成，经过业余教育培训，他们在牧羊之余主动参与天鹅、藏羚羊等多种野生动物的保护工作，获取一定的劳动酬劳，还有一些牧民积极响应政府号召，自发地从事环保工作。一些来自全国各地的志愿者赴三江源国家公园捡拾垃圾，开展垃圾问题的调研，使垃圾等生态环保问题得到更多人的重视。一些公益性的社会组织也积极投入生态环境的技术监测，把监测记录的湿地鸟类数量、活动情况以及栖息地变化等数据提供给管理局，共同制定应对方案。三江源生态保护基金会与当地村民组成志愿者协会，向村民和游客开展环保宣传，清理村庄、学校的周边环境，清理水源、森林、公路沿边的垃圾，防止乱砍滥伐等行为，以实际行动来保护该地区的生物多样性和生态环境。

目前，我国国家公园公众参与普遍还是传统意义上的“政府主导”自上而下的模式，政府在整个过程中占主导地位，起着决定和支配的管理作用，公众只是被动地配合和服从，政府与公众之间没有形成有效的保护环境的互动机制，公众的积极性、主动性和创造性没有得到充分发挥，一些公众参与的项目往往流于形式，政府在园区项目上花费了大量财力和人力，但是由于缺乏公众的参与，很多项目成效甚微。

西咸新区文化生态功能区国家公园的公众参与需要在政府引导下的多方共同建设管理，形成国家公园自下而上的行动方式。作为国家公园保护和管理的有效方法，公众参与是体现国家公园公益性和国家性的重要手段①。坚持国家所有、全民共享原则，建立公开透明的信息平台，形成社会公众广泛参与国家公园的生态保护、科研监测、特许经营、授权管理、志愿者服务、宣传教育、社会监督等方面的合作机制。政府在国家公园保护管理中应积极引导公众参与，增强公众环境意识、发挥公众监督作用、维护社区经济发展、克服政府和市场失灵、提高行政管理效率。

8.3.4 西咸新区文化生态功能区国家公园协调创新机制的实施路径

西咸新区文化生态功能区国家公园需要针对不同类型遗址，采用不同的实施路径，包括国有独资集团公司运营、民间众筹基金和理事会决策下的国家公园法人治理结构（见图 8-3）。

（1）大型连片遗址群采取政企合一的国有独资集团公司运营机制

一方面，在具体运行有关旅游开发和保护展示、环境保护以及基础设施建设等工程项目过程中，由国家公园管理委员会投资组建大型国有独资集团公司，授权行使国有资产经营管理职能，可以有效地兼顾文物保护和旅游发展之间的平衡；另一方面，可以享受许多来自国家层面的行业优惠和绿色通道，有利于快速发展建设。同时在管理者的考核指标、公司的利润目标、社会责任等制度上，应该突出西咸新区绿色 GDP 的核算和考核流程及奖惩措施，避免急功近利，以防地方政府成为城市建设中的“推土机”，借助文化遗

① 《中华人民共和国环境保护法》第五十三条规定：“公民、法人和其他组织依法享有获取环境信息、参与和监督环境保护的权利。各级人民政府环境保护主管部门和其他负有环境保护监督管理职责的部门，应当依法公开环境信息、完善公众参与程序，为公民、法人和其他组织参与和监督环境保护提供便利。”参与环境保护已经成为公众的一项法定权利和政府的法定义务。

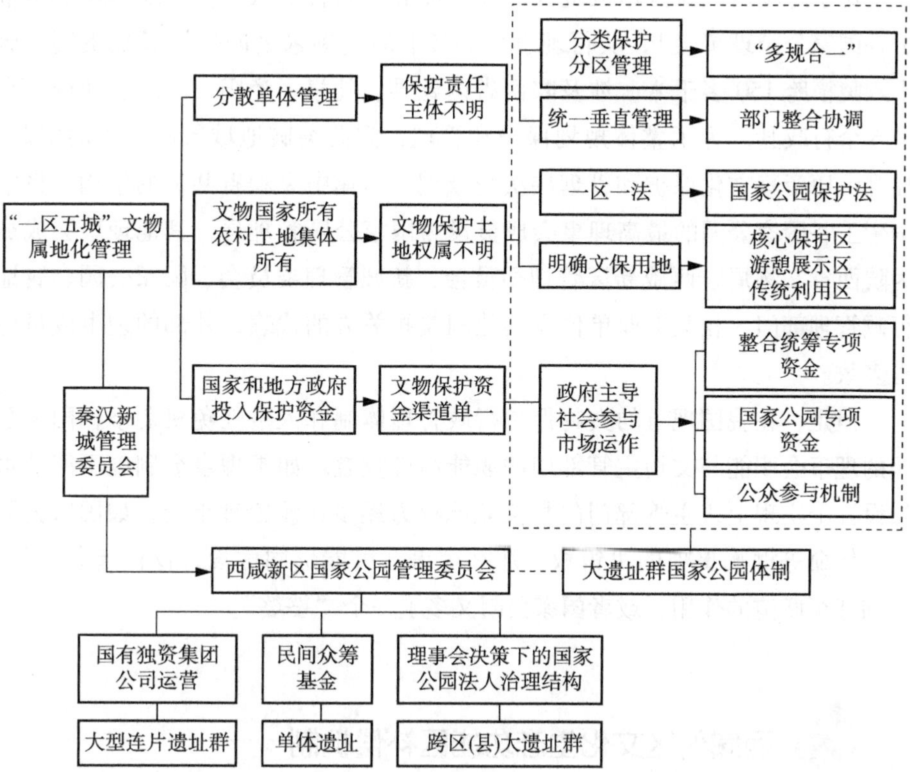

图 8-3 西咸新区大遗址群的协调创新机制

产之势行商业地产之道。

（2）小型单体文物遗址采用民间众筹机制

对一些单体遗址采取民间众筹基金的方式实现一般社会公众对文物遗址的保护管理。目前国内文化领域最成功的众筹项目是 2015 年国产 3D 动画电影《西游记之大圣归来》，参与投资的有 89 位众筹投资人，总计投入 780 万元，以票房突破 9.6 亿元、投资人平均获益 25 万元的成绩，成为中国动画电影票房总冠军。受成功的众筹文化产品的启发，上海评弹团以一出新戏试水众筹，山西传统村落保护引入众筹。根据成功的众筹模式和众筹流程，可以考虑将众多单体文物遗址，委托第三方平台根据文化遗址的历史文化内涵设计出具有创意性和公益性的众筹项目，吸引全国甚至全球的文化遗产保护者共同参与西咸新区文化遗产的保护。西咸新区管理委员会政府参与众筹项目市场监管、承诺担保和鸣谢，以确保项目的支持者可以获得认同感和成就感。

（3）跨区（县）的大遗址群采用理事会决策下的国家公园法人治理结构

对于跨越西咸新区辖区范围的大遗址群，如唐十八陵，可以组建中华帝王谷国家公园理事会①，实行理事会决策下的（国家公园）园长负责制。唐十八陵横跨150多千米，涉及陕西省内乾县、礼泉、泾阳、三原、蒲城、富平6个行政县，为了整体规划保护和管理，需要突破地域行政区划的限制，提升汉唐帝陵文化保护和管理层次与级别。构建中央和省共建的架构，将中华帝王谷国家公园的最高理事会成员设为国家公园管理局，其他理事会成员为陕西省文物局、西咸新区管理委员会、新城管理委员会、国家公园、属地行政管理部门、相关事业单位及其他利益相关方的代表，外部的理事成员应占多数。

但是，在我国现有的文物保护行政管理体制和人事任免机制下，国家公园的理事会职能与文物主管部门的职能高度重叠。如果理事会制度不能从顶层设计上实现上级主管部门的相关职能权力逐步让渡给理事会，如国家公园园长任命等重大事项的决策权，那么理事会可能形同虚设，仅仅起着顾问、咨询甚至联谊的作用，或者国家公园又多了一个“婆婆”。

8.4 西咸新区文化生态功能区补偿机制

8.4.1 资金投入主体

自1994年我国实施行政垂直集权与财税分权体制以来，文物保护经费的渠道也实行了以地方财政为主，中央财政补助的文物保护财政体制。根据《文物保护法》和财政部、国家文物局联合发布的《国家重点文物保护专项补助经费使用管理办法》，文物保护事业所需的经费应列入县级以上人民政府的财政预算，地方政府单独解决确有困难，且符合国家补助范围的项目，可以申请国家专项补助经费。可见，文物保护的财政经费来源以地方日常财政为主，各级财政项目补助为辅，西咸新区文化生态功能区的保护资金也主要源于以下四个渠道：

① 陕西关中地区有72座帝王陵，被文物考古专家称为“东方帝王谷”，比著名的“埃及帝王谷”的数量多、规模大，属世界第一帝王谷。这里位于诞生人类文明的北纬34度，作为人类文明中唯一绵延不绝的中华文明发祥地，埋藏着伟大的中华文明基因密码。（资料来源：中央电视台科教频道《探索发现》栏目纪录片《东方帝王谷》）

（1）中央政府专项资金

所谓专项资金，是国家或有关部门或上级部门下拨给行政事业单位具有专门指定用途或特殊用途的资金。这些资金都会要求进行单独核算，专款专用，不能挪作他用，并需要单独报账结算。在当前各种制度和规定中，专项资金有着不同的名称，如专项支出、项目支出、专款等，并且在具体内容上也有一定的差别。但从总体来看，其含义又是基本一致的。专项资金按其形成来源主要分为专用基金、专用拨款和专项借款三类。

来自中央财政转移支付的国家重点文物保护专项补助资金的使用范围包括全国重点文物保护单位（共计七批国保级单位）、大遗址保护、世界文化遗产保护、考古发掘、可移动文物保护、财政部和国家文物局批准的其他项目。而中央财政专项经费仅对诸如专项调查、规划编制、修缮工程、保护设施建设工程等工作以项目申报的形式给予一次性支持。这样以项目申报形式获得的来自中央政府的资金补助并不能遍及所有的国保级单位。截至 2012 年年底，进入国家大遗址总项目库的 156 处大遗址中，共有 104 处获得中央财政专项经费支持，占总数的 66.7%。2005—2012 年中央财政大遗址保护专项经费共 17990 万元，仅占总投资的 1.5%。

除了国家重点文物保护专项补助资金，文物保护单位常常还会借助其他渠道的专项资金，如利用退耕还林还草、水土保持等专项资金来完成文物遗址点的环境整治，这也是文化遗产保护资金来源的一个重要的补充渠道。西安市未央区汉长安城遗址环境绿化项目获得西安市大绿工程专项资金，栽种火棘常绿树、樱花树和桃树，人均植树 110 多棵，每年举办桃花节。2004 年，西安汉长安城未央宫遗址道路系统保护工程获得世行贷款子项目，总投资 2 亿元。

（2）地方政府日常性财政支出

文物保护单位是作为事业单位编制列支在地方政府的财政预算中，为了节省预算开支，在一些县级地方政府，文物管理部门通常与文化、旅游、体育等管理部门合署办公，落实到文物管理的日常性财政支出往往仅有管理人员的工资费用，甚至一些文物保护单位的日常性办公管理费用也不能保证，一些由文物部门代管的文物保护单位也往往不能落实人员编制。

文物保护的一些经常性日常管理工作，包括日常保养维护、文物展示和游客服务、环境整治、档案管理、规划评估与调整等管理费用都需要地方政府的财政支持，还有一些遗址保护涉及搬迁补偿费、国有土地征收费等，这些庞大的费用对于地方政府来说无疑是巨大的财政压力。在陕西，除 140 处国保单位外，还有 4800 多处重要文物古迹。在西咸新区，除了 20 个国保单位，还有 292 处无保护级别的遗址。因此，这种以地方财政为主，社会资金为辅的文物保护财政体制对于历史文化遗产丰富地区的政府财政负担无疑是巨大的。

（3）政府主导下的企业集团化运作资金

西咸集团是西咸新区开发建设管理委员会组建的大型国有企业，注册资本为 100 亿元，业务范围涵盖土地开发和整理，基础设施、生态及水利工程建设，文化产业、农业、旅游、房地产项目的开发和经营管理，资本运营等。目前，西咸集团组建了西咸金控集团、西咸文旅集团、西咸置业集团 3 个二级子公司，成立了丝路经济带能源金融贸易中心、西咸国际文化教育园两个企业化运作的园区管理办公室，构建多元化产业体系。已经开发的项目包括丝路经济带能源金融贸易中心、西咸国际文化教育园区、西咸崇文泾河家园、西咸新区轨道交通项目、西咸健康城等。政府主导下的企业集团化运作可以确保生态、文化、基础设施等公共产品建设的公益性和社会性，同时也可以获得足够的保护和开发资金。

（4）民间资金

按照《西咸新区总体规划》，西咸新区在 2020 年之前将建成优美小镇 35 个，其中包括安置型宜居小镇 6 个，智慧学镇 2 个，特色风情小镇 16 个，民俗产业小镇 11 个。目前中国 500 强民企联袂入驻西咸新区投资建设 24 个优美小镇，已建成泾河新城崇文小镇、茯茶小镇、空港新城花园小镇、秦汉新城酒庄小镇、刘家沟民俗小镇、空港新城大石头民俗文化村 6 个优美小镇。其中建设在西咸新区文化生态功能区的运河新城崇文小镇，围绕明代崇文塔规划建设投资 30 亿元的现代田园城市，全部引入民间资金，政府提供完善的基础设施建设和文化遗产保护，形成了较好的市场投资环境。

8.4.2 西咸新区大遗址群的价值评估

马克思传统的定价系统中，价值只与商品的无差别劳动时间有关，受需求、供应等因素的影响波动，这种价值比较狭义，忽视了价格中无法体现的间接使用价值和非使用价值导致的外部效应，而弥补市场的缺失就是生态系统服务价值研究的目的。本课题针对大遗址的价值多元化、复杂性的特征，创新性地从西咸新区大遗址的使用价值和非使用价值两个方面对其进行评估，通过相应的估值方法及手段赋予大遗址区一定的经济价值，对西咸新区大遗址价值进行科学全面的评价，为决策者规划、开发、保护大遗址提供依据，同时为大遗址后续的保护工作提供监测依据，及时调整保护利用方式，使大遗址的使用价值和非使用价值均得到有效的传承（见表 8-4）。

表 8-4　西咸新区大遗址价值评估方法

服务功能		服务功能的价值评估方法
遗产价值	休闲旅游	市场价值法
	文化科教	市场价值法
生态价值	水资源存贮	影子工程法
	气候调节	市场价值法
	气体调节	市场价值法
	废物处理	成果参照法
	保持土壤	成果参照法
	维持生物多样性	成果参照法

8.4.2.1　使用价值评估

使用价值是指能够满足人们某种需要的属性。本课题界定的大遗址使用价值主要包括休闲旅游、文化科教、水资源存贮、气候调节、气体调节、废物处理、保持土壤、维持生物多样性等。

（1）价值评估标准

结合数据的可获取性，对西咸新区大遗址使用价值进行估计，主要包括遗产价值和生态价值两个方面，其中遗产价值分为休闲旅游价值、文化科教价值；生态价值分为水资源存贮、气候调节、气体调节、废物处理、保持土壤、维持生物多样性子功能价值。收集调查西咸新区大遗址相关资料，借鉴国内外价值研究的成功经验和专家学者的研究成果，采用市场价值法、成果参照法、影子工程法，估算西咸新区大遗址的遗产价值和生态价值。

（2）遗产价值

第一，休闲旅游价值：以旅游总收入为依据，没有西咸新区的明确统计数据，故根据西安、咸阳两市数据进行估计。西安市目前有文物点 15351 处，2014 年西安市实现旅游业总收入 950 亿元；咸阳市有文物点 4951 处，2014 年咸阳市旅游综合收入为 230 亿元。根据文物点数量占比估计西咸新区旅游功

能价值为 2.56×10^8 元。

第二，文化科教功能价值：根据中国知网相关学术论文发表情况及其版面费，对文化科教功能价值进行估算：

$$V_{ed}=v_{ed}\times Q \tag{8-1}$$

式中，V_{ed}为每年文化科教功能价值；v_{ed}为每篇学术论文的版面费；Q为年均学术论文发表篇数。

在中国知网中搜索西汉帝陵、汉阳陵、西汉长陵、李晒墓、安陵、顺陵、义陵、渭城、康陵、周陵、延陵、平陵、茂陵、望夷宫、秦咸阳城、渭城遗址、汉长安城、阿房宫、丰镐、泾阳文庙、太壶寺、千佛铁塔、崇文塔、国家大地原点、沙河古桥、兆伦钟官铸钱遗址、恭陵、孝陵、三班故里（安陵班固、班超、班彪）等关键词，并分别计算出每个关键词平均每年所对应的文章数量，总计平均每年上述关键词对应文章总数为 504 篇。不同期刊、不同内容的版面费均有区别，以 2000 元/篇进行估计，每年的科教功能价值为 10.08×10^4 元。

（3）生态价值

第一，水资源存贮功能：水资源存贮功能价值的评估采用影子工程法进行估算。

$$V_{re}=Q_{re}\times C \tag{8-2}$$

式中，V_{re}为每年水资源存贮功能价值；Q_{re}为每年平均水资源存贮量；C为单位库容成本。

根据国家林业局 2008 年发布的森林生态系统服务功能评估数据，2005 年单位水库库容造价为 6.1107 元/立方米，2014 年固定资产投资价格指数为 126.2（2005 年为 100）。西咸新区多年平均水资源总量为 17523 万立方米，以此来代表西咸新区水资源存贮量，估计每年水资源存贮功能价值为 13.5×10^9 元。

水库为固定资产投资，需要通过折现率和使用年限将每年价值折算为累积现值即总价值，本课题取折现率为 10%，水库使用年限以 20 年计，计算得到的每年涵养水源功能的价值为 1.59 亿元。

第二，气候调节功能：气候调节功能价值包含水体蒸发水汽调节空气湿度和蒸发吸收热量降低温度两个方面。

增加空气湿度。水分通过蒸发成为水蒸气，然后又以降水的形式降到周围地区，保持当地的湿度和降水量。增加空气湿度价值计算公式为：

$$V_{hu}=Q_{ev}\times E_{ch}\times P_{el} \tag{8-3}$$

式中，V_{hu}为每年水体蒸发增加空气湿度的价值；Q_{ev}为每年蒸发损失量；E_{ch}为单位水转化耗电量；P_{el}为当地电价。

泾河新城 1.61 平方千米水面年平均蒸发水量为 248.6 万立方米，而西咸新区水域为 2962.7 平方千米，以此估计西咸新区年平均蒸发量为 457470 万立方米，水面蒸发增加湿度的价值按照加湿器使用消耗数据进行计算，以家用加湿器功率 32 元来计算，将 1 立方米水转化为蒸汽耗电量约为 125 kW · h，电价取大工业电价 2.5881 元/(kW · h)。估计每年水体蒸发增加空气湿度的价值为 33.6 亿元。水体蒸发降低温度的功能价值计算公式为：

$$V_{hy}=Q_{ev}/E_{ra}P_{el} \tag{8-4}$$

式中，V_{hy}为每年水体蒸发增加空气湿度的价值；Q_{ev}为每年蒸发损失量；E_{ra}为单位水降低气温耗电量；P_{el}为当地电价。

如前所述，估计西咸新区年平均蒸发量为 457470 万立方米，取常温常压下的汽化热为 2430 kJ/kg，则水体蒸发吸收的总热量为 9.16×10^{14} kJ/a，水面蒸发降低气温按照空调的制冷消耗进行计算，空调的能效比取 3.4，电价为 0.5881 元/(kW · h)。估计每年水体蒸发降低温度的功能价值为 53.4×10^{9} 元。

每年气候调节功能价值为增加空气湿度价值、降低温度价值之和，即 87 亿元。

第三，气体调节功能：植物通过光合作用固定 CO_2、O_2，调节大气中 CO_2 和 O_2 的平衡。气体调节功能计算公式如下：

$$V_{ad}=Q_{er}\times Q_{cd}\times R\times C_{cd}+Q_{cr}\times Q_{qx}\times C_{ox} \tag{8-5}$$

式中，V_{ad}为每年调节气体功能价值；Q_{er}为生物量；Q_{cd}为单位植被吸收 CO_2 的量；R 为 CO_2 含碳率；C_{cd}为瑞典税碳率；Q_{cr}为造林成本的平均值；C_{ox}为工业制氧成本；Q_{qx}为湖泊释放 O_2 的量。

可根据光合作用和呼吸作用方程式，得出生产 1 克的干物质可吸收 1.62 克 CO_2，释放 1.2 克的 O_2。计算出植物的生物量，再计算出吸收 CO_2 的量及释放 O_2 量。固定 CO_2 的价值常用造林成本法和碳税法，释放 O_2 价值常用造林成本法和工业制氧法。采用中国造林成本 250 元/t 和国际碳税标准瑞典的碳税率 150 美元/t（汇率取 6.23）作为碳税标准，求算此两种方法得到的平均值作为湖泊固定 CO_2 的价值，释放 O_2 按造林成本法为 352.93 元/t，按工业制氧法为 550 元/t，以此两种方法得到的平均值作为湖泊的释放 O_2 价值。陕西省不同草地类型总生物量为 983.8～1501.0 g/m²，取值 1242 g/m²，假设

112 平方千米遗址有 80%的植被覆盖率，另外，西咸新区城市建成面积中绿地建设面积为 28. 24 平方千米，假设所覆盖植被为草。计算得到每年吸收 CO_2 的价值为 2.91×10^7 元，释放 O_2 的价值为 6.02×10^8 元，则每年调节气体功能价值为二者之和，即 6.31×10^8 元。

第四，废物处理功能：湿地有废物处理（降低污染）的功能，它对污染物可以进行物理净化和生物净化，许多污染物在湿地中被阻隔、沉积下来；同时，湿地的生物群落对污染物具有吸附、吸收或附着的能力，其降解污染的功能如今已被应用在污水处理方面。采用成果参照法计算废物处理功能价值：

$$V_{wd}=v_{wd}\times A \tag{8-6}$$

式中，V_{wd} 为每年废物处理功能价值；v_{wd} 为每年单位面积废物处理功能价值；A 为区域内湿地面积。

每年废物处理单位面积服务价参考值为 6467. 04 元/($hm^2\cdot a$)（谢高地，2007），根据 2014 年居民消费价格指数 122. 9（2007 年为 100）调整后为 7947. 99 元/($hm^2\cdot a$)。根据西咸新区水域面积 29. 627 平方千米、自然保留地 4. 941 平方千米（主要分布在渭河、泾河、沣河河道及沿岸）将湿地面积估计为 34. 568 平方千米，进一步估计每年废物处理功能的价值为 2.75×10^7 元。

第五，保持土壤功能：保持土壤的价值是假定在无植被保护的情况下，土壤将退化乃至废弃，植被生态系统在减缓土壤侵蚀方面有着重要作用。采用成果参照法计算区域内土壤保持的服务价值：

$$V_{sr}=v_{sr}\times A \tag{8-7}$$

式中，V_{sr} 为每年土壤保持功能价值；v_{sr} 为每年单位面积土壤保持功能价值；A 为植被覆盖面积。

每年保持土壤单位面积服务价参考值为 393. 71 元/($hm^2\cdot a$)（谢高地，2007）。根据 2014 年居民消费价格指数 122. 9（2007 年为 100）调整后为 1098. 37 元/($hm^2\cdot a$)。假设 112 平方千米遗址有 80%植被覆盖率，则估计每年保持土壤功能价值为 3.1×10^6 元。

第六，维持生物多样性功能：遗址区绿化提升了西咸新区生物多样化水平，采用成果参照法计算维持生物多样性服务功能的价值：

$$V_{cv}=v_{cv}\times A \tag{8-8}$$

式中，V_{cv} 为每年维持生物多样性服务功能价值；v_{cv} 为每年单位面积维持生物多样性功能价值；A 为植被面积。

假设112平方千米遗址有80%植被覆盖率，西咸新区城市建成面积中绿地建设面积为28.24平方千米，则单位面积植被维持生物多样性功能价值取1657.18元/(hm^2·a)（谢高地，2007）。根据2014年居民消费价格指数122.9（2007年为100）调整后为2036.67元/(hm^2·a)。每年维持生物多样性功能价值即为5.75×10^6元。

8.4.2.2 基于CVM的非使用价值评估

非使用价值是指大遗址所具有的既不能直接利用，又不能间接利用的价值，主要包括选择价值、遗产价值和存在价值。选择价值是人们为了未来能够直接或间接利用大遗址的历史文化价值而产生的支付意愿；遗产价值是人们将大遗址作为当代人的遗产留给子孙后代所产生的支付意愿；存在价值是人们为了历史文化价值的持续有效而产生的支付意愿。

（1）调查问卷设计

研究方法：本课题采用CVM法研究大遗址的非使用价值，即在西咸新区周边地区以问卷的形式采取随机调查，对非使用价值进行研究，并分析相关的影响因素。此次调查问卷包括“对西咸历史文化遗址的了解情况”和“个人基本情况”两部分。

（2）调查问卷结果分析

实际调查中，共发放问卷118份，回收有效问卷77份，有效率为65.3%。77份调查数据中，愿意为西咸新区大遗址保护支付一定资金的占85.7%，远远超过无支付意愿的比例（14.3%）。

以下从支付意愿与其他指标的构成来看：

第一，性别—支付意愿的构成。数据显示，男性中具有支付意愿的人数占调查男性总人数的比例为88.6%，与女性中具有支付意愿的人数比例81.8%基本持平。

第二，年龄—支付意愿的构成。数据显示，整体而言，本调查将所有年龄段分为四组，分别为20岁以下、20~30岁、31~40岁、41岁以上。数据显示每组年龄段支付意愿都在80%以上。

第三，受教育程度—支付意愿的构成。数据显示，统计样本中受教育程度为高中及中专以下的人群愿意支付比例为0；受教育程度为大专、本科的人群愿意支付比例为85%；受教育程度为硕士及以上人群的愿意支付比例为87.5%。统计样本中愿意支付率最高的是受教育程度为硕士及以上人群，愿意支付率最低的是受教育程度为高中及中专以下的人群，结果显示受教育程度较高的人群更愿意为保护遗址做出贡献。

第四，个人月收入—支付意愿的构成。数据显示，个人月收入 1000 元以下的人群支付意愿比例为 100%；月收入 1001~3000 元的人群，支付意愿比例为 87.5%；月收入 3001~5000 元的人群，支付意愿比例为 81.3%；月收入 5001~8000 元及 8000 元以上的人群，支付意愿比例为 100%。可见，公众对西咸新区大遗址的文化价值具有普遍的认同。

此外，从愿意支付人群的主要支付原因来看，选择“历史文化遗址是我家乡的重要组成部分，我愿意保护它”的约占 18.2%，选择“历史文化遗址是中华文化的重要组成部分，我愿意保护它”的约占 32.5%，选择“为子孙后代留下历史文化遗址，我愿意保护它”的约占 48.1%。可见遗产和文化价值是西咸大遗址最为公众所认可的部分。从不愿意支付人群的主要不支付原因来看，主要观点是“遗址保护是政府应承担的责任，不太应该由市民承担”，“首先要了解，才能决定支付多少”。

在大遗址保护基金使用方面，50.6%的受访者关注“资金使用透明”，其次是 29.9%的受访者关注“遗址保护更有效”。在大遗址保护基金的使用方向上，57.1%的受访者认为大遗址基金应主要用于“遗址修复”，31.2%的受访者认为应主要用于“遗址产业开发”，80.5%的受访者认为应主要用于“遗址保护管理”。另外，也有受访者表示，基金的使用应首先具有计划性，统筹安排大遗址的保护与开发。

（3）WTP（支付意愿值）的分析与计算

在本次调查的 WTP 值中，愿意支付的金额选项为“A. 0 元，B. 1~50 元，C. 51~100 元，D. 101~200 元，E. 201~500 元，F. 501~1000 元，G. 1000 元以上”七个取值范围。根据实际数据核算，愿意出资的受访者，其平均出资额为 165.32 元/年。调查显示，由于西咸新区是国家级新区，且遗址群大多为国家级重点文物保护单位，故我们采用网络调查和实地田野调查相结合的方式进行。目前受访人群遍及全国的各个省（区、市），85.7%的受访者具有支付意愿。基于中国统计年鉴的数据，2013 年 15~64 岁人口为 100582 万人，据此计算，西咸新区大遗址的年度非使用价值为 $165.32\times1005820000\times85.7\%=142503813176.8$ 元，即高达 1425×10^8 元。

（4）支付意愿影响因素分析

对调查所得数据，用 SPSS 22.0 进行样本分析处理，以受访者对西咸新区历史文化遗迹的熟悉程度和受访者的性别、年龄、职业、受教育程度和月收入水平、是否愿意支付西咸新区历史文化遗迹保护基金等因素为变量，用Logistic回归对数据进行处理（见表8-5）。

Logistic 回归检验：在 Logistic 回归分析中，将所有的自变量因素都设为分类变量，并进行自变量的筛选及 Logistic 逐步回归。建立 Logistic 回归模型如下：

$$Logit(P)=\beta_0+\beta_1(Fam)+\beta_2(Gen)+\beta_3(Age)+\beta_4(Car)+\beta_5(Edu)+\beta_6(Inc) \tag{8-9}$$

式中，β_0 为常数项，β_1、β_2、β_3、β_4、β_5、β_6 为所求的回归系数；*Fam* 为受访者对西咸新区历史文化遗迹的熟悉程度；*Gen* 为性别；*Age* 为年龄；*Car* 为职业；*Edu* 为受教育程度；*Inc* 为受访者的月收入水平。

表 8-5 Logistic 回归分析结果

	β	S. E.	Wald	df	Sig.	Exp（β）
您了解西咸历史文化遗址吗？	0. 787	0. 439	3. 222	1	0. 073	2. 198
性别	-1. 135	0. 757	2. 246	1	0. 134	0. 322
年龄	-0. 059	0. 675	0. 008	1	0. 930	0. 942
职业	0. 074	0. 213	0. 120	1	0. 729	1. 077
受教育程度	0. 971	0. 635	2. 337	1	0. 126	2. 640
个人月收入	-3. 200	0. 347	0. 853	1	0. 356	0. 726
Constant	-2. 837	4. 535	0. 391	1	0. 532	0. 059

由 Logistic 回归分析结果可以看到，所有指标均可进入方程。结果显示：

第一，在10%的显著水平下，对西咸新区历史文化遗迹的熟悉程度、受教育程度与支付意愿显著相关，且呈现出正相关；

第二，性别、年龄、个人月收入等与支付意愿无显著相关性。

8.4.3 西咸新区文化生态功能区的文物用地产权与土地确权

土地问题是西咸新区建设发展中带有全局性、战略性和根本性的问题，西咸新区大遗址群所在范围大部分为农业用地，西咸新区呈现出明显的城市郊区和城乡接合部的特征。在西咸新区划转西安后，一些农业用地划拨为城市建设用地，文物保护范围内的土地并没有明确用地类型的变更。如果依然按照划转前的土地类型，西咸新区文化生态功能区的土地类型还是农业用地。

在西咸新区的土地转型中，文物保护用地由于其分布的广泛性和价值的特殊性而占据重要地位，同时也存在诸多矛盾。

8.4.3.1 文物所有权与土地所有权的矛盾

《中华人民共和国文物保护法》第一章第五条明确规定：中华人民共和国境内地下、内水和领海中遗存的一切文物，属于国家所有；古文化遗址、古墓葬、石窟寺属于国家所有；国家指定保护的纪念建筑物、古建筑、石刻、壁画、近代现代代表性建筑等不可移动文物，除国家另有规定的以外，属于国家所有；国有不可移动文物的所有权不因其所依附的土地所有权或者使用权的改变而改变。

新《中华人民共和国土地管理法》第八条规定，农村和城市郊区的土地，除由法律规定属于国家所有的以外，属于农民集体所有；宅基地和自留地、自留山，属于农民集体所有。第十条规定，农民集体所有的土地依法属于村农民集体所有的，由村集体经济组织或者村民委员会经营、管理；已经分别属于村内两个以上农村集体经济组织的农民集体所有的，由村内各该村集体经济组织或者村民小组经营、管理；已经属于乡（镇）农民集体所有的，由乡（镇）农村集体经济组织经营、管理。

西咸新区的文物遗址主要集中分布在农村。一方面，这些古遗址、古墓葬、石窟寺属于国家所有；另一方面，分布在农村地区的文物遗址，土地属于农村集体所有，农民家庭承包土地依法享有经营自主权、收益权和土地承包经营流转权等。因此，在同一地块上，对生产生活有严格限制的文物保护与农民生产建设产生了冲突，尤其是随着城镇化扩张，被限制发展的文物保护区与其他地区的土地价格差距很大，农村文物遗址被破坏的违法事件屡禁不止。而且，农村集体土地的经营性建设用地、宅基地管理，基本游离于国家基本建设项目审批流程之外，导致农村地区的文物保护管理工作十分困难。因此，必须通过对农村土地管理制度的改革解决这一矛盾。

8.4.3.2 文物保护用地的国家分类标准的缺失

根据2007年8月5日颁布的《土地利用现状分类》国家标准，分为12个一级类、56个二级类，其中一级类公共管理与公共服务用地中，只有风景名胜设施用地、公园与绿地、文体娱乐用地没有明确文物古迹用地。在城镇村及工矿用地中，只有风景名胜及特殊用地没有明确文物古迹用地类型。在2012年1月1日颁布的《城市用地分类与规划建设用地标准》中，包括8大类、35 中类、44 小类，其中 A 大类的公共管理与公共服务用地中有明确的文物古迹用地。由此可见，国家标准的土地利用分类和城市建设用地分类对于文物古迹用地的分类标准不一致，文物古迹用地存在着国家标准的缺失。

西咸新区土地总面积为 880. 27 平方千米，其中，农用地面积为 624. 77 平方千米，建设用地面积为 223. 90 平方千米。在农用地和建设用地中，耕地面积和城乡建设用地面积都占有最大比重（见表 8-6）。西咸新区土地利用分类中也没有明确的文物古迹用地分类，可是，西咸新区 45 个文物保护单位的保护范围总面积为 120. 4165 平方千米，建设控制地带总面积为 86. 7141 平方千米。

表 8-6　西咸新区土地利用分类现状　　单位：平方千米

土地利用分类		面积
农用地	耕地	492. 54
	园地	94. 64
	林地	6. 85
	牧草地	2. 71
	其他	28. 03
建设用地	城乡建设用地	182. 00
	交通水利用地	34. 27
	其他	7. 63
其他土地		31. 60
总计		880. 27

资料来源：2014 年西咸新区内部资料。

随着西咸新区城乡一体化进程的加快，在实际工作中要求城乡土地统一分类，以利于城乡土地的统一管理，适应城乡土地利用的新形势。而西咸新区农村文物古迹用地在土地利用类型上没有法律依据，文物古迹用地类型在土地利用分类与城市建设用地分类的划分上存在矛盾，使得西咸新区在未来的土地利用、项目建设和文物保护上存在法律障碍。因此，明确文物遗址范围的土地权属归国家所有，神圣不可侵犯，是一个迫在眉睫的问题。

8. 4. 3. 3　西咸新区文物保护用地土地确权的思路

根据西咸新区文物保护用地的现状及分布特点，文物保护用地的土地确权应采取“确权+流转”模式，土地确权是土地流转的前提和基础，必须先明确文物所有权与土地所有权的归一性，将分布在农地上的遗址用地按照保护范围的四至边界通过土地流转将土地使用权收归国有，实现文物保护用地的国有化。

西咸新区的农村土地流转需要从两个方面进行：一方面是加快农村土地的市场化进程，通过引入市场资本构建农民财产权（土地承包经营权、农村房屋所有权等）的流转平台，使农民所有及集体所有的土地使用权能够转让，充分利用农村闲置土地，发展规模经营，提高农业经济效益，增加农民收入；另一方面就是针对分布在农村的文物遗址，要在对文物保护用地进行确权之后，逐步将分布在农地上的遗址用地按照保护范围的边界通过流转将土地使用权收归国有，允许农民使用四至范围内的土地和从事农业耕种，但不能用于非农产业，可以以出租、入股等形式处置，不能买卖，实现文物保护用地的国有化，有利于西咸新区的文物管理机构更好地对文物遗址进行有效保护管理和合理利用，但在流转过程中应做好对农民的补偿，维护农民的权益。

（1）明确土地确权的时间依据

近十几年来，农业政策的改变使得农村土地承包经营关系呈动态变化趋势，在考虑农村社会现实的基础上，需要对动态的土地承包关系给予一个明确的时间点。土地二轮承包的时间通常被作为界定土地权属状态的限点，也就是说，在该限点以后发生的土地承包关系变化应以规范的承包合同文本和乡镇政府的备案为准，而未向村集体申请、未经政府主管部门批准的农户之间私下流转的非规范协议，不宜认可其效力。

（2）完善宅基地流转机制

第一，在普查农民（或非本集体人员）是否合法拥有宅基地的基础上对其所有权与使用权进行登记发证，做到产权明晰，允许自由流转；第二，制定相应的管理实施办法，通过设置准入门槛来规范农村宅基地流转过程并保障农民权益，同时拟定农村集体建设用地级差收益分配机制；第三，各级政府主管部门应加强监管力度，设置专门的集体建设用地交易场所，以便及时调解土地流转过程中的利益纠纷问题。

（3）建立承包地流转服务中心

西咸新区要逐步建立起市、县、乡三级土地承包流转服务中心，切实为农民、经营业主的土地流转和土地经营活动提供全程服务。做好土地承包的“四到户”工作（即地块到户、面积到户、合同到户、证书到户），扩大农村土地承包经营权登记试点范围，完善服务管理体制，健全流转市场机制，发展多种农民依法、自愿、有偿的土地流转形式。严格执行农村土地承包经营纠纷调解仲裁法，并加快其体系构建。

西咸新区要大力推进农民财产权（土地承包经营权、农村房屋所有权等）流转。然而为了规避无节制农用地转建设用地的现象，在土地流转前应对其属性与用途做出分类与管制，农村集体非经营性建设用地不得进入市场。但在一定程度上允许土地流转的范围突破原有集体的限制，大力发掘土地生产力，通过土地价值最大化为农民带来收益。构建合理严密的土地流转（转让、抵押、担保、赠予等）登记制度，推动土地产权的物权化进程。

（4）构建集体经济组织—农民代表—政府三方参与的协商机制

土地确权一方面可以缓解目前征地过程中农民利益边缘化的现象，另一方面可以避免因分散土地所有权带来的利益主体难以统一协调、难以推进社会大生产及城镇化等问题。在目前产权制度格局下，集体经济组织享有所有权，农民享有使用权，政府享有流转权，三方均是土地的权利主体，只是分属权利有所不同。针对土地征用问题，三方都有权参与其中，因此建立完整的协商议事机制可以保障农民全方面了解、全方位参与、全过程监督土地的征用过程。

8.4.4 西咸新区文化生态功能区补偿机制的设计思路

根据国家文物局拟定的大遗址补偿机制的精神，基于以上西咸新区面临的大遗址保护中出现的问题，应该加快建立长期稳定的价值补偿机制，进行相应的制度创新。在城镇化进程中，城市人口的急剧增多以及社会经济的急速发展，使得城市土地需求日益上升，人地矛盾加剧，而农村土地却大量闲置，农村土地改革日渐迫切。现代化过程中的新农村土地流转问题是我国城镇化进程的一大难点，新型城镇化的推动必将进一步促进农村土地改革。党的十八届三中全会提出的建立城乡统一的建设用地市场、促进城乡一体化等一系列针对农村土地问题的建议，更能够凸显党中央对土地问题的重视程度。

8.4.4.1 土地补偿

文化生态功能区土地补偿的确定是一个利益衡量的过程。符合社会要求且被人民广泛接受的征收行为，不仅要考虑到政府的经济利益（表现为征收成本），更应该整体考虑社会各个方面的因素，这也是衡量征收补偿利益时需要首先考虑的因素。另外，应衡量征收者（国家）与被征收者之间具体的利益关系。补偿金额应该符合市场运行规律且不超脱各国国力（包括经济、环境等承受力）。对于西咸遗址保护区也是如此，在确定补偿标准前需要充分考虑文化生态功能区的不同地域、不同类型，因地制宜地制定不同的评估办法。针对西咸新区城郊市场比较发达的区域，补偿标准可以以市场价为主；而对于远离城区的西咸文化生态区的土地，除了按照市场补偿标准外，还要考虑为农户维持日后生活提供额外的社会补偿，比如优先提供就业培训或者就业岗位等，逐步缩小功能区内外居民收入水平的差距，改善功能区内居民的生活质量，协调发展文化生态功能区内外的经济发展水平。

8.4.4.2 有条件现金转移支付（CCT）

西咸新区大遗址生态补偿机制不仅整体宏观调节所有利益相关者的关系与行为，而且能够促进西咸新区大遗址可持续发展与生态功能恢复治理的平衡。随着西咸新区城市建设速度和遗址外围区域改革步伐的加快，现行的体制已经对遗址保护及环境安全造成一定的冲击。因此，要协调西咸新区遗址保护与利用的关系，实现遗址保护可持续发展，就要探索解决当前大遗址保护与土地流转之间矛盾的新路径，进行制度创新：有条件现金转移支付（CCT），是直接向西咸新区遗址保护区内的居民提供现金支持的一种补偿方式，但前提条件是必须对大遗址进行保护，达到遗址保护与区域经济的协调可持续发展。

在西咸新区文化生态功能区实行 CCT 模式，是在有限财力下对目标群体提升资金使用效果的一个创新，由以前单纯的项目支持转向对个人的条件支付，一方面资金使用群体更加明确，另一方面使得监督机制更加有效。CCT 的关键，一是确定目标人群，二是确定支付额度，这就需要相关部门进行详细调研与测算。建议先在小范围内试行，然后根据 CCT 实施效果进行评价，及时调整政策，进而扩大实施范围，我们期望 CCT 在遗址保护方面有很好的政策效果。这不仅是在文物保护方面的创新，也是西咸新区田园城市现代治理的重要制度创新。

（1）西咸新区适合开展 CCT 补偿

西咸新区正在以建设田园城市为目标，在坚持“保护耕地、保护生态、保护文化”，“发展新产业、形成新业态、建设新城市”的基础上，按照“核心板块支撑、快捷交通连接、优美小镇点缀、都市农业衬托”的建设理念，着力打造“疏密相间、大开大合”的田园空间格局。

西咸新区国土空间开发利用与生态文明先行示范区建设的需要相比，还存在一些突出问题。

——建设用地需求旺盛，耕地保护形势严峻。西咸新区正处在工业化、城镇化加快推进的关键节点，城镇、工业、基础设施等各类建设用地需求大量增加，耕地减少过多过快问题已然出现，严守耕地保护红线和粮食安全底线的压力较大。

——水资源短缺和水资源浪费并存，供求矛盾日益突出。西咸新区属资源型缺水地区，随着人口和用地规模的快速扩张，用水需求将大幅增加，生活、生产、生态用水都面临较大压力。同时，区内用水效率不高，水生态系统保护与修复相对滞后，进一步加剧了缺水问题。

——绿色空间不断减少，生态环境问题凸显。西咸新区生态环境良好，景观要素多样，历史文化遗存丰富，但随着区内大规模开发建设活动的进行，环境污染、湿地等绿色生态空间减少、生态产品供给能力不足等问题越发凸显，不仅对生态系统形成较大压力，更在一定程度上制约了经济社会的可持续发展。

——基础设施较为薄弱，区域经济中心功能不强。西咸新区位于西安、咸阳两市总体规划的建设用地区之外，多年来城市建设滞后，基础设施均按农村标准建设，建设水平较低。同时，新区经济总量仍相对较小，产业基础尚待加强，经济辐射能力不足，与其功能定位和在关中—天水经济区发挥的支撑带动作用相比，还存在较大差距。

——农村人口比重较大，统筹城乡发展任务艰巨。西咸新区位于西安市与咸阳市的接合处，村庄空间分布密度较大，农村改造、居民安置、剩余劳动力转化等城乡发展矛盾突出。随着我国城乡统筹步伐的加快，城乡高度融合、区域功能互补、利益充分共享成为区域发展的共识，也将成为西咸新区建设的重中之重。

——管理体制亟须理顺，制度建设有待加强。西咸新区与原有行政区划的权责划分、功能分工尚未完全到位，互相掣肘现象时有发生，直接影响了西咸新区的发展。同时，无论是属地化管理模式还是管理委员会模式，都不能充分满足新区生态文明建设的要求，全社会生态文明意识也有待加强，亟须创新管理体制机制，实现新区生态文明制度建设取得重大突破。

(2) CCT政策设计

首先，选择目标群体。任何决策者在酝酿一个CCT项目时，所要解决的第一个问题都是选择符合条件的受益者。在西咸新区实行CCT项目的目标群体是居住在大遗址保护区并且愿意保护大遗址的所有居民。

其次，设置合适的准入条件。西咸新区在项目实践中，CCT选择目标群体需要基于保护状况确定合格标准，选择正确的瞄准措施和合格的临界标准是项目实施的关键。按照西咸新区现行遗址保护区的居民状况可分为不同的补偿标准，设置转移支付额度。

①在有效保护文物的基础上调整农业结构，改变农业生产方式，积极发展精细农业和生态农业，大大减轻由于农业生产对遗址造成的破坏；

②改变了那种需要大规模动土和兴修水利的传统方式，彻底改变灌溉方式，采用节水较好的喷灌、滴灌等方式；

③对秸秆进行合理利用并深度开发；

④在生态功能区内种植生物植被，提高绿化覆盖率。

CCT项目对西咸新区文化生态功能区保护有很大的促进作用，合理的支付额度也非常重要，要保证提高西咸大遗址保护区内的生态效益、经济效益和社会效益。设置合理的转移支付额度，是调动西咸新区文化生态功能区内居民保护遗址的重要动力和决心，因此，在西咸新区开展CCT项目的支付额度根据以下几个条件来确定：

①根据每户居民所占有的土地面积转移支付额高于租用或征用其土地的价格，在一定程度上提高补偿标准，调动居民对大遗址保护的积极性。

②对当地居民的土地征收补偿包括其土地价值、地上物价值、残余地价值补偿，迁移费用补偿，农林牧渔业停业、暂停、规模缩小的损失补偿及其他损失补偿，最大限度地补偿了被征收土地者所遭受的损失，给予其合理全面的补偿，保证西咸新区大遗址保护与区域经济协调发展。

③基于居民、政府等各方利益相关者的补偿进行衡量，对大遗址保护做得较好的居民，适当给予居民补助金、奖励金，实现西咸大遗址保护的可持续性。

④设置进入和退出规则，避免预期受益者的误解，使项目被操控和滥用的风险降到最低。在项目实施过程中，允许大遗址保护区内居民在规定的期限退出和进入。

8.4.4.3 成立土地流转中心

由西咸新区农业委员会承担并组织成立农村土地承包流转服务中心，使西咸新区的农村土地流转由以往分散的个人行为变为由政府集中引导。另外，形成多层次联网的土地流转管理服务机构，对新区的农村土地流转进行统一管理。作为政府主导下的农村土地流转中介组织，中介组织的资金可通过政府拨款取得，工作人员则由政府委派。政府作为主办方，应当积极致力于指导中介组织开展土地流转服务业务等一系列活动。

在西咸新区建立农村土地流转的有形市场，成立农村土地使用权交易所已经是大势所趋。在打造西咸新区土地使用权交易所的同时，可以依托现有的投资、法律、评估、会计等各类中介服务机构，并积极与北京、上海、天津等地产权交易机构建立战略合作关系，以此加强平台的建设。建成后的交易所应当致力于农村林权、土地承包经营权、农村房屋产权、集体建设用地使用权、集体经济组织股权、农业类知识产权及投融资服务等项目流转的专业服务。农户可以在政府搭建的交易平台上向全国发布土地流转的相关信息，吸引社会资本注入，达到交易目的并最终签订合同。

8.4.5 西咸新区文化生态功能区土地补偿机制的政策建议

8.4.5.1 设立永久的大遗址保护用地作为文化生态功能区

采取法律手段设立永久的大遗址保护用地作为文化生态功能区，填补目前我国法律对于遗址保护用地规定的空白。首先，科学结合国民经济和社会发展规划、土地利用总体规划、城乡建设规划等各类规划，在统一协调的基础上确定永久性遗址保护用地的范围，永久性遗址保护用地性质不得改变，禁止用于其他经营活动。其次，以实地调研的第一手资料为依据，在明确大遗址分布与现状的基础上划定永久性大遗址保护用地，为今后的文物保护工作奠定坚实的基础。再次，拟定颁布《永久性遗址用地保护条例》，使得文物遗址保护用地有法可依，文化生态功能区的补偿机制可以落实。最后，联合多部门建立信息系统，保存并备案永久遗址保护用地基础信息，同时向社会公众开放统一的查询通道，公开遗址保护区的地理位置并在其周围设立统一的保护界桩和保护标志，实现永久性遗址保护用地的综合全面管护。

设立永久的大遗址保护用地类型应该从国家层面明确城市建设用地中的大遗址保护用地类型。根据西咸新区大遗址分布与保护现状，大遗址区的土地性质往往与城市建设用地、居住用地、绿化用地等重合，文物保护受到了影响。在新型城镇化的建设中，应将大遗址区的土地从中分离，在城市建设用地分类中增加“大遗址保护用地”类型，弥补目前城市用地管理中对于大遗址区土地管理的不足。大遗址保护用地作为单独的用地类型，与城市建设用地、生态用地、公共服务设施用地等一并纳入城市总体规划中。国家必须对大遗址区的土地使用权进行回收，明确大遗址保护用地作为文化生态功能区的保护管理规定，进行统一的保护，严厉禁止各种破坏文物的行为。

8.4.5.2 以土地确权和土地流转助力西咸新区大遗址保护

随着社会经济的发展以及城镇化的不断推进，“空心村”大量涌现，“空心村”的出现使农村出现了大量被闲置的土地，这严重阻碍了农村地区经济的发展。随着城镇化进程的加快，这些被废弃的土地作为“沉睡的资本”，其价值日益得到显现，以适当的土地流转方式来实现这些闲置土地的真正价值，是解决新农村建设下“空心村”问题最有效的途径。目前农村宅基地问题的症结主要集中在宅基地的退出机制上，西咸新区作为国家级新区，应大胆地进行政策和制度的创新，在宅基地政策上做出重大突破，而突破点就是允许农村宅基地实行退出机制。针对已经生活在城市，且不愿回到当地的农户来说，宅基地应该被政府收购，不再划拨新的宅基地。对于那些非法扩建的农村宅基地要实行严格的管制。对不符合政策获得的宅基地要依法取缔。

在遗址区土地压力巨大和遗址破坏相对严重的区域实行地票制度①。此种制度适合土地比较分散，特别是大遗址将农户的土地分割细碎化的情况。针对这种情况，需要在土地确权的基础上，将土地的权属界定清楚后，根据每个农户拥有的土地数量颁发地票。地票表示农户对自己的土地有转让和收益的权利。西咸新区政府将这些地票集中起来，各个农户以地票的形式入股。这些集中起来的地票会形成一定规模的土地，该土地可以通过增减挂钩的形式置换成城市建设用地，然后通过“招拍挂”的形式获得较高的市场价值。这就使得土地流转能够获得较高的收入，农户愿意进行土地流转，降低土地流转的难度。

---

① 地票，是指包括农村宅基地及其附属设施用地、乡镇企业用地、农村公共设施和农村公益事业用地等农村集体建设用地，进行复垦并经过土地管理部门严格验收后所产生的指标。企业购得的地票，可以纳入新增建设用地计划，增加相同数量的城镇建设用地。

针对西咸新区的农用地，实行遗址保护基金与土地管理结合机制。由于农户不重视对大遗址的保护，同时也可能缺乏相关的科学知识，导致其在农业生产时破坏了遗址，如种植不适合的农作物、灌溉用水、农药化肥等对遗址造成的破坏，针对这种情况需要在经济上对农户进行激励，提高其保护遗址的积极性。

通过土地确权，将区域内的土地的实际归属权与农民的使用权区分开，按照国家法律的规定，给予农民一定的补偿。第一，通过土地流转的手段将遗址区土地的长期使用权进行回收，从农民手中流转到政府手中，以便进行统一的规划保护。土地的所有权仍然属于农民，使用权属于政府，由政府制定严格的遗址保护区农业生产规范，选择恰当的方式与合适的植物种类，雇用一部分农户来进行种植。第二，遗址区内符合文物保护要求的企业，可以招聘一定数量的农民或工人，从事相关的文化旅游或者观光农业等活动。第三，对于遵守管理规定的农户，可以从遗址保护基金中抽出资金给予适当的补贴，以此来调动农户的积极性。

8.4.5.3 相关配套政策建议

在西咸新区土地确权与流转的过程中，将农地上的文物保护用地流转为国有土地的同时必然会对农民的权益造成一定的损害，而根据《农村土地承包经营权流转管理办法》第三条规定，在农村土地承包经营权流转过程中，承包土地的农业用途不得被改变，相关利益人和农村集体经济组织的合法权益不得被损害，因此，做好农民补偿工作是必不可少的环节。

(1) 科学制定农村集体土地征收补偿标准

在制定征地补偿定价策略过程中应结合市场机制，将土地自身价格和未来社保价格均考虑在内，同时制定征地与流转补偿标准应依据市场的基本价值规律。目前的征收补偿标准从土地补偿费、安置补助费和地上附着物补偿费三个方面对农民进行补偿，补偿的单位标准是被征前3年每亩年均纯收入，使农民本可以通过经济发展、汇率变动、财物自然增值等获取的可量化财产权益受到一定程度的侵害，且未来社会保障价值也没有涵盖在内。因此，征地补偿标准的制定不仅要涉及土地征收前的价值，还需要将影响土地价格的因素（如土地的区位、质量、预期收益、供求情况及当地经济社会发展情况）考虑在内，从而以市场估价与未来可预期收益总和作为征地与拆迁补偿价格的最低标准。农村集体土地征收补偿要严格按照报批、公告、通知程序认真履行，向知情者准确告知征地范围、用途、程序、补偿标准、补偿方式、补偿费的使用途径及效果等基础信息，充分尊重和保障被征地一方的知情权与程序参与权，同时所有受影响的土地权利人的参与权和异议权也应受到相应的保障。

（2）建立失地农民生活和就业保障机制

失地农民安置工作要拓宽安置渠道，秉持“以安排劳动力就业为主”向“以市场为导向的多种途径安置”转变的原则，具体的安置途径主要将留地安置保障和就业安置保障相结合。对经济发达或位于城乡接合部并存在集体经济组织的地区，按照规划用途从被征用土地中预留出一定比例的土地用于被征地的农村集体经济组织的开发经营。另外，还可以采用整理农用地、复垦被破坏的土地、开发未利用地等方式，提高可利用耕地面积的数量，扩大农用地的范围，通过鼓励被征地的农民发展休闲农业或农家乐等方式，给失地农民的生产生活提供相应的保障①。此外，当地政府部门应当建立专项资金，为失地农民建立完善的再就业培训机制体制，引导失地农民就业岗位由第一产业向第二、第三产业转型，使他们能够尽快拥有相对固定的工作并获得稳定的收入。

为失地农民设立保障性基金，加大基金筹集、运营和管理实施力度。第一，政府应当提供一定额度的资助。将失地农民安置补助费视为国家所承担的保险基金，交予社会保险部门管理并使用，如果安置补助费不足以给失地

---

① 2015年9月，农业部下发《关于积极开发农业多种功能大力促进休闲农业发展的通知》（以下简称《通知》），提出将“明确用地政策”，在实行最严格的耕地保护制度的前提下，对农民就业增收带动作用大、发展前景好的休闲农业项目用地，各地要将其列入土地利用总体规划和年度计划优先安排。支持农民发展农家乐，闲置宅基地整理结余的建设用地可用于休闲农业。鼓励利用村内的集体建设用地发展休闲农业，支持有条件的农村开展城乡建设用地增减挂钩试点，发展休闲农业。鼓励利用“四荒地”（荒山、荒沟、荒丘、荒滩）发展休闲农业，对中西部少数民族地区和集中连片特困地区利用“四荒地”发展休闲农业，其建设用地指标给予倾斜。另外，还将加快制定乡村居民利用自有住宅或者其他条件依法从事旅游经营的管理办法。

《通知》还提出落实税收优惠政策、拓宽融资渠道、增强休闲农业O2O能力等扶持举措，乡村居民利用自有住宅从事旅游经营的管理办法也在制定中。将帮助休闲农业拓宽融资渠道，探索新型融资模式，鼓励利用PPP模式、众筹模式、“互联网+”模式、发行私募债券等方式，加大对休闲农业的金融支持。

在农业部的规划中，PPP模式也将被引入休闲农业中。《通知》指出，探索休闲农业多元化投融资机制，鼓励符合条件的休闲农业企业上市。探索新型融资模式，通过协调利用扶贫小额贴息贷款、加强有针对性的培训等，引导建档立卡贫困户积极参与项目开发；探索以旅游资源、扶贫资金等入股方式，使贫困群众在项目发展中获得资产性收益。

农民购买相应的社会保险，需要从农转非土地的收益中为失地农民提取相应的补贴。第二，集体经济组织提供大多数资金。农民作为集体经济组织成员，其权益集中于提供保障作用的土地使用权和经营权。失地农民如果不是主观意愿离开所在土地，其从集体经济组织中获取的权益应一并转移。换句话说，把集体经济组织积累的资金或相应的土地补偿费依据一定的标准，转移到为失地农民提供社会保障的组织管理机构。第三，农民个人承担少量的资金。通过评估各地经济社会发展状况及失地农民个人的经济、社会和心理承受能力，制定个人承担比例，并根据实际情况划分为几个档次，让失地农民在可承受范围内自愿承担。另外，为实现社会保障基金的正常运转和保值增值，通过将社会保障基金委托给专业理财机构、银行和非银行金融机构经营管理，在保障资金安全的基础上，采取多种投资组合方式，实现失地农民社会保障基金的保值增值。

（3）土地抵押贷款及户籍改革

目前，西咸新区居民户籍全部划转西安市，但是对于大遗址群的农村土地流转还在改革试点中。依据相关政策、法律法规，在农村土地确权的基础上，通过建立健全抵押贷款扶持相关政策，完善农村土地产权收储、规避抵押贷款风险管理机制，在农民或其他所有权人未改变土地占有和农业用途的基础上，可将土地承包经营权证或土地经营权流转证作为申请抵押贷款的抵押物，且其地上附着物均可一同估价进行抵押，如温室大棚、苗木果树、鱼塘、猪舍、牛棚、鸡舍等。

改革户籍制度，破除城乡居民身份差异，促进人口流动，最终实现“人口向城镇集中，土地向规模集中，工业向园区集中”。改革后农民还可以继续享受粮食补贴等待遇。农民成为居民，并不要求退还宅基地、农用地和承包地。农民成为居民后，还可以和原有城镇居民享受同等的社会保障和社会福利。

（4）社会保险安置

如果农民本人自愿提出社会保险安置申请，土地行政管理部门把征地费中属于失地农民的款项一次性交予保险公司，让保险公司根据相关规定为失地农民办理医疗保险和养老保险等。让失地农民从农民身份转变为城市居民身份，与城市居民享受同样的社会保险待遇，如养老保险、医疗保险、失业保险、最低生活保障、再就业优惠政策等。

参考文献

[1] 任立良，陈喜，章树安．环境变化与水安全［M］．北京：中国水利水电，2008.

[2] 张娜．基于西咸新区总体规划的土地节约集约利用评价研究［D］．西安：长安大学，2014.

[3] 赖敏，吴绍洪，戴尔阜，等．三江源区生态系统服务间接使用价值评估［J］．自然资源学报，2013（1）：38-50.

[4] 惠仲德．西咸新区水资源条件分析［J］．陕西水利，2014（1）：47-48.

[5] 李元一，周悦然．农村土地流转中逆向选择问题的研究［J］．农村经济与科技，2014（3）：9-12.

[6] 曹生奎，曹广超，陈克龙，等．青海湖湖泊水生态系统服务功能的使用价值评估［J］．生态经济，2013（9）：163-167，180.

[7] 谢高地，甄霖，鲁春霞，等．秦巴山区植被固定 CO_2 生态价值测评［J］．地理研究，2004，23（6）：769-775.

[8] 任志远，李晶．陕南秦巴山区植被生态功能的价值测评［J］．地理学报，2003，58（4）：503-511.